南繁科学家传记丛书

吴明珠院士传

海南省南繁管理局—主编

刘颖—著

把甘甜献给你

U0716841

海南出版社　新疆人民出版社

·海口·

图书在版编目（CIP）数据

把甘甜献给你 ：吴明珠院士传 / 海南省南繁管理局
主编 ；刘颖著. — 海口 ：海南出版社 ；乌鲁木齐 ：
新疆人民出版社（新疆少数民族出版基地），2025. 1.
（南繁科学家传记丛书）. — ISBN 978-7-5730-2113-7

Ⅰ. K826.3

中国国家版本馆 CIP 数据核字第 2024J9X897 号

本书出版获吴明珠院士所在单位新疆维吾尔自治区农业科学院
在资料收集、人物采访等方面的大力支持和帮助。

把甘甜献给你——吴明珠院士传

BA GANTIAN XIANGEI NI——WU MINGZHU YUANSHI ZHUAN

海南省南繁管理局 主编　刘　颖 著

出　　品：吴　斌　李翠玲
策　　划：谭丽琳　谭　敏
学术顾问：伊鸿平　张学军
责任编辑：熊　果　朱　奕　陈　漠　王金枝
执行编辑：张清梅　李佳妮
特约编辑：薛为政
封面设计：梁其文

海南出版社　　出版发行

地　　址：海口市金盘开发区建设三横路2号
邮　　编：570216
电　　话：（0898）66819831
印刷装订：深圳市国际彩印有限公司
版　　次：2025年1月第1版
印　　次：2025年1月第1次印刷
开　　本：787 mm × 1 092 mm　1/16
印　　张：30.5
字　　数：390千字
书　　号：ISBN 978-7-5730-2113-7
定　　价：88.00元

"南繁科学家传记丛书"编辑委员会

人生最美好的是你创造一切幸福
一切都能为人民服务

开篇语

这本书是一份献给失忆者的记忆，

为她找回远去的青春，

远去的亲人，

远去的志业与旅途，

包括胼手胝足、餐风宿露、生离死别、悲欣交集的日日夜夜。

失忆者几乎走丢了自己的一切，

只留下遍布大地的人间甘甜。

何为远方，何为诗，

这本书权且代她提交了新中国那一代红色科学家的生命注解。

韩少功

天地见初心

从没想过会以这样的方式走进她。

2023年11月25日，嘉陵江畔，缙云山麓，雨雾缭绕中的重庆北碚，空气湿黏，烟灰般的水色贯穿晨昏朝暮。湿漉漉的树叶沉沉垂落，无声无息，粗粝的墙体在雨水的浸濡下，深深浅浅，斑驳陆离。

本书策划谭丽琳、责编朱奕邀请我一同前往西南大学教工宿舍区，拜访一位可敬的老人——我国西甜瓜育种领域的"泰山北斗"、新疆哈密瓜品种改良事业的开创者和奠基者、中国工程院院士、南繁科学家、新疆农业科学院哈密瓜研究中心研究员吴明珠。

飕飕冷风夹杂着薄薄水汽，绵密雨丝轻轻飘落在发梢、鼻尖、脸颊，眼眶湿湿的，心也潮潮的。因为我们知道，阿尔茨海默病早在十几年前就无情地抹去了老人珍贵的记忆……

这会是一次怎样的访谈呢？期待中多有疑虑。

一切与想象中的相去甚远：老人住在老旧普通的单元楼里，那是一个并不大的三居室，屋内的陈设也极为普通，处处弥散着日常的烟火气息。

老人裹着臃肿厚实的冬装，蜷坐在沙发上，愈发显得身形单薄。她面庞清瘦，眉发花白，双眼紧闭，神情寂寥，似乎内心深处隐藏着某种孤独，让人感觉她的时间好像停滞了。

"吴老师好！我们来看您了。"

"好，好，大家好！"老人双目微睁，下意识地回应后，不再开口。

话题只得从一本本泛黄的相册中打开。交谈中，我们时而开怀大笑，时而又不禁涌起感伤之情。

"吴老师，这是谁呀？"我们指着她和爱人杨其祐的合照问。

老人探过身子仔细辨认后说："这是我们一起种瓜的同事。"

"他是您的丈夫杨其祐，是最爱您的人，也是您最爱的人。您怎么不记得了？"

"不是的，我们在一起种瓜，相处得很好，我走哪儿他跟哪儿。"说到瓜和工作，老人突然直起腰身，打起精神来。

"那旁边这个穿着裙子的漂亮女生是谁？"

"也是我们一起工作的。"

"不是，这是杨其祐的爱人，叫吴明珠。您不会忘记了吧？她是不是很了不起，很伟大？"

老人一听，呵呵笑着，略带羞涩地说："吴明珠就是我呀！我哪能自己说自己好，说自己有多了不起？"她又指了指另一张照片上骑马的人说："这也是吴明珠。"

"吴明珠骑着马去干什么？"

老人缓缓抬头望向窗外，思绪仿佛随着目光飘向了遥远的地方："戈壁滩太大了，要骑马去找瓜，乡亲们会把好瓜给阿依木汗留着。"

"阿依木汗是谁？她是美丽的月亮姑娘吗？"

"阿依木汗是……你。不对，阿依木汗也是我呀，是我的……小名。"老人脸上流露出少女般纯真可爱的神情。

"您不是北京的吴明珠吗？怎么成了新疆的阿依木汗？您后不后悔去新疆？"

"北京？不记得了。我就想去新疆。新疆种瓜好，又甜又香。"老人说着咂巴着嘴，似在回味。

"我们过两天就要去新疆了，去吐鲁番和鄯善。您想去吗？"

"吐鲁番好，鄯善好，种瓜最好。我的家在那里，离瓜地很近。"老人的眼睛瞬间亮了起来，接着便字正腔圆地唱起了歌：

达坂城的石路硬又平啊，西瓜大又甜呀。达坂城的姑娘辫子长啊，两个眼睛真漂亮……

那独特的嗓音如同一把钝刀，一点一点切割着年轮的硬壳，时而细腻绵柔，时而铿锵有力。一个个音符敲击着我内心最柔软的地方，让我重新审视生命的价值和美好。

我们发现，"瓜"已经成为激发老人生命活力的密钥。只要谈起"瓜"，她立刻兴致勃勃；那些与"瓜"无关的话题，她也会不自觉地往"瓜"上搭，一旦搭不上，她便显得局促无助，继而沉默不语。

原来，阿尔茨海默病没有完全打败她，那融入血脉的"瓜"，深深烙在她的记忆中，铭心刻骨，令她魂牵梦萦。

面对面的简短交流，感觉老人离我们这样近，又那样远。但无论远近，她许身科学的情怀沛然如昨、澄澈纯粹。

这一刻，心疼是真实的，感动是真实的，难过是真实的，敬和爱也更加深刻而真实。

返回时，所有的情感汇聚成耀眼的光束，照亮了夜空，驱散了沉沉雾气与阵阵寒意。我豁然开朗，内心温暖而通透，连呼吸都变得轻盈畅快起来。

能有这样一个契机去书写一位科学巨匠的人生传奇，追寻她执着而丰厚的人生旅程，还原她绚丽光环背后的人生本色，诠释以她为代表的一大批农业科学家科技报国、服务"三农"，筚路蓝缕、深耕甜蜜事业的家国情怀和奋斗精神，于我而言，何其有幸！

遗憾的是，困在时间里的吴明珠早已不记得"过去的自己"。尽管如此，我们依然努力试着追寻她的足迹，走进她丰富多彩的世界。

第一站西南大学。这座百年学府于岁月峥嵘中积淀了躬耕杏坛、劝课农桑的文脉底蕴，铸就了唯实求真、开拓创新的科学精神，厚重而灵动，历久而弥新。

这是吴明珠曾就读四年的校园，是她和杨其祐爱情悄然萌芽的地方，也是她一生热爱的园艺事业起步的地方。

她为什么选择农学？

她为什么放弃留校的机会？

她和杨其祐有着怎样的缘分？

穿过浓密的香樟林，我们一一走进校史馆、档案馆、图书馆，一份份发黄的档案资料为我们打开了一片天地，吴明珠的成长脉络渐渐清晰，答案似乎不言而喻。

我们和她的校友、蚕学遗传育种专家、国家蚕桑产业技术体系首席科学家、中国工程院院士向仲怀，第一位为她写传记的陶红老师等人深入长谈。众人眼里的她，是一个永远向上、心底无私的人，是一个温暖而有力量的人，是一代代莘莘学子人生的标杆、学习的榜样！

大学时代，吴明珠就在日记里写道："人生最美好的是你创造出来的一切都能为人民服务。"

为人民服务，是她最深沉的底色和力量的源泉。

告别巴山夜雨的重庆，我们来到了大漠孤烟的新疆。

时值冬季，天地间长风浩荡，一片苍茫。大自然粗犷豪放的笔触不经意间绘就一幅幅雄浑壮美的画卷，有历史，有沧桑，有传奇。

鄯善县，六十多年前吴明珠"一竿子插到底"来到这里，我们的走访亦由此开始。从鄯善到吐鲁番，再到乌鲁木齐，汽车迎风疾驶，沙砾肆意飞扬。即便现在有如此发达的交通条件，我们仍因路途遥远而疲惫不堪，实在难以想象，六十多年前这里的偏僻荒凉和艰苦落后；难以想象，从首都北京到大漠边关，吴明珠以怎样坚忍顽强的毅力适应着、支撑着、坚守着、奉献着。

走在她曾走过的路上，寻访她当年工作和生活过的地方，许多人不约而同地说："若写别人，可能会有不同的声音，但写吴明珠，没有人会说一个'不'字，怎么赞美都不为过。"

一路走来，我们真切地感受到吴明珠在新疆的热度。因为吴明珠，我们得到了超乎寻常的支持和帮助。张发、王仲民、马新力、王登明、张学军、杨俊涛等吴明珠的老同事、老朋友和学生，为我们讲述了许多鲜为人知的故事。每个故事都独一无二，有无数令人动容的细节。比如，她怀着身孕，独自一人在田间地头收集瓜种遭遇土狼时的惊心动魄；她下乡蹲点回来去买手表而被看不起的啼笑皆非；又如杨其祐的各种小发明、小创造，以及他盖棉絮睡觉、用草绳绑凉鞋的趣事……朴实无华，生动鲜活。我们用心去听，用情去感受这些故事背后的坎坷与磨难、无奈与辛酸。吴明珠和杨其祐对梦想的执着、对事业的热爱、对家庭的牺牲，让人百感交集，五味杂陈。

在乌鲁木齐的新疆农科院哈密瓜研究中心，我们通过一个个卷宗、一本本日记、一页页资料，像拼图一样拼出了曲折如弓的漫漫征途，吴明珠的人生卷轴在眼前徐徐铺展开来。那迎风逆行的身影，真实而感人；那百折不挠的足迹，坚实且有力……

在火焰山下，在戈壁沙漠，年轻的她顶着烈日风沙，四处奔波，只为收集珍贵的瓜种。她从100多份材料中筛选整理出44个地方品种和1份野生甜瓜品种，挽救了一批濒临绝迹的种质资源，建立起了新疆维吾尔自治区有史以来第一份完整的西甜瓜档案，在科学育瓜的道路上迈出了坚实的第一步。

新疆大地，是滋养吴明珠"爱国、创新、求实、奉献、协同、育人"科学家精神的沃土。她从面向吐鲁番育瓜到面向新疆育瓜，所选育的西甜瓜品种在新疆大面积推广应用，造福了万千瓜农。

沿着吴明珠的足迹一路向南，几个小时后，我们便抵达了三亚。这段行程，她曾经跨越山海走了整整15天。如今时过境迁，日新月异，崖州湾科技城拔地而起，涌动着蓬勃生机；师部农场南繁基地今非昔比，已成为现代化的育种基地。在海棠湾，吴明珠创建的新疆农科院科技示范园"丰"景在望。

她的学生伊鸿平、冯炯鑫、廖新福带我们走进他们当年修建的钢架温室，只见一株株藤蔓舒展着身姿，层层叠叠的枝叶下，一个个哈密瓜整齐划一地垂吊着，色泽鲜艳，玲珑饱满，散发出清甜鲜香……

在三亚，我们与顶级的南繁瓜果不期而遇，也与心系南繁的吴明珠不期而遇，那些"又难又烦"、有苦有甜的日子如电影般一幕幕回放：

1973年深秋，年过不惑的吴明珠为延长育种生命，沐光而行，经铁路、公路、水路，坐火车、汽车、渡轮，跨越中温带、暖温带、亚热带到热带，开始了追赶太阳、南繁北育的征程。

此后三十多年，她寒来暑往、安居陋室、辞官归田，丈夫病逝、儿女远离、病痛灾祸都没有动摇她育瓜的初心，没能阻挡她育瓜的脚步。她像候鸟般奔波于湿热的海南岛和干热的吐鲁番，成功首创一年四季高速育种模式，培育出30多个优质瓜种，使优质西甜瓜家族繁衍生息，发展壮大。

"红心脆""皇后""黄醉仙""绿宝石""仙果""黄皮9818""早佳8424""金凤凰"……这些经过"火洲"炙烤、南繁洗礼的西甜瓜，氤氲着生命的丰盈饱满，食之如饴，醇厚绵长，从舌尖沁到心间，甜蜜了人们的生活。

南国宝岛，是涵育吴明珠"艰苦卓绝、拼搏进取、创新创业、求真务实"南繁精神的温床。在这里，她又为梦想插上了翅膀：推动北瓜南移东进，使新疆独有的哈密瓜开枝散叶，由"小众"走向"大众"，由"王谢堂前"进入"寻常百姓家"，为国人实现了"吃瓜自由"，用一粒种子改变了中国"三农"的面貌。

走出大棚，晚风微拂，晚霞满天，椰树摇曳生姿。三亚之行的收获与惊喜，都在这让人怦然心动的遇见里。

从青丝到白发，从韶华到迟暮，吴明珠心有大我、至诚报国，以中国工程院院士、国家西甜瓜产业技术体系首席科学家的远见卓识和责任担当，建立了西甜瓜育种和栽培的技术体系，推动形成"全国一盘棋"，使我国西甜瓜产业从"跟跑"变为"领跑"，遥遥领先世界，成为最闪亮的"甜蜜名片"。

这是吴明珠人生和事业结出的最甜的"瓜"，也是国家西甜瓜产业技术体系结出的最大的"瓜"。

国家西甜瓜产业技术体系每年1月3日召开年会，而这一天也是吴明珠的生日。大家以这种简朴而隆重的方式为吴明珠庆生，向她致敬。

2024年1月3日，我专程从海口赴重庆，为吴明珠老人祝寿。大家开心地簇拥着老人，喜庆的蛋糕摆放在桌子中间，旁边堆满了品种各异的西瓜、甜瓜——这是瓜界朋友们送给吴明珠最特别、最暖心的生日礼物。

看到桌上琳琅满目的瓜，吴明珠笑了。她向众人招手："大家吃瓜，这瓜好看，也好吃。"

"吴老师，今天是您的生日，先吃蛋糕还是先吃瓜？"

老人的眼光从蛋糕上飘过，专注地盯着眼前的瓜，似乎在研究瓜上的各种标记。不一会儿，她指着其中一个瓜说："这个瓜口味好，又酸又甜，大家吃这个。"

原来，这是出自老人之手、国内首创、最具特色的风味系列酸甜瓜，是她最为得意的"作品"之一。经过阳光雕琢、时光检验，这瓜形状圆润，酸甜可口。

大家无不叹服，又唏嘘不已。

音乐响起，学生们依次献上鲜花、送上祝福："吴老师生日快乐！"

"谢谢，大家一起快乐！"很普通的话，但从吴明珠口中说出来，深深触动了大家的内心，让人无不动容又倍感温暖。

"瓜三代"王怀松深有感触："这就是吴老师。她总是想着'大家'，很少为自己考虑。她甚至把科研成果无偿送给同行、瓜农，自己一生甘守清贫。"

有人说，吴明珠的天地很小，小得只能装下瓜种。

也有人说，吴明珠的天地很大，她让小小的瓜走出新疆，走向全国乃至世界。

"吴明珠"这个名字已经成为一个甜蜜的传奇，成为一面高扬的旗帜，成为科学家精神和南繁精神的鲜明符号。

新疆人民饮水思源，向他们最爱的"瓜奶奶"表达了最崇高的敬意与最深切的尊重。

2024年7月12日晚，得知新疆方面盛情邀请吴明珠出席新疆·哈密"甜蜜之旅"第十八届哈密瓜节暨第二届哈密瓜产业高质量发展大会的消息，我们三人激动不已——阿依木汗要回家了。于是连夜订票飞新疆，开启了从哈密到吐鲁番的为期六天与吴明珠朝夕相处的"甜蜜之旅"。

跟在重庆见到的吴明珠迥然不同，只见她精神饱满，神情舒展，笑容灿烂，满目深情。

杨夏说，这是妈妈回家才有的精神状态。她潜意识里一定认为，新疆才是她的家。

终于回家了！老人眼角眉梢喜气盈盈。

见到故交挚友，虽然想不起名字、认不得人，她嘴角却不由自主地上扬，眼里泛着泪花。

回到熟悉的地方，老人心中的一抹暖意氤氲开来。她流连久违的瓜地，嗅着瓜果的清香，捧着滚圆的甜瓜，抚摸着、沉醉着，周身充盈着风轻云淡的从容、安详、宁静与高贵。

这几天傍晚，暑气渐退后，我们便推着轮椅陪老人去户外散步。有时不得不惊叹缘分的奇妙，仅仅几天的相处，我们能感受到她发自内心的欢喜和愉悦。她开始喜欢和我们聊天，还常给我们唱歌，唱《达坂城的姑娘》《半个月亮爬上来》《松花江上》《游击队之歌》等，情绪前所未有的饱满。

"吴老师，指甲长了，给您剪一下吧？"听说老人最不愿意剪指甲，我们哄着她。

"不，不要！不行！"她如孩子般委屈着、倔强着，紧紧地攥紧拳头。

"一会儿我们要去瓜地，万一指甲把瓜划伤了咋办？"

她若有所思后勉强同意："好吧，剪了指甲就去瓜地。六点以后可以干活了。"

我心里"咯噔"一下。当年，她每天天刚亮就赶往瓜地干活直至中午十二时左右，吃完午饭躲过吐鲁番最热的时段，又从下午六点干到晚上十点多才收工。显然，这是一个深深刻在她生命中的重要时间节点。

即便到了傍晚，吐鲁番依然酷热难耐，扑面而来的干热风让人如同置身蒸笼里，浑身的水分仿佛要被抽干似的。

此行我们去了吴明珠当年蹲点的吐峪沟采访，路过烈焰腾腾的火焰山时，我们甚至不愿意下车拍照"打卡"，以示到此一游，哪怕仅仅几分钟。在彻底领教吐鲁番那难以言喻的干热后，我们深感震撼：吴明珠年复一年、日复一日地在火焰山下培育瓜果的艰难困苦，如果不是身临其境，是根本无法想象的。

六十多年的坚守，鲐背之年的吴明珠光而不耀，静水流深，初心依然："我这一生，没做什么大事，只是没有背叛理想。"

眼前这位老人是多么美好！

她把育瓜作为生命的全部，穷尽一生只想多结几个瓜——"把瓜的甘甜献给人民"。

这绝不是一句空洞的口号，而是她一生孜孜以求、践履笃行的誓言，这让后来者有信仰、有目标、有力量、有热情。共和国的甜蜜事业，因之薪火相传、蓬勃发展、生生不息。

她的人生，如此简单，又如此辉煌！

她把瓜的甘甜献给人民——她很快乐！

我把她的故事讲给所有"吃瓜群众"——我很甜蜜！

刘颖

2024 年 11 月 26 日

童蒙养正
怀大志

第一章

001

在爱和自由中成长的掌上明珠　002
战乱中的颠沛流离，饱尝国将不国的苦痛　008
战火中，那个暂时能放书桌的地方　010
家国天下，学农成为执念　015

青春从来
系家国

第二章

021

山城破晓，激动的热泪夺眶而出　022
这美好的日子属于我们呀　026
亲历土改，这"农门"入对了　030
祖国需要之时，就是我们挺身而出之际　035

劝课农桑
稼穑艰

第三章

037

"哦，原来她就是吴明珠！"　038
没想到这一锄头下去，竟挖了一辈子的地　043
走出"象牙塔"，踏进"泥土地"　047
亦师亦友的"农田守望者"　051

舍安就困
赴边疆

第四章

059

到祖国最需要的地方去　060
会师北京，从天而降的惊喜　068
人往"低处"走，义无反顾从中央机关到大漠边关　075
为什么去新疆？犯什么错误了？　080
一路向西，无论多大的风都刮不跑我　085

初试清啼
长天破 ｜ 第五章

091

只要能种瓜，什么苦我都能吃　092
在梦想开始的地方，"没有忧愁，只有追求"　102
爱上戈壁滩的骄阳，爱上鄯善的瓜　109
擂台比试，"科学种瓜，亚克西！"　112

情比金坚
同心结 ｜ 第六章

123

如约而至，距离无法打败的爱情　124
简单朴素的婚礼，纯粹美好的浪漫　130
侧骑毛驴，到热浪灼人的吐峪沟收集瓜种　134
娶了一个"瓜痴"　146
初为人母的喜悦与烦恼　153

戈壁滩上
一明珠 ｜ 第七章

163

精神伉俪，十天有九天在"吵架"　164
甜到心窝里的阿依斯汗可口奇　169
只要不离开农业生产第一线，去哪儿都行　177
冬闲人不闲，吐鲁番盆地燃起熊熊的科普之火　183
她布置"作业"，他奋笔"答题"　185

临风含笑
品自高 ｜ 第八章

193

百姓心中无所不能的"杨博士"　194
"文革"流年，生活中的苦辣酸甜和一地鸡毛　201
艾丁湖公社蹲点，一坑馕吃一个月　211
"红心脆"名扬天下　215

沐光而行南繁路 | 第九章

221

追赶太阳，没有什么能阻挡南繁的脚步 222

南繁难烦，说来说去都是瓜的事 226

加代繁育，育种事业驶入快车道 233

海南乡亲的情义，沉沉地积淀在她的血脉里 237

名副其实的"皇后"，新疆甜瓜品种"改朝换代" 240

暖雨晴风科学春 | 第十章

247

科研热情在科学的春天里迸发 248

为瓜奔波为瓜忙的"瓜专员" 252

北疆明珠，南国生辉 258

赛瓜会上，瓜香人欢，马嘶驴叫 265

辞官归田，"我的人生就是想多结几个瓜" 271

"早佳8424"横空出世，一瓜封神 280

瓜之甘甜苦中来 | 第十一章

291

这样的幸福对这个家庭来说，太短暂了 292

27岁的儿子第一次叫"爸爸" 302

这一生，最对不起的就是老杨 306

车祸中，重伤的她和无损的瓜 313

跬步瓜田即寥廓 | 第十二章

317

北瓜南移，新疆哈密瓜在海南结了果 318

偷师学艺的农民学生，尝到了种瓜的甜头 324

"金凤凰"成了海南农民致富的"金钥匙" 327

殷殷嘱托，让"天下第一瓜"走向世界 331

"黄皮9818"跨洋种植，打入美国市场 336

坚而不移
若基石

第十三章

341

情义相投的两姐妹 342

当务之急是要有自己的科技示范园 351

把瓜的甘甜献给人民 354

当选院士，对我来说是新的起点 361

不解决新疆哈密瓜产业化问题，我死不瞑目 366

甜蜜初心
真国士

第十四章

375

给种子插上翅膀，哈密瓜"南移东进"示范推广 376

"风味"和"红皮"：甜瓜特色育种的飞跃 380

把西甜瓜产业带入"国家队" 386

首席科学家：聚体系之力，强农业筋骨 390

从"跟跑"到"领跑"，西甜瓜产业领先世界 397

不辞长作
育瓜人

第十五章

403

唯有"瓜"，能够打败阿尔茨海默病 404

耕土耕心，桃李不言，下自成蹊 412

讲不完的故事，道不尽的真情 423

美丽的阿依木汗，新疆的好女儿 428

天山南北，她播下了民族团结的种子 438

尾声 吐鲁番掀起"甜蜜旋风" 444

附录 给恩师发出的一封久违的信 454

吴明珠年表 458

第一章

童蒙养正怀大志

在爱和自由中成长的掌上明珠

伴随着1930年新年的脚步，吴明珠出生在湖北省汉阳县蔡甸的学田湾。

汉阳，因位于汉水之阳而得名，与汉口、武昌隔江鼎立构成武汉三镇。它东濒长江，北依汉水，江流浩荡，大地葱茏，湖山俊秀，人文斐然，蕴藏着令人过眼难忘的绝佳胜景，拥有着流传千年的历史文化，以及岁月积淀的深邃人文之美。只要提起汉阳，人们的心弦自然而然就被"晴川历历汉阳树，芳草萋萋鹦鹉洲"的无限美好所拨动，思绪不由得沉浸在天际白云、晴川沙洲、芳草绿树、暮江落日之中。

吴家世代书香。吴明珠的祖父吴德亮是晚清进士，年少务农耕读。青年时期，他正逢清政府政治腐败、列强入侵、民族危机深重之际，在救亡图存思潮的激荡下，吴德亮考取公费留学名额赴日本深造，主攻博物学（动物和植物）。在日本，他接触到了西方思想，科学与民主在他心中扎下了根。时逢孙中山在日本组织领导的革命运动，于是他积极追随孙中山加入同盟会。

学成归国后，吴德亮怀着满腔的爱国热情，走上了救国救民、复兴中华民族的革命之路，在广州参加革命活动，其中包括黄花岗起义。

在这场短兵相接的战斗中，吴德亮险些成为黄花岗"第七十三烈士"，在被困巷战、走投无路之际，幸得同情革命的老百姓藏匿掩护，脱离危险。

辛亥革命胜利后，吴德亮立志"以科学和教育救国"，因此，先后在京津鄂等地的教育部门工作。

作为当时颇有名望的博物学专家，吴德亮系商务印书馆1918年出版的《植物学大辞典》和《动物学大辞典》的主要编撰者。蔡元培作序高度评价："吾国近出科学辞典，详博无逾于此者。"

抗战初期，不同俗流的吴德亮信奉"邦有道，则仕；邦无道，则可卷而怀之"的传统观念归隐家乡，潜心研究易经及诗词歌赋。后因心脏病发作去世，享年六十岁。

吴德亮虽以旧礼教维系家庭，但也积极接受新思想。他以教书的薪俸供吴子涵、吴子彬两个儿子读书。

吴子涵是吴明珠的父亲，从小就读英文教会学校，中学毕业后考入山东齐鲁大学，尚未毕业就回湖北省政府工作。

吴子涵先立业后成家，娶了汉口一贺姓富足商户的女儿为妻。1925年8月，儿子吴明培出生；1930年1月3日，又添千金吴明珠。两个孩子的名字投射出吴家对这一双儿女的疼爱与期盼。

吴明珠的母亲饱读诗书，性情温良，贤淑文静，秀外慧中，言行举止中体现出女子的传统美德；在教育培养子女上，做到男女平等、一视同仁、尊重包容，这份见识与开明殊为难得。

吴明培读小学时，吴明珠正开始学习说话。每当吴明培放学回来，在家诵读诗文时，吴明珠便在一旁模仿，像鹦鹉学舌一般。

"话都说不清，别在这儿捣乱，到一边玩去。"吴明培不耐烦地说。

母亲则在一旁慈爱地看着兄妹俩，笑道："妹妹喜欢听哥哥读书。你读你的，不要受影响。"

"……昔孟母，择邻处。子不学，"吴明培背到这里，忽然，吴明珠蹦出三个字"断机杼"，把母亲和哥哥逗乐了："不错啊，再来。"

吴明培起："子曰：学而时习之……"

"不亦说乎。"吴明珠应。

"有朋自远方来……"

"不亦乐乎。"

"人不知而不愠……"

"不亦说乎。"

"哈哈哈，你就会说一个'不亦说乎'，是'不亦君子乎'，你这个小鹦鹉。"吴明培揪了揪妹妹的小辫子，得意地说。

母亲则宠溺地把冰雪聪明的女儿抱在怀里，开始一字一句地教她："鹅，鹅，鹅，曲项向天歌。白毛浮绿水，红掌拨清波。"

这以后，母亲每天让女儿背诵诗词，父亲教女儿识文认字，通过诗、书、礼的教育，引导孩子养正、立志、养德。

"小荷才露尖尖角。"在父母的熏陶和哥哥的带动下，幼小的吴明珠不但会背诵《三字经》《千字文》《弟子规》《论语》《孟子》《笠翁对韵》等国学经典，还会背不少唐诗宋词里的爱国诗篇，比如"生当作人杰，死亦为鬼雄。至今思项羽，不肯过江东""人生自古谁无死，留取丹心照汗青""黄沙百战穿金甲，不破楼兰终不还"等，都能脱口而出。她在学习经典中渐开心智，涵养心性，晦养厚积，接受了立德立身、爱国爱家的启蒙教育。

吴明珠五岁时，母亲因患肺结核过世，这对于年幼的她来说是一个巨大的打击。也许因为她小小年纪就失去了母爱，也许因为她是长孙女，祖父吴德亮对吴明珠十分宠爱，祖孙关系格外亲密。他深明"大抵童子之情，乐嬉游而惮拘检，如草木之始萌芽，舒畅之则条达，摧挠之则衰痿"的道理，经常带着吴明珠和其他孙辈一起

童年时的吴明珠和哥哥吴明培

到乡野田间嬉戏玩耍，亲近自然。

暮春时节，汉阳山林葱郁，草木苗壮。吴德亮常带孩子们去爬凤凰山，在山顶瞰长江、眺全城。沿途，梧桐、香樟、海棠、碧桃、银杏等树木枝叶郁郁葱葱；小径花丛里，五彩缤纷的野花随风摇曳起舞，晶莹的露珠在枝叶间、花蕊间滚动滴落。吴德亮惊喜地发现，吴明珠对各类植物有异于其他孩子的兴趣，看到花草树木非常开心。

"明珠，你趴在地上干什么？快起来。"祖父喊道。

"爷爷，您看这小草，叶子像个小猫爪子一样，白白的花瓣上这颜色，像蓝色又不是蓝色，好特别啊！"

"这叫通泉草，是蓝紫色，因为叶子形状像猫爪，所以有个可爱的名字叫'猫脚迹'……"身为植物学家，吴德亮尽可能用最通俗的语言耐心地告诉孙女。

"那我拔一棵回家去种。"明珠小心翼翼地刨开泥土，连根带土挖了一株。

吴明珠直起身，没走几步又惊喜大叫："爷爷，这紫色的是什么花？叶子大，毛茸茸，花像蒲公英！"祖父笑道："这是泥胡菜，属于菊科的，会和小麦抢营养。"吴明珠忙说："那我们赶紧拔掉它吧。"

祖父又教她识别南苜蓿、鼠麴草、荠菜、繁缕、堇菜等花花草草，吴明珠眼花缭乱，目不暇接，但她觉得野堇菜最为美丽奇特。

"这野堇菜也叫紫花地丁。你把花侧过来，对着阳光看会更好看。"

"真的太好看了，像蝴蝶一样。"吴明珠按祖父教的方法，在阳光下欣赏花的侧颜，只见晶莹剔透的花瓣透出一道道暗紫色的条纹，花朵后面还拖着一条肥肥粗粗的"尾巴"。

看吴明珠张着小嘴，露出惊异的神情，祖父解释道："这个尾巴，植物学上叫'距'，里面盛满了花蜜。蜜蜂钻入'距'中，就会帮助它完成授粉。"

这是吴明珠第一次懵懵懂懂地听到"授粉"二字。

下山时，祖父又带孩子们去看了凤凰山南麓凤凰巷里的一棵古银杏树——这是武汉最古老的树之一。

"知道，知道，这就是古诗'晴川历历汉阳树'里的汉阳树。"堂兄弟们争相抢答，几个人手拉着手合抱住粗壮的树干。

"这也叫银杏树，我背过'文杏裁为梁，香茅结为宇。不知栋里云，去作人间雨。'是王维写的。"

祖父一听，高兴得不得了："不错，不错，银杏树到了秋天，叶子金黄灿烂。但现在这个季节看银杏的花也非常好。明珠，你看，银杏树雌雄异株，和人一样有男女之分。雄树开雄花但不结果，雌株开雌花会结白色的银杏果。"

"哪个是雄花？哪个是雌花？"

祖父不厌其烦地教她一一分辨。

"第一次听说树也分公母，真神奇啊！到了秋天，我们再来看黄色的银杏树吧！"兴致盎然的吴明珠撒娇地央求祖父。

"好好好，到秋天我们再来。"祖父乐呵呵地领着孩子们回家，每个人手里捧着草头、荠菜、马兰头等，晚餐又有时令野菜可尝鲜了。

虽然同祖父共同生活的时间很短，但在吴明珠的记忆中，祖父对孙辈慈爱有加，特别善于寓教于乐，引导孩子们在大自然中感受万物生长的气息，在潜移默化中激发对知识的兴趣和独立思考的能力，为孩子们创造了一个充满温暖和自由的成长空间。

父亲吴子涵秉性耿直，孤傲清高，性情之外兼具才气。他对子女严厉又温情，信奉"腹有诗书气自华"，教育子女多读书、读好书，将来"脚踏实地、学有专长，奉献社会、报效国家。"对女儿吴明珠最是疼爱，常夸她慧心早启，活泼乖巧，希望她求知好学、自立进取，家中各类藏书对她敞开，可以随意阅读。

"蓬生麻中，不扶而直。"成长于一个书香浓厚的家庭环境中，加之父辈们所秉持的敬德修业、读书以济世、重义轻利、自强自立等家风家教的熏陶，深刻地塑造了吴明珠的性格，并引领了她的人生道路。在这样的环境下，她潜移默化地奠定了人生的坚实基础，在不断地探索中深刻体会到科学的力量。这股力量成为她积极向上的动力源泉，指引着她在为人处世中树立了正确的"风向标"。

战乱中的颠沛流离，饱尝国将不国的苦痛

幼小的吴明珠自然不知道祖辈们是如何像一粒种子一样落在了武汉，并在这里生根发芽。她自幼在这片九省通衢之地沐浴着阳光雨露，那里的湖光山色、浮丘半坡的景致，毓秀山湖的秀美，以及流传着风雅故事的每一个晨昏，连同黄鹤楼的巍峨、晴川阁的古韵、古琴台的幽雅、归元寺的庄严、珞珈山的灵秀，共同编织了她童年的梦幻篇章。年复一年，她见证着晴川阁下新芽吐翠、鹦鹉洲上芳草连绵，这片土地自然而然地成为她的心灵故乡，为她的童年记忆添上了生机盎然、充满活力的色彩。

然而，这一切的美好，即将被战争的炮火所吞噬，渐行渐远。

全面抗战时期，中国大片土地战火连天，半壁江山惨遭日寇蹂躏。相较于直接的军事侵略，日寇试图通过文化灭绝中国的手段更为阴险。为了保存珍贵的"读书种子"并为未来的国家重建储备人才，国民政府毅然决定将文化教育机构向内地迁移。

1937年8月，国民政府颁布了《战区内学校处置办法》，规定

"于战事发生或逼近时，量予迁移，其方式得以各校为单位或混合各校各年级学生统筹支配暂行归并或附设于他校"。

1937 年 11 月 11 日，上海沦陷，南京岌岌可危。国民政府宣布迁都重庆，各大中学校和科研机构也陆续内迁。

1938 年，侵华日军前锋逼近吴明珠的家乡武汉。6 月 15 日，抗战史上规模最大的武汉会战爆发，中国军队浴血奋战，战争异常惨烈。遭受日军大举侵袭轰炸的武汉骤然告急，整个城市陷入了动荡不安之中，已"放不下一张平静的书桌！"被战争摧毁的湖北教育事业在黑暗的深渊中苦苦挣扎，武汉的万千学子怀揣着"誓死不当亡国奴"的坚定信念，纷纷随校西迁。

尚在武昌二小读书的吴明珠被战争大潮裹挟，随父亲吴子涵、叔叔吴子彬举家西迁，同行的有奶奶、婶婶，哥哥吴明培，以及堂弟堂妹等人。

一大家人溯江而上，一路历经艰辛。他们先坐轮船到宜昌，几个月后，又坐木船到巴东，再坐汽车到施南（现在的恩施）。

在施南，吴子涵结识了医院护士钱一芸。他仪表堂堂、风度翩翩、风流倜傥，她年轻漂亮、热情活泼、性格开朗。两人一见钟情，迅速坠入爱河，不久便登记结婚。

婚后，钱一芸没生孩子。她对吴子涵亡妻留下的一双儿女视如己出，把所有的爱都倾注到他们身上，一家人生活美满幸福，吴明培和吴明珠也感受到了久违的母爱，那是一种无私且温暖的关怀。

不久，一家人又随湖北建设厅机械厂西迁，经利川步行到四川万县，总算安顿了下来。

回溯 1938 年夏日的那一天，一艘艘船只在战争的炮火中往返穿梭于三峡的激流险滩之中。吴明珠紧紧拽着父亲的衣襟离开汉阳。眼前是满目疮痍的城市，四下逃难的百姓。远处，日军飞机空袭时的火光和轰鸣，空气中弥散着刺鼻的火药味。一向稳若泰山的父亲此时眼里充满了酸楚和无奈、仇恨与痛苦、悲壮与希望："孩子，国破山河在，无国家难存。记住这国仇家恨。我们的根在这里，我们一定会再回来的。"

随着父亲那深长的叹息，吴明珠离生于斯长于斯的这座城、这条江越来越远。

这城，是汉阳老城；这江，是汩汩流过的汉江。

然而谁也没想到，这一走，辗辗转转就是十年。

其间，有家国风云、热血碧涛，有她的青春年少、她的思念忧伤。

"日暮乡关何处是？烟波江上使人愁。""山河破碎风飘絮，身世浮沉雨打萍。"原来吴明珠幼时背过的诗句，竟在不经意间成为她成长过程中难以避免的离愁别绪的写照，是她在动荡年代里逐渐体悟的人生起伏与沧桑。

十年的兵荒马乱、颠沛流离，吴明珠目睹了积贫积弱的祖国受到外敌侵犯，尝到了国将不国的苦痛。殉国者的鲜血、流亡者的热泪，还有那因战乱而随家人迁徙的艰辛苦难。那些生离死别，让她的生命力愈磨愈强，让她更加强烈地意识到，只有国家富强了，才能不被人欺辱，老百姓才能过上安定的生活。

战火中，那个暂时能放书桌的地方

万县位于长江上游、重庆东北部，素有"万川碧峰""万州云"之称。万县城靠山而起，依江而建，自东汉建县以来，已有1800多年的建城历史，因"万川毕汇"而得名，以"万商云集"而闻名，历史悠久，文化厚重。

万县处于水陆交通要道，在抗战时期，因其独特的地理优势及安全性，成为重要安置地和物资中转基地，沦陷区的机关、学校、医院、工厂和群众大量西迁而至。一时间，小小的万县热闹非凡，一跃成为四川省第三大城市，时称"成、渝、万"。

初来万县，先谋生路。吴子涵随建设厅机械厂西迁万县后，在机械厂任厂务主任；吴子彬在重庆植物油料厂任厂务主任。于是，吴明珠就在机械厂附属小学读书。

在堂弟吴明复（吴子彬的长子）的记忆中，姐姐吴明珠从小非常懂事，读书很有天分，学习能力和活动组织能力非常强，一入学就当了班长。每到开周会，吴子涵作为厂领导有时到学校作形势报告，吴明珠就上台主持会议。父女俩配合默契，师生们赞不绝口，一时传为佳话。

1940年，私立武昌大公中学和私立武昌安徽旅鄂中学（安中）都从武昌迁到万县，吴子涵和吴子彬先后转入大公中学和安徽旅鄂中学任高中英语老师，吴子彬又继任大公中学教导主任并兼英文课程教学工作。1942—1943年，吴子彬受聘万县石麟中学任校长。

私立武昌大公中学创办于内忧外患的20世纪30年代，由爱国人士朱秩五、朱贡西于1932年多方筹资和揽集优秀师资承办。武汉沦陷后又几经迁徙，在万县葵花寨找到了存身之地。

当时，万县频遭敌机轰炸，地处葵花寨山坳的大公中学相对较为安宁。学校迁来后，除恢复原来的高中部和初中部外，还增收了高初中女学生，学生最多时有1200多人。

万县石麟中学是1936秋由开明人士石竹轩先生独捐银洋十万元始创的。当时，《万州日报》以大标题《惊人义举》、小标题《县人石竹轩氏独捐巨款办学》做了专门报道，在当地颇为轰动。后因"七七"卢沟桥事变爆发，宋美龄所领导的全国战时儿童保育委员会所辖的战时儿童生产教养院商借石中校址，所以到1939年秋才正式开学。

虽值战时，但乡间环境清幽，学风清新淳朴，石竹轩以优厚的薪资待遇聘请各地流亡万县的博学之士、知名教师任教，一时俊彦云集。

吴明珠和堂弟吴明复年龄相近，感情最深，姐弟俩初中阶段（1941年9月—1944年7月）先后在大公中学和石麟中学就读。

在战时十分困难的条件下，学校一切全凭自筹自给、自力更生，对来自战区、生活困难的学生实行免费入学，提供食宿、发放教材文具等，想尽办法让学生渡过难关。

吴明珠虽是教工子弟，但她从没有任何的特殊和优越感，每天都和同学们一起身穿童子军校服，头戴船形帽，早早到学校，听号声上课、出操，还要时不时躲避敌机轰炸，一旦防空警报响起，大家都要赶紧往防空洞里跑。

尽管生活艰苦，学习时断时续，但乖巧懂事的吴明珠特别珍惜异乎寻常的学习机会，废寝忘食，刻苦用功，从来不需要老师督促，学习成绩一直名列前茅。

高中阶段（1944年9月—1947年7月），吴明珠来到安徽旅鄂中学就读。这所学校是20世纪30年代由安徽旅居武汉的热心教育人士倡议创建的，1938年12月迁至万县大周乡里牌溪。

最令人感动的是，在动荡不安的战时，仍然有大批仁人志士致力于教育兴邦，尽最大的力量兴办最优秀的教育，奋力播撒知识的火种。教英文的吴子涵和吴子彬两兄弟，在同学们的眼里"有点洋气"，还多才多艺，课余担任球赛裁判，指导学生排演戏剧，深受学生爱戴。

正因为有众多安于清贫、潜心施教的资深教师、教育名家齐聚安徽旅鄂中学，学生们在战乱中享受到了一流的基础教育。

安徽旅鄂中学的学习风气浓厚，校园里、操场上、田野中都是琅琅的诵读声。晚自习，有两个同学共用一盏碟形烧灯草的桐油灯，脸上被熏得黑黢黢的，鼻孔熏得像个小烟囱，大家只看见别人的黑看不见自己的黑，便相互打趣取笑。

吴明珠志存高远，潜心读书，常常在晚自习后将其他碟中残余的灯油收集起来继续学习，直到吹了熄灯号，管理生活的老师前来催促，才回宿舍睡觉。她说，要想不当亡国奴，就必须发奋读书。

高中三年，吴明珠德智体全面发展，品行学业俱佳。她读书多而杂，涉猎范围很广泛，很早就接触到一些国内外的文学名著，爱读名人传记。

学校物质生活虽很艰苦，精神生活却丰富多彩。校园里歌声此起彼伏，《长城谣》《流亡三部曲》等爱国歌曲最为流行，有些同学亲人离散且音信阻隔，思乡的愁绪笼罩在心头，常常是一人唱引得大家一起哭。《渔光曲》《黄河大合唱》《到敌人后方去》《游击队歌》《毕业歌》等，同学们更是从进校一直唱到毕业。每当唱到动情之处，同学们便高声呐喊，群情激奋，仿佛怒涛激荡，国仇家恨之情溢于言表，真正唱出了"担负起天下兴亡"的壮志豪情。

吴明珠生性活泼开朗，思维敏捷、口齿伶俐，文静的外表下蕴藏着无限的活力与热情。作为文艺积极分子，她热衷于参加学校的各种竞赛和各类文艺活动，英文演讲、唱歌、舞蹈等才艺突出，还主演过歌剧《天鹅湖》。

川东气候温和，臭虫繁殖很快，十分扰人。吴明珠和同学们睡的是木床和竹笆，臭虫就隐蔽于床板与床架间、被褥床垫中，每晚遭其叮咬，瘙痒难耐，夜不能寐。当时还没有化学药品用于杀虫，因此，教工们专门建了一个大窑来烧开水，通过"热处理"的方式来消灭臭虫。但臭虫无孔不入，甚至钻进地板、天花板，大家被咬得苦不堪言。

当时，物资供应不上，师生常以糙米果腹，也吃掺有砂子、细石子、稗子、稻子等杂物且又发霉的米，饮食以蔬菜、豆类为主。学校为求生计，自力更生，种菜养猪。每周三，学校设法改善伙

中学时期的吴明珠

在万县求学时，吴明珠多才多艺，品学兼优

食，打打"牙祭"。

战争在进行，但知识的传承与教育从未中断。

全面抗战这八年，也是吴明珠一生难忘的学习时光。国破城陷，激荡起了她无比强烈的爱国热情与求知欲。这段经历让青春的热血和理想深入骨髓，根植心间，并与她终身相伴，终身受益。

家国天下，学农成为执念

抗战胜利后，吴明珠一家继续在万县生活。继母钱一芸一直视吴明珠若掌上明珠，每逢吴明珠礼拜天回家，钱一芸就烧水给她洗头洗澡。进入青春期的吴明珠仍像以往一样滔滔不绝地跟钱一芸讲学校里的趣事。

1947年，吴明培从国立中央大学教育学院毕业后，分配到南京教育系统任理论教员，并与同学徐惠先结婚。吴明珠来到南京哥哥家中，于中央大学补习功课，备考大学。

1948年，吴子涵和钱一芸带着一家老少回迁武汉市汉阳蔡甸学田湾。

为解决生活问题，吴子涵和刚刚高中毕业的侄子吴明晋在村里办了一所民办学校，教村里的孩子学习文化知识。孩子们则以大米、蔬菜作为学费，生活虽简朴却也平静安逸。每逢假期，吴明珠便回武汉与家人团聚。

一天，钱一芸发现女儿持续咳嗽、咳痰，再一摸额头，低烧、盗汗："明珠，你是不是病了？人也瘦了。"

"最近总是咳嗽，觉得没有力气。可能是感冒了，不要紧！"

"不行，我带你到医院去检查，不能耽误了。"

在医院进行相关筛查后，吴明珠被确诊感染了肺结核，这在当时可是要命的病。

吴明珠只好留在武汉养病，并自学。在钱一芸的悉心照料下，身体逐渐好转。为打发无聊的日子，她腾出一个房间养起蚕来。她通过书本一点一滴地积累养蚕知识，观察蚕的生长发育过程，包括吐丝、结茧、化蛹、羽化成蛾，以及最终产卵的每一个细节。

吴明咖十分好奇，每天跟在堂姐后面，帮忙给蚕喂桑叶，清理卫生。

"明咖，桑叶一定要洗净晾干，不能潮湿。现在蚕那么小，要用嫩叶喂养，等它们长大一些，才可以喂老桑叶。"吴明珠一边用剪刀将桑叶剪成小条，一边叮嘱吴明咖。

看着幼蚕经过四次蜕皮，逐渐长成体态肥硕、皮肤透明的熟蚕，再看着它们头胸昂起，口吐丝缕，左右上下摆动，结出一个个椭圆形的茧，将自己严严实实地包裹在内……

吴明珠是那么投入，那么专注。她小心翼翼地一层层剥去茧衣，抽出柔软的蚕丝，为自己缝制了一床柔柔软软的小蚕丝被。吴明咖会求姐姐给她盖上这被子享受一小会儿。

土改开始后，村里突然来人，以"历史问题交代不清"为由，把吴子涵抓去劳改。据说是因为他1928年加入过国民党，后又在伪政府做过事。

一家人生活随即陷入困顿，只能靠钱一芸带家人种一些粮食、蔬菜维持生计。

在劳改期间，公安机关对吴子涵查来查去也没查出什么问题，于是认定"此人并无大恶"，一年后将他释放。

此后，吴子涵便带领全家老小去了南京儿子家，在南京成贤街长康里二号定居。

吴明珠在颠沛流离中坚持学业，在苦难淬炼中坚定科学报国的信仰。在她报考大学前，吴子涵和她聊起专业方向，希望她报考理工科，将来当个工程师，或者学文学："你的文学基础比较扎实，女孩子学文学安安稳稳也很好。"

吴明珠毫不犹豫地说："爸爸，我想报考农学。"

吴子涵一时没有反应过来："哦？说说你的理由。"

吴明珠笑着说："这还要什么理由？当然是吴家的传承。我从小跟随爷爷走进田野，亲近自然，看春去秋来，稻青稻黄，听风吹树梢，鸟鸣虫唱。我喜欢各种动植物，对养鸡养鸭、种花种菜特别感兴趣。前一阵子养蚕，不是也养得很好吗？农学，是土壤和作物的学问、自然与科学的探索，每一门课程都充满了实践的乐趣。"

吴子涵对女儿说的话没有疑义。他知道，这离不开吴家对子女的启蒙教育——那颗农业的"种子"，其实早就深埋在了女儿的心底。

吴明珠刚会说话就开始背古诗了。"锄禾日当午，汗滴禾下土。""春种一粒粟，秋收万颗子。""田家少闲月，五月人倍忙。"……这些古诗词，她都背得滚瓜烂熟。那时的她，或许还未完全理解，只是默默地背诵，背着背着，那些关于重视农业、劝勉耕作以及珍惜粮食的诗句，就深深地烙在她的脑海中，渗进她的血液里。正是这些古典诗词的滋养，孕育了她后来如种子般顽强且充满生命力的精神力量。

随着年龄渐长，祖父吴德亮牵头编撰的《植物学大辞典》和《动物学大辞典》成为吴明珠最喜欢翻阅的书籍，在潜移默化的熏陶下，她心中悄然种下了学农的种子，在润物无声的教化中成就了一生的热爱。

吴明珠特别感念父亲对祖父的敬重与孝敬："爸爸，当年面对日本飞机的狂轰滥炸，跑警报躲防空，你们其他东西都可以丢弃，唯独对爷爷的书稿和著作视若生命，牢牢护其安全，使它们成了我最好的启蒙读物。"

特别是《植物学大辞典》，堪称植物的完整百科，相当精美和震撼。书中先介绍植物的分类、生长期，再深入浅出、循序渐进地介绍植物的种子、根、茎、枝条、叶片、花朵、果实等，文字旁边多附有简笔勾勒的插图，如土马骔、土常山、土参、交让木、土茯苓等植物，图文并茂，化繁杂为简明，令吴明珠印象深刻。

吴明珠在了解种子变化的过程中，感受到生死之间的波澜起伏——"种子既是植物生命的开端，也是终结。种子在形成过程中，进入全新而特定的生命阶段，完成自我复制的繁殖之旅，又长出全新的一代，这是多么奇妙的过程啊！"她自言自语，陶醉其中，开始理解植物何其伟大。

沉浸其中的吴明珠并不认为这大部头典籍艰难晦涩，书本上描绘的那些植物，它们的花瓣、枝条、根茎，在她眼里仿佛都生动鲜活起来。她细细品读，从中领悟到了草木生存的智慧与奥秘。辞典的科普性质让她能够较为系统地掌握植物的基础知识，理解植物从发芽、生长到繁殖的全过程，以及它们如何与环境相互作用。这不仅为她构建了扎实的植物知识体系，还极大地丰富了她对植物的认知。她日后投身于园艺学研究，正是源于自幼对植物学的浓厚兴趣和这份爱好的自然延伸与深化。

或许正是由于这些知识的长期熏陶与积累，所以在安徽旅鄂中学读高中时，吴明珠的农业课学得最好。

"爸爸，您还记得潘蒲迁老师吧？我最爱听他讲摩尔根的遗传学，太有趣了。喜欢潘老师带我们到野外采集标本，制作标本，进行展览评比。我掌握了认识植物、分类植物的方法，我好像对学农着了迷。"

"怎么不记得！他还告诉我，你制作的植物标本参加全校的展评，得了第一。"共事多年，吴子涵当然记得潘老师，潘老师常在他面前夸赞女儿，说她悟性高，在学科知识上的掌握程度远超其他同学，是一个学农的好苗子，对她寄予很高期望。

"潘老师常对我们说，民以食为天。我国是个落后的农业国，农业基础相当薄弱，而农业的落后根本上是科学技术的落后。现在，国家最需要的就是农业方面的人才，老师鼓励我们学农，将来一定会大有作为。"老师的话使吴明珠更加明晰了自己的专业路径，将来以自己所学的知识服务农业生产，成为她的执念。

农业是立国之本，这个道理吴子涵自然是懂的。目睹"面朝黄土背朝天"的农民，千百年来辛勤劳作，却只能在瘠薄的土地上收获着微薄的希望，加上战争、饥荒等天灾人祸，导致粮食极度匮乏，百姓流离失所，吴子涵深知要改变"良田万顷，却产不足以果腹"的现状，必须用科技引领农业生产方式的革新。但他心疼女儿，还是想让女儿放弃学农："明珠，女孩子学农是很苦的！田间地头风吹日晒，当一辈子农民，你这个大小姐吃得了这个苦吗？"

吴明珠力陈己见："爸爸，您不是一直教育我们兄妹要学有专长，做一个对国家对社会有贡献的人吗？我志在学农，也做好了吃苦的准备。'天将降大任于是人也，必先苦其心志，劳其筋骨，饿其体肤，空乏其身……'不吃苦怎么能成才？您就放心吧！我还想远行独立，到重庆去上大学，毕竟我在那里生活了10年，对那里比较熟悉，也有感情。"

"唉，你这个犟脾气和我一样。"吴子涵望着眼前的女儿，觉得她一下子长大了，要展翅高飞了，既欣慰又不舍。

1949年9月，吴明珠怀揣着对农业的热爱与希望，以优异的成绩考入四川省立教育学院园艺系。

这一步，改变了她的人生轨迹，为她丰富传奇的一生奠定了基础。

第二章

青春从来系家国

山城破晓，激动的热泪夺眶而出

坐落在重庆市沙坪坝磁器口喊天堡的四川省立教育学院源于1906年建立的川东师范学堂。

川东师范学堂是清政府在重庆正式创办的第一所正规师范学府，首开西南近代新学之风。1936年，二十一军部之中心农事试验场与川东师范学堂附设立乡村师范专修科合并，更名为四川省立教育学院，初设农事教育和乡村教育两个系。后逐步发展，至1949年，已有教育、博物、农艺、园艺、农制等九个系。

吴明珠所在的农科园艺系也是学校设立比较早、比较成熟、师资力量比较强的系。

新中国成立之初，滚滚铁流还在大地上奔突，战争的余烬还没有熄灭，西南地区仍在国民党统治之下。"解放大西南，解放全中国！""把红旗播遍大西南！"一时呼声震天，志在必得。

夜晚熄灯后，往往是宿舍同学酣畅卧谈之时。1949年10月2日晚，吴明珠所在的女生宿舍，大家几乎彻夜未眠。

"你们听说了吗？就在昨天，中华人民共和国成立了。"尽管罗绍纯放低了声音，还是把大家的兴头激了起来。

"你怎么知道的，快说来听听。"吴明珠激动得一下子从小床上弹了起来。

"咱们学校里有共产党地下组织,应该是他们传出的消息。同学们,黑夜即将过去,黎明就要到来了!"

"不知道重庆什么时候能解放,要是解放军现在打过来就好了。"大家的心情极为迫切。

"其实真不希望打仗,但这个仗不打,我们的苦难就不会到头。看我们过的是什么日子,贪腐盛行,通货膨胀,物价暴涨,老百姓对币制改革深恶痛疾,金圆券简直成了一大噩梦,多少人倾家荡产。"吴明珠想起武汉会战时,在日寇炸弹轰炸中举家西迁逃难的情景,原以为抗战胜利后能过上和平的生活,岂料国民党腐败统治搞得民不聊生。

"是啊,现在买一包糖要几万块钱,一个大学教授的月薪仅够买三袋面粉,普通百姓的艰难可想而知。国民党人心尽失,必然垮台。共产党得人心,真羡慕解放区的同胞。"同学们盼望着、憧憬着。

个体的生活总是与社会相连,只有经历过无情的炮火,才懂得生命的脆弱、和平的可贵。吴明珠在黑暗和动荡中向往着光明和希望,她感受到一个全新的时代正向她走来。她和舍友们一遍又一遍轻轻地唱着:"没有共产党就没有新中国,没有共产党就没有新中国,共产党辛劳为民族,共产党他一心救中国,他指给了人民解放的道路,他领导中国走向光明……"低回婉转的歌声传递出特有的情感和力量。

1949年11月26日,吴明珠就经历了隆隆炮火的洗礼——那就是解放重庆城外围持续时间最长、最激烈的南泉战役。

炮声如雷、枪声似风,打得昏天黑地、日月无光,南泉草燃树断、弹坑遍布、硝烟弥漫。直到11月28日晚11时半,国民党南泉守军连夜四散溃逃,国民党大西南防线彻底崩溃。11月30日,重庆宣告解放。

山城破晓，历史翻开了崭新的一页。

吴明珠和同学们在学校听到了隆隆的炮火声。短短几天里，经历了从紧张惊恐到兴奋期待，再到欢呼雀跃，喜迎解放的过程。

11月29日，天空被雾霾笼罩，显得格外阴沉。吴明珠在日记中有这样的描述：

一早起来，学校空气大为紧张，图书馆和大礼堂都驻扎了许多兵，我们停课了。

下午3时，许同学慌慌张张地跑进来说，二十四兵工厂就要爆炸了！我提起小包就往外跑，那一刻心头交织着慌乱和紧张……为生命安全起见，父母给我们的宝贵身体，不能做无谓的牺牲。

隆隆的炮声持续不断，女生部已经闹得天翻地覆，有的抓了铺盖往科学馆跑，有的跑到男生宿舍去了。

晚上，学校通知同学们零点以前不要睡觉，我们看到中美合作所方向火光熊熊。后来只要火光一闪，我们就伏下去，完了又爬起来。大炮的声音也听得十分清晰，这是我生平第一次听见炮声。虽然气氛十分紧张，我的内心却感到兴奋。不知怎么，我就没有想到一个怕字。我很庆幸自己能经历这么一次考验。我该学习着镇静下来，迎接一个伟大的时刻吧。

看着中美合作所的火焰慢慢熄灭了，我好像觉得黑暗要驱散，黎明就要来到了！

是啊，黎明就要到来了。一夜无眠，吴明珠既忐忑不安又紧张兴奋。早晨六点钟，她和申祈秀、李才江、罗绍纯等同学一起到小河边洗漱。河边挤满了同学，大家议论纷纷，有的说解放军已渡江接收了重庆，有的说还在海棠溪，还有的说歌乐山要当战场，因为这儿是第三防线……众说纷纭，莫衷一是，谁也不能对时局作出准确的判断，吴明珠觉得自己盼望解放的心都要跳出来了。

12月1日，班上彭复霖、廖式宣、罗贵仪等男同学说，解放军已经到磁器口了，大家都不相信。

彭复霖兴奋地说："听说昨天凌晨，重庆社会大学的同学在'抗战胜利纪功碑'升起了迎接解放的第一面红旗。"

罗贵仪神秘地从口袋里拿出一张人民券给大家看，大家争相传阅。

这是1949年1月发行的壹圆券。纸币上一位工人肩扛铁锤在前面大步行进，一位农民肩扛锄头紧随其后，两人精神抖擞，神采奕奕。远处有低矮厂房和正喷出滚滚浓烟的大烟囱。这张人民券让在场的所有人耳目一新，体现了新社会劳动人民翻身当家作主人的生动主题，鲜明的时代气息和劳动氛围扑面而来。

"啊，解放军进城啦，重庆解放啦！"一时间，科学馆沸腾起来了。

吴明珠兴奋地随着人群跳上跳下，感觉那一刹那，内心的束缚都解放了，所有的情绪一下子都释放了："真想不到，只睡了一夜就改朝换代了，真有说不出的开心。""渴望、渴望已久的一天终于来到了！"

"走，我们到磁器口去迎接解放军！"胆小的李才江、罗绍纯想拉吴明珠都拉不住，只见她像一阵风一样往磁器口飞奔而去了。

街道两旁人山人海，红旗如林，锣鼓喧天，瘦小的吴明珠挤在人群中，万众欢腾的浪潮声在耳边此起彼伏。她心跳加速，不停地欢呼，挥舞着双手，热烈欢迎正在行进的解放军，欢喜的泪水夺眶而出。

这是刘伯承和邓小平率领的解放军第二野战军。战士们穿着灰色军服，佩戴着五角星帽徽和"中国人民解放军"的胸章，有的还佩戴着淮海战役和渡江战役纪念章，有一种神圣不可侵犯的威严。

战士们军容整齐，歌声嘹亮："向前、向前、向前，我们的队伍向太阳……"

同学们对解放军非常崇拜，胆大的同学纷纷围上去问这问那，战士们都很和蔼，礼貌地一一作答。从他们的谈吐中，吴明珠感觉他们有相当的知识水准，有训练、有纪律，和国民党士兵完全不一样。

这一天，是吴明珠一生中最快乐的一天，她一直沉浸在激动和兴奋之中。新中国曙光初现，一个崭新的时代即将开始，一个全新的建设高潮即将到来。

这美好的日子属于我们呀

解放了，天晴了，但在歌乐山下的国民党军统集中营，却是血迹遍地……

1949年12月2日，学校组织部分学生代表去歌乐山，参观集残忍、恐怖与屠杀于一体的特务机构和监狱——中美合作所。

吴明珠没想到自己能成为第一批来这里参观的学生。她带上干粮，早上九点左右从学校出发，前往歌乐山。山上绿草如茵，林木遮天，小溪潺潺，如果不是亲眼所见，吴明珠真不敢相信，这鸟语花香处竟隐藏着两座吃人的魔窟——白公馆和渣滓洞。

他们先到白公馆（香山别墅），据说这里关押的人员都是军统特务认为级别较高、案情重大的政治犯。

一进大门，便看见被战火烧毁的大礼堂。

"明珠，快来看，这里还有好多书呢！"吴明珠循着李才江的声音望去，只见一间监房里有许多报刊，分门别类归整得很好。每本报刊上面写着年月日，都是两年以前的东西，还有几本俄文杂志和其他书。

由此可见被关押在这里的这位烈士虽然身陷囹圄，但革命意志并没有消沉，还在如饥似渴地学习一切知识。然而就在 11 月 27 日，在解放军抵达前的几小时，国民党特务们对关押在白公馆、渣滓洞监狱里的革命人士进行了疯狂的集体大屠杀。

"唉，三百多名烈士就这样惨死在黎明前的黑暗里，真是太悲壮了。"吴明珠和同学们眼里泛着泪花，边参观边义愤填膺地议论着。

一会儿，有记者团过来了。几位从白公馆死里逃生的人为记者们做向导，一路描述着大屠杀时的情景。吴明珠和同学们随着记者团去看了屠杀现场，她几近窒息，说不出一句话，除了恐惧震惊，更多的是愤怒。

因为太过愤怒，吴明珠和同学们不愿也不忍再去渣滓洞了。

一天的所见所闻，给吴明珠带来强烈的震撼，一次又一次被革命烈士惊天地、泣鬼神的事迹所感动。

12 月 6 日晚上，得知沙坪坝放映露天电影《丹娘》，她约同学一起冒雨赶了十几里的夜路去看这部电影。

《丹娘》讲述了苏联卫国战争中女英雄卓娅的一生。随着剧情的展开，卓娅坚贞不屈、视死如归的精神深深地打动了吴明珠。卓娅就义前的最后一句话"为祖国和人民而死，这是幸福"，一直在她脑海里回荡。

在当晚的日记里，吴明珠写道："看了这位女英雄的事迹，我是多么惭愧啊，我能学习到一点点就好了。的确，一个人的一辈子不做出一番轰轰烈烈的事业，怎么对得起生命啊！"

学校上下也都行动起来，师生们忙着 12 月 8 日晚上举行欢庆重庆解放的大游行。

月光下、晚风中，各个系都组织队伍到大操场上扭秧歌，进三步退一步，一边舞一边唱："嗦啦嗦啦哆啦哆，嗦哆啦嗦咪咪咪，咪啦嗦咪咪哆咪，咪嗦咪咪哆啦哆……"队形也随之变化，不断有人加入秧歌行列。一些同学高唱《没有共产党就没有新中国》《团结就是力量》《解放区的天是明朗的天》等革命歌曲，表达对已经到来的新生活的热爱。大家兴高采烈地唱啊，跳啊，尽情地扭啊，沉醉在胜利的狂歌欢舞中。

彼时的吴明珠真真切切地感受到了新生活的召唤。整天忙忙碌碌的她甚至忘了给家里写信，以至于爸爸来信埋怨她："给你写了几封信，你不应该只给家里回一封信，害得家人着急。"

她边看信边检讨自己太懒，又承认自己忙得的确没有想到这些。

新中国成立后，人民军队开启正规化、现代化建设的新征程。党中央将目光投向青年知识分子，号召他们"到祖国最需要的岗位建功立业"，重庆各大院校也进行了广泛的宣传动员。

那些天，吴明珠周围许多同学都参军入伍了，每每送走一位同学进城入营，她就会陷入纠结之中——想去参军，又舍不得丢下自己热爱的农学专业，不去参军又怕别人说自己思想落后。吴明珠陷入了从来没有过的苦恼之中。思来想去，她想起自小父亲给她灌输的思想，只有学有专长，才能更好地奉献社会，百废待兴的国家需要有知识有文化的人才能建设得更好。

"好吧，我就在学校做一个坚守岗位的战士，再也不动摇了。不管形势怎么变化，不变的就是要上进努力，诚实勤奋，利用所有的时间学好专业知识，更好地为国家作贡献。"吴明珠鞭策着自己，勤学不辍，充分享受着学习的乐趣，各门功课成绩遥遥领先，被选为学校学习工作委员会的常务委员。

学校，是求知的园地，也是思想的牧场。1949年重庆解放后的这些日子，正是中国经历最根本变革的历史时刻。对吴明珠个人来说，这也是对她一生产生了极大影响、令她刻骨铭心的特殊时期。新旧社会的强烈反差，一系列的革命启蒙教育，为青年时期的吴明珠指明了人生方向。她率先站到迎接新社会的前列，感受到了浓厚的热爱祖国、追求进步的政治空气。

最让吴明珠难忘的是，1950年5月4日这一天，她成了一名光荣的新民主主义青年团员。

在全院上千名青年学生面前，吴明珠举起右手庄严地宣誓。学校还举行了"团日"文艺演出，吴明珠带领新团员朗诵了即兴创作的诗歌《在青年团的旗帜下》——

男生（领）：勇敢起来吧/年轻的同学
（合）：在党的培育下/洗涤你的思想/荡涤你的灰尘/让雨后的繁花/开遍祖国
女生（领）：勇敢起来吧/年轻的同学
（合）：在青年团的旗帜下/挺起你的胸膛/坚强你的意志/让青春的活力/激荡世界……

在掌声欢呼声中，吴明珠激情澎湃、热血沸腾，这是她发自肺腑的声音啊！

她在日记中写道：

从今天起，自己才是一个真正的人站在这个世界上了。我们都是党教育下的热血青年，多么伟大的使命，担负在我们这一代青年人的肩上。我要鼓起勇气了断自私的根苗，在国家利益、人民利益面前，没有个人利益。国家需要我怎么做，我就怎么做，哪怕流血牺牲也是光荣的。站稳立场，站稳立场！

吴明珠把 5 月 4 日这一天当作自己的第二个生日，深深地印在脑海中，随时对照入团誓词反省自己，全身心投入学习文化知识和做好团的工作上。

就在这时，又一个振奋人心的好消息传来：国家计划在重庆设立西南农学院，四川省立教育学院农科三系的学生将转入西南农学院，成为该院第一批大学生。

亲历土改，这"农门"入对了

大西南解放后，百废待兴。

1950 年，西南文教部考虑以四川省立教育学院农科三系（农艺系、园艺和农产制造系）为基础，建立西南农学院。新址选定在北碚夏坝。当时的北碚夏坝与成都华西坝、重庆沙坪坝、江津白沙坝共同被誉为抗战时期大后方的"文化四坝"。

夏坝是西南军政委员会农林部、川东行署农业厅、北碚农事试验场、川东农林试验场等单位驻地，将新合并成立的西南农学院校址定在夏坝，显然有利于师生们开展科研和农场实习。

得知学校要从磁器口搬到夏坝，作为农学院的第一批学生，同学们异常兴奋。学校从"教育学院"改为"农学院"，农业教育特色更加鲜明，农学专业性更强。接下来，吴明珠和同学们全力以赴投入学校整体搬迁和建设中。全校师生肩扛手提担挑，水运陆运并用，把图书资料、仪器设备等一一搬到位于夏坝的新校址。

学校照顾年纪稍大或身体比较瘦弱的师生乘坐木船，沿嘉陵江逆流而上前往新校区。大多数师生则成群结队，结伴而行，负重徒步四十多公里山路到达新学校。

吴明珠和康杏媛、申祈秀、罗绍纯等女同学一路边走边唱、说说笑笑，累了，就地歇息片刻；渴了，喝点清甜的山泉水。大家相互帮助、相互鼓劲，并不觉得路途遥远。

正当她们爬上一个山坡休息时，一群男生赶了上来："嗨，你们几个女生不简单啊，个子不高，背的东西还不少。需要我们帮忙吗？"

吴明珠笑着一口回绝："不要瞧不起女生，我们已经搬了第三趟啦！"

其中一个消瘦斯文、目光清澈、笑容灿烂的男生竖起大拇指："厉害厉害，巾帼不让须眉。请问你们是哪个系的？"

"我们是园艺系果蔬专业的，你们呢？"

男生们争先恐后地抢着回答："我们是农艺系的，我叫杨其祐，我叫袁隆平，我叫张本，我叫……新学校见。"

"新学校见。"女生们礼貌地挥挥手。

看着他们远去的身影，吴明珠转过身来问："咦，他们叫什么名字来着？"

"哎哟，没听清。"

"嗨，没在意，不记得了。"

刚一扭头就不记得了，女生们嘻嘻哈哈笑成一团。

不到一个月，西南农学院完成了由磁器口向夏坝的历史大搬迁。

缙云山麓、嘉陵江畔，新的学校、新的气象。同学们课堂上是学生，课余是新学校的建设者。大家一起动手建起了实验室、气象观测台、实验稻田、实验农场等，还搭建大棚作为食堂和澡堂，虽简陋也算是该有的都有了，初步具备了一所正规大学的模样。

那是一个凯歌行进的年代，一个青春勃发的年代。作为学校为数不多的青年团员，吴明珠踊跃报名参加社会实践活动，先后到大足和涪陵参加农村土地改革工作。

1950 年 5 月，吴明珠第一次报名去大足，班上一些同学并不感兴趣，于是，吴明珠主动耐心做动员工作："我们平时口口声声为人民服务，现在就是到了为人民服务的时候啊！"

"明珠，看来我们还是落后了，向你这个青年团员学习，明天就去报名。"

参与土地改革是一项光荣而艰巨的任务，出发前夜，吴明珠激动得睡不着觉。为轻装出行，她把行李精简再精简，小镜子、擦脸油等"无关紧要"的物品都被拿了出来，背包里主要是宣传土改政策的书及日记本、纸笔，还有必备的换洗衣服、蜡烛、手电筒、铝饭盒、搪瓷缸等，只带一个洗脸洗脚并用的脸盆。她对即将面临的挑战充满期待，暗下决心要站在人民的立场，在新的天地锻炼自己、改造自己，要在思想上打一个胜仗。

5月15日早晨，学校举行了欢送土改工作队出征仪式，吴明珠上台代表参加土改的八十多位同学接过锦旗和鲜花，郑重表态："能到人民最需要的地方去，到土地改革的一线去锻炼，是莫大的光荣，一定要起到青年团员的模范带头作用，不辱使命，完成任务。"

一路上，吴明珠擎着红旗，背着行李走在队伍前列。忽然肚子开始隐隐作痛，没想到生理期竟提前了。

同学看到她脚步放缓、脸色煞白，关切地问："明珠，你怎么脸色煞白，一头一脸的虚汗？要不要休息一下？"

她担心自己不能走完四十多公里的行程，生怕拖了大家的后腿："没事儿，你们先走，我喝点水休息一下就跟上你们。"

看着前行的队伍，吴明珠给自己打气："这点困难算什么，更大的困难还在后面呢，我不能被自己给打倒。"最终强大的精神力量战胜了疼痛，她为自己感到十分骄傲。

到了农村，大家开始了与当地百姓同吃、同住、同劳动的"三同"生活。来自各个学校的同学重新混合编组，吴明珠和重庆巴县农业学校的李同学、郭同学、王同学4人一组，她被推选为小组长。

他们住在大足古佛寺，主要承担建团和调查统计工作。

吴明珠趁热打铁开了个小组讨论会，纠正了有的同学单纯抱着参加土改是"为体验生活""为了学习锻炼"的片面认识，明确"通过为人民服务来锻炼自己"的观点："只要把为人民服务的工作做好了，个人的能力也一定会得到提高。"大家还相互约定在农村交一个农民朋友。

真正到了农村，才知道长期处于剥削和压迫之下的农民生活十分困苦。贫穷之外，农民们在思想上还有顾虑，许多人担忧土改结束后会"变天"，怕地主打击报复。吴明珠他们苦口婆心地做农民的工作，嘴巴都说干了，可农民还是将信将疑，顾虑重重，未能给予积极的配合。

"要让农民自己解放自己。"吴明珠带领小组成员一起发动群众、组织群众、引导群众，但做着做着不禁有些灰心丧气。

在走访时，和农民没说几句话就相对无言了；有时很热心地给农民讲"生产资料"和"生产关系"，讲党的土改政策，讲青年团的责任义务，结果农民听得似懂非懂。

学院带队老师是一位南下老干部，在了解了各小组的工作进展情况后，看出了吴明珠的焦虑，开导她说："这点困难就把你吓倒了？先烈们为建立新中国，不怕流血牺牲，甚至献出了宝贵的生命。你们这就退缩了？"

吴明珠说："我们不是害怕困难，主要是担心工作进度不快，完成不了任务。"

"这说明什么？说明你们书生气太足，学生腔太重，不熟悉农村，不懂得农村工作的方法，不知道如何接近农民，没有真正走到农民中间去。"

吴明珠茅塞顿开，其实她在几天的工作中看到这位带队老师和农民打成一片，看到他全心全意为人民服务的精神，一下找到了自己的差距。

当晚，吴明珠召开小组会检讨工作停滞不前的原因。

"还是急于求成，流于表面化，没有真正接近农民，没有打动他们的心。"

"发动农民不彻底，耐心不够，分配时间不够合理。"

"不是说要交一个农民朋友吗？我们的农民朋友在哪里？一定要和农民群众打成一片。"

思路一变天地宽，大家的情绪又被调动起来了。他们的家访不再是走马观花，他们的政策宣传不再是纸上谈兵，他们通过访贫问苦、扎根串联和深入调查等方式去做农民的思想工作，主动依靠农村中的积极分子，充分发挥群众的智慧和力量开展工作，渐渐打开了工作局面。

"老师，这是这些天的统计数据分析，这是我们开展建团工作的一个基本情况。"

带队老师接过吴明珠递过来的材料，只见表格清晰明了，字迹工工整整，数据真实准确，分析头头是道，他不由得上下重新打量起吴明珠，想不到看似娇小柔弱的小姑娘，却有着惊人的力量。他连声夸赞："不错不错，有我们军人雷厉风行的作风。"

他不知道，这是吴明珠在一家一户走访交友的基础上，连续几天熬夜到凌晨四点多才做出来的。

那以后，带队老师对这个悟性高又踏实的女大学生高看一眼，常给吴明珠讲打仗的故事，讲英雄人物的故事，勉励她："年轻人，好好干。新中国是你们的，未来是你们的。我已经向学校建议培养你入党。"

一个多月的土改工作就要结束了，在总结表彰会上，吴明珠的小组受到表扬，吴明珠也被评为先进模范。上台领奖时，吴明珠却感到脸上火辣辣的，觉得自己做得还不够好。

分别的时候，大家依依不舍。一位姓廖的农民朋友握着吴明珠的手红了眼眶。

"农民朋友太淳朴、太可爱了。"在泥土中与农民群众建立起来的朴素而真挚的感情深深打动了吴明珠。能亲历中国农村革命历史上的这一运动，对她而言是一次十分难得、全面深入的思想锤炼。作为一个农学生，她觉得"入农门"入对了。

祖国需要之时，就是我们挺身而出之际

党和国家的需要，始终是西南农学院的第一选择，也是作为青年团员的吴明珠的第一选择。

1950年6月25日，朝鲜战争爆发。

"抗美援朝，保家卫国"的伟大号召激发了同学们的报国之志，西南农学院掀起了轰轰烈烈的参加志愿军和军事干部学校的热潮，青年学生迸发出极大的爱国热情。

"祖国，我积极响应您的号召！""打败野心狼，卫国保家乡！"……这是学生们的热血宣告。他们热血澎湃，纷纷递上决心书、申请书，踊跃报名参军参干。

"祖国需要之时，就是我们挺身而出之际。"那一段时间，吴明珠表现出女孩子少见的干练和务实，整日忙前忙后，协助学院老师做好征兵动员组织工作。

经严格选拔，第一批共有22位同学应征入伍。不久，又有11位同学投笔从戎。校园内鞭炮齐鸣、锣鼓喧天，热烈欢送同学们踏上征途。在欢送参军同学并合影留念时，吴明珠笑得那样甜美、那样灿烂。

1950年岁末，吴明珠这样总结过去的一年：

二十至二十一岁，是我有生以来最有意义的一年，我懂得了革命，入了团，我的进步更快了。感谢党、团给我的教育，让我认识到了自己的缺点和非革命的观点，找到了今后大踏步前进的道路。

我要向东北抗联女英雄赵一曼学习：这样的战士，出生在人民中间，为人民而生，为人民而死，人民群众给了她无穷的智慧和力量；这样的战士，从来不向困难低头，因为她有保尔那样坚韧不拔的钢铁意志和无比旺盛的生命活力；这样的战士，她不知疲倦地奋勇前进，比一切人都有远见，清楚地看到今天的现实，也清楚地看到明天的远景。但从不惋惜和留恋过去了的昨天，而是紧紧地抓住现在这每时每刻；这样的战士，她把最高的快乐和爱情献给人类，也把最高的快乐和爱情献给祖国，连同自己整个的生命。

赵一曼，她就是我以后努力的方向和榜样。我要学习她崇高的精神和坚定的信念，学习她忠于党、忠于人民的牺牲精神，学习她不向困难低头的战斗意志。

吴明珠后来时常回想起这一年参加土改工作和协助征兵时的点点滴滴，那些感人的细节都恍如昨日、历历在目。这是她一生中最难忘的经历，也是她最富有朝气、成长进步最快的时期。在为人民服务的实践中，她经受了考验；在祖国最需要的关键时刻，她得到了锻炼。

在21岁生日这天，她写下了这样的一句话：

时刻不要忘记：人生最美好的是你创造出来的一切都能为人民服务。

一 第三章 一

劝课农桑稼穑艰

"哦，原来她就是吴明珠！"

1951年，新民主主义青年团西南农学院总支委员会成立。因吴明珠有热情、有想法、有干劲，又有唱歌跳舞的特长，在学生中人气很高，当选为团总支宣传委员。

在团总支成立大会上，当新当选的班子成员一起登台亮相发表感言时，台下，一双清澈的眼睛自始至终盯着吴明珠。娇小的身材，甜美的面庞，眉眼清纯而灵动，额头饱满，鼻梁高挺，嘴角微微上扬，乌黑的秀发随风翻动，率真自信的笑容里透着阳光的味道，洋溢着青春的朝气。

在他的眼里，她美得刚刚好。

他问身边的袁隆平："这女生，我好像在哪儿见到过？怎么这么面熟？"

袁隆平被他问得一愣神，伸长脖子"打望"再三后想起来了："这不是那天学校搬家时，我们在山上碰到的那个女生嘛！"

"哦，原来她就是吴明珠！"

吴明珠是学校大名鼎鼎的活跃分子，人人皆知。想不到眼前这个如此美好的女生，就是吴明珠。这突如其来的见面，触及他心底的柔软，内心涌起了一种从没有过的情感。吴明珠，这个名字、这

在西南农学院读书时，吴明珠当选为团总支宣传委员

个人，就这样深深植入了他的心中。

他，就是杨其祐，农艺系公认的大才子。

袁隆平和杨其祐是上下铺的兄弟，关系极好，见他若有所思的神情，打趣道："怎么，是不是喜欢上她了？"

"说什么呢，吴明珠谁不知道啊！我只是没对上号而已。"

宣传委员吴明珠浑然不知自己在校园里已小有名气，她全神贯注、满怀热忱地投身于团的工作之中。她常说："作为宣传委员，应当洞察生活中的点滴进步，面对新鲜事物，保持独立思考、敏锐观察，用心感受生活。生活，是创意的源泉，贴近它，就仿佛挖掘到了宣传的宝藏，处处充满诗情画意。"

她不仅这样说，更是这样做的。在组织各类文娱活动时，她总能别出心裁，让活动生动有趣，深受同学们喜爱。其中，最让大家期待的便是篝火晚会。夜幕低垂，篝火熊熊，大家围坐在火堆旁，齐声高唱《游击队歌》《五月的鲜花》，还有苏联经典歌曲《如果战争在明天》《喀秋莎》……火光映照着每一张年轻的脸庞，点燃了大家的热情，歌声与舞步交织，那些激昂的革命歌词深深烙印在每个人的心中，激发了强烈的爱国情怀。

多年后，有同学回忆道："那时候，我们跟着吴明珠，仿佛就是唱着革命歌曲，一步步成长起来的！"

不久，学生会正式成立，在学院党政的领导和团总支的指导下开展工作。杨其祐当选为学生会主席，园艺系的梁元岗则成为文体委员。

一日，杨其祐与梁元岗来到团总支，商讨与学生会联合举办"青春读书会"的相关事宜。团支书听后，对正在忙碌的吴明珠说："明珠，这是好事！你作为宣传委员，和梁元岗一起好好研究下具体细节。"梁元岗与吴明珠同系，早已相识，他正要介绍杨其祐，却被吴明珠抢先一步："杨其祐！农艺系的大才子，闻名已久，今日终得一见！"

"我们其实早就见过，你不记得了吗？"杨其祐笑道。

"哦？我怎么没印象？"吴明珠疑惑道。

"学校搬家时，我们在山上碰过面，还打了招呼呢。"杨其祐提醒道。

"啊，原来那天要帮我们背东西的人里有你啊！看来我们真是老同学、老朋友了！"吴明珠恍然大悟，捂嘴轻笑。

这笑声让杨其祐对吴明珠的好感倍增。吴明珠接着说："其实，我正想去学生会找你们聊聊广播组的工作呢。"

杨其祐诚恳地说："我们开播不久，还有很多需要改进的地方，欢迎批评指导。"

吴明珠直言不讳："批评不敢当，但我有一些建议。我认真听了学校的广播，觉得除了播报革命歌曲、学院领导讲话、学生会活动等内容外，还可以增加一些思想性强的内容，比如报纸摘要、党团知识、英雄故事、优秀小说等，让学生会的工作更加贴近党和团的中心工作。"

"你说得太对了，我们立即改正。"杨其祐表示赞同。

"这也说明团总支对广播组的关注不够，我作为宣传委员也有责任。"吴明珠自责道。

两人开诚布公，相互理解。接下来的几天里，他们带领团队成员一起改进广播组的工作，新增了多个富有教育意义的栏目，令人耳目一新。同时，他们还精心筹备"青春读书会"，从时间、场地到人员、形式、主持人，每一个细节都反复推敲。在选书环节，吴明珠与杨其祐不谋而合，共同挑选了《牛虻》《青年近卫军》《钢铁是怎样炼成的》等苏联文学经典，以及《红星照耀中国》《太阳照在桑干河上》等中国作品。

"对了，还有今年4月11日《人民日报》上发表的《谁是最可爱的人》，这篇文章应该作为重点篇目。"杨其祐提议道。

吴明珠激动地说："我们想到一块去了！这篇报告文学我每读一次都感动得流泪。那些感人的故事不是作者硬想出来的，而是从心底迸发出来的，是被志愿军战士的英雄气概所感动的产物。"

说着，吴明珠不由自主地背诵起来："在朝鲜的每一天，我都被一些东西感动着；我的思想感情的潮水，在放纵奔流着……"

吴明珠的深情背诵深深打动了杨其祐，他情不自禁地加入进来，两人一起背诵："我想把一切东西都告诉给我祖国的朋友们。但我最急于告诉你们的，是我思想感情的一段重要经历，这就是：我越来越深刻地感觉到谁是我们最可爱的人！"

从女声独诵到男女声合诵，这些话语如同潺潺流水，流淌在他们心间，洋溢着青春的气息，交织着美好的情感，回响着深邃的思想共鸣。

农艺系与园艺系作为西南农学院的主要院系，学生众多，学校活动往往由这两个系挑大梁。杨其祐与吴明珠强强联合，天时地利人和，"青春读书会"报名人数远超预期，连平时不太参与活动的同学也跃跃欲试。在吴明珠的主持下，首场"青春读书会"拉开帷幕。同学们围绕"争做和平年代最可爱的人"这一主题，争相上台朗诵名作中的精彩片段，分享读书心得。大家因共鸣而共情，因温暖而感动。

最后，杨其祐口若悬河，一一点评，赢得一片喝彩。

活动结束时，同学们仍意犹未尽，人群中不知谁喊了一嗓子："请杨其祐和吴明珠给我们表演一个节目，好不好？"

"好！"同学们开心地起哄。

杨其祐心里很高兴，但不知道吴明珠的心思，有点忐忑地看着她。没想到吴明珠爽快地答应："那就来一首《革命人永远是年轻》吧！"

杨其祐拉起二胡，吴明珠情韵悠扬地唱了起来："革命人永远是年轻，他好比大松树冬夏常青，他不怕风吹雨打，他不怕天寒地冻……"

吴明珠嗓音清脆、干净甜美，唱得声情并茂。杨其祐的琴声也充满了别样的情愫，他从心底喜欢上了这个积极向上、活泼开朗、心思单纯，甚至有些没心没肺的小女生。

同学们随着欢快的旋律、嘹亮的歌声翩翩起舞。那是他们尽情释放的激情，那是他们热烈燃烧的青春。

没想到这一锄头下去，竟挖了一辈子的地

西南农学院始终坚持农业教育的特色，以兴农强农为己任，把培养高素质农业技术人才作为立校之本，把朴实的精神、求实的学风、务实的作风贯穿教育教学始终，厚植师生爱农、知农、为农的情怀。

吴明珠对进校后的第一堂实习课印象颇深。刘德禄老师开门见山："学农的人要会干基本的农活，地要自己挖，锄头把子掉了要自己装。你连锄头把子都装不好，怎样挖地？就好比战士不会用枪，怎么打仗？"

学生们学会装锄头把子后，刘德禄分给每人一块长约20米、宽1.5米的地："现在开始挖地，要往下深挖15公分，挖不完的人不许下课。"

这对许多来自农村的同学根本不在话下，可吴明珠从来没有摸过锄头，能完成这个硬任务吗？但她生性要强，有一股不服输的劲头，咬紧牙关照着老师和同学们的样子，一锄头一锄头地往下挖，

直到手上磨出了水泡，汗水浸湿了衣衫，硬是挖出了一条符合标准的沟，老师和同学们都对她刮目相看。

而这，只是一个开始。她也没想到，这一锄头下去，竟挖了一辈子的地。

第二堂实习课，在留日归来的杨和武教授的指导下，学生开始自己做小温床育苗。吴明珠严格遵循老师的指导和书本上的知识，一丝不苟地进行着各项操作。

终于，小苗长出来了。在课堂评比中，吴明珠种的苗子根系发达、长势良好，嫩绿的叶片向上生长，焕发出勃勃生机，得到了杨教授的好评："不错，这小苗长得和你一样，昂扬向上。"

这引来了同学们羡慕的目光："看人家吴明珠，不仅书读得好，连菜都种得这么好。"

"校花不愧是校花，真是全能型选手。"

刚刚还沉浸在喜悦中的吴明珠听到同学的议论后，脸一下红了，心想："校花？我才不要当什么校花呢，等着给人摘吗？"

第二天，吴明珠不假思索地剪去了一头飘飘长发，既方便又轻松，回来后同学们都打趣喊她"boy，boy"。

吴明珠很开心："男孩子也好、假小子也罢，只要不叫'校花'就行，我对当'校花'毫无兴趣。短发梳头、洗头省事多了，我不想在这方面浪费时间。"

或许是剪了"短杵杵"的发型，又或是常穿着深灰色学生装的缘故，在同学们的眼中，吴明珠做起事来显得更加干练、果断，行事风格上也更加泼辣、风风火火。

西南农学院有一支高水平的师资队伍，很多教师是留学归来的饱学之士、国内外知名学者，他们鼓励学生投身国家和民族最为需要的、安身立命的农业科学。这里特别要提到大名鼎鼎的管相桓教授。

管相桓毕业于国立中央大学，曾在日本东京帝国大学留学。中华人民共和国成立后，他毅然决然地放弃了国外的优厚待遇，选择回国，受命创办了西南农学院，并主持学院的教务及农艺系的工作，同时从事基因遗传学的研究。

作为学院的创办者，管相桓认为要办好农学院没有名师不行，所以就广揽名师。当时，农艺系18位教师中教授和副教授就有8人，管相桓兼系主任。园艺系23位教师中教授和副教授有12人，系主任是园艺教育家、果树专家董时厚。这两个大系可谓人才济济、阵容强大。

对于农学专业的学生来说，遗传学是一门绕不开的重要必修课。给农艺系和园艺系讲授遗传学的就是管相桓。

在近代生物学史上，围绕遗传学的根本问题，摩尔根学派与米丘林学派之争影响比较深远。管相桓所学所教，均植根于奥地利科学家孟德尔和美国科学家摩尔根的遗传学观点。

孟德尔，被誉为"现代遗传学之父"，是经典遗传学的开创者。1857年夏，他用区区34粒豌豆种子，开启了看似"无用"却意义非凡的实验之旅。8年间，通过豌豆，他揭示了遗传学的两大基石：基因分离与自由组合定律。另一边，摩尔根作为现代实验生物学的奠基人，1908年利用果蝇探索遗传奥秘，不仅证实染色体承载基因，还发现了伴性遗传及基因连锁交换定律，为生物学的大综合奠定了基石。

而在俄国，米丘林是园艺学界的璀璨明星，他主张通过外界环境定向培育新品种，影响深远。然而，李森科却对米丘林的思想进行了扭曲，自称"米丘林-李森科学派"，强调外部力量决定物种进化，否定了孟德尔、摩尔根的基因遗传学。

这两大学派的核心分歧，在于一个看重环境对遗传的塑造，另一个则坚守基因的主导地位。

管相桓是摩尔根-孟德尔遗传学的忠实拥趸，他常向学生传授科学观察、严谨分析的重要性，并批判米丘林-李森科学说为"只见树木，不见森林"。20世纪50年代，中国全面学习苏联，米丘林-李森科的学说盛行，被视为"无产阶级革命科学理论"，而孟德尔-摩尔根的理论则被贬为"资产阶级异端"。在这样的背景下，管教授的遗传学课程自然遭遇了冷落。

学校从农艺系和园艺系抽调了老师，成立了米丘林遗传教学组，专门开了新遗传课、作物选种学这两门课程。尽管课堂上充斥着米丘林-李森科的学说，但孟德尔-摩尔根的声音如同微弱却坚韧的烛光，在课内外引发了一场场思想的碰撞与辩论。学生们心中，两种理论激烈交锋，科学的火花在辩论中四溅。

一天晚修时，吴明珠、杨其祐和梁元岗等人在图书馆里聊起这个话题。出乎吴明珠意料的是，一向和她观点一致的杨其祐却在这个问题上与她看法相左。

杨其祐是米丘林派的："我们不能否认米丘林关于无性杂交、杂交亲本组的选择、气候驯化法等理论，以及对提高农业生产和获得植物新品种的实际意义。"

吴明珠中学时代听潘蒲迁老师讲遗传学时，就对孟德尔-摩尔根的学说有浓厚的兴趣，坚持认为"环境引起的变异是不能遗传的，只有基因改变引起的变异才能遗传"。

两个人各持己见，互不相让，争得面红耳赤，眼看就要不欢而散，梁元岗在杨其祐耳边悄悄提醒他："你不是喜欢她嘛，别在这事上和她较劲。"

杨其祐白了他一眼，心想观点上存在争论是很正常的事嘛，真理越辩越明，但潜意识里还是退了一步："无论是苏联科学家的声音，还是美国科学家的声音，我们都不要偏听偏信。将来我们都要做农民，还是从实践中去验证吧！"

"好，我们就在田野里、在实践中去找答案。"吴明珠毫不示弱。其实，她的想法也很单纯，就是想从这种辩论和争执中更好地判断对错，找到真理。

走出"象牙塔"，踏进"泥土地"

农学的专业实践性非常强，关在"象牙塔"里是学不出名堂的。西南农学院把"农场实习"列入必修课，每个暑假都安排相应的实习活动，带学生走出"象牙塔"，踏进"泥土地"。这股推崇实干的强劲校风，塑造了学生们坚韧不拔的品格。

1951年暑期，学校组织农艺系、园艺系、农产制造系的学生，分成棉花、烟草、甘蔗、油桐、柑橘、粮食等11个组，分别到北碚缙云山农事试验场、万县山区农业试验场、江津园艺场、国营梁平农场等地实习。

杨其祐看到了分组名单，兴冲冲地来找吴明珠："明珠，我分到粮食组了，你分在柑橘组。我们和蔬菜组都在江津园艺场实习。"

"真的吗？那太好了，农村真是个大课堂，我们一起加油干。"吴明珠咯咯地笑着，满眼都是期待。

"唉，这个傻女孩，好像一点也察觉不到我的心思。"说再见的时候，杨其祐有点儿垂头丧气、闷闷不乐。

学校距江津园艺场有一百多公里，师生们都背着行李，扛着农具，先走水路再走陆路，一路向南前行，在歌声与笑声中走村过镇，全然忘记了旅途的疲惫。

江津是川东地区的粮食产地，是鱼米之乡。江津园艺场是当时四川唯一的正规园艺场。到了园艺场稍事休整后，带队教师给每个组分好地，同学们干劲十足地忙碌了起来。白天平整土地、除杂草、作垄、播种、覆土、施肥、浇水、病虫害防治，晚上在宿舍整理观测到的数据。吴明珠所在的柑橘组主要通过实地操作掌握柑橘的生长习性、种植技术、病虫害防治方法。

随着实习进程的推进，嫩嫩的苗儿钻了出来，粮食组、蔬菜组的同学分散在田间地头，有的拿着尺子测量植株，有的埋头在本子上记录数据，有的对典型性状进行画图比对，田野里充满了生机与活力。

让吴明珠意外的是，柑橘组实习的第一课是"磨刀"——每人面前放着一块磨刀石，一把刀，一盆水。

"同学们，你们手里拿的刀是嫁接时最重要的工具，磨嫁接刀是园艺人必备的基本功。如果嫁接刀不锋利，会影响嫁接速度。如果削口不平，插穗和砧木的切口贴合不紧，会降低嫁接成活率。"教员用寥寥几句强调了磨嫁接刀的重要性。

"不说不知道，一说吓一跳，嫁接刀真不能等同于家里的切菜刀。"

"我们这是要磨刀霍霍向橘树，不快不行啊！"

同学们七嘴八舌谈笑着，撸起袖子使劲儿磨着刀。

"吴明珠，你力气那么小，什么时候才能磨好啊！要不要我帮你？"

"我发现磨嫁接刀关键要用巧劲儿，如果使用蛮力，反而容易磨损刀口，事倍功半。"吴明珠说出了自己的体会。

"这位同学说得对，磨嫁接刀主要是看刀口的锋利度和平整度，既要有技巧，还要有耐心，欲速则不达。"教员不由得对这个小女生另眼相看。

"不错呀，吴明珠，看不出你对磨刀还很有研究！"同学们纷纷向她竖起了大拇指。

接下来的日子，柑橘组主要学习柑橘的栽培技术。柑橘是重庆人最常见的水果，即便如此普通的水果，每一个栽培步骤都不能敷衍，因为任何一个疏忽都会影响其生长发育、品质和产量。剪枝，是柑橘管理的重要环节，也是技术含量较高的一门手艺。吴明珠丝毫不敢掉以轻心，每天泡在果园里，每个步骤都认真学、用心记，勤加练习。

杨其祐自小在农村长大，对农事比吴明珠有实践经验。他在忙完自己的活后，时常会跑到吴明珠的柑橘组"传授"经验，帮吴明珠剪枝。

"唉，看我们农学系的同学每天弯腰弓背在田里栽秧子，而你们园艺系和橘子、苹果、葡萄打交道，看着就赏心悦目，真后悔当时没学园艺。"

"你怎么也有这种偏见？我就不喜欢我们系有的同学那种'阿Q式'高人一等的感觉，觉得学园艺了不起，甚至嘲讽学畜牧兽医的。不管什么专业，学好了都能为人民服务。"

"嘿嘿，我就想着如果学园艺，咱俩不就一个系了嘛！"杨其祐连忙给自己找台阶下。

看吴明珠不接话茬，他有点失落，于是专注地修剪着枝条。忽然，他发现几片树叶有暗褐色的病斑："明珠，快来看，这棵树是不是染上了炭疽病？"

吴明珠仔细观察后，发现叶片上果然出现了深浅不一的斑纹，叶子也因缺水而卷曲萎缩，正反两面布满了细小的红色黏质斑点。

"得赶紧处理，不然病害一旦扩散，损失可就惨重了。"

于是，两人迅速行动起来，一起剪掉了病枝，将果园打扫干净，并把剪下的病枝集中起来烧毁。接着，他们还施了一些有机肥以滋养树体，有效控制病害的进一步蔓延。

劳作之余，有的聊天，有的唱歌，有的看书，有的下棋，有的打球。一天，杨其祐拿着象棋来找吴明珠切磋棋艺。吴明珠小时候和哥哥下过象棋，只记得“马走日，象飞田，车走千里，炮翻山”等基本走法和规则：“我好多年没有摸过棋子了，哪里是你的对手啊！”

“没关系，我让你两个棋子。”杨其祐很有绅士风度。

男女对弈，康杏媛、罗绍纯、袁隆平、梁元岗等同学围上前来观战。

战幕拉开，杨其祐的一个“马”悄悄潜入“汉界”，吴明珠两个“炮”杀过了“楚河”。他一眼看出了她的计谋，飞“马”向前，她的“炮”急忙移师应战，他的“马”扑上去把“炮”给吃了。

眼看自己“双炮将军”计划落空，吴明珠又是噘嘴撒娇，又是摇头悔棋。

杨其祐见此情形哈哈大笑，任由她悔棋，自己的“车”“马”“炮”也不再乘胜追击，结果当然是吴明珠赢了。

一旁观战的罗绍纯看出了端倪：“杨其祐，我看你是醉翁之意不在棋啊，我和你杀一盘。”

“杀就杀。”

楚河汉界上演了一场速度与智慧的较量，杨其祐攻势如潮，他的“车”“马”“炮”陆续杀了上来，棋盘上形成了犹如“垓下之围”的绝妙局势。对手束手无策，寸步难行，最终输了。

见自己输得如此干脆利落，罗绍纯忍不住当着众人的面说：“吴明珠，杨其祐对你有意思呢！”

杨其祐还来不及接话，立即看吴明珠的反应。只见吴明珠脸红到耳根，连忙否认：“没有的事，没有的事，你们别瞎说。”

这时康杏媛顺势接了一句：“也是，他邋里邋遢的，别和他好。”

吴明珠及时制止：“不要乱说！”

杨其祐差点被康杏媛补的这一"刀"气晕过去，又很郁闷吴明珠的大大咧咧：自己的心思，别人都看出来了，你到底是怎么想的，对我有没有意思？

这让杨其祐很困惑，但他不知道的是，罗绍纯一语点醒梦中人，像是在敞开的心扉撒下了一粒种子，吴明珠的爱情开始萌芽。夜深人静之时，细细地梳理他们的过往，后知后觉的她对这个聪明勤奋、博学多才、眼神清澈、笑容可掬的大男生心生情愫，就在两颗心慢慢靠近的时候，美好的爱情悄然来临了。

转眼间，实习结束了。吴明珠并未急于展开恋情，而是把这份美好悄悄藏在心底，不想因为感情影响两人的学习和工作，她相信心灵上的默契和坚守。对她而言，这也是一种深刻的体验和成长。

亦师亦友的"农田守望者"

1952年6月至9月，全国高等学校的院系开始大调整。

在此次大调整中，四川大学农学院园艺、植物病虫害、蚕桑、农化四个系，以及云南大学、贵州大学的农学院部分农业及经济管理系先后并入西南农学院。著名土壤学家侯光炯、园艺学家李驹、柑橘专家张文湘、昆虫学家李隆术，以及刘佩瑛、刘明钊、赵烈、王道容等知名教授、副教授随之转入西南农学院。

这些在农学界有口皆碑的名师，为了工作和事业，积极响应党的号召，来到全国"三大火炉"之一的重庆。他们对事业的热情，如同熊熊燃烧的火焰，胜过了重庆的炎热天气。

新学期开学，吴明珠大四了。这学期主修的专业课有柑橘学、果蔬处理、园艺病害、蔬菜栽培学、选种与种子繁殖、果蔬加工等。学生们也听说学院新来了许多名师，热议之余，多有期待。

这一天，刘佩瑛老师走进了园艺系大四的教室，讲授蔬菜栽培。

"哇……"教室里一片惊叹，学生们被老师的优雅与美丽震惊到了。

这位老师集美貌、气质和才华于一身，眼睛明亮若星辰，带着迷人的微笑，乌黑的秀发瀑布般垂顺地披在肩上……这是怎样一种独特知性的美啊！

而真正俘获学生们心的，是刘佩瑛那被知识、教养和见识滋养的从容自如，那由内而外散发的聪慧、知性和博学，兼具感性和理性的包容气度。

第一课，刘佩瑛并没有讲专业知识，而是结合自己的成长经历，讲述她在新中国成立初期毅然放弃继续留美攻读博士学位的机会，选择回归祖国、服务人民的深刻体会，以此激励学生们学农爱农、报效国家。

其实此前，"农学圈"里对刘佩瑛的不凡家世及她离美归国的故事已经有所传闻。

刘佩瑛出生于声名显赫的成都"儒林第"书香世家，族风良好、家学深厚。1947年，出于对农业报国理想的追求，她告别丈夫和刚刚满月的孩子，远涉重洋，赴美国密歇根州农工学院攻读蔬菜学硕士学位，直至1949年中华人民共和国成立，毅然离美归国。

"老师，您为什么选择农业？"

"我高中毕业时，正是抗日战争最艰难的时刻，我一个弱女子如何报国？我接受了在科学救国思想，认为中国是以农立国，必须大力振兴农业科学。所以，我第一志愿便报考了四川大学园艺系，第二志愿报考农化系，最后如愿考取四川大学园艺系。"

"老师，您放弃美国的优渥条件回到中国，您后悔吗？"吴明珠

1948年，刘佩瑛（右）与同学在密歇根州农工学院合影

还是忍不住好奇心。

刘佩瑛说："很多人问过我这个问题，我自始至终从不后悔我的选择。我回国固然有故土难离、故国难别的原因，但更重要的是我对新生的共产党政权的向往。"

当时，美国的导师、同学并不看好即将诞生的新中国，劝她留在美国继续攻读博士学位，毕竟美国的园艺与农学科研发展条件是国内比不了的，连房东都劝她"留下来，申请成为美国公民"，亲友也建议继续留在美国深造，也有朋友邀请她到香港任职。

但这一切，都敌不过刘佩瑛内心的召唤，敌不过她从小接受的爱国教育。特别是1949年4月，中国人民解放军在长江上炮击英舰"紫石英号"，震惊了全世界，标志着西方列强"枪炮外交"的终结。海外留学人员扬眉吐气："这一战打得好，打得痛快，真正打出了中国人的精神。"这件事极大增加了他们对中国共产党的认同感、对新政权的归属感，一大批专家学者毅然冲破阻挠，纷纷回到祖国怀抱，投身新中国建设的滚滚洪流中。

1949年9月下旬，刘佩瑛抱着科学救国的信念，怀着对新中国的向往之情，和一大批留学生一起登上轮船，离开美国金门桥，驶向祖国。

10月1日上午9点，一艘巨轮正劈波斩浪行驶在浩瀚无际、广阔无垠的太平洋上，当留学生们正在甲板上谈笑风生时，忽然从收音机里传来了毛泽东主席在天安门城楼庄严宣告"中华人民共和国中央人民政府成立了！中国人民从此站起来了！"的声音，留学生们狂欢不已，情不自禁扭起了欢快的秧歌，所有的人都泪流满面，归心似箭。

刘佩瑛拉回思绪，动情地对学生们说："就在那一刻，我更坚定了自己的选择，坚定了一个信念——为美丽的新中国、为党的伟大事业而奋斗。我对新中国的热爱油然而生，我的祖国在这边，我不能留在那边（美国），哪怕回来做一点点事都很有意义，也很有价值。"

这一节课，刘佩瑛以自然、真实、坦诚的态度，通过言传身教的方式，让同学们深深折服。吴明珠想："我要努力向老师学习，有无私报国的思想境界，又有渊博扎实的专业知识。"她瞬间感觉到与刘佩瑛的距离是如此之近，胸中充满着对国家未来的信心和责任感。

此后，刘佩瑛讲授的主课"蔬菜栽培学""选种与种子繁殖"成了学生们的最爱。刘佩瑛特别注重理论与实践的密切结合，她认为，缺乏前者，会成"栽培八股"，学生听之乏味；缺乏后者，学生会感到空洞，不易形成自己的知识体系。所以，无论在课堂上还是在试验地，她都毫无保留地引导学生观察植物生长发育中的细微变化及其规律，她讲得最多的是："果蔬也是有感情有温度的。我们培育果蔬，一定要倾注自己的情感，定时定点进行观测，这样才能发现每一天的变化，才会有新的发现。"

每天早晚，吴明珠都会看到刘佩瑛在学院试验地里观测蔬菜生长的情况，对蔬菜长势、株高、密度、墒情以及病虫害等情况进行测量、评定和记录，定期除草、浇水、追肥，一丝不苟、心无旁骛，风雨无阻、锲而不舍。她被老师的专业规范和专注执着感动，也被试验地里排列得近乎完美的果蔬所吸引。她一有空就跑到试验地里，跟着老师边学边干、边干边学，不但学到了许多课堂上学不到的知识，更重要的是学到了老师从事科学研究的方法和秉持的科研精神。

这一对"农田守望者"亦师亦友的情感，在校园里被传为佳话。

劳动间歇，师生俩也会谈天说地，聊聊名人、科学家的故事。有一天，吴明珠问老师，您心中最敬佩的科学家是谁？

刘佩瑛看着这个得意弟子："这个说来就多了，比如国外的诺贝尔、牛顿、爱因斯坦、达尔文、居里夫人，国内的李四光、童第周、茅以升等人，但我最敬佩的是居里夫人。"

"因为她是女性吗？我知道她发现了镭，是首位两次获诺贝尔奖的人。但对我来说，她依然是个谜。"吴明珠说。

"不仅因为同为女性的缘故，我敬佩她，除了她对人类的贡献，更因为她对爱情、对名利的超然态度。"接着，刘佩瑛给吴明珠讲起她留学时阅读的英文版《居里夫人自传》。

关于皮埃尔·居里和玛丽的爱情，刘佩瑛告诉吴明珠："玛丽认为，与皮埃尔·居里的相遇是她一生中最幸福的事。他们在科学和社会问题上有着惊人的共识，都认为彼此是无可替代的生活伴侣。于是，他们结为连理，共同追求科学真理。在巴黎，他们携手创建了实验室，并一同发现了放射性元素镭。"

吴明珠仰慕不已："我觉得，找爱人就要找这样志同道合、有共同事业和追求的人。"

"不幸的是，皮埃尔·居里因车祸意外丧生，他们共同度过的11年美好时光戛然而止。居里夫人陷入巨大悲痛之中，但皮埃尔曾对她说的'即使我不在了，你也必须坚持工作下去'这句话，始终萦绕在她心中，不能忘怀。她深知'这是我们共同的事业'，必须接续完成。"刘佩瑛老师接着讲。

"这是我们共同的事业。"这句话牢牢地印在了吴明珠的脑海中，她泪流满面。

刘佩瑛老师递给她一块手绢，接着问她："在美国和欧洲国家，科学家一有发明创造，就会立即申请专利。你知道这是为什么吗？"

"申请专利可以防止他人抄袭，同时也可以给科学家带来丰厚的财富。"

"是啊，这是众所周知的道理。"刘佩瑛说，"可是在皮埃尔过世后，居里夫人把他们千辛万苦提炼出来的价值百万法郎以上的镭都无偿地送给了治疗癌症的实验室，而且也没有申请专利。"

"为什么这么做？"吴明珠睁大眼睛，满脸不解地问道。

"居里夫人是这样回答的：'那是违背科学精神的，科学家的研究成果应该公开发表，别人要研制，不应受到任何限制。''何况镭是对患者有好处的，我不应当借此来谋利。'因此，爱因斯坦高度评价居里夫人：'在我所认识的所有著名人物里面，居里夫人是唯一不为盛名所颠倒的人。'明珠，居里夫人值得我们敬佩和学习。"

"老师，一个人在科学道路上的成就，很大程度上取决于品格的高尚。我懂得今后怎么做了。"

刘佩瑛知道，一颗为新中国奉献、为人民造福的种子已经深埋在吴明珠的心里。

在考试前的总复习阶段，吴明珠对分散的知识点进行了系统的梳理，从简单到复杂，逐步将原本零散、具体的问题整合为系统化的理论框架，使自己的思路得到扩展和提升。考试成绩出来了，吴明珠蔬菜栽培学88分，选种与种子繁殖93分，均名列前茅。

师泽如光，虽微致远。多少年后，吴明珠在给恩师的信中写道："您对我的教育和影响，是我终生难忘的，也是我为人和进行科研工作的准则。"

第四章

舍安就困赴边疆

到祖国最需要的地方去

转眼间，1953年的春天悄然而至。在温暖春阳的拂照下，西南农学院内，棵棵树木抽出新枝，高高低低地随风摇曳，散发着清新嫩绿的气息；簇簇花朵竞相绽放，自由自在地装点着校园，构成了一幅别致的风景画。又是一个新学期的开始，同时也迎来了吴明珠和同学们的毕业季。从青涩懵懂到成熟蜕变，四年的时光转瞬即逝，让人猝不及防。

想到很快就要跨出校门，投入祖国建设中，吴明珠有种时不我待、只争朝夕的紧迫感，她在如饥似渴地求知的同时，向党组织递交了入党申请书。

实际上，西南农学院党组织刚刚建立。农学院成立之初，党员人数不够，未能立即建立党组织。经过院系大调整，党员人数终于达到了建立党组织的条件。1953年1月，中共西南农学院支部委员会成立，向天培任书记。

向天培一生奔走在革命路上，有丰富的党务工作经验，十分重视发展壮大党的组织。西南农学院支部委员会成立伊始，他就把发展党员作为一项重要政治任务，加强对入党积极分子的培养教育，把优秀学生凝聚到党的队伍和事业中来。吴明珠因各方面表现出色，被推荐为入党积极分子，作为重点考察培养对象。

1953年"五一"国际劳动节，这个日子让吴明珠终生难忘，她光荣地加入了中国共产党，成为西南农学院第一批入党的学生党员。

在隆重的新党员入党宣誓仪式上，鲜红的党旗犹如一块巨大的磁石，牢牢吸引着吴明珠的目光。她在虔诚地举起右手宣誓的那一刻，好似获得了新生，红色信念融入她的血液，党在她心中扎下了深根。从这一刻起，意味着随时要为党和人民牺牲一切。

宣誓完毕，老师和同学们向吴明珠表示祝贺。当杨其祐热情地伸出双手与她紧紧相握时，两人似乎都感受到彼此的心跳和迸发的激情。

吴明珠一整天都沉浸在幸福之中。她在日记中写道："我决不会辜负党对我的希望，绝对不玷污党的光荣，一定要做党的好女儿。"

临近毕业，未知的新生活，让吴明珠满怀憧憬和希望。

那是一个火红的年代，是革命理想主义成为最强音的年代。伟大的征程点亮了吴明珠的内心，她和大多数青年学生一样，经历过旧中国的动荡和苦难，而今沐浴着新中国的阳光，对共产党、对社会主义发自内心地感恩和拥护。面对祖国的号召，她怀揣着纯真理想，做好到祖国最需要的地方去的思想准备。

校园里，处处弥漫着毕业的气息，抬眼望去，都是"时刻准备着，响应祖国的号召""祖国需要到哪里，哪里就是我的家"等鲜亮的标语口号。

一天，吴明珠完成毕业论文答辩刚回到宿舍，就见康杏媛兴冲冲地跑了进来："前两届分配到新疆的学长们来信了，校学生会把信抄写成大字报，贴在食堂门口，围了一大群人在看呢！"

大家一听，好奇地问："都写了什么？他们在新疆怎么样？"

"人太多了，我来不及细看就跑来叫你们了，主要是欢迎学弟学妹们去建设祖国大西北。"

吴明珠等人马上翻身而起，一路小跑过去。

食堂门口人头攒动，热闹非凡，集聚了一大批血气方刚、激情澎湃的青年学生。信中，学长们热情洋溢地描述了新疆各族人民团结奋斗的火热生活，展望了新疆园艺事业的发展前景，也讲了新疆地大物博，紧缺园艺方面的专业人才，希望学弟学妹们到新疆一展身手，大展作为。

没想到一转眼的工夫，书信下面就有一些同学写下了决心书，大家争先恐后表达到农村到边疆去扎根的决心，一腔豪情跃然纸上。

吴明珠被现场气氛感染得热血沸腾。她去学生会找杨其祐，想听听他的想法和打算。

"看到新疆学长们的来信了吗？新疆正缺园艺人才，我的目标就锁定新疆了。你有什么打算呢？"吴明珠开门见山。

杨其祐见到她来，眼睛都亮了："嘿嘿，咱俩真是心有灵犀，我刚才还到处找你，想告诉你一个好消息呢！"

"什么好消息，看把你高兴的。"

"上午，系主任告诉我，我被保送到北京农业大学农学系读研究生，全校就一个保送名额。这是多难得的机会啊，我也能多学点知识，更好地报效国家。"杨其祐掩饰不住喜悦。

"太好了，恭喜你啊！你在农艺系年年成绩第一，不保送你保送谁啊！不过这一分开，不知道我们什么时候能见面。"吴明珠由衷地祝贺，又有点失落。

杨其祐生怕断了联系，赶忙说："我去了给你写信。北京毕竟底蕴深厚，学术氛围更好，你到时需要什么资料，我寄给你。"

最后，杨其祐红着脸憋了半天，又憋出一句："到了假期，我再去新疆看你。"

尽管声音不大，吴明珠还是听到了，心想："什么意思？这算是表白吗？你不明说，我也不挑明。"她装作没有听见，但心里还是喜滋滋的。

在填写毕业志愿表时，园艺系同学像商量好似的，第一志愿都写"服从祖国分配"，第二志愿都写"到新疆，到祖国最需要的边疆"。这是青春最响亮的声音。

分配方案迟迟未定，但"瓜果之乡"新疆早已在吴明珠心中生根发芽，她对前往新疆充满了无限期待。每当有空，她便沉醉于翻阅关于新疆的书籍，深入了解那里的风土人情、壮丽山川以及丰富的社会习俗。新疆的一切话题，都能轻易引起她极大的兴趣。

她了解到，新疆地处亚欧大陆的核心地带，属于典型的大陆性气候区，日照充足，昼夜温差显著。尽管这里气候干燥，但得益于高山冰雪融水的灌溉，为瓜果的生长提供了得天独厚的条件。新疆是我国最先栽培葡萄的地方，中原地区的葡萄是汉初张骞通西域时由中亚引入的。而新疆种植西甜瓜的历史更是悠久，早在宋代欧阳修的《新五代史》中就有相关记载。元代李志常在《长春真人西游记》中的描述更是栩栩如生："甘瓜如枕许，其香味盖中国之未有也。"这段文字生动地展现了新疆厚皮甜瓜的庞大体型与独特香气。

吴明珠心中充满了对新疆的向往，她恨不得立刻插上翅膀，飞往那片被甜蜜滋润的瓜田中。

让吴明珠没有想到的是，她前往新疆的愿望经历了异常的波折。向天培书记找到她，专门邀请她到北温泉远足。北温泉林木幽深，鸟语花香，风景独好，可远眺嘉陵江，可近观五潭水。而吴明珠显然兴致不高，内心十分忐忑。毕业去向未定，不知道学院会有什么安排。不然，向书记怎么会亲自出马？

"书记，毕业分配方案什么时候能公布啊？我去新疆没问题

1951年7月，西南农学院欢送参干同学（后排右一为吴明珠）

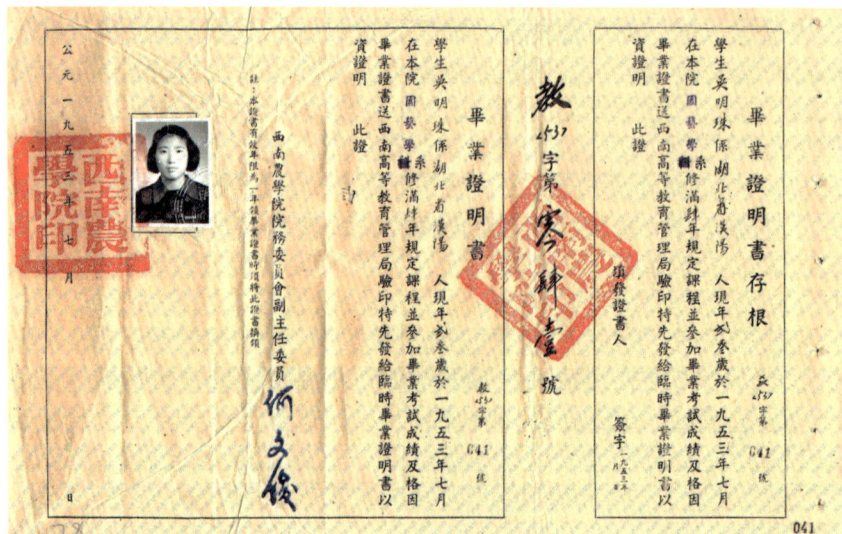

吴明珠西南农学院毕业证书

吧?"吴明珠按捺不住了。

"明珠,我看了你的志愿。你积极响应党的号召,要求到新疆去,到最艰苦的地方去,我很感动也很欣慰。但很遗憾,你们'53届'国家统一分配的名额没有去新疆的,都在云、贵、川。"

"啊?怎么会这样啊!"一路上想了多少种可能,万万没想到是这种结果,吴明珠沮丧极了,心心念念的新疆竟然就这样落空了。

"明珠,你思想政治觉悟高,学习成绩又好,这几年在团总支做了大量的工作,有号召力和凝聚力,老师和同学们对你评价很高,非常认可。现在学院师资力量很薄弱,我们想让你留校,到园艺系当助教,兼任团委工作。怎么样?"

"什么?什么?书记,我不想留校,我想到最艰苦的地方去。去不了大西北,留在大西南也行。"吴明珠一听急了。

看到吴明珠急得快要流泪了,向书记笑了:"唉,你看你看,还真是被老师们说中了,大家都说你可能不愿意留校,所以我今天专门来做你的思想工作。学校的需要也是国家的需要,当老师一样能为国家作贡献啊!"

"书记,那可大不一样。我家三代都是教师,我从小生在学校、长在学校,从没出过学校的大门。"吴明珠边走边和向书记讲她的家庭、她的成长经历以及她大学四年接受革命教育后的思想蜕变。

"像我这样家庭出身的人,最需要到基层、到农村、到广阔天地里去实践去锻炼去奉献。我多么向往基层,我不怕吃苦受累。"吴明珠竭力说服向书记。

"你这个女娃子,本来是我做你的工作,怎么反倒你做起我的工作了?"

吴明珠恳切地说:"书记,即使去不了新疆,我也不想留校。相比学校,基层和边疆更需要大学生。我唯一的要求就是到边疆、到最艰苦的地方去,哪儿都行。"

"好，我看到了你的决心，支持你的决定。你就到艰苦的农业生产第一线施展抱负吧！"向书记看着眼前坚定执着、心底无私的吴明珠，满眼都是赞许和喜爱。

在人生的关键节点上，吴明珠坚持了自己的梦想与追求。回学院的路上，她的心情和扑面而来的山风一样欢畅……

她脚步轻快地向试验地走去。这个时候，刘佩瑛一定在地里忙碌着。她想把自己的决定告诉恩师，希望得到她的支持与鼓励。

刘佩瑛这个学期开始担任园艺系主任。

"刘老师好。"吴明珠脆生生地喊道。

"明珠，恭喜你啊，下学期我们就要做同事了。前几天院领导征求系里的意见，老师们一致推荐你。"刘佩瑛打心眼里喜欢这个得意门生，能把她留在系里，一定是个得力助手。

"刘老师，今天向书记专门找我谈了留校的事，我没答应。我还是想去边疆！"

"明珠，你是我们系里唯一的学生党员，不仅学业优秀，品行也极为出众。你渴望到基层去历练，经历风雨，见识世面，接受各种考验，这我们都看在眼里。"刘佩瑛接着为她仔细分析起利弊来，"目前学院师资紧张，如果你选择留校，会有很多学习和深造的机会，这对提升你的专业能力大有裨益。同时，参与团的工作也能为你的未来发展铺路。而且，边远地区的落后和艰苦程度，可能是你难以想象的，去了之后，你真的能适应吗？会不会担心自己的所学无用武之地，最终荒废了呢？"

"老师，我始终记得您给我们上的第一堂课。那时，您在美国的学习生活条件，是国内远远不能比的，但您还是毅然决然地回到了新中国，您一直是我的榜样。边疆正是因为落后和艰苦，才更需要我们去建设，去改变啊！"

"看来你的决心已定，这背后一定经过了深思熟虑。虽然从情感上，我舍不得你离开，但从理智上，我一定会全力支持你的。我相信，是金子总会发光的，无论你走到哪里，都能绽放光芒，成就一番了不起的事业。"

恩师的一番话，让吴明珠心里踏实而温暖。

花开半夏，蝉鸣阵阵。毕业分配方案公布了，园艺系大部分同学都被分配到云、贵、川，吴明珠等9位同学则被分配到位于重庆的西南农林水利局。

吴明珠得知这个结果时，脑袋"嗡"的一声，这显然不是最边远最艰苦的地方啊！她第一时间跑去学院问老师，老师说学校报上去的分配方案，西南人事局有调整，你去问问是什么原因吧。

她心急如焚地赶到西南人事局，人家一句话就把她堵了回来："同学，你的第一志愿不是写着服从分配吗？"

吴明珠无言以对，失望至极。

杨其祐也知道了分配结果，赶快跑来安慰吴明珠。

一见到杨其祐，吴明珠憋不住心里的委屈了："唉，大西北去不了，大西南也去不了，我好不甘心啊！"

杨其祐劝她："到农林水利局也不错，毕竟还是和农业打交道。"他又停顿了一下，"等我毕业就来重庆工作，我们就可以在一起了。"

"你以为坐在机关里就能种出瓜果蔬菜来吗？我如果有机会，还是要下到基层去。"

"好好好，你去哪儿，我毕业就去哪儿，咱俩一言为定。"

吴明珠抬起头，认认真真地看着他："真的吗？"

杨其祐急了，鼓起勇气捅破了那层窗户纸："当然是真的！从我们认识到现在，你还不明白我对你的感情吗？"

杨其祐自己都不知道这算不算是表白。

吴明珠爽快地回应："好，那我们一言为定！"

"头发长了，扎起来吧，我喜欢你梳辫子的样子。"杨其祐温柔地帮她捋了捋头发，第一次牵起她的手。

"嗯。"吴明珠娇羞地应着。

没有卿卿我我，也没有花前月下，这对志同道合的年轻人在毕业前夕终于携手，确定了彼此的恋爱关系。他们坚信，是共同的理想让他们相知并相爱。

这样的爱情笃定是美丽的。

1953年8月，吴明珠送杨其祐踏上北去的列车后，随即到西南农林水利局报到，开始了崭新的生活。

会师北京，从天而降的惊喜

西南农林水利局是西南局的一个分支机构，吴明珠被分配到国营农场管理处任技术员。

刚参加工作的吴明珠，思想单纯，富有朝气，对未来充满向往，对工作无比投入。她认为革命工作不分高低贵贱，都是学习提高和磨炼自己的有效途径，每天早早来到办公室，打扫卫生、整理文件，积极参与会务工作，主动做好会议记录，赢得单位上上下下的认可。

1954年5月1日，吴明珠在西南农林水利局由预备党员按期转为正式党员，她对自己的要求更严格了。一到生产季节，她最忙碌也最兴奋，特别喜欢和处室同志一起到田地里，指导农户掌握经济作物的种植要点，帮助做好病虫害防治等，解决生产中存在的实际问题。她觉得这比整天坐在办公室处理事务性工作有意义多了。

在非生产季节，吴明珠主动要求到农村实地调研，收集和整理农业生产技术资料，做好农作物病虫害测报预警工作，建立田间管理统计档案，撰写总结和调研报告，为农民的实际生产提供技术服务。

吴明珠在工作上既敬业又专业，处室同志都很喜欢她："大学生就是不一样啊！"

听到类似的夸赞，吴明珠会立即想到她的恩师，这种专业和规范都是刘佩瑛在试验地里手把手带出来的。她会在周末去看望刘佩瑛，分享自己的感受和喜悦。

她也会在夜深人静时给杨其祐写信，说说工作中的收获与成长。她知道，这个深爱着她的人，在遥远的北方，无时无刻不在关心着她，护佑着她。

这是吴明珠一天中最幸福的时光。在灯下，她一字一句地向他诉说工作和生活中的点点滴滴，字里行间都是真性情的流露和表达。然后，心切切地等来他的回信，细细地品读这份情感的厚重与深沉。

分开的日子并不算长，他们之间传递的信件却不少。

杨其祐在第一封信里说："明珠，我太幸运了，师从我国著名小麦遗传育种及栽培学家、农业教育家蔡旭先生。导师是农学系主任，主持制定了新中国农业院校农学系第一个教学计划。他强调教学、科研、生产三结合，培养我们的生产观点、劳动观点和社会责任感，并身体力行，每天都要去小麦地观测，亲自计算核实数据，力求做到准确可靠。导师常给我们灌输开放育种的思想并带头践行。导师说，'育种工作是为人民造福的事业，育种材料不应该保密，更不应据为己有'。赴美留学期间，他广泛搜集各种农业资料和小麦品种资源，回国时带回小麦品种3000余份，被称为'带回中国的厚礼'，成为新中国成立之初小麦育种事业的重要种质资源基础。1950年，他杂交育成'农大183''农大36''农大311'等小麦良种，并将上千份原始材料及品种毫无保留地分成16份，送给16个省市小麦产地的农业科学工作者，在北部冬麦区大面积推广，有效控制了北部冬麦区条锈病的流行。他心中想的不是个人得失，而是育种事业……"

从杨其祐洋洋洒洒的文字里，吴明珠对蔡旭有了初步的了解，被其学农为国和学农报国的爱国情怀、淡泊名利的无私奉献深深折服。她为杨其祐有这样的学界泰斗作导师感到高兴："蔡旭导师是我们农科人一生的标杆和榜样。希望你珍惜这样的机会，认真向导师学习，用一生去追求、去奋斗、去耕耘，在我们最热爱、最熟悉的田地里为国家培育良种，结出丰硕的果实……"

"你说导师每天都要去小麦地看一看，让我想起刘佩瑛老师也是这样的，他们与农民为友，与农田为伴，在田垄间挥洒智慧、心血和汗水。老师们就是标杆和榜样，我们开展农业科学研究，无论如何都要扎在农田里，整天坐在办公室里是出不了成果的。所以，我还是渴望到边疆去，到基层去锻炼。"

杨其祐回信说："不管你去哪里，我都和你在一起！"

这句话始终萦绕在吴明珠心头，让她充满勇气和力量。

1954年9月，北京农业大学的校园里，红彤彤的海棠果和圆润饱满的山楂果挂满了枝头，它们簇拥在一起，展现出别样的生命力。随着秋天的脚步，丰富的色彩渐渐弥漫开来，给这座高等学府添上了一抹典雅而庄重的韵味。

天空湛蓝，阳光柔和，入目景色，皆为画卷。吴明珠静静地伫立在这美丽"丰"景里，满是欢喜，满是期待。下课铃声响起，她在人群中一眼便找到了那个熟悉的身影。"嗨，杨其祐……"她甩着两条小辫子，三步并作两步跑了过去。

杨其祐不敢相信自己的耳朵，循声望去，又惊又喜："明珠，你怎么来了？是来北京出差吗？怎么不提前告诉我，我好去接你啊！"

"出什么差啊，我要来北京工作了，明天就去报到。这不，一下火车先过来给你一个惊喜。"看着杨其祐一惊一乍的样子，吴明珠乐了。

"真的吗？怎么从来没听你说起过，快说来听听。"杨其祐急不可耐。

"上封信里，我不是给你说起过西南局撤销的事吗？我也没想到我会被分到北京来。"吴明珠说。

大约一个月前，中央已经下达了撤销西南大区的指令。之后，组织部门迅速行动，积极为西南局各部门人员安排妥当的去向，对年轻人的安置和未来发展更是有着长远的规划。他们鼓励那些未曾接受大学教育的年轻人报考大学，为此，重庆大学、重庆建筑专科学校、西南师范学院等学府都吸纳了一批来自西南局的年轻人。与此同时，由于国家众多部门急需具备专业知识和才能的年轻人，机关内的一些大学生被重新分配到省市的各个重要部门。

吴明珠因公认的业务水平和工作能力，被作为培养对象，选送到中央农村工作部工作。在许多人眼里，吴明珠的前途光明，令人羡慕。

中央农村工作部是1953年2月成立的，为中央专门工作机构之一，由邓子恢任部长。有200多名编制人员，汇聚了来自全国各地的精英人才。

"太好了，邓部长不但是老革命，还是咱们国家著名的农业农村工作专家。明珠，到邓部长手下工作，这样的机会是多少人求而不得的，恭喜你啊！"

"唉，也没有什么好恭喜的。原本想着这次大区撤销、人员分流，我可能就有机会分到基层去，没想到反而离基层越来越远了。"

即使是和恋人相见的喜悦，也无法抵消吴明珠失落的情绪。

"明珠，一定是我们的爱情感动了老天爷，把你送到我身边来了，让我们在北京胜利会师，我们永远也不要分开了。"杨其祐面对这份突如其来、从天而降的惊喜激动不已，拉着吴明珠在林荫间转了起来。温柔的阳光透过树叶的缝隙欢快地洒下来，在如梦似幻的光影里，他们旋转着、欢笑着，纯粹而明媚。

秋意浓情，这是专属于他们的幸福时光。温暖他们的不是秋色，是彼此眼里的光、心底的爱。

在京城筑起爱巢，实现他们美好的人生蓝图已为期不远了。

到新单位报到后，吴明珠被分配到西南处任干事，同时兼任部长的业务秘书。

工作有了头绪，她才将这个消息写信告诉远在南京的父母。他们十分高兴，父亲回信鼓励女儿要低调做人、踏实做事，拓宽视野、增长见识，不要辜负组织和领导的培养。母亲则更关心女儿的生活，担心一个南方姑娘初次到北方能不能适应寒冷干燥的气候、能不能吃惯面食等等，一再叮嘱女儿要照顾好自己。

在中央农村工作部西南处，吴明珠主要参与一些实地考察和调研，到农村调查农业政策的执行情况，调查农业生产上存在的问题，为中央决策农业、农民、农村工作，制定农村政策，做了许多事务性的工作。对于吴明珠而言，这是人生中难得的历练，让她终身受益。

每逢周末，是她和杨其祐相聚的时间，他们一起去长城、故宫、颐和园、北海公园等地游玩，畅谈人生和理想，规划未来的美好前景。

每次见面，他们都会互相推荐彼此喜爱的书，包括一些专业书籍及英语、俄语译著等。新近出版的小说《铁道游击队》《保卫延安》《三里湾》等也是必聊的话题。

1955年，吴明珠和杨其祐在北京北海公园

"明珠，这是赵树理的《三里湾》，我刚读完。赵树理不愧是大作家，语言特别生动朴素、幽默风趣，马多寿、范登高、袁天成、王宝全这些人物形象栩栩如生，反映了农业合作化运动中三里湾先进与落后力量的冲突，你读后一定会有启发和帮助。"杨其祐边说边从挎包里拿出书来。

吴明珠喜出望外："太好了，我也正想看这本书。现在各地对开展农业合作化有不同的声音，部里正在开展这方面的调研，每天对大量的调研数据作汇总分析，要形成报告报中央决策。我想，《三里湾》一定会给我一些更感性、更客观全面的认识。"

杨其祐颇有些得意："学农的人，对农业题材的小说会更加用心留意，何况我还有一个学农的女朋友呢！"

这又触动了吴明珠心底的遗憾，她心中那份到边疆奋斗的热情与渴望始终没有泯灭："我本是学园艺的，应该到最艰苦的地方去，不应该留在北京、坐在中央机关里，有机会我还是要争取到边疆去，到广阔天地，把双脚踩在泥土里。"

杨其祐觉得吴明珠看问题有大局观，在思想上、政治上、知识上比过去更加成熟："从认识你到现在，你变了很多，但一心要去边疆的执着和坚守始终不变。你思想比我进步多了，看来我得好好向你学习。你说得对，农业专家当然要扎根于土地，才能培育出优良的品种。咱们约定，谁有机会谁先去争取，另一个人无条件支持和服从，咱们的家就安在广阔天地里。"

"就这样定了。"两人击掌相约。

人往"低处"走，义无反顾从中央机关到大漠边关

机遇，总会眷顾那些有准备又懂得争取的人。

1955年10月1日，《新疆日报》头版上"庆祝国庆节！庆祝新疆维吾尔自治区成立！"的醒目大字和两个有力的感叹号，表达了天山南北各族儿女发自内心的喜悦。乌鲁木齐6万多名各族各界群众高举红旗、敲锣打鼓、载歌载舞，在人民广场隆重集会，热烈庆祝中华人民共和国成立6周年和新疆维吾尔自治区成立。

西部边陲传喜讯。吴明珠在广播里听到了这个振奋人心的消息，那沉睡在她心底、渐行渐远的"新疆梦"又被"激活"了。她开始特别留心关注广播里、报纸上所有关于新疆的报道，好像有什么预感似的，心里总是有所期待。

吴明珠的感觉是对的。新疆维吾尔自治区成立后，党和国家为了迅速改变少数民族居住地方的贫穷落后面貌，改善和提高少数民族的生活和文化教育水平，举全国之力，从人财物等各方面加大投入。尽管如此，各类人才还是供不应求。

10月，中央农村工作部来了几位新疆的同志，座谈中直奔主题：新疆维吾尔自治区刚刚成立，急需高素质的农业技术人才，尤其园艺人才缺口很大，毕竟新疆有"瓜果之乡"的美誉。请求农村工作部在全国范围内广泛动员农业人才支援新疆。

部里的动员还没开始，吴明珠就知道了消息，希望之火又熊熊燃烧起来了，蕴藏在生命中的勇气和力量喷薄而出。她告诉自己：不能被动地等待，必须主动出击，抓住这个机会，一定要到新疆去。

吴明珠匆匆来到部长办公室，向部长递上申请书表明心迹："部长，我大学毕业时就立志到祖国最需要、最艰苦的地方去，参加工作后也一直渴望建设边疆，现在新疆需要园艺人才，希望组织上批准我的申请——支援新疆。"

部长看着她说："明珠，你知道咱们农村工作部从成立到现在一直人手不够，你们这批大学生还是我们想方设法从各省调过来的呢。这次主要面向全国农业系统进行援疆动员，并不打算从部里派人。"

"可是，部里都不带头支援新疆，怎么好动员其他人呢？"机灵的吴明珠"将"了部长一军。

部长笑呵呵地说："你说的也有道理，可是人选方面，我们也要全盘考虑。你虽然来部里时间不长，但工作能力、业务水平方面，大家都很认可，特别是文字功底不错，能写会说，机关就需要你这样的人才，你们处也不一定同意你走啊！"

"可是，我学了四年的园艺果蔬专业，到新疆才能发挥更大作用，才能种出最好的葡萄、甜瓜，才能用所学知识服务农业生产。"吴明珠一五一十袒露了自己的园艺梦。

"俗话说人往高处走，水往低处流，你偏偏要往基层走。你知道有多少人向往北京、向往中央机关吗？还有，你作出这个决定，经过深思熟虑了吗？你和家人商量过吗？"部长满脸严肃地问。

"党中央一直号召青年人到边疆去、到基层去、到群众中去、到祖国最需要的地方去。我是共产党员，我认真想过，新疆虽然苦一些，但那里能发挥我的专业所长，实现我的人生理想。如果北京和新疆二选一的话，我肯定选择新疆。我爸爸一直教育我要脚踏实地、学有专长、奉献社会、报效国家。我想等组织上同意后，再给父母一个惊喜。"

身经百战的部长被吴明珠感动了："青年有理想有信念，国家才能有希望。明珠，年轻人都像你这样，新中国就一定会越来越强大。我们会认真研究你的申请。"

吴明珠一看有戏，高兴地说："谢谢部长，那我就回去等候通知啦！"

过了几天还没有动静，吴明珠坐不住了，又找到部长，再次郑重地递上了申请书。

"想好了？不后悔？"

"想好了！不后悔！"

一问一答间，部长看到了吴明珠的执着和坚定，拿起笔在她的申请书上，郑重地签了字。

他看明白了，这个小姑娘人小志气大，有抱负有理想敢奉献。这张"通行证"，他一定要开，开得值得。

殊不知这一签字，竟改变了中国瓜类水果的历史。

"到了新疆要照顾好自己，不适应的话再回来！"一向雷厉风行的部长一反常态，变得婆婆妈妈的。

"我去了就要把根扎在新疆，等我种出好吃的瓜果，再请您来品尝。"吴明珠心里只有远方，根本没在意部长给她留的"后路"。

这回终于把自己抛出了安乐窝，将要步入预设的轨道，吴明珠整个人都舒展了。这一步，或许错过了都市的繁华，错过了深造升迁的机会，但是没有错过遥远的新疆，没有错过她心中的理想，她始终庆幸自己这一大胆而执着的抉择。

调动通知下来了，领导给她特批了几天假，让她回南京好好陪陪家人。新疆关山万里，路途遥远艰辛，不知什么时候能够回来和家人团聚。

有时候，拒绝被刻板定义的生活，是需要相当的勇气和智慧的。吴明珠抛都市而去荒漠，舍安逸而取艰难，奔赴新疆的选择在部里引起不小的轰动。有理解支持的，也有不可思议的，有认为可敬可爱又可佩的，也有认为傻得无可救药的，有为她祝福庆贺的，也有为她忧心忡忡的。

毕竟，从首都北京的中央机关到飞沙走石的大漠边关，工作环境、生活条件、人文风俗等方面的反差不是常人所能面对的。

此时的吴明珠无惧他人不解的目光，不在意别人认同与否，完全沉浸在追逐理想的喜悦中，眼里有光、脚下生风，心早已飞到了新疆。

当然，杨其祐的想法是不能不在意的，吴明珠"先斩后奏"，心里还是有点忐忑不安，以及即将离别的不舍。

走在北京农业大学的校园里，吴明珠触景生情，想起去年秋天硕果满枝的馥郁芬芳，想起林荫间让人沉醉的温馨和浪漫。杨其祐那句"我们永远也不要分开了"犹在耳边，可是刚过一年，银杏叶才开始飘落，却来和他告别，说自己要去更远的地方。他，会如何想呢？

杨其祐从实验室跑出来："明珠，今天又不是星期天，怎么不上班？发生什么事了？"

吴明珠看着他，一时竟不知怎么开口。

杨其祐急了："你一向快人快语藏不住话的，今天这是怎么了，吞吞吐吐，欲言又止，这不是你的风格啊！"

吴明珠低下头，不敢正视他的眼睛："我说了，你可要有思想准备啊！"

"快说啊，到底发生什么事儿了？天大的事儿还有我呢，我们一起面对。"

吴明珠有点语无伦次："其祐，我写了申请，组织上已经批准了。"

"批准什么了，快说啊！"

"我要去新疆工作了。"

沉默，还是沉默……

抬头看杨其祐一脸茫然的样子，吴明珠问："怎么，你不支持我吗？我们不是已经达成共识，谁有机会到祖国最需要的地方去，谁先争取，你不会反悔吧？"

杨其祐抬起手揉了揉她的脑袋："傻瓜，说什么呢，这世界上如果只有一个人支持你，那也一定是我。只是，这消息来得太突然，我根本没有反应过来。你看，我们在北京相聚才刚一年，你怎么说走就走，也不提前和我商量一下。"

吴明珠悬着的心放了下来，赶紧解释："机会来得很突然，如果不是我软磨硬泡就又错过了。"然后，她说了事情的来龙去脉，又低头轻声细语地说："其实，我也不想这么快和你分开，可是，可是……"

杨其祐紧紧拥抱着她，善解人意地说："别可是可是了，说真心话，我更舍不得你走啊。但一个人只有心怀家国，才能超越自我，才能走得更远。你心无旁骛地追赶目标，我理解你也支持你，何况我们有约在先。"

杨其祐用最坦诚最单纯的方式爱着她，死心塌地地对她好，吴明珠心知肚明，无比感动，所谓同道同行，有这样的后盾，是多么幸运！

停了一会儿，杨其祐担心地问："什么时候走？你才开刀做了淋巴结手术，伤口痊愈了吗？等伤口彻底养好再走，行吗？"

"小刀口而已，已经好了，别儿女情长的。"吴明珠努力掩饰着自己的感动。

杨其祐听出了温情脉脉，也听出了她独有的坚韧和倔强："你呀，什么都好，就是人小主意大，总是先斩后奏。对了，你一定也没'上奏'家里，爸爸妈妈肯定还不知道吧？"

知我者，其祐也。吴明珠不好意思地笑了："还没有来得及告诉家里呢，不过不要紧，爸妈一定会支持的。领导还专门给我放了几天假，让我回趟南京呢。"

"领导关心你，以后从新疆回趟家就没这么容易了。路上注意安全，回家好好和爸妈说说，家里的支持很重要。"

"嗯嗯。放心好了。"有了男朋友的支持，吴明珠抑制不住满脸的欢喜。

为什么去新疆？犯什么错误了？

让吴明珠始料未及的是，家人的反应竟是如此强烈，回家的惊喜变成了"惊吓"。

吴明珠突然回到南京，见到了阔别六年的父母。

推开家门时，的确给全家人带来了无比的惊喜，父母喜笑颜开。自从她到重庆上大学后，一直都没有回过家，父母都是通过书信和她联系，知道她假期参加土改、到农场实习，忙于团的工作、写毕业论文，知道她被分配到西南农林水利局参加工作，又被选送到中央农村工作部了……

这一路走来，女儿足够独立、足够优秀，从没有让父母操过心。吴子涵和钱一芸何尝不想女儿啊，可是他们理解女儿的忙碌，支持女儿的工作，只能把这份牵挂放在心里。

不承想女儿"从天而降"，吴子涵和钱一芸喜不自禁，眼睛都舍不得从女儿身上移开：六年时间，他们的掌上明珠已经从一个稚气未脱的小姑娘，成长为自信独立、阅历丰富、有主见的大姑娘了。

他们的骄傲和自豪溢于言表："一晃就长大了，真是长大了。"

哥哥吴明培也像过节似的，买了许多鱼虾准备犒劳从北方来的妹妹。

吃过晚饭后，一家人其乐融融地围坐在一起，吴明珠滔滔不绝地讲着自己在重庆读书的经历，讲入团入党后思想上的洗礼，讲毕业分配和调到中央农村工作部的机缘巧合。虽然这些情况在信中早已了解，但面对面听来，还是生动有趣得多。女儿的变化是由内而外的，吴子涵感到欣慰。

哥哥嫂子关心的焦点则是："明珠，你不要总是说工作工作，终身大事也要考虑啦。你一个人在外面有个相爱的人陪伴，我们也好放心。"

吴明珠的脸红了："我有男朋友了，他在北京农业大学读研究生，是我大学同学。"

这是吴明珠第一次和家里人说起杨其祐，然后详细介绍了他的情况。

"不错不错，能被学校保送读研究生，说明这个孩子品学兼优。你们是同学，知根知底，要彼此珍惜，好好相处。"吴子涵满意地叮嘱女儿。

哥哥嫂子笑着接过话来："放假有时间了，带他回家来，让我们认识认识这个高才生。"

钱一芸从母亲的角度考虑得更现实："你们年龄也不小了，早点把家安下来，将来有孩子了，我们还可以去帮个忙。"

这下吴明珠沉默了，我这一走千万里，家安在哪儿呢？她刚要开口说"我要去新疆了"，但话到嘴边又硬生生地咽了回去。她不忍刚来第一天就破坏这难得的欢乐气氛，让父母兄嫂为她揪心。唉，过两天再找机会说吧。

家人以为她不好意思，笑了。

其实，知子莫若父，知女莫如母。第二天上午，钱一芸把吴子涵叫到屋里说："我发现明珠好像有什么心事，一个人时总在那儿发呆，你一会儿问问。"

"哎哟，孩子回来只顾着高兴了，竟然也没有问问到南京是出差还是探亲，要说出差也没见她出门办事，看我这爸爸当的。"

晚饭后，一家人又围坐在一起有说有笑。这时，吴子涵开腔了："明珠，这趟回来是公差吗？在家住多长时间？"

该来的总是要来，早晚都要摊牌。吴明珠鼓起勇气："爸妈，领导专门给我放了几天假，让我来南京陪陪你们。因为，我要去新疆工作了。"

空气一下子变得凝重起来，家里安静得连掉根针都能听见。大家吃惊而疑惑地望着吴明珠，怀疑自己听错了。

看父母都僵在那里说不出话，哥哥忙打破沉默："明珠，这么大的事情可不兴开玩笑啊！"

"哥哥，我怎么可能开玩笑呢！是真的，过几天就要从北京出发了。"

钱一芸把椅子往女儿身边挪了挪，拉着女儿的手："明珠，你上封信还说在北京工作得好好的，为什么把你发配去那么远的地方？新疆那么偏远荒凉，你是在工作中犯什么错误了吗？"

吴明珠哭笑不得："妈妈，新疆是我主动申请、坚决要求去的，好不容易才争取到这个机会。我是学园艺的，新疆是著名的'瓜果之乡'，在那里才能发挥我的专长。"

"可是，你身体不好，淋巴结核化脓刚开过刀，你这一走，我们怎么放心呢？"钱一芸摸着女儿的伤口，忧心忡忡。

哥哥嫂子也轮番上阵，劝她改变心意。

"改不了啦，组织上已经批准了。你们不用担心，我会照顾好自己的。"

吴明珠又转过头对吴子涵说："爸爸，我还记得小时候，您到新疆捎回一个哈密瓜和一包哈密瓜干，还给我讲了哈密瓜名称的由来。您说哈密王将鄯善甜瓜作为珍品上贡给康熙皇帝，康熙和群臣品尝了这甜如蜜、脆似梨、香味浓郁的'神物'之后，忘不了那咬一口满嘴流蜜的感觉，于是赐名哈密瓜。那个时候，新疆的瓜果就印在我的脑海里了。所以，我去新疆，你一定会支持我的，是吧?"

对女儿的解释，吴子涵心里很是认同。女儿的选择没错，她在党的培养下成长起来，着眼于更广阔的天地，追求生命的高度和广度，并为之努力奋斗，这是多么令人欣慰的事情啊，自己没有任何理由拖后腿。

他望着女儿，轻轻地点了点头："明珠，你不管不顾非要去那么远的地方，我们尊重你的选择。既然你选择了这条前途未卜、胜败难料的人生路，那就要坚强、坚定地走下去。"

见女儿动容，他背过身去，深深长长地叹了一口气。毕竟，他是父亲，内心是极为不舍的，不能不对女儿牵肠挂肚。就说到重庆上个大学，六年才得以相见。此去新疆，天高地远、山长水阔，再见又不知是何年何月。大漠边陲，极度荒凉，女儿能经受得了超乎常人想象的艰苦吗?

可怜天下父母心。

吴明珠没料到自己去新疆的决定会给家人带来如此大的冲击。好在有惊无险，开明的父母最终接受了这个事实，并给了她最大的支持，这是作为父母所能给予她的精神力量啊!

假期结束了，吴明珠要先赶回北京，再出发去新疆。临走时，钱一芸执意要送女儿上火车。吴明珠说："妈，我答应您送我，但我们说好，您不要难过，也不许哭。"

后来，哥哥嫂子写信告诉吴明珠，说妈妈从车站回家后就卧床不起，病了三天，人也消瘦憔悴了。

吴明珠的眼泪浸湿了信笺。何其有幸遇到这么善良的继母，得到如此博大深沉无私的母爱，亲生母亲也不过如此吧。

援疆的队伍定于11月底12月初出发。临行前，吴明珠领到了一套棉衣、一顶棉帽、一双棉鞋、一条棉被，还有一件军大衣。

部里专门开了欢送会，通报表扬吴明珠，对她响应祖国号召、毅然决然奔赴边疆的人生选择给予了充分肯定，号召大家向她学习，希望她在祖国的边疆生根开花，结出累累硕果。

年轻的同事纷纷向她表示祝贺，开着大卡车，唱着《我们新疆好地方》为她送行。

汽车绕着天安门广场转了一圈，快乐的歌声也久久飘荡在广场上空："我们新疆好地方啊，天山南北好牧场。……"

吴明珠唱得激动落泪，她深情地望着天安门上的毛主席像，暗暗许下心愿："我一定要扎根新疆，艰苦奋斗，报效祖国，等我培育出好品种、做出成绩后，再向您汇报。"

她的眼睛里泛着热烈而纯净的光芒。

这一年，她25岁。

迎着黎明的微光，杨其祐早早从学校赶来为吴明珠送行。欢送的场面很热闹，大卡车车头扎着大红花，车身两边贴着欢送的标语，显得喜庆又热烈。

杨其祐帮吴明珠收拾着行装，整理着胸前的红花，抚摸着她长长的辫子难舍难分，而吴明珠则激动地盼着出征。

杨其祐看着没心没肺的吴明珠："到了记得给我写信，告诉我你眼里的新疆，不许三言两语的。等我毕业后就去找你。"

吴明珠咯咯地笑着："好，记着我们的约定，开创我们共同的事业。"

在热闹的锣鼓声、密集的鞭炮声和夹道欢送的人群中，车辆缓缓启动。

吴明珠扬起小手向杨其祐告别："再见！我在新疆等你……"

杨其祐挥动双手，灼热的眼神目送心爱的人渐行渐远，直至彻底消失在他的视线中。

他五味杂陈，怔在原地：我毕业后也去新疆吗？我是学小麦遗传育种的，新疆可不是小麦主产区，没有发挥自己专长的基本条件啊。

先不想这么多了，车到山前必有路，到时候再说吧。杨其祐的心已被心上人牵走了。

毕业后，他将在事业和爱情之中作出抉择。

一路向西，无论多大的风都刮不跑我

从北京到新疆乌鲁木齐有 3000 多公里的距离。初冬时节，八辆敞篷卡车载着一百多位赴疆青年，一路向西，穿过逶迤山脉、茫茫草原、碱滩沼泽、无垠沙漠、荒漠戈壁，过玉门、出阳关，战风沙、抗严寒，在颠簸的砂石路上奔波 15 天后，终于抵达乌鲁木齐。

尽管出发前对于沿途的艰苦早有预料，但一路走来，气候变化之大、生存环境之恶劣，还是远远超出了想象。

起初，大家还感到颇为新鲜，纷纷自我介绍，报上姓名，分享着各自来自何方，又将前往何处。在旅途中一下子结识了这么多朋友，每个人都兴奋不已，即便路途颠簸，也满怀"不破楼兰终不还"的壮志豪情。

一些从没出过远门的同伴，被河西走廊的苍莽辽远、雄浑壮美所俘获，被西部边陲的广袤无垠、幅员辽阔所震撼，放眼望去，四野悄寂，山高水长。他们看到什么都新奇，时不时好奇地询问"现在到了哪里""还有多远""哪天能到""到了新疆会不会再次分配"

冬天的新疆火焰山

连绵不断的山脉，白雪皑皑

等等。然而，这样的新鲜感仅仅维持了短短数日，随后便是一片沉寂，大家脸上的光彩逐渐褪去，欢声笑语也不再响起。他们压根儿想不到路途这么遥远，这么艰辛，这么寒冷，人窝在车里从早颠到晚，饿了只能啃干粮和咸菜，加上风霜雨雪、飞沙走石、水土不服，别提多受罪了。

过了兰州，再往西走，人迹罕至，漫漫旷野，苍茫沙海，黄入天际，四周荒芜，连绵跌宕的沙丘显出一望无际的荒凉。

遇到沙尘暴时，天昏地暗，沙粒飞扬。有时旋风把沙尘一下卷上天空，又铺天盖地地撒下来。有时旋风把沙尘卷得平地突起，在戈壁上打着转转。狂风呜呜地呼啸着，鼓荡在天地间，卷起黄沙和石砾，打得汽车篷布乒乓作响，并从篷布的缝隙吹进车里，割得人脸上生疼，胸腔里也仿佛灌满了风沙，横竖给他们来了个"下马威"。每个人都风尘仆仆的，真成了"土小伙""灰姑娘"。

天气一天比一天冷，远处连绵不断的山脉被皑皑白雪覆盖着，天地辽远而苍茫，行进的车辆显得愈发渺小。一到晚上，寒风凛冽，气温骤降，大家穿上厚重的军大衣，戴上大棉帽，裹紧大围巾，一个紧挨着一个相互取暖，依旧难以抵御刺骨的寒冷，身体里仅有的那一点点暖意仿佛都被坚硬的朔风掏空了似的。

比寒冷更冷的是心冷。不少人情绪消沉低落，个别姑娘悄悄抹着眼泪，那是离家思家的感伤。

"正是因为边疆遥远、贫困艰苦，我才要扎根新疆，建设新疆。"吴明珠的信念极为纯粹、极为强烈，内心也变得更加坚毅。

为了活跃气氛，吴明珠拿出在大学团总支当宣传委员时的看家本领："咱们每个人表演一个节目吧？唱歌、朗诵、讲故事、说笑话都行。我先给大家唱一首新学的歌，好不好？"

"好！"大家鼓掌。

蓝色的天空像大海一样，广阔的大路上尘土飞扬。穿森林过海洋来自各方，千万个青年人欢聚一堂。拉起手、唱起歌、跳起舞来，让我们唱一支友谊之歌……

"明珠，你唱得太好听了，这是什么歌啊？旋律优美，热情奔放，很应景呐，干脆你教我们唱吧！"有人提议。

"这首歌叫《青年友谊圆舞曲》。那就一起来吧，我唱一句，大家跟着唱一句。"吴明珠气还没喘匀，又打着节拍教起歌来。

汽车行驶在坑坑洼洼的砂石路上，一路尘土飞扬，欢乐而激荡的歌声也在回旋荡漾。

大地之上，唯有歌声。年轻人的眼里都泛着泪光，他们的援疆热情被欢快、活泼、嘹亮的歌声再次激发起来了。

1955年11月，吴明珠怀着建设边疆的热血情怀来到了乌鲁木齐。

傍晚时分，乌鲁木齐的天空晚霞似火，连着漫天的云彩，整座城市仿佛抹了一层金黄的底色。极目眺望，远处的雪山流光溢彩。晚霞耀眼的光芒，唤醒了冬日的沉寂，也唤醒了一颗颗因疲惫而沉睡的心。

新疆，我们终于到了！

吴明珠抑制不住激动的心情跳下汽车，现场喧喧嚷嚷，锣鼓震天，掌声、欢呼声此起彼伏。

新疆维吾尔自治区党委组织部的一位领导带着欢迎队伍大步迎了上来，和风尘仆仆的年轻人一一握手："同志们好，一路辛苦啦！你们告别家乡，到新疆奉献青春和热血，我代表新疆各族人民欢迎你们！"

当他走到吴明珠面前时，笑着说："姑娘，你叫什么名字？你这么瘦小，以后要多吃点咱们新疆的羊肉，长结实一点，不然一阵大风就把你刮走了。"

吴明珠心想，这领导怎么以貌取人啊，于是大声回答："领导好，我叫吴明珠。我要把根牢牢扎在新疆，无论多大的风都刮不走我。"

聪明的吴明珠一语双关，周围的人哈哈大笑。

"噢，吴明珠？你就是从中央农村工作部几次申请，坚决要求来新疆的吴明珠？从北京出差回来的同志专门向我介绍了你的情况。"组织部领导对这批专业技术人员的名单了如指掌，对主动请缨的吴明珠印象尤为深刻，这都是建设新疆的宝贵人才啊！

"好，好，有理想、有志向。新疆欢迎你。"领导一边说着一边把吴明珠带到身后一位身材魁梧、皮肤黝黑的中年人跟前，"部长，这位是分到自治区党委农村工作部的吴明珠同志，从中央农村工作部主动要求到咱们新疆来。明天就去你那儿报到。"

部长赶紧回应："我们已经安排好了，我这不就是等着来接她！一听说党中央大机关的同志要来，全单位的人都盼着呢！"

吴明珠一听，马上说："领导，我来新疆不是为了到机关坐办公室的，我要到最基层去培育瓜果蔬菜。"

"呵，小同志精神可嘉，精神可嘉。你明天先去报到，你的要求以后再研究。"领导边说边给她吃一颗定心丸。

"甭研究啦，这个小同志不是要下基层种瓜果嘛，干脆就到我们乌鲁木齐来吧！"一个洪亮的陕西腔响起。众人一看，原来是乌鲁木齐地委组织部部长李嘉玉。

自治区党委农工部部长一听急了："老李，你不能在这抢我们的人才啊，自治区刚成立，你知道农工部只有那么几杆'枪'。"

"哈哈哈，以后再说，以后再说。"组织部领导见此状况，赶紧息事宁人。

被这样的热情包围着，吴明珠早已顾不上一路长途跋涉的辛苦了。

　　如血的夕阳落下，满天寒星闪烁。吴明珠在如豆的烛光下，分别给她的入党介绍人、西南农学院党委书记向天培，恩师刘佩瑛，南京的爸爸妈妈，男友杨其祐——写信。

　　她写道："我终于踏上了新疆这片热土，我不后悔我的选择。我一定要用汗水浇灌出天山脚下最香甜的瓜果。"

　　这一夜，吴明珠睡得格外酣畅。

　　从此，她与新疆这方热土、与这方土地上的农民结下了一世之缘。

第五章

初试清啼长天破

只要能种瓜，什么苦我都能吃

第二天一早，吴明珠就来到新疆维吾尔自治区农村工作部报到。办公室的椅子还没坐热，她就去找部长，敞开心扉陈述了要去基层的理由。这理由对她来说不知说过多少遍了，早已烂熟于心了。

部长感动了，也被她说服了，答应报自治区党委组织部重新安排。一个月后，自治区党委组织部又安排吴明珠到乌鲁木齐地委农村工作部工作。

"这还是在机关呀！"吴明珠仍然不满意，但只能走一步看一步，以后再说了。

乌鲁木齐地委农村工作部对来自中央机关、又有专业技术的吴明珠非常重视。部长是个转业军人，性情耿直，高兴得如获至宝，一双粗糙的大手紧紧握住吴明珠的手，连声说"欢迎欢迎"，让她任干事和业务秘书，做他的左膀右臂。

吴明珠急切地说了自己的想法："我刚来还不了解当地情况，要先深入基层开展调研，在生产一线了解瓜果生产情况，以便今后开展工作。"

部长说："你说得很有道理，但心急吃不了热豆腐。你刚来新疆，首先要了解咱们新疆的气候。这大冬天，天寒地冻的，也下不了乡，等开春了才能下乡调研。"

"那这段时间就这么白白浪费啦！"吴明珠急了。

"这段时间任务重着呢，就怕你完不成。"

"您说吧，再苦再累我也不怕，没有我完不成的任务。"吴明珠就怕让她闲下来。

看不出这小姑娘还真有那么一股泼辣劲。部长脱口而出："不错，有我们军人的作风。你最近的三大任务，一要学会骑马，二要学会说维吾尔语，三要学会吃羊肉。"

"谢谢部长，保证完成任务。"吴明珠悟性极高，立即明白了部长的良苦用心。是啊，不到新疆不知新疆之大，乡与乡、村与村之间，动辄上百里路，到许多地方都要骑马。下乡与老乡沟通要会说维吾尔语或与会说维吾尔语的干部一同前往，吃羊肉更是不可避免。如果想要把根扎在新疆，要服务新疆农业生产，要融入新疆百姓之中，这些都是必备技能。

粗中有细的部长安排自己的通讯员、一位维吾尔族小伙子教吴明珠骑马，也便于在日常交流中学习维吾尔语。吴明珠给自己制订了一个学习计划，争取一个星期之内学会骑马，一个月内学会300句维吾尔语。至于吃羊肉嘛，她想这应该不是什么难事吧。

凡事大多看着容易，做起来就不是那么回事了。当小伙子从马厩里牵出一匹高头大马时，吴明珠一下对自己是否能驾驭这个庞然大物产生了怀疑，身高仅1.54米、体重不到40公斤的她，在马儿面前显得格外娇小。

小伙子把缰绳递过来，带她牵着马遛了两圈，边走边用生硬的普通话告诉她："不要怕，你越怕，它越要欺负你。你对它好，它也会对你好。"

是啊，马也是通人性的。吴明珠每天和马亲密接触，通过喂

一到新疆，吴明珠就学会了骑马

食、牵行、洗刷、拍抚、嬉戏等，与马反复互动，努力建立友好关系，使彼此间的"熟悉度"大增。当第一次跃上马背时，她发现要挑战的，其实是自己的胆怯和恐惧。她握紧缰绳，轻轻踏镫，慢慢学会了如何控制马的速度，并随着马的节奏放松自己，让马也自然而然放松下来。

当然，这中间必须要接受摔跤这个事实，摔跤不能成为退却的理由。她一次次爬起重新上马，一次次寻找马背上的感觉。当她英姿飒爽地骑乘于一匹骏马之上，以风驰电掣之速穿越茫茫戈壁时，无疑成了戈壁滩最耀眼的风景。

"吴老师，亚克西（好）！"小伙子向吴明珠伸出了大拇指。

"热合买提（谢谢）！热合买提！"吴明珠也不忘感谢这位尽心尽责的教练。

听着吴老师带着南方口音的生硬维吾尔语，小伙子毫不掩饰地哈哈大笑起来。

刚开始学维吾尔语的时候，吴明珠闹了不少笑话。一天晚上，大伙儿在聊天。有人问她几点钟了，她说九点钟，因发音不准，把"钟"说成"艾尔"（男人）。众人大笑："什么？你有九个男人？"弄得吴明珠满脸通红。但她还是厚着脸皮向维吾尔族朋友学习，并用小本子记下来："亚克西木斯孜（你好）""乃盖（去哪里）""艾扑克棱（对不起）"……

她晚上回到宿舍再一遍遍地反复练习，渐渐地，就能在工作中和生活上与维吾尔族乡亲们进行简单的会话，但要无障碍沟通交流还远远不够。

邮路漫漫。1956年春节前夕，她终于等到了大家的回信。向天培在信中鼓励她："到了你理想的广阔天地，尽情地展翅飞翔！勇敢地飞吧！"

刘佩瑛说："你从北京到新疆，我一点也不感到意外。一个人的境界，决定他最终能走多远。你所做的每一个选择，都是你能作出的最好选择。相信你的热情和坚持，一定能在大漠戈壁培育出最甜美的瓜果。"

杨其祐被她信中描绘的"大漠孤烟直，长河落日圆"的塞外风光所吸引，说心已经跟随她到了新疆。随信还寄了有关植物育种和植物嫁接方面的书。

吴明珠十分享受这样的夜晚，她反复品读着来信，在字里行间感受着温暖，被深深打动，陷入沉思，沉醉于书信中那份美好，守护着这份珍贵。

她提笔给杨其祐写道："虽然来到新疆的时间不长，但我已深深爱上了这片土地。这里各民族之间团结互助，亲如一家，相处得十分融洽。乡亲们淳朴善良，热情好客，真诚直率，还擅长歌舞。来到新疆后，我领下的三项任务中，已经基本完成了两项。原本以为吃羊肉对我来说易如反掌，却没想到遭遇了'滑铁卢'……"

作为南方人，她原本以为羊肉于自己，虽谈不上美食，但也不会让胃受不了。她想起千古第一老饕苏东坡曾说："平生嗜羊炙，识味肯轻饱。"再看看周围那些无肉不欢的新疆人，他们大口吃肉的豪迈样子让人觉得无比真实。单看"鲜"这个字，左边是"鱼"，右边是"羊"，就足以证明羊肉的鲜美。如此，这羊肉又能难吃到什么程度呢？

其实，那时候羊肉很稀缺，不是想吃就能吃到的，但羊的膻味却无处不在，让吴明珠难以忍受。每当她走进食堂，只要闻到羊膻味就想吐，根本吃不下与羊肉有关的饭菜。哪怕是一个月才吃一次、人人都期盼的羊肉抓饭，她也只能望而却步。但一想到这是必须完成的任务，她只能屏住呼吸，勉强咽下一口。那一刹那，她仿佛经历了一场悲壮的考验，特有的膻味直冲鼻腔，让她感到眩晕、反胃，随即呕吐起来。在强烈的味觉冲击下，她觉得自己的嗓子被糊住了，全身每个毛孔都散发着膻味儿。

同事们也被她强烈的生理反应惊呆了，纷纷给她支着儿：用盐水漱口，失败；干嚼茶叶，失败；喝陈醋，失败；吃辣椒酱，还是以失败告终。以至于第二天上班，感觉说话间都常有一股羊膻味。吴明珠没想到，整整一年她才逐渐适应羊肉对味蕾的折磨。

这个冬天漫长得似乎熬不到雪化的时候。猫冬的日子里，吴明珠人在新疆、胸怀祖国，每天收听广播、翻阅报纸，关心国家大事。

1956年，是中国现代科学技术发展史上具有里程碑意义的一年。1月14日至20日，中共中央在北京召开关于知识分子问题的会议，向全党全国人民发出了"向科学进军"的号召。

吴明珠在广播里听到这如春雷激荡的消息后，心潮澎湃，四处寻找报纸，直到2月中旬，才找到一份1月30日刊登了《关于知识分子问题的报告》全文的《人民日报》。报告中，党中央郑重宣布，知识分子"已经是工人阶级的一部分"。报告还用大量篇幅讲述"向科学进军"的重要性。

吴明珠如获至宝，逐字逐句认真研读，把重要的段落摘抄下来。

全国各地掀起了"向科学进军"的热潮，人们的思想观念也随之得到转变。在农业战线，"科学种田""向科学要粮食""向科学要产量"的呼声越来越高。

在吴明珠心里，1956年的春天也因为这个会议来得特别早，她的心情像这个烂漫的春天一样格外舒畅。她有了一个清晰的发展方向和路径——"科学培育瓜果""向科学要优质高产瓜果"。

她潜心搜集新疆瓜果生产的资料，找来地图一一对照研究，梳理近年来吐鲁番地区特别是鄯善地区的气象资料，包括对无霜期、日照小时数、降水量等与种植哈密瓜密切相关的内容进行统计分析。

　　"火洲"吐鲁番盆地，维吾尔语是"低地"的意思，是一个集热极、旱极、风极于一体的极端气候之地。这里地势低洼、闭塞，气候炎热、干旱、多风。每年高于40摄氏度的酷热天气长达一个多月。平均年降水量仅16毫米，蒸发量却达3040毫米。这种特殊气候却是厚皮甜瓜生长极为有利的自然条件。但春夏之季大风频繁，八级以上大风年平均31次，又是影响甜瓜早熟丰产的不利因素。吐鲁番盆地自古盛产甜瓜，栽培的厚皮甜瓜生长旺盛，叶片大、叶色浅，果大、皮厚、肉厚，俗称"哈密瓜"。而鄯善一直以来就是哈密瓜的故乡，明代陈诚在《使西域记》中专门提到"鲁陈"广植葡萄、桃、杏和甜瓜。"鲁陈"就是鄯善鲁克沁一带。

　　鄯善县雄踞于吐鲁番盆地东端，火焰山和库木塔格沙漠横卧其间，只有西面敞开，与低于海平面 154.31 米的艾丁湖咫尺相望，属于温带大陆性沙漠气候。火焰山北面与南面又同中有异，气候四季分明，夏季炎热，冬季寒冷，春季升温快，秋季降温迅速，光热资源丰富，日夜温差大，无霜期长。优越的地理气候条件和生态环境，使鄯善成为新疆农业开发最早的地区之一，据历史记载，两千多年前，西汉张骞通西域途经这里时，已住有人家。

　　鄯善以汉古国名命名，又称"皮羌"，维吾尔语意为"马兰草"，是古丝绸之路的重要站点，是"四大文化"的交汇地，这里的葡萄和哈密瓜也随着东来西往的客商而名传四海。清代吴其濬在所著的《植物名实图考长篇》中品评道："哈密瓜，有数十种，绿皮绿瓤而清脆如梨，甘芳似醴者为最上，圆扁如阿訇帽形，白瓤者次之。绿者为上，皮淡白，多绿斑点，瓤红黄色者为下，然可致久藏，谓之冬瓜，可收至次年二月。余皆旋摘旋食，不能久留……"

　　鄯善县农业经济的发展始于新中国的成立。1949年，全县农作物播种面积近14万亩，粮食作物唱主角，棉花、葡萄、西甜瓜则处于配角地位。

吴明珠对鄯善情有独钟："培育瓜果，这可真是绝佳的风水宝地。"她认真翻阅资料，熟悉地理情况，发现了鄯善培育瓜果的巨大潜力和广阔空间，于是把目光锁定在了鄯善。

纸上谈兵不如起而行之，吴明珠心里那个急啊！她等待着一场悄然而至的复苏，等待着一场轰轰烈烈的劳作。

一年好景在春耕。风软软的，柳枝柔柔的，草木气息诱人心动。乌鲁木齐地委管辖的吐鲁番、鄯善、托克逊地区是全疆春耕生产开始最早的地区，农工部安排吴明珠带一个工作组，到这三个地区检查春耕生产情况。

蛰伏了一整个冬日，吴明珠雀跃起来了，带上早就准备好的行装立即出发。先到托克逊、吐鲁番，最后到鄯善，一路检查下来用时三个多月，对这三个地区的情况了如指掌。

她一个乡镇一个乡镇地走，看到瓜果遍地，种类众多，但西甜瓜的产量不高，有的瓜口感也一般。究其原因主要是当地依靠传统种植技术，产量、品质都存在较大的提升空间，她内心的急切不言而喻。

"那就是东湖吗?"在鄯善辟展乡，看到远处在阳光的照射下犹如明镜一样的湖面，她问同行的人。

"是的，是天山雪水融化汇聚而成的东湖。"

据《西域图志》载："辟展城东八里有湖曰东湖，饶蒲苇，可畜牧。"《新疆舆图风土考》记载："辟展甜瓜、西瓜、葡萄种类繁多，无不妙甲于西域。"当在资料中、在地图上触摸过多次的东湖就这样真实地出现在眼前时，她真正懂得了天山之于鄯善的意义，是生命之源，也顿悟东湖之于她的意义，是培育瓜果的源头活水。

天时，地利。在这大漠深处，天山冰雪融化成的大量流水，渗入盆地北缘的戈壁滩后，穿过火焰山东边的缺口，在地层中向艾丁湖流渗，遇到火焰山的小支脉库姆塔格沙山的阻挡，抬高了地下水位，使东湖地区形成大片潮地，甚至涌出地面，变成泉水。白天经过太阳的暴晒，地面干了，浮着一层白花花的盐碱，又成了旱地压墒的好东西，可是一夜过后，土壤又湿润了。加上土壤肥沃，空气干燥，阳光充足，夏季炎热，这里对瓜果的生长十分有利。

"我们这里水是咸的，瓜是甜的，景色是美的。"见吴明珠惊喜的神情，村民骄傲地说道。

眼前这一汪湖水，这遍地的芦苇，这草丛中飞来飞去的鸟儿，这清脆悦耳的啾啾鸟鸣，让她似曾相识，格外亲切，一下子有了归属感。她想起了家乡武汉的大东湖，也是这样垂柳依依，也是这样波光粼粼。

所有种种，都向她传递着强烈的信号——种瓜，非此地莫属。

这里才是向往已久的地方，才是披荆斩棘也要到达的地方。她听到了内心强烈的召唤："到家了，这里就是我的家，我要把根扎在这里。"

决心已下，那就行动吧！吴明珠来到鄯善县委，不巧县委书记刘治富到西安学习去了。她找到主持工作的第二书记王振远，汇报了春耕生产情况。

汇报结束后，吴明珠话题一转："王书记，我到鄯善来工作，行不行？"

王振远是位老革命，虽学历不高，但实事求是，办事很有原则，特别高看知识分子。他看着这个小姑娘："你是学什么的？"

"我是学园艺的，鄯善瓜果这么有名，种植面积这么大，一定需要人，我想到这里来工作。"

王振远求贤若渴："你是大学生，是难得的人才，我们求之不得，当然欢迎。县里去年刚成立农业技术推广站，正缺技术人才呢。但这个事情你我说了都不算。这样吧，我们向上级打报告要人，你自己也要去争取，我们一起来做工作。"

"好的，我再去找地委组织部争取。"吴明珠得到了肯定的回答，信心满满。

这个瘦小的女子内心却有着一股强大的力量。看着吴明珠离去的背影，王振远打电话给乌鲁木齐地委组织部部长李嘉玉："部长，春耕检查工作组组长吴明珠同志想到鄯善来工作，你一定要大力支持。这是一个难得的人才啊！"

"好啊，老王，你挖墙脚居然挖到我这儿来啦！是人才谁都不想放啊！"李嘉玉敷衍了两句就挂了电话。

吴明珠结束春耕检查工作，回到乌鲁木齐后，就去做李嘉玉的工作。

一见到她，李嘉玉就笑了。他从心底里欣赏这个有理想、有信念、有抱负、有目标、有胆量的女娃子："这不是吴明珠同志吗？几个月不见，黑了，结实了，像新疆姑娘啦！"

"部长，我去开展春耕检查工作了，刚回来。收获特别大。"

"我知道，你人还没回来，王振远就给我打电话来了，鄯善县委的报告也送过来了，想调你去工作呢！你是怎么想的？"

"部长，我这次到了基层后，更觉得我不能坐在机关里，我想去鄯善工作。"

"你刚来时就要求到基层，从自治区委农村工作部调到乌鲁木齐地委才半年多时间。既来之则安之，在地委农村工作部也能经常下乡，什么工作都是为党工作，你还是留下吧！"

"部长，我要到基层去，我想摸清吐鲁番地区的瓜种资源，进行品种改良，培育优质品种。这个工作需要有专业知识的人来做，这就是我来新疆的目的。"吴明珠再三要求。

李嘉玉拗不过她，沉思了一会儿说："吴明珠同志，像你这样党性强、业务精的人才真是太难得了。既然鄯善县委要你，你自己也铁了心要去，那我就支持你。我主要是担心你一个女娃子吃不了基层的苦。"

"谢谢部长，艰苦的事情总要有人去做，为什么就不能是我呢？只要能去种瓜，什么苦我都能吃。"

1956年8月，26岁的吴明珠如愿以偿调到鄯善县农业技术推广站任副站长。

离乌鲁木齐数百公里的鄯善，从此成为吴明珠播种希望、实现理想的地方。她将在火焰山下与风沙相依、与田地为伴，用智慧与汗水浇灌西甜瓜育种事业。

在梦想开始的地方，"没有忧愁，只有追求"

这是一次生命的怒放，是一个触及灵魂的选择，是吴明珠期待已久的出发。

乌鲁木齐地委农村工作部的同事尽管与吴明珠相处时间不长，但都被她一腔热血扎根鄯善的情怀所感动，几个年轻人执意要送她到新的工作岗位。

他们驾着一辆马车向鄯善进发，穿越大漠、戈壁与绿洲，这片古老的土地上，岁月与千年的风沙共同雕刻出无数痕迹，承载着厚重的历史与沧桑。路途崎岖，马车行驶间扬起条条沙龙，车轮不时陷入沙坑，就这样在颠簸中前行了数日。年轻人一路上谈笑风生，歌声不断，直至抵达鄯善，个个都变成了"沙土人"。

眼前的鄯善县城，是一座被土城墙环绕的小城。城中仅有一条南北走向、不足500米长的土马路，以及一条东西向的、未完全铺设的土路。这两条所谓的马路狭窄且凹凸不平，宽度不足5米，每当有车马疾驰，尘土便漫天飞舞，遮天蔽日。马路两侧设有流水沟，稀疏地栽种着榆树和青杨树，树叶上覆盖着厚厚的灰尘，显得毫无生气。城中最为热闹之处，莫过于这两条路交会的十字路口，那里零星分布着几家破旧的私营商铺。城内的建筑多为土木结构的低矮平房，还有许多土窑洞，居民住宅与政府办公场所均十分简陋。

从十字路口延伸出四条路，分别通向东南西北四座城门。东门之外是一大片坟地，与东巴扎遥遥相对。通往东巴扎的是一条小路，行走其上，尘土几乎掩埋了脚面。而西、南、北三门外则是农田，各有一条狭窄的便道，一旦遇到灌溉跑水，便道便会被淹没，行人只能脱鞋挽裤，涉水而过。

在这座小城里，马车和毛驴车是主要的交通工具，步行者也不在少数。县委机关的干部下乡工作时全部骑马或骑驴，前往附近乡镇则选择步行。

1955年成立的鄯善县农业技术推广站没有办公场所，暂居在县政府。

一位年纪稍长者迎了出来，欢迎年轻的搭档："我叫刘启宇，是农技站的临时负责人，他们都叫我刘站长，你就随他们这么叫吧。站里的人都下乡了，上面通知说你这两天要来，我就在这等你。"刘启宇热心而直爽。

他向吴明珠介绍了单位情况：全单位有1个大学生，5个中专生，外加5个职工，有维、汉两个民族，分农艺、园艺、农机、植保4个专业，在县里也算是一个知识分子比较集中的单位。刘启宇言语之间颇为得意。

说着，他带吴明珠来到一排低矮的土坯房前："单位条件不好，县政府借给我们两间房子。这间稍大点，作为办公室兼会议室；这间一分为二隔开，一半住男同志，另一半住女同志。暂时还没条件住单间，大家都住集体宿舍，两口子同一个单位也不例外。"

"谢谢刘站长。没关系，有地方住就行了，不讲究那么多。"吴明珠对生活条件几乎没有要求。

刚刚走过破旧的小县城，再看看眼前的土房子，想到吴明珠从此就要扎根在这穷乡僻壤，办公和住宿又是如此简陋，几个送行的年轻人都沉默了。

人生如箭，开弓无悔。吴明珠坚信自己在天山脚下、广袤戈壁找到了人生方向，站在了事业开始的地方。在她眼里，世界如此狭小，又是如此辽阔，是充满了信念和力量的辽阔。

吴明珠兴高采烈地把简单的行李放在门口的一张小土炕上，哼着歌曲，打扫卫生，收拾床铺，安顿好自己。然后，她让返程的同事稍等一下，自己趴在土炕上匆匆忙忙给杨其祐写了封信：

> 其祐，我要和你分享一个激动人心的好消息，我已经调到鄯善农业技术推广站，要在鄯善落地生根了。鄯善真是一个瓜果资源的聚宝盆，从今天起我就要在这儿探宝啦，我的梦想会在这儿次第开放。你一定会为我高兴，我也需要你的支持！
>
> 明珠

简短数语，没有儿女情长，唯有自我放飞的喜悦。她把信装进事先写好地址的信封里，让送行的同事带到乌鲁木齐寄出，这样就能快点寄到北京。她知道，杨其祐马上就要研究生毕业，面临着分配的关键时刻。

"刘站长，吴副站长来了吗？"一群小伙姑娘从门外急匆匆地奔进院子。知道新领导要来，他们提前赶回来了。

"来了，来了，正在屋里拾掇呢！"刘站长一边应着，一边向吴明珠介绍，"这都是农技站的同事，这是副站长太外克勒阿基，这是岳立人、张其武、徐世新、成永秀，李志超和徐端淑是两口子，努尔尼沙是维吾尔族姑娘，还有老王……"

"欢迎吴副站长，吴副站长好！"众人异口同声，眼神中对吴明珠满是敬佩。这个梳着两条长辫子、长得娇娇小小的弱女子，放弃中央部委的工作，放弃大城市的优越条件，跑到这儿和咱们一起吃苦，咱们有什么理由不跟着她好好学、好好干呢？大家私下里谈论着，从心底里佩服她。

"大家好，咱们年纪差不多大，以后就叫我吴明珠吧。"吴明珠说得十分坦诚，笑得十分灿烂。

吴明珠到农技站工作后，站里对原有的业务分工进行了调整，吴明珠和李志超负责甜瓜，徐世新负责棉花，徐端淑和努尔尼沙负责葡萄，成永秀负责养蚕，刘站长、岳立人等负责大田作物。站里给技术人员的装备是每人一个放大镜、一支温度计。

有知识和能干成事，中间的距离是实践。置身瓜种资源的宝库，吴明珠从种源着手，一个乡一个乡地跑，调查了解在东湖潮地上栽培的甜瓜品种有哪些，在灌溉农田里栽培的品种有哪些，早熟、中熟、晚熟品种又各有哪些。

调查结果是吴明珠始料未及的，没想到鄯善的瓜种资源比她预想的更为丰富，她推测吐鲁番盆地应是厚皮甜瓜初生基因发源中心之一。但品种交叉、变异的情况很突出。在鄯善县东湖、马场一带杂草中发现，不同果形的野生甜瓜，植株、叶片、果形都较栽培种小，每株结一串瓜，维吾尔语称为"托黑且木"。

她想，这些真正的野生甜瓜，如果是由现在的栽培品种种子丢在旷野里退化而成，那也表明吐鲁番盆地栽培甜瓜历史很长，足以使栽培种退化成现在的野生性状。如果不进行提纯复壮，不进行改良选育，最终都将退化，甚至面临品种灭绝的风险。同时，许多十分好吃的瓜连名字都没有，实在是"瓜生憾事"。

这些瓜种资源如同散落在茫茫沙漠中的珍珠，需要有人一颗颗地把它们捡拾起来，分门别类串拢起来，让它们重现光彩。而捡拾、串拢的方式就是——普查哈密瓜种群，为它们建立基本档案。

吴明珠清楚，自己只是蜻蜓点水般走了鄯善的一些乡村，而要在广袤的吐鲁番西甜瓜产区搜集理想的品种，犹如大海捞针。这是一项浩大而繁杂的系统工程，是一项艰难而耗时的基础工程。这项工程，舍我其谁？吴明珠当仁不让地迈出了育种研究的第一步。

她把自己的想法写信告诉刘佩瑛和杨其祐，想听听他们的意见和建议。

在调查种源的过程中，吴明珠格外重视了解当地的栽培技术。她发现，大多数瓜农依然沿用小农经济模式下的自然种植方式，农业器械设备简陋，传统方式是使用二牛抬杠来耕地，即在土地上犁出一条沟，随后将瓜种撒入沟中，用脚轻轻拨动土壤覆盖种子。数日之后，瓜苗便破土而出。由于当地土质湿润且含碱，整个生长期内无须灌溉与施肥，田间也缺乏灌溉水渠，生产方式粗放，效率低下。

对既有经验的质疑，常常预示着创新的开始。吴明珠认为，火焰山山南与山北的栽培技术应当有所区别，因为山南生长期较长，而山北的生长期相比山南要晚十天到半个月，因此应根据不同区域甜瓜的生长特性进行针对性栽培。同时，潮地瓜与灌溉地瓜的栽培技术也应有所不同，因为潮地瓜区域受天山雪水融化影响，水位因火焰山的阻挡而升高，部分地区形成涌泉，部分地区则水分持续渗透土壤。

在鄯善县东部的东湖村和马场村一带，吴明珠观察到过度垦荒导致地下水位上升，进而影响了甜瓜的品质。面对这一现状，她思考着如何解决问题。于是，她指导农民开挖排水沟，将地面盐碱刮至沟边，以降低土壤含碱量，随后播种。出苗后，鉴于日照强烈、水分蒸发量大，农民将刮至沟边的盐碱堆起，形成屏障，有效减缓了水分蒸发。当气温下降时，再堵塞排水沟，防止水分继续下渗。采用这种方法种植出的甜瓜极为香甜，品尝一口后，手指仿佛被糖分粘住，糖分相当高。

吴明珠带领甜瓜组的同事一方面向瓜农学习种植技术，一方面研究总结瓜农的经验，在栽培管理中结合土壤条件，增加一些盐分来增加甜度。通过试验，吴明珠找到了切实可行的解决方案，极大提升了鄯善甜瓜的栽培技术。

在山南，农民种瓜也有独到的技术：施肥不是一般的牛羊马粪，而是把戈壁滩上的苦豆子草割下来晒干，再捆成一捆，在瓜苗下挖一个坑，把苦豆子草填进去；还有施鸽子肥的，这都是山南瓜农种瓜的基本经验。

吴明珠在吸收瓜农经验的基础上，进一步改进栽培技术，施其他农家肥的同时再把苦豆子草填进去，这样种出来的瓜就比以往种的瓜甜。瓜农们啧啧称奇，纷纷伸出大拇指夸赞。

在鄯善县汉墩乡，吴明珠指导维吾尔族农民采用葡萄秋季施用基肥技术，使葡萄产量大大提高。为此，县里专门召开了现场会进行技术推广，这一成就让吴明珠深受鼓舞。

初战告捷，吴明珠信心大增。民间代代相传的种植技术，还是有很大的改进提升空间。

转眼秋收结束，农技站的同事都回来了，有一两个月时间进行休整。大家先集中学习、个人总结，各专业小组交流，最后全站总结，反思剖析下乡时是不是以点带面推动大面积生产；是不是放下架子，拜老农为师，深入田间调查研究了；是不是帮助农民解决生产中遇到的困难和问题了；是不是和农民打成一片，和农民同吃同住同劳动了。

吴明珠带领的甜瓜组在种源和栽培技术调查方面交出了实实在在的成绩单，得到了大家的一致认可。

在研究部署来年的工作时，刘站长给大家读了吴明珠提交的一份工作计划：用三年时间，每年蹲点一个村，学习西甜瓜种植技术；每年到吐、鄯、托中的一个县，搜集吐鲁番的瓜果种质资源，建立种源档案……

刘站长扬了扬手里的工作计划："所有工作必须要制定目标，所有目标必须要有计划。目标明了，方向清了，才能事半功倍。大家参考借鉴下吴明珠的这个工作计划，希望各组都拿出你们的工作计划来，努力围绕目标实现成果。"

新疆的冬天特别漫长，深秋便开始下雪，隔三岔五雪落纷纷，往往要下到第二年初春。

漫长的冬季，下不了乡，大家都在县干部食堂搭伙。每天早上天还未亮，吴明珠就带领农技站的伙伴们一起排着队、唱着歌到食堂去吃早饭，有时去早了还没开饭，每人再轮流唱一支歌。

"哟，大清早，歌声这么嘹亮动听，我们还以为是广播里在唱歌哩！"县里宣传部的人进门就夸，又被这欢乐的气氛感染，加入了唱歌的队伍。

吃完早餐，大家又唱着歌到单位上班，在那间简陋的办公室开会讨论工作。遇有不同意见，各不相让，争得面红耳赤，最后一定是少数服从多数，按计划执行。

年轻人大多不会生炉子，晚上回到宿舍满屋都是烟，大家也不在乎，嘻嘻哈哈地唱着笑着，打开门等烟跑完了，再认真地学习《人民日报》或看业务书，直到深夜。

吴明珠在给杨其祐的信中写道："我们没有忧愁，只有追求。在县机关干部的眼里，我们是一个生机勃勃的集体。"

爱上戈壁滩的骄阳，爱上鄯善的瓜

因为在大学里主要学的是南方的果蔬，到新疆后搞农技推广，许多知识吴明珠都得从头学起，不管是瓜、果，还是棉花、小麦、高粱，甚至是农业机械设备，都要懂一些。杨其祐和刘佩瑛寄给她的《遗传学》《蔬菜育种学》《露天花卉作物的种子繁育》《植物嫁接的理论与实践》等图书资料，她学了一遍又一遍，重要的章节反复研读，努力更新知识。

她终于收到了刘佩瑛和杨其祐的回信。

刘佩瑛在信中充分肯定她开展瓜种资源普查、建立瓜种资源档案的想法："农作物品种更新换代，每一次都是从种质资源上先突破。摸清瓜种资源家底和发展变化趋势，开展抢救性收集保存，这是培育西甜瓜优良品种的首要任务。因为育种的基础是拥有一定量的原种，掌握的原种越多，培育新品种的优势和空间就越大。"

杨其祐的信特别厚实，除了支持她到鄯善落户外，还有用复写纸工工整整、逐字逐句抄写的苏联农学家潘加洛的甜瓜分类法，整整35页。

杨其祐在信上说，之所以用复写纸，是怕万一信寄丢了。如果一个月内没有收到，再把复写的那份寄过来。

吴明珠一下子被这份手写资料吸引住，信还没读完，就先翻看资料：

潘加洛在普通甜瓜之下划分出野生和栽培类型，再按生态地理起源分为中亚的和西亚的，不仅体现了从野生到栽培的进化方向，而且划分出了甜瓜的生态地理类群。他又进一步将甜瓜植物划分成真甜瓜、蛇甜瓜、小果甜瓜和中国甜瓜4个种，首次在真甜瓜种下划分出粗皮甜瓜亚种、阿达纳甜瓜亚种、卡沙巴甜瓜亚种、瓜旦甜瓜亚种、夏甜瓜亚种、冬甜瓜亚种等6个亚种，前3个亚种起源于西亚，至今仍在欧美各国广泛栽培，后3个亚种起源于中亚，在伊朗、乌兹别克斯坦和中国新疆等地长期栽培……

潘加洛的甜瓜分类法让吴明珠眼前一亮，这对她下一步进行瓜种资源调查和分类建档太有帮助和启发了。

"其祐，你是懂我的，知道我最需要什么。"她这才又拿起刚才扔在一旁的信，接着看。

杨其祐毕竟是研究生，一直在学术前沿，眼界比她开阔。他认为吴明珠开展瓜种资源普查不但有必要还很及时："你记得吧，我给你讲过蔡旭导师赴美学习时搜集珍贵种质资源，建立种质资源库的事。他回国时带回来3000余份小麦品种资源，为我国小麦育种事业奠定了重要的种质资源基础。"

杨其祐根据吴明珠信中描述的情况，分析散落在吐鲁番、鄯善地区各处的瓜种资源，在数量和区域分布上已经发生了很大变化，部分资源消失的风险加剧，一旦灭绝，其蕴含的优异基因也将随之消亡，损失难以估量。所以，开展瓜种资源普查对于保存遗传基因、进行新品种繁育意义非凡。他建议在普查的基础上注重瓜种资源的鉴定评价和科学分类，做好瓜种资源档案工作，这样有利于加快优异种质的筛选利用。

字里行间，吴明珠体会到了男朋友的良苦用心。原来，拥有志同道合的爱情竟是这般美好。

再往下看，吴明珠心一下沉了下来。

杨其祐说，他的毕业去向一时还定不下来。因为他是当年西南农学院唯一保送的研究生，母校希望他毕业后回校任教。而导师蔡旭也希望他能留校，在北京农业大学孟德尔–摩根遗传学教研室任教。

他说："你还记得在学校里，咱俩围绕米丘林学派与孟德尔–摩尔根学派的争论吗？这是青岛遗传学会议以后，我们农业大学新成立的教研室。"

关于青岛遗传学会议，吴明珠也是有所耳闻。为贯彻党的"百花齐放、百家争鸣"方针，1956 年 8 月，经中宣部建议，由中国科学院生物学地学部副主任童第周主持，与高等教育部在青岛联合召开遗传学座谈会，纠正了建国初期发生在遗传学领域的偏差，冲破了过去几年来"一派独鸣"的局面，正式认可了孟德尔–摩尔根学派的合法地位。青岛遗传学座谈会在遗传学领域开了百家争鸣的先河，对遗传学、农学和生物学界起了良好的示范作用。

会后，各农业院校借势恢复了孟德尔–摩尔根遗传学的教学和科研工作，北京农业大学建立了遗传 Ⅰ、遗传 Ⅱ 两个教研组，刚刚毕业的杨其祐留校正是水到渠成、恰逢其时。

他把问题甩给了吴明珠："我可能去不了新疆了，怎么办？要不然，你回来可以吗？"

这让吴明珠内心很纠结，一方面觉得杨其祐应该留在北京，毕竟国家培养一个研究生太不容易了，留在北京高校，他才有更高的平台开展教学与科研。何况新疆自然环境条件也是制约小麦生产的一个因素，他一个研究小麦遗传育种的研究生来新疆能发挥什么作用呢？

设身处地想，她不可能为了杨其祐放弃自己钟爱的西甜瓜事业，同样也不能强求杨其祐为了她放弃小麦遗传育种专长，误了前程。可他们的爱情呢？今后是分是合？是聚是散？想到两人这么多年的感情，想到杨其祐"等我毕业后就去找你"的承诺，她竟然有一种从未有过的揪心的痛。当爱情和事业发生冲突时，又该如何抉择呢？

吴明珠回这封信格外艰难，写了又撕，撕了又写，想起那些沉淀在岁月里的美好过往，情不能已。而后，理性且克制的情感又占了上风，觉得自己不能太自私，反倒释然了："……如果你不来新疆也没关系，我已经爱上了戈壁滩上的骄阳，爱上了鄯善的瓜。在大戈壁上骑着骏马，有说不出的激动。即使你不来新疆，我也不会回去。"

这以后，杨其祐还像过去一样照常给她写信，而且写得更勤了，每次还会寄一些遗传、育种等方面的资料，只是闭口不提是否来新疆的事。

其实，杨其祐只是想试探她有没有回北京的想法，他始终没有忘记当初的约定。

吴明珠的生活一如既往，对于瓜的痴迷成了纾解无尽相思的出口，与其纠结痛苦，不如坦然面对。

擂台比试，"科学种瓜，亚克西！"

吐鲁番是天山南北最早迎来春天的地方，是新疆春天的"第一站"。

1957年2月初春，天山脚下第一抹春色悄然而至，吐鲁番盆地在暖阳的照耀下，气温迅速上升，春色萌动，花朵含苞，欣欣向荣。

为适应农村合作化运动的发展需要，农技站又分来了一批大学生、中专生，队伍壮大到30多人，增加了蚕桑、种子和土肥的专业人才。人多了，在县政府住不下，农技站干脆搬到了农村。

春播开始，技术员们兵分两路忙碌起来。吴明珠启动了她的"三年计划"，带着一支20人的队伍来到鄯善县城东大队下乡蹲点，这里有她心心念念的东湖。除了指导大田作物外，她最感兴趣的是向瓜农学种著名的潮地瓜。一行人在维吾尔族老爹摩沙的带领下，赶着马车，带着行李到离村子15公里远的沙山脚下安营扎寨。

吴明珠住进摩沙老爹家里，和他们同吃同住同劳动。

初次见面，热情的女主人艾沙妈妈端来热气腾腾的手抓羊肉招待她。农家的手抓羊肉膻腥味更重，吴明珠吃了一口就开始反胃，她强压不适，悄悄到门外，吐得一塌糊涂。重新进屋后，赶紧喝一口浓茶、吃一口高粱馕压一压，像没事人一样。

夜里气温骤降，艾沙妈妈让她睡在里面最热的炕头。但炕头越热越受虱子的欢迎，吴明珠被虱子咬得全身发痒，难以忍受，根本睡不着觉，衣服缝里都是虱子。

在农村蹲点，农民做什么，吴明珠就跟着一起干。她和当地农民一样，头戴草帽，脚穿胶鞋，下田犁地，锄草浇水，不管是收麦子、收高粱还是锄棉花，样样农活都能够灵活应对，甚至学会了赶毛驴车、修播种机，人也晒得黑里透红。

吴明珠第一次跟着乡亲收高粱时，气温高达48.1摄氏度。那高粱秆很粗，而她力气又小，只好用双手握着镰刀砍秆子，一天下来累得筋骨酸痛、浑身无力，瘫在床上一动都不想动，直到吃了艾沙妈妈做的汤面，才缓过劲来。

在吴明珠的字典里没有"退缩"二字，在老乡家她不仅适应了吃高粱馕、羊肉，甚至觉得新疆的羊肉比猪肉都好吃；和虱子也能"和平相处"，虱子再多，倒头也能呼呼大睡。她还学会了一口流利的维吾尔语，可以无障碍地和维吾尔族群众交流。

摩沙老爹和艾沙妈妈亲切地叫她"可孜姆"（女儿），把她当成自己的女儿。艾沙妈妈怕滚烫的干热风吹乱女儿的长发，特地照维吾尔族的习俗用树胶涂抹她的发辫，两条辫子变得黑黝黝、光亮亮的，看起来更楚楚动人。她笑着说，女儿再苦再累也不能耽误美啊！

三月的天明朗澄净，三月的风和畅轻柔，三月正是种瓜的好时节。东湖积温高，日照时间长，昼夜温差大，土质好，非常适宜种瓜，自古就有"新疆甜瓜甲天下，东湖甜瓜甲新疆"的美誉。吴明珠想用她的科学方法指导农民种瓜，但瓜农们自认为有着一套非常合适且优良的民间栽培方法，压根信不过这个年纪轻轻的汉族姑娘。

"我们祖祖辈辈生活在这儿，种了数不清的瓜，你一个女干部，怎么可能比我们种得好？"

特别是摩沙老爹，觉得吴明珠虽然是来自北京的大学生，但在种瓜这件事上，她怎么可能是对手呢？自己可是远近闻名的瓜把式，那是谁也比不过的。何况他认为，种瓜本是艾尔（男人）的事，小古丽（小姑娘）凑什么热闹呢？

吴明珠看透了摩沙老爹的心思，笑嘻嘻地说："老爹，现在是新社会的，男女平等啦，艾尔能种瓜，小古丽也能种瓜，您就在瓜地旁边给我一块地，让我试验试验，好不好？"

摩沙老爹拗不过她的请求，指了指对面的一块荒地："好，你看这块地行不行？你用你的方法种瓜，我用我的方法种瓜，最后比比谁种的瓜又大又甜。"

"老爹，您这是要和我打擂台呀，我接受您的挑战。"想到人生第一次将拥有一块专属于自己的瓜地，吴明珠别提多高兴了。

为保证试验地如期播种，勤劳善良的乡亲们顶着风沙烈日和吴明珠一起，一锄头一锄头开垦出三亩荒地，还在地头用杨树椽子搭了个棚子，吴明珠把这个简陋的瓜棚命名为"品种园"。草湖地湿，吴明珠和二十多个维吾尔族、回族青年一起驻守在瓜棚里。

种瓜季节到了，吴明珠和摩沙老爹打起了擂台——科学的种植方法与民间传统方法的比拼就此拉开序幕。

摩沙老爹用传统方法栽种瓜苗、管理瓜田，吴明珠用书本上学到的理论知识管理瓜田。但他们并不是各顾各的，而是相互帮助、起早摸黑在地里劳作，吴明珠样样农活都争着干。摩沙老爹被她的吃苦劲儿感动，给她准备好了种子、肥料，又把民间传统种瓜的经验全部毫无保留地传授给她。

吴明珠在实践中一边学习，一边思考。她发现，鄯善每家每户都种瓜，经常是看到新品种就种。虽然瓜的品质不错，但品种比较杂，结出来的瓜形状不一、口感各异，而且易生病、产量低。民间传统种瓜方法缺乏科学系统的种植技术，致使鄯善的瓜很难规模化量产，更不用说远销各地了。

于是，吴明珠结合大学所学的专业知识和先进理论，在种植方法、管理方式上进行大胆的创新和尝试。特别是在校期间跟刘佩瑛在试验地里学到的田间管理、栽培育种等专业技能都派上了用场。

"在潮地种瓜，盐碱很重，缺苗也严重。书上说硼对盐碱地的效果很好，我来试试看。"吴明珠在种瓜前，先测量土壤酸碱度，对土壤进行调配，然后用千分之一的硼酸浸种、催芽，在撒种时把握密度和间距，结果她的瓜地比周边的瓜地出苗早，苗也壮。

吴明珠对田间管理更是上心，每天蹲守在瓜地里，仔细观察水分、养分、枝叶、病虫害等情况。在移植追肥过程中，注意控制幼苗生长的速度，针对当地天气炎热、水分蒸发快的特点，及时浇水增加水分供给，适时挑粪施肥，促进根系和叶子的生长，对长势不良的枝蔓进行修剪，以保证植株的良好生长和健康发育。

这些农活又脏又累，却难不住这个全心全意为瓜付出的姑娘，虽然过的是苦行僧般的生活，但她却乐在其中，沉迷在关于种子的遐想里，它们孕育、萌发、生长、繁衍、开花、结果，这是多么有趣的过程。她因对生命的感悟而快乐，非常享受这个过程。

每当傍晚，夕阳给远处的火焰山镶了金边，炊烟袅袅四下飘散，落日黄昏的画面中，吴明珠准能看见摩沙老爹和艾沙妈妈站在瓜地里，听他们像呼唤亲生女儿一样喊她去家里吃饭。晚饭通常就是一块高粱馕、一壶茶、一点盐巴。艾沙妈妈疼爱她，有时会给她一把葡萄干，使她体味到艰辛清苦生活中的甜蜜和温馨。

这样的场景日复一日，阡陌里、夕阳下，那一高一矮的两个剪影，让吴明珠倍感温暖亲切。

摩沙老爹和艾沙妈妈每天看着起早贪黑、忙碌不停的吴明珠，内心不忍，让她不要这么累。

吴明珠说："你们把我当女儿一样，无微不至地照顾我，也不觉得累。这些瓜也像我的宝贝，看着它们一天天长大，我一点也不觉得累啊！"

其实，摩沙老爹时常有意或无意地跑到吴明珠的瓜地里去看看，刚开始他并不在意，甚至觉得她的做法多此一举。植株以后，看到排列得整整齐齐的瓜苗，看到瓜秧长势越来越旺时，心里已经开始信服了："这个小古丽不简单，很能干啊！"但不到最后关头他是不会认输的。

俗话说："种瓜得瓜，种豆得豆。"吴明珠在种瓜上的全情投入和倾力付出终于有了回报，秋色尽染时，瓜熟了。

那天，晚霞在田埂上跳跃，摩沙老爹像往常一样到瓜地里喊吴明珠吃饭，只见吴明珠抱着一个大大的瓜走来，老远就兴奋地喊："摩沙老爹，今天请您尝尝我种的瓜噢！"

"好好好，那就先吃瓜再吃饭。"看着这个外形并不起眼的瓜，它能有多好的味道呢？摩沙老爹迫不及待地想尝尝。

摸起来硬邦邦的西瓜，在刀落下的那一刻，只听"咔嚓"一声清脆的裂响，橘红色的瓜瓤便映入眼帘。咬上一口，先是瓜心处纯粹且浓郁的甘美，紧接着是中间果肉那细腻柔软的香甜，最后是靠近瓜皮部分的清脆甘甜，每一层口感都各有千秋，甜得就像蜜糖一样，令人陶醉——真没想到，这样美妙的甜蜜滋味，竟然能如此简单直接地在口中绽放。

摩沙老爹此生切了多少次瓜，从未感觉过瓜可以这样的方式裂开，瓜汁流出，香气四溢，他赶紧递给艾沙妈妈一块："可孜姆种的瓜，亚克西！"

摩沙老爹认赌服输，输得心服口服。他们的可孜姆用传统与科学相结合的方式种出的瓜，无论外观品质、口感甜度，还是产量上都超过了自己种的瓜。没想到自己种了一辈子瓜积累的经验，以及在村民中树起的威望，仅一个瓜季就被他们的可孜姆取代了。

吴明珠的瓜田铺锦叠翠、飘香流蜜，飘荡着季节的美好与丰收的喜悦。周边的瓜农闻讯纷纷赶来参观，连新疆维吾尔自治区党委宣传部部长都来了，瓜田踩出一条小径，热闹不已。

摩沙老爹比任何人都觉得光荣和自豪，主动当起了义务宣传员，不厌其烦地向一拨拨前来参观的人群介绍他的可孜姆如何了不起："可孜姆照着书本种出来的瓜高产香甜，还不容易裂开，科学种瓜，亚克西！"

看到瓜地里齐齐整整挨个儿结出那么多浑圆滚胖、仿佛要撑裂的大甜瓜，切开品尝后唇齿留香，众人赞不绝口——皮薄、肉厚、汁甜、味清香。

吴明珠因势利导，给瓜农们讲解种瓜也需要讲科学的道理，并毫无保留地传授科学的种植技术和先进的管理方法，把科学的种子播撒在他们心间。

瓜农们把吴明珠当作自己的亲人，给她取了一个动听的维吾尔族名字：阿依木汗，意思是月亮姑娘，夸她像月亮一样纯洁、温柔、美丽。

夏日阳光下，火焰山的山体仿佛被点燃，赤红如火，热浪滚滚

1957年7月至8月，农技站组织各工作组组长及主要技术骨干10多人，调查全县棉情，以便推广棉花新品种，进行植棉技术改革，把全县棉花产量和质量提高到一个新水平。

吴明珠一行人年轻而充满朝气，他们背着干馕和水壶，从县城出发，不骑马、不走大路，而是徒步跨戈壁、走田块，穿越火焰山到山南，最后回到七克台。

七八月份，正是火焰山最热的时候，烈日当空，地气蒸腾，站在山脚下，整个人仿佛被熔化了。尽管躲过下午三至六时最热的时候，但依然难挡酷热。

"吴明珠，我们歇一歇吧，不然人要变成木乃伊了。"棉花专业的徐世新满脸通红。

"是啊，我看山山红，看地地红，火云满天，感觉浑身的水分好像都被这红山红土抽干了一样。"刚分来的小王也快坚持不住了。

"唉，你们还有力气喊，我觉得自己的声音刚一出口，就被热浪吸走了。"江苏姑娘成永秀有气无力地说。

"咦，我的鞋底呢？我的鞋底怎么不见了？"岳立人这才发现自己的鞋底不知什么时候热得脱胶掉落了，而大家连笑的力气也没有了。

"坚持一下，前面峡谷地带就是村子，咱们再休息。"吴明珠一边鼓励着，一边暗自纳闷，真有这么热吗？她摸摸发烫的脸颊，舔舔干裂的嘴唇，哦，也许是热到极致，反而感觉不到热了。

"对，前面不远就是克其克村，有坎儿井，咱们到那里吃点喝点，补充点体力。"土生土长的司马义·阿不都和努尔尼沙不约而同地说。

发着牢骚的年轻人一躲到坎儿井边的阴凉里，畅饮着清凉凛冽的井水，又满血复活，嘻嘻哈哈起来。

"唉，这昨天才烤的馕，已经干得难以下咽了。"成永秀说。

"不要紧，看我的。"努尔尼沙把自己的馕扔进清凉的坎儿井里。只见那馕随着水流上下漂浮，大约漂了十几米，努尔尼沙把它捞上来："软一点了，可以吃了。"

"哇，这真是奇招妙招啊，太有意思了。"大家兴奋地叫着，把一个个馕扔进水里，馕们依次排着队，欢快地漂啊漂……

踏遍棉田苦犹甜。他们在火焰山下走了二十多天，喝遍了全县坎儿井水，摸排了每一块棉田，把苦行僧般的艰苦生活过成了洋溢青春活力的美好浪漫。

回来后，大家在一起认真总结，提出进一步改革植棉技术的建议；晚上，吴明珠在昏暗的油灯下起草调研报告。等报告写完报送县委后，她的淋巴结核又化脓了。

这是收获的季节，吴明珠满载而归。她依旧习惯将下乡的苦与乐、丰收的喜悦，洋洋洒洒地写入信中，特别提及"漂流馕"的趣事和"鞋脱胶"的小尴尬，毫无保留地与杨其祐分享这些生动有趣的生活细节。

当把信投入邮箱的那一刻，她不禁遗憾地想，要是我种的瓜也能像这样直接邮寄到北京，让他尝尝该多好啊。但转念一想，不禁笑自己的天真：鄯善到北京的路途遥远，这瓜又不经长途颠簸，恐怕还没出新疆就在路上颠碎了。

于是，她暗下决心，以后一定要培育出一种既耐贮存又适合长途运输的瓜。这样，不仅杨其祐能吃到，全国人民也能品尝到新疆的西甜瓜了。

第六章

情比金坚同心结

如约而至，距离无法打败的爱情

对吴明珠而言，"如约而至"是个极其美好的词。她的这封信还没寄到，杨其祐就追随她的脚步，跨越万水千山，风尘仆仆地赶往新疆——来赴当年的那个约定。

距离无法打败爱情，更无法束缚那跨越山水、朝思暮想的深情厚意。1957年8月底，杨其祐从北京坐火车到郑州，从郑州转车到西安，在西安转车到兰州，在兰州转车到玉门，再从玉门转车到哈密，一路转了五次车到新疆。然后坐上从哈密到乌鲁木齐的大卡车，在戈壁滩的搓板路上颠簸了六个多小时终于到达了鄯善县。这一路走下来，浑身快要散架的杨其祐便体会到了吴明珠当初坐汽车进疆的辛苦不易。他不由得想，她那柔弱的身躯，怎么会蕴藏如此巨大的能量，怎么会拥有如此坚韧无比、执着强大的内心。

一路辗转找到了农技站，刚好碰到刘站长。

"明珠，你看谁来了？"农技站唯——间办公室的门被推开了，刘站长领着一个人出现在吴明珠跟前。

吴明珠看着眼前这个胡子拉碴、灰头土脸的人，一下怔住了，不敢相信自己深爱的人会从天而降。她使劲揉了揉眼睛，惊喜交加："杨其祐，你，你怎么来了？"

杨其祐看着吴明珠，也有一瞬间愣住了，然后一个劲地傻笑，满眼满心都是她。

办公室的同志一听"杨其祐"这三个字，不约而同地欢呼起来："原来是吴明珠的男朋友，北京来的大才子啊！大名鼎鼎，如雷贯耳，你寄给吴明珠的那些资料对我们帮助太大了。"

"欢迎欢迎，你这一来不走了吧？"

"北京的高才生怎么会到我们这个小庙来呢，那也太屈才了。你不会是来接吴明珠回去吧？"

大家端茶倒水，一边打趣着，一边识相地走出办公室。

当只有两人面对面时，吴明珠的小拳头像鼓点一样擂在杨其祐身上："到新疆为什么不告诉我？是来出差吗？什么时候走？"

杨其祐深情地望着晒得发红脱皮的吴明珠，有一种恍如隔世的感觉。他心爱的姑娘那被风沙雕琢过的面庞，变得又土又黑。想到她在如此偏远落后的地方独自坚守，他紧紧搂着她："来了就是一辈子，永远不走了！"

吴明珠一把推开他，看着他认真地说："其祐，我知道你对我好，但不能为了我影响你的事业，耽误你的前程，不要开这种玩笑。"

"没开玩笑，你看，我已经调到新疆学院农林系当老师，过几天开学了就去报到。"杨其祐拿出调令给她看。

那一刻，感动和酸楚一齐涌上吴明珠的心头。一向隐忍的她，此刻止不住泪水涟涟，这是她到新疆以来最为畅快淋漓的一次流泪。其实，她潜意识里一直是有所期盼的，虽然她等得辛苦，但他却不曾辜负。为了她，他是下了多大的决心啊！

她怯怯地问："蔡旭导师一定对你很失望吧？毕竟研究生凤毛麟角，国家培养一个研究生太不容易了。"

这下轮到杨其祐沉默了。

是啊，1957年"一五计划"进入了关键时期，而科技人才数量远远不能满足需求。据统计数据，到1955年，全国科研机构只有380多个，研究人员只有9000多人，这些科技人员分散到各个门类中，更是少之又少。

所以，这么长时间让杨其祐犹豫的，不是他来不来新疆的问题，而是他不知道怎样向导师开这个口，不知道如何提起这个话题。

整整三年师从蔡旭，导师待他有恩情，有温情，更有亲情，既是严师，又像慈父，彼此间建立了非常亲密的师生关系。

在学业上，导师一直对他寄予厚望，认为他知识面广、领悟力强、思维活跃，是农业科学研究的好苗子，一定大有前途。导师带他参与自己研究的课题，真刀真枪地在实践中了解作物育种的全过程。尤其欣赏他的学术敏感性和前瞻性，毕业后安排他留校当自己的助教，参与北京农业大学遗传教研组的建立等相关工作。

1957年3月，蔡旭兼任中国农业科学院遗传育种研究所副所长，他想甩开膀子大干一场，带着包括杨其祐在内的团队成员参加几个重点课题攻关项目："你是研究生，是课题组成员，在科研上要有主动性和创造性，深入田间地头，解决问题、指导生产。"

每每这时，杨其祐都是欲言又止，但再拖下去必然会影响导师的工作。

终于在暑假，当他鼓足勇气向导师说出想去新疆的意愿时，导师沉默良久后十分惋惜："国家培养一个研究生不容易，现在不管哪个领域，都缺高精尖人才，农业口也不例外，急需大量的青年科研人才。"

"你知道我们的研究方向和目标，远的不说，近期就要开展推动京郊小麦抗锈、丰产高产的研究，打算明年开春，先在队、社、区、县层层建立一定面积的高产样板田和试验田，通过样板田和试验田的示范作用，带动大面积生产。这个项目任务艰巨繁重，人手也不够，我已经把你列入研究小组成员，准备让你挑重担呢！"

留下，天时地利人和，学术空间无限；离开，一切从零开始，未来全是未知。

杨其祐低头不语，怕自己再次动摇。

"我并不是反对你去边疆，但目前条件下，新疆完全不具备小麦育种和小麦杂交优势利用研究的基本条件啊！"导师一声长叹。

最后，导师没有挽留，也是因为知道杨其祐的女朋友从北京到新疆，在非常艰苦的戈壁沙漠培育瓜果。他既感动这个小姑娘对事业的执着追求，也感动于眼前这个年轻人对爱情的矢志不渝。这样看来，到新疆学院教书，应该也算是最好的选择了。

赴新疆前，杨其祐向导师告别。他看到导师的遗憾和无奈毫不掩饰地写在脸上，而他也满脸感恩和愧疚之情。

"其祐，谢谢你，为我牺牲了那么多。"吴明珠内心五味杂陈，为了爱情，他真是不讲代价，不计后果。

杨其祐再次拥她入怀："明珠，其实一切都是命中注定。从遇见你的那一天起，我就觉得是遇到了一生的挚爱。所以才随着你的方向，坚定地走了下来，这是内心使然，也是我们共同坚守初衷的结果。"

默契，是无声的情话。吴明珠没敢抬头，至情的泪水打湿了杨其祐的衣襟。

农技站年轻人多，大多没有成家，住在集体宿舍。为欢迎远道而来的贵客，大家商量到刘站长家聚餐。有的出去采购，有的到厨房帮忙，不一会儿，一桌丰盛的晚饭准备好了。

"明珠，一会儿请你的大才子一起过来吃饭。"刘站长敲了敲门。

吴明珠带着杨其祐来到刘站长家。看到一屋子人时，疑惑地问："今天什么日子啊，这么热闹？"

刘站长清了清嗓子说："明珠，一是欢迎你男朋友，二是大家在一起工作这么久也没机会聚聚，恐怕以后在一起聚的机会也不多了。"

"刘站长，您别这么含蓄，我直接说吧，今天的聚餐有双重意思：第一，给远方的客人接风洗尘；第二，也算是给吴明珠送行吧！"岳立人心直口快。

"什么？什么？"吴明珠瞪大眼睛问。

大家看着一头雾水的吴明珠："难道你男朋友不是来接你回去的吗？"

"是啊，你们这些大知识分子，不可能一辈子待在鄯善这个落后边远的穷地方啊！"

吴明珠这才恍然大悟，当场笑得直不起腰："你们想什么呢，我好不容易才来到鄯善，谁也别想赶我走。"

同事们不解地看着杨其祐："这么说，你不是来接吴明珠回去的？"

杨其祐忙不迭地解释："不是她跟我走，是我跟着她来了。我调到新疆学院了，报到前先来鄯善看看。"

杨其祐虽然和大家第一次见面，但他完全没有陌生的感觉，通过吴明珠信中的描述，基本上都能对上号。

"哇，太好啦！"

"吴明珠，你的魅力太大啦！"

杨其祐话音刚落，就赢得一片掌声，大家欢呼雀跃，调侃打趣，好不热闹，气氛一下活跃起来。

刘站长也朗声大笑，说出了大家的心里话："我们都担心吴明珠为了你离开新疆，离开我们大家。这下好了，这下好了，我们的心彻底放下了。今天就是接风宴，哈哈哈。"

"来，干了这一杯。"众人纷纷举杯，为杨其祐的"逆天"选

在鄯善东湖边，吴明珠和杨其祐留下了甜蜜的身影

择，也为这一对璧人蒲草韧如丝的爱情，一饮而尽。

"新疆可真是好地方。"杨其祐在吴明珠身旁耳语。

"谢谢你能来我们新疆，能来我们鄯善。"吴明珠眼角眉梢掩饰不住幸福。

杨其祐发自内心地说："从今天起，这里是我们共同的新疆、我们共同的鄯善。"

鄯善的东湖边，他们牵起了彼此的手，留下了甜蜜的身影。

简单朴素的婚礼，纯粹美好的浪漫

杨其祐虽然调到了新疆，但他们一个在新疆学院农林系教生物，教学任务相当繁重；一个在鄯善田间地头搞科研，整天早出晚归，两人依然是聚少离多。这种短暂相聚、漫长等待的日子比牛郎织女好不了多少。唯一不同的是，邮路近了，信件比过去快多了。

终于等来了寒假，杨其祐冒着零下三十八九摄氏度的严寒，从乌鲁木齐坐敞篷大卡车，经过七八个小时的颠簸到达鄯善县。杨其祐怀揣着结婚申请书和单位介绍信，心跳得怦怦的。这对经过八年爱情长跑的有情人，终于要结婚了。

可吴明珠住在集体宿舍，没有婚房。刘站长和大家一商量，决定让成永秀出面，向鄯善县人民政府借房子。成永秀是江苏姑娘，能说会道，公关能力极强，大家觉得由她出面操办这个事情十拿九稳。

过年前，成永秀找到县人民政府办公室主任，说了缘由。

主任说："不行，这房子不能随便借给别人。"

"不是别人，是我们单位的副站长吴明珠。"

"哦，是你们单位从北京来的那个女的，她跟谁结婚？"

成永秀知道如果结婚对象不在鄯善就要不到房子，就含糊其词地说："就跟她对象结婚。"

"是那个长得高高黑黑的小伙吗？都是你们一个单位的，那可以。"办公室主任误以为对象是岳立人，一口答应了。

成永秀知道他误会了，也不置可否，顺利拿到了钥匙。

当刘站长把钥匙交到吴明珠和杨其祐手里时，不明就里的两人高兴得像孩子似的，连声道谢，终于有了一个自己的家，尽管现在还四壁空空。

农技站的年轻人都跑来扫尘擦窗，帮忙布置新家。刘站长不知从哪拉来一张双人床、一套办公桌椅，王婶送来了一幅小碎花窗帘和小红格桌布，同事们凑份子买了暖瓶和水杯。

母亲钱一芸从南京寄来两床缎子被面，大红的牡丹图寓意红红火火，绿色的百子图寓意多子多福。贴身贴心的被里是杨其祐在乌鲁木齐买的，吴明珠请王婶帮她缝好被子，一红一绿铺在床上，房间看上去有模有样，甚是喜气。

"唉，就是这一堆书太乱了。"吴明珠指了指散乱在房子里的书，这是他俩最值钱最有用的宝贝。

杨其祐马上心领神会："好说好说，这小问题我来解决。"

杨其祐化身泥瓦工，用土坯垒书架，一层土坯上架块木板，架了一层又一层，费时耗力做了几个土书架。书架虽然凹凸不平很粗糙，但吴明珠铺上旧报纸，再摆上书，看上去又实用又满屋书香。书架虽土，但每一本书都是他们的最爱。

结婚的日子定在1958年2月19日（戊戌年正月初二）。李志超、张哲、成永秀等年轻人拿着王婶刚刚剪好的红双喜和窗花进来了，语气中带着羡慕："哎呀，你们看，大知识分子就是不一样，可以没有锅碗瓢盆，可不能没书啊!"

"这么多园艺、遗传、育种方面的专业书，我们农技站所有的书加起来都没这么多，以后可以来这里查资料了；还有俄文、英文原著，还有唐诗、宋词，居然还有歌本，你俩可真是全才啊!"

"来得正好，给你们一个任务。"吴明珠说着掏出50元钱递给李志超："辛苦你们跑一趟，帮忙买些糖果来。"

"保证完成任务。"李志超和张哲乐呵呵地跑去买糖。

成永秀等几个年轻姑娘叽叽喳喳地贴着红双喜和窗花，帮吴明珠梳洗打扮，长长的发辫上别了一个漂亮的红色蝴蝶结："今晚，是你俩的大喜日子，你们想好给大家表演什么节目了吗?"

"有有有，你们召集大家来，喜糖管够，茶水管够，节目也让你们尽兴。"杨其祐高兴地一口承诺。

夜幕降临，同事老王站在县政府外的十字路口喊："大喜事!大喜事!今天晚上吴明珠结婚，请大家去吃喜糖，在县政府院子里，快去吧。吴明珠结婚啦……"

"哦，就是农技站那个北京来的大辫子姑娘呀。"吴明珠在鄯善已经小有名气，县委县政府机关的人纷纷前来贺喜。

吴明珠蹲点的城郊大队的维吾尔族乡亲们来了，远在东湖沙山的摩沙老爹和艾沙妈妈赶着毛驴车也来了，小小的县政府院子里像过节似的，好不热闹。

县政府办公室主任也来吃喜糖了，结果一看新郎不是一个单位的岳立人，在人群里找到成永秀埋怨道："早知道你骗我，就不给你借房子了。"

成永秀咯咯咯地笑着："我说是和她对象结婚，你自己误解了。好了好了，反正都是建设新疆的人才。大喜日子，吃糖吃糖。"

办公室主任一听也笑了起来："对对对，都是我们新疆的宝贵财富，是来为新疆作贡献的，我这也是为我们鄯善拴心留人啊。"

结婚仪式开始了——

刘站长当证婚人，祝福这对有情人喜结良缘，终成眷属。接着，两位新人讲话，表达了为社会主义建设和家庭幸福而共同奋斗的心愿，并感谢大家见证他们的幸福时刻。随后来宾们一一送上祝福。

简朴的仪式后，大家唱歌跳舞，婚礼现场更像是民族大团结的联欢晚会。年轻人们跳起了《青春舞曲》，维吾尔族姑娘小伙打起手鼓，唱起了歌。

摩沙老爹也拿出看家本领，跳起了维吾尔族民间舞蹈——纳孜库姆舞，一边以夸张滑稽诙谐的肢体舞之蹈之，一边欢快幽默风趣地唱着"外外噢依襄（赶快跳呀）、外外噢依襄"，调动大家一起跳起来。众人不管会跳不会跳，都高喊着"喀依那（尽情地跳呀）"加入进来，表达对新郎新娘的美好祝福。

"新郎新娘来一个，来一个！"在大家的欢呼声中，新郎新娘的节目掀起婚礼的高潮。

杨其祐放声高歌，满怀激情地唱着《草原上升起不落的太阳》，而吴明珠则在爱人悠扬的歌声中轻盈起舞。

蓝蓝的天上白云飘，白云下面马儿跑。挥动鞭儿响四方，百鸟齐飞翔……

这对佳偶以辽远悠长的歌声和自由舒展的舞姿，完美展现了草原上那辽阔而生动的场景，以及草原儿女那淳朴真挚的情感。在场的每一个人都深深陶醉其中，一曲结束，掌声雷动。

"再来一个，要不要？"

"再来一个，再来一个！"

欢呼声中，吴明珠深情款款地唱起《达坂城的姑娘》，杨其祐拿起二胡动情地伴奏。歌声与琴声交织，溢满深情：

> 达坂城的石路硬又平啊，西瓜大又甜呀。达坂城的姑娘辫子长啊，两个眼睛真漂亮……

朴实直叙的歌词，优美动人的旋律，切景切情的场面，引来阵阵喝彩。

杨其祐目不转睛地盯着眼前这个梳着长长发辫的美丽姑娘，眼神如火一般地燃烧着。这些年相遇相知、相恋相思的所有美好透过琴声飘向了繁星点点的夜空，久久回荡在他的心间。他真希望这支歌曲没有尽头，这美好的夜晚没有尽头。

数十年后，吴明珠依然能清晰地回想起婚礼的热烈与喜庆，回想起抒情欢快的歌声、富有韵律的舞步，脸上浮现出温婉动人的光彩，20世纪50年代人们特有的真诚无瑕、纯粹美好的浪漫扑面而来。

结婚三天后，吴明珠要下乡搜集整理甜瓜资源，杨其祐带上两包喜糖，坐大卡车返回乌鲁木齐，两人在岔路口依依惜别。

这就是他们的结婚典礼，这就是他们的新婚生活，这就是他们抹不掉的记忆。

以至于多少年后，吴明珠思念起杨其祐，就会想起他在漫漫风沙里满眼不舍、挥手作别的画面，一往而情深。

侧骑毛驴，到热浪灼人的吐峪沟收集瓜种

1958年，农村广泛兴起人民公社化运动。吐鲁番不少公社、大

队组织甜瓜生产班组大面积成片种植甜瓜，甜瓜生产从农户个体种植转移到集体生产经营的新阶段，各农技站纷纷派出农技人员下乡蹲点，指导农民科学种田。

5月，吴明珠和李志超要到吐峪沟公社蹲点。杨其祐接到吴明珠的信后，在乌鲁木齐买了饼干、糖果，腌了咸菜、炒了花生，还买了一件漂亮的衬衫，趁星期天匆匆赶到鄯善县，千叮咛万嘱咐，一百个不放心。

"你这人，我又不是第一次下乡蹲点，有什么可担心的。"吴明珠又觉甜蜜又嫌啰唆。

"现在和过去不一样了，你是有家的人了，你要习惯这样的体贴和关心。"杨其祐边收拾行李边情意绵绵地说。

吐峪沟处于鄯善县境内火焰山口峡谷地带，是火焰山中段一道长八公里、平均宽度约一公里的大峡谷，它北起古老的苏巴什村，南至历史悠久的吐峪沟村，从北向南把火焰山纵向切开，是火焰山最雄奇壮观、海拔最高的一段。

行走在吐峪沟大峡谷沟底，大自然的鬼斧神工令人惊奇。抬眼望，火焰山脉雄奇险峻、峰峦叠起，山石嶙峋又寸草不生。低头看，沟底天山雪水形成的小溪潺潺流淌，从北向南一路蜿蜒过来，穿透山体岩石，穿行于山岩之下，沟壑纵横，清流淙淙，绿树成荫。

正因为这个小小的绿洲，吐峪沟成为丝绸之路上的重要驿站，成为吐鲁番"古车师国"的发源地，先后有佛教、伊斯兰教传播至此，分别留下了千佛洞和霍加木麻扎等历史遗存。

吴明珠和李志超骑着毛驴，沿着大峡谷蜿蜒南行，他们渺小的身影在起伏的沙土路上缓缓移动。天空蓝得深邃，难以用言语形容，而两侧则是被风化侵蚀的红色岩石，这荒芜的景象渐渐让他们感到视觉疲劳。然而，当他们快要进入公社时，眼前突然出现了黄

吐峪沟大峡谷位于新疆鄯善县吐峪沟乡，由北到南，大峡谷全长八公里

绿交织的色彩。黄色来自吐峪沟村居民用世代相传的方法建造的黄黏土房屋，这些房屋既经济实惠，又冬暖夏凉，独具一格；绿色则是村民们巧妙地将小溪水引入房前屋后，精心浇灌的桃、杏、葡萄等果树和植物，展现出这片土地的农业资源丰富多样。

到了吐峪沟公社，小路崎岖不平，房屋挤挤挨挨。公社干部已经腾出了两间黄黏土房屋，让他们先住下来。

在简陋的会议室，维吾尔族书记向他们介绍当地情况：公社有13个大队，维吾尔族、蒙古族、回族和汉族等多种民族融合、多种文化汇聚、多种宗教并存，风俗不一，民风淳朴。这里保留着原始的风貌，基本与世隔绝，没有电灯，也没有马灯，靠蜡烛照明，过着日出而作、日落而息的生活。

当晚，吴明珠在昏暗摇曳的烛光下，修改了她的蹲点计划：利用一个月时间，走完13个大队，指导春耕生产，寻找种源；之后，选几个重点村，每个村选几户重点瓜农，指导运用科学方法种瓜，做好田间管理；秋收时，每个村再走一趟，收集瓜种，做到应收尽收。

李志超看到这个计划不禁哑然失笑："吴明珠，你来新疆也不是一天两天，难道不知道新疆有多大，村与村距离有多远吗？这13个大队就靠我们两条腿，不知走到猴年马月！"

吴明珠笑着说："这不还有两头小毛驴嘛，我们就从最远的大队开始走，由远到近。"

李志超听着她报了一长串的村名，什么苏巴什村、克尔火焰山村、洋海夏村、泽日甫坎儿孜村、团结村、吐峪沟村等，很是无奈。一个村就按两天算，也意味着这一个月要在这戈壁荒漠上"驴不停蹄"地奔波。可他深知她的倔脾气，一旦认定的路就会不顾一切地走到底，对此他只能无奈地苦笑。

维吾尔族书记听了吴明珠的计划后也表示怀疑："你们知道吐

峪沟在维吾尔语里是什么意思吗？"

"什么意思？"

"是绝路、不通的意思。火焰山把鄯善县分成山南和山北两个片区，公社所在地和大部分大队、生产队都在山南，苏巴什大队在山北。吐峪沟山谷只有一条季节性崎岖坎坷的小道，春秋季仅能步行或骑马、骑驴通过，而夏季因有洪水，冬季因有冰，能通行的日子很少，所以苏巴什大队的人要到公社这里来，就要绕道40多公里的路。"

"所以我们才要抓紧春天这个好时节，把远处不好走的先走下来，再去附近的大队和生产队。"吴明珠显然做足了功课。

维吾尔族书记自然不相信他们能坚持下来，能走七八个大队都很不错了，但还是被他们的精神感动，提供了每个大队干部的名单，支持配合吴明珠的工作。

说走就走，吴明珠和李志超开始了苦行僧般的生活。他们每天背着一大壶水、一小包盐，带上囊，顶着风沙，冒着酷暑，骑着毛驴穿梭在大漠戈壁。

吴明珠多少看出了李志超的小情绪，一路上说说笑笑，给他打气鼓劲："志超，等这个月走完这些大队和生产队，摸清了家底，你先回家休息，好好陪陪小徐。"

她知道，李志超的爱人徐端淑有孕在身，有点情绪也是难免的。

"唉，搞农业的人命苦啊！我和小徐结婚时正是农忙季节，在鲁克沁蹲点，阿曼依夏·热提夫乡长为我们举行了简单的婚礼，站里派张其武过来证婚。当时，买了一只大母鸡做了顿抓饭，算是完成了人生大事。"

"不错嘛，还有抓饭吃。我们就买了些糖果。"吴明珠想起自己结婚的情景，咯咯地笑着，一脸幸福。

"你呢，不回去看看你家大才子？"李志超当然知道他们新婚小别。

"他在乌鲁木齐，太远了。我还是留下来整理材料，再看看瓜情，帮瓜农做好田间管理。"吴明珠放不下这里。

"事情是做不完的，你自己也要注意身体。"李志超觉得有了盼头，心情也轻松不少。

聊着聊着，李志超惊讶地看着吴明珠："咦，人家阿凡提倒骑毛驴，你怎么还会侧骑毛驴呢！"

"是啊，这是我发明的毛驴侧骑法，你不觉得骑驴时间长了，屁股又颠又磨，特别疼。换个姿势，就好多了。不信，你试试看？"

李志超试着跨过一条腿侧过身来，可一下没掌握好平衡摔倒在地，吴明珠笑得合不拢嘴，连小毛驴都咴咴地叫着，尥开小蹄子撒起欢来。

李志超狼狈地爬起来，自嘲地说："算了，我还是继续磨我的屁股吧，你这高难度姿势不是谁都受用的。"

一到午后，炽烈的阳光恰似烈焰一般燃烧，山岩热浪滚滚，绛红色的烟云蒸腾缭绕，吐峪沟热浪灼人，沙子被晒得滚烫，连毛驴都不敢下蹄子，沙窝里煮鸡蛋、石头上烙大饼绝对不夸张。

走了很久才看见稀疏的人烟，他们就近在村民家里歇歇脚，躲过这最热的时辰。

毛驴累了也会"罢工"，他们只能下来走。黄沙漫漫，过沙丘时，脚下是松软的沙粒，难以找到坚实的着力点。他们在这片沙漠的腹地艰难前行，每走三步便不由自主地后退两步，每一步都深深陷入沙中，脚心传来阵阵痛楚。穿越戈壁滩时，石头又硌得脚掌痛。就这样软硬交替着走，双脚都磨出了血泡。

在路上的日子真是过得飞快。白天，他们走村入户收集材料，四处打听优质的甜瓜；晚上，又要抓紧整理收集到的第一手瓜种材料。

让吴明珠哭笑不得的是，由于天气太热，连蜡烛都热得弯腰喘息，躺着是直的，竖起来软趴趴的，根本无法直立。

为了充分利用晚上的时间，吴明珠捣鼓来捣鼓去，终于想出了一个土办法：用脸盆从坎儿井打来清凉的井水，把蜡烛底部粘在大瓷碗底上，再把大瓷碗扣在水盆里，让清凉的水淹没半截蜡烛降温，另外半截蜡烛就能直立点燃了。

好办法，解决了照明的问题，增加了工作时间。吴明珠不无得意地说："只要思想不滑坡，办法总比困难多，我这个小发明可以去申请专利了。"

接连几个晚上，她在蜡烛下熬夜，把近一个月走访的一些资料都归纳整理出来了。

一大早起来，他们像往常一样趁着凉爽早早赶路。可出发不久，吴明珠觉得自己状态不对，整个人随着小毛驴一摇一晃，头晕目眩，一阵一阵地反胃。她以为晚上加班没休息好，喝了点盐水压一压。可没过一会，胃里翻江倒海般，把早上吃的东西吐得一干二净。

一旁的李志超满是疑惑地问："你不会是怀孕了吧？我家那口子当时也是这样。"

"不会吧，可能是昨晚睡得晚了，休息不够。"吴明珠否认时也有点心惊肉跳，才意识到这个月例假一直没来。

"我们今天别走远了，就到近一点的团结大队去吧，有什么情况也好赶回来。"李志超不无担忧地建议。

吴明珠这次倒没有坚持，忍着不适到了团结大队，了解西甜瓜种植情况，查看了瓜农的瓜地。中午在大队干部家休息时，一闻到油烟味，又忍不住吐得眼冒金星。

维吾尔族大婶一看便知："木巴热克波孙（恭喜恭喜），你是有小宝宝了，你要当妈妈了。"

吴明珠羞涩地低下头去，想着"三年计划"怎么办啊？这宝宝来得太早了。

回去的路上，李志超和她商量，建议她先回鄯善家里休息，由他再把没走完的几个大队走完。

吴明珠很感动。李志超本来是带着情绪来的，现在反过来要留下来，完成他们的计划："志超，谢谢你。我这又不是什么病，应该能坚持下来。等把剩下的几个大队走下来，看情况再说。"

没想到这一坚持，他们用一个月时间走完了13个大队，找到了黑眉毛、香黄梨等60多个西甜瓜品种，并一一做了记录，只等着秋收时节的收获了。

回去的路上，吴明珠说："我最近一直在想，我们要把西甜瓜生产发展起来，不能缺少试验—示范—推广这三个基本步骤。一个新品种，首先要试种一下，如果适合就做示范。种一块地给农民看看，农民认可了这个品种，再大面积推广，这样更有针对性，万一失败，也不会使农民受损失。"

"你说的对，不能总拿老乡的地来做试验。东一榔头西一棒子、今天这里明天那里也不现实。可咱们农技站就这个条件，哪有什么试验地啊？"李志超对家底很清楚。

"没有条件，我们要努力创造条件啊！我这次回去就是想和刘站长商量，一起解决这个问题。"

李志超恍然大悟，明白原来打算留在吐峪沟乡的吴明珠为什么急着回县里了，她的心里只有工作。

到了县城，吴明珠没有回家，直奔农技站找刘站长去了。

"明珠，别人蹲点一两个星期回来一次，你这一下去就一个多月，很辛苦吧？人也瘦了。"刘站长一见她就高兴地絮叨着。

吴明珠向刘站长汇报了一个月来调查摸底的情况，然后说："站长，农业技术推广站，顾名思义，就是要推广新品种、新技术，指导农民生产。可我们不能纸上谈兵，打一枪换一个地方，没有自己的试验地，这不是长远之计。我想让县里给我们调配一些土地，建一个试验站。从全县考虑，将来不仅仅是瓜果，就连棉花、葡萄、高粱以及其他大田作物都可以先试验再示范推广。"

"明珠，你这个想法很好。我们先给县里打一个报告，争取县里的支持。"刘站长说到这里，眼睛一亮，"对了，你知道吗，李嘉玉同志到吐鲁番中心县委员会当县委书记。你不是认识他吗？要不然去找找他。"

吴明珠一听，笑了："我知道自治区委决定建立吐鲁番中心县委员会的事，管辖吐鲁番、鄯善、托克逊三个县，由自治区直辖，但不知道李嘉玉部长来当书记。我调到鄯善时找过他，和他不太熟悉。为了工作，我们再去试试，我今晚先把报告写出来。"

"不着急，不着急，你先回家好好歇歇。"刘站长看到她一脸的疲惫。

吴明珠回家一看门虚掩着，心想不会是杨其祐回来了吧？推门一看，惊喜万分："其祐，真是你啊？什么时候回来的？"

杨其祐也没想到吴明珠这时回来，激动地拉她进屋："我是带学生下乡实习，要求到鄯善来。这不，今天下午才到，想着明天去吐峪沟公社找你呢！"

小别胜新婚，两个人有说不完的话。杨其祐发现说来说去都是工作，不好意思地说："你看我，见到你高兴得啥都忘了。你想吃什么，我现在就去做。"

"别忙了，我最近一点也没胃口，吃啥吐啥。"

杨其祐赶紧过来，用手摸摸她的额头："怎么回事，病了也不说，看医生了吗？我说你怎么一下子消瘦那么多，都没来得及问你。"

吴明珠红扑扑的脸泛着羞涩："傻瓜，看什么医生啊，我们有宝宝了！"

"真的吗？这么大的喜事，你怎么不早说？"

"在吐峪沟时有了反应。说了你也回不来，只会担心。"

杨其祐这一个激动："看来，新疆我是来对了，真是好事连连啊！"

"唉，这孩子来得太早了，我的'三年计划'刚启动……"吴明珠喜忧参半。

"工作要干，孩子也要生，不管什么计划都先放一放。你妊娠反应这么厉害，不要再下乡蹲点去了，那里各方面条件太艰苦，万一出点状况怎么办？"

"哪那么多万一啊，你不要小题大做，我没那么娇气。现在最难受的阶段快要过去了。听人说，孕妇多活动，生孩子才顺利。我过几天就回去了，到了秋天收完瓜种就回来，要不然前功尽弃了。你也忙你的工作去吧！"

杨其祐只好退而求其次："你呀，满脑子都是瓜。现在除了瓜，还有咱们的孩子，务必要当心。我就盼着快点到暑假，好回来照顾你。"

这一夜，吴明珠拖着疲倦的身体，起草给县委的报告。杨其祐给吴明珠端茶倒水，鞍前马后侍候着，不知该怎样表达内心的喜悦，一直兴奋到失眠：我们的孩子是男孩还是女孩？不管男孩女孩，我都喜欢！

第二天上午，吴明珠把报告递给了刘站长，建议开会研究一下，根据大家的意见修改完善后再报中心县委。

"你这急性子，又熬夜了吧？今天一大早，李志超专门来找我说了你的情况。你先不要去蹲点了，换其他同志去，按你们原定计划开展工作，不会耽误事的。再说了，站里的一些行政工作也需要你啊！"

吴明珠着急道："站长，这13个大队是我们一步步走出来的，瓜种资源的情况没人比我更熟悉，还是让我去吧！"

"明珠啊，工作也不是一天两天的事，志超、张哲他们去也一样，吐峪沟的瓜还不是一样长在瓜地里嘛。你不为自己想想，也要为肚子里的孩子想想，等生完孩子再去。"

"站长，我等不起啊。吐峪沟的普查结束后，我还要把其他公社甚至整个吐鲁番都走一遍，'三年计划'这一拖就拖成四年五年了。"吴明珠心里很清楚，普查地方瓜种工作刚刚有点起色，如果错失良机，就不止耽误一两年了。这两天先去找李嘉玉，争取领导支持，把试验地落实下来。

没想到还没等他们去找李嘉玉，他却主动找上门来了。

李嘉玉新官上任，就到吐、托、鄯三县开展调研。到鄯善县委后，他惦记着那个主动要求到这里扎根的小姑娘。问起她的情况，县委的同志说，吴明珠就在农技站，前两天刚下乡回来。

"哦，我正好要了解各乡的春耕生产情况，咱们去农技站看看。"李嘉玉起身就走。

"吴明珠同志，你到鄯善快两年了吧，生活苦不苦啊？有没有后悔啊？"李嘉玉一见吴明珠开口就问。

"报告书记，我来这里快两年了，下乡蹲点，推广科学技术，开展种源普查，坐在机关里是不可能有这些收获的，我怎么会后悔呢！"

刘站长在一旁插话："书记，吴明珠把家都安在这儿了。"

"恭喜你啊，听说你爱人就是杨其祐同志。他调来新疆时，在组织部门引起不小轰动呢！感谢你给我们新疆挖过来这么一个难得的人才啊！"李嘉玉还是知根知底的。

"书记，您今天不过来，我们这两天也要去找您汇报工作呢！"刘站长和吴明珠说着话，拿出了那份报告，希望得到县里支持，调配一些土地建设试验站。

李嘉玉一页页认真地翻阅："这是好事啊！今年2月14日，中央发出《中共中央 关于普遍推行种试验田的经验的通知》，要求在全国各地区各方面普遍推行湖北黄冈红安县种试验田的经验。我也正在琢磨吐、托、鄯三县怎样贯彻落实好中央精神，没想到你们想在了前面。农技站提出建试验站，通过种试验田推广先进经验，实行以点带面、点面结合，找到了农技人员与农民相结合的钥匙，能有效避免或减少工作中的主观主义，我大力支持。"

他把报告递给鄯善县委县政府的领导："你们认真研究一下这个报告，尽快给一个满意的答复。"

吴明珠和刘站长相视而笑，一切比想象的要顺利。趁刘站长高兴，吴明珠再次要求："站长，我明天就去吐峪沟。"

"放心去吧，一有试验地的消息，我就派人告诉你。"刘站长知道她一旦拿定了主意，九头牛也拉不回。

娶了一个"瓜痴"

刘站长派马车送他们去蹲点。李志超挥鞭赶车，吴明珠坐在车上，遇到颠簸的路况，她就下车步行，一路走下来，人困马乏。

终于到了吐峪沟。乡亲们纷纷迎上来："阿依木汗回来了，我们太想你了，以为你生下巴郎子（男孩）才回来呢！"

吴明珠笑着说："我也想你们了。回到吐峪沟，就觉得回到家了。"

这一来，又是三四个月。

吐峪沟一年到头都热，夏天更是"赤焰烧虏云，炎氛蒸塞空"，仿佛空气都在燃烧。因为热浪蒸腾，就有了诗人岑参"火云满山凝未开，飞鸟千里不敢来"的名句。而呈现在明代诗人陈诚笔下的则是"一片青烟一片红，炎炎气焰欲烧空"。那青红相杂的山色如同大火焚烧时，被烟雾熏染了一般，使人如置身于炽热火球旁，汗流浃背，口舌生烟。

炎炎高温令人难耐。吴明珠冒着高温，忍着妊娠不适坚持工作，专注做好两件事：一是改良推广种植技术，二是调查收集瓜种资源。

改良和推广种植技术有条不紊地进行。吴明珠在吐峪沟公社推广葡萄大面积丰收技术措施，维吾尔族乡长被她的吃苦精神感动，他到各大队视察工作时，常让吴明珠坐在他的马背上，到葡萄种植区讲解每阶段管理技术，农民的学习热情很高。这一年，吐峪沟公社种植葡萄2045亩，亩产达到2000多公斤，增产一倍以上。其中1.6亩青年丰产试验园亩产达3433公斤，创吐鲁番葡萄单产最高纪录，被评为全县第一。

可收集瓜种的任务无疑要难得多。吴明珠每天头顶烈日风沙，骑着毛驴在戈壁、瓜田穿行。中午温度高达50摄氏度，热得头昏眼花，她只得坐在水渠边，把脚泡在水里降温消暑。

为了收集品种资源，吴明珠投入了极致的专注和热情，甚至是冒着生命危险。纵有千辛万苦，也挡不住她找寻瓜种的脚步。

李志超因为爱人生孩子提前回家了。一天，吴明珠独自骑着毛驴去农民家看西瓜品种。突然，毛驴受到惊吓，一尥蹶子，她从驴背上摔落在地。定睛一看，不远处一只土狼正盯着她。惊魂未定之际，碰巧一位路过的农民操起一根木棒吓退了土狼。好在摔在沙堆上，她和孩子都没什么大碍。从那时起，吴明珠每次出门都会带木棍壮胆，虽然那是属于"就怕万一"的事儿。

维吾尔族有一句古老的谚语："好人一路走过来，身后开满鲜花。"吐峪沟的乡亲们被吴明珠感动了。这个肚子里怀着巴郎子的阿依木汗白天教我们科学种瓜，晚上还要整理资料。为我们付出了这么多，我们能为她做什么呢？

乡亲们心存感激。无论路远路近，无论年长年少，无论是维吾尔族、蒙古族、回族还是汉族，只要见到吴明珠，都热情地问候她、关心她，最朴素的表达就是将自家的好东西拿出来送给她。

端着土鸡汤的婶子说："阿依木汗，这碗鸡汤给你补补身子！"

送蜡烛的大姐说："吴技术员，你晚上搞研究别伤了眼睛。不要省，我们的蜡烛全给你用。"

年迈的老奶奶则送来老布鞋："你夏天穿胶鞋下地干活特别烫脚，还会脱胶。这是我自己一针一线纳出来的布鞋，穿上它脚就舒服了。"

还有年轻媳妇拉着她的手："你不嫌我家脏，就住到我家里来吧。我们吃什么你就吃什么，别跑来跑去累坏了！"

这群质朴的乡亲让吴明珠感动得不知道说什么好，心里滚烫滚烫的。

暑假到了，杨其祐来到了吐峪沟公社。

"其祐，知道你这几天会来，没想到这么快！"

"快吗？这两个多月收不到你的信，我都快急死了，一放假就马上赶过来了。"

"我给你写了信，但这里没有邮局，送信的人一个月来一次。上次来的时候，我刚好到生产队去了，所以连着几封信都没寄出去。"吴明珠捂着嘴笑。

"早上到了鄯善的家，我写给你的信还塞在门口，去农技站找你，刘站长说你一直没回来，我就紧赶慢赶往这儿跑。你呀，真让人担心，没有人蹲点像你这个蹲法。"杨其祐虎着脸拿出了几封自己的信，"还是我自己当信使快！"

"别杞人忧天了，我这不好好的嘛！"

"对了，刘站长让我给你捎个好消息，县委同意在马场大队给20亩地建试验站，还给了一个小庄园当办公室。"

"太好了！这事情能这么顺利，多亏李嘉玉书记大力支持。有了这20亩地，回去以后也有事可做了。"吴明珠满脑子又在想工作。

"回去以后要生宝宝了，好好养养身体。"杨其祐伸手摸摸吴明珠的肚子，打趣道，"真是有苗不愁长，几个月不见，衣服都快包不住了。"

"是啊，现在身子有点沉。小家伙皮实着呢，有一次，我从驴背上摔下来都没事，现在开始踢人了。村子里大婶大嫂们看我身材，都说我怀的是巴郎子。"吴明珠笑着说。

"不管儿子女儿，只要健康就好。孩子生下来怎么带啊？"杨其祐叹了口气，"我在乌鲁木齐，说来说去还是两地分居，得想想办法。"

"车到山前必有路，现在想也没用。"吴明珠其实脑子里还在想她的瓜，"我们今年在吐峪沟公社蹲点收获很大，13个生产队发现了60多个品种，全做了标记。我得等到秋收瓜熟了，把这些种子一网打尽。"

"你倒是心大。这个假期我陪你一起去收瓜种，完成任务咱们就回家。"

乡亲们听说阿依木汗的丈夫来了，都聚过来看热闹。看到杨其祐在屋里手脚麻利地擀面条、切萝卜丝，那娴熟的手法、精湛的刀功让小媳妇、大婶婶们羡慕不已，用维吾尔语夸赞："汉族男人真勤快啊，一点也没有大男子主义。"

"阿依木汗真是有福气啊，找了这么有文化又体贴的男人。"

没想到杨其祐不但听懂了，还笑嘻嘻地用维吾尔语对她们说："现在男女平等，家是两个人的家，家里的活也应该两人一起来做。

她现在身体不方便，我做这些是应该的。你们说呢？"

这一通地道的维吾尔语讲下来，不仅那几个妇女吃惊得差点掉了下巴，连吴明珠也立在那儿回不过神来："其祐，你什么时候学会说维吾尔语了，这也太神了吧？"

杨其祐得意地说："向你学习入乡随俗啊，怎么说我也是新疆人了。不会说维吾尔语，怎么融入这个民族大家庭呢！"

其实，杨其祐是个有心人。自从吴明珠写信说自己在学习维吾尔语后，他就暗下功夫自学，到北京图书馆找到一本维吾尔语词典啃了起来。因他精通英语和俄语，学语法并不费力，但在北京没有语言环境，基本上学的是会写不会说的哑巴维吾尔语。到新疆学院教书后，他每天找维吾尔族同事和学生聊天，口语突飞猛进，说得相当地道了。

吴明珠不得不叹服杨其祐的学习能力和语言天赋，看着他满眼骄傲和自豪。

不得不说，杨其祐来到吐峪沟公社后，吴明珠的幸福指数呈几何级上升：他给她剪短了长辫子便于梳理；做好热乎乎的饭菜让她享用；端上温度适中的水给她洗脸、泡脚，祛除疲劳。白天陪着她挨家挨户收集瓜种，晚上一起在昏暗的烛光下整理资料……如影相随的他们成了吐峪沟一道最美的风景。

在细水长流的日子里，二人互为镜像，照见对方也照见自己。她觉得他是知音和高参，是同行同道的最佳拍档；而她对事业的专注和执着也深深影响着他、感染着他。

那天，他们到距公社三四十公里的苏贝希夏大队去收瓜种，杨其祐拉着架子车，吴明珠坐在车上。返回时，两人聊得忘情，不知不觉拐到了一条岔路上，已经走偏了很远。四野悄寂，干热的风声从耳边不安地掠过。

"为了安全起见，咱们还是原路返回吧？"杨其祐不放心。

"没事的，咱们大方向没有错，总会走到大路上。"突然，吴明珠让杨其祐停下车，自己下车向前走了几步，又嗅了嗅空气中的味道，笃定地说，"走过这个坡，前面有块瓜地。"

"你能确定吗？我怎么闻不出来是瓜地？"

"我跟瓜打了几年交道，不会有错。这里我没来过，快去看看会不会有新的收获。"她说着就脚步飞快地爬过山坡。

两边对峙的山体衬着那疾步而去的娇弱身影，杨其祐拉着空架子车沿着沙地里那串小小的足印气喘吁吁地紧跟其后，不可思议地说："看这速度，怎么也不像个孕妇啊！"

上得坡来，前边果然是一片瓜地。吴明珠蹲在瓜地边，兴奋地朝杨其祐招手："我没说错，这又是一个品种。这段弯路走得太值了。你看，这瓜的外形多漂亮，简直是完美。"

听见有人说话，瓜棚里走出一个十几岁的维吾尔族男孩。吴明珠笑眯眯地对男孩说："巴郎子，我买两个瓜。"

走了远路，两人又渴又饿，让小男孩切开一个瓜，三个人一起分享："巴郎子，你种的瓜，亚克西！"

小男孩咧着嘴笑得很开心："好吃就多吃点，不要钱。"

"那不行，钱给你留下，瓜子我们带走了。"这意外的收获让吴明珠心情大好。

没想到这种外形极美的瓜叫"花皮金棒子"，后来成为改良"红心脆"表皮纹路和颜色的父本。

夕阳缓缓西下，沙丘宛如连绵的波浪，起伏不定。金色的余晖倾泻而下，光影交错间，展现出一种梦幻而奇妙的景致。望着被晚霞温柔包裹的心上人，杨其祐心中涌起阵阵悸动，他沉醉其中，无法自拔。他静静地站着，不敢发出一丝声响，生怕破坏了这份宁静与美好，心中暗自感叹：我真是娶了一位"瓜痴"啊！在她的世界里，只要有瓜，万物皆失色。她对瓜的这份深情、这份执着、这份纯粹，美好得令人动容。

吴明珠回头一看："你傻愣愣地盯着我看什么呢？"

杨其祐爱怜地看着她："你啊，真变了，小小的身躯，大大的能量，再也不是学校里那个满是书生气的姑娘了。"

"你说对了，我觉得来新疆后，置身大戈壁大沙漠，长期和维吾尔族老乡在一起，我的性格就放得很开了，像戈壁沙漠一样一望无际，心胸很开阔很豪放。"

"不管你怎么变，我都喜欢。"杨其祐亲昵地抚摸着她的秀发。

"你就会说这话。"吴明珠嗔笑着。

8月底，杨其祐要返校开学了，离别时又是嘱咐叮咛，万般不舍。

吴明珠安慰他："放心吧，我会照顾好自己的。最远的那些村子你已经陪我收完种子了，只剩下附近几个大队有个十来天也能完成。李志超的媳妇生了孩子要照顾，农技站派张哲接替他，这两天也要来了，到时候我们一起回县里。"

十几天后，吴明珠和张哲完成了吐峪沟瓜种的调查和收集，共获得60多份瓜种。在吴明珠心里，每一粒种子都有它非凡的价值。

当他们携带着这些种子返回时，乡亲们纷纷赶到公社，为这个吃苦耐劳的阿依木汗送行，夸她意志像钢铁一样坚强，干活像公鸡羽毛一样漂亮。

"吴技术员，等一等，先别走……"在依依不舍的告别中，远处传来一个声音。只见东巴扎乡的一位瓜农汗流浃背地跑了过来，把一个小纸包塞到吴明珠手里，气喘吁吁地说："吴技术员，这两天我家拆旧房子时，在墙洞里发现了这个瓜种。家里老人说，这已经存放30多年了。这种瓜很甜，叫'一包糖'，维吾尔语叫'赛热克可口奇'。你带回去吧！"

"哦，这就是'一包糖'的种子呀！我小时候吃过'一包糖'，那叫一个多汁脆甜，很多年都看不到了。"一位上了年纪的乡亲咂嘴惊叹，似乎唇齿之间还留着那蜜一般的香甜。

"这'一包糖'比阿依斯汗可口奇还甜吗？"旁人问道。

"那不知道。我们谁也没那口福，阿依斯汗可口奇稀罕着呢，我想全新疆也没几个人吃过。"说话间，老人流露出一种见多识广的自信。

认识一个新瓜种，是学习和积累的过程。这是吴明珠第一次听说阿依斯汗可口奇。从此，这个名字就长在了她的心里。

但此时，意外收获的"一包糖"，足以让吴明珠动容、动情。

"一包糖"的种子呈黄白色、椭圆形，煞是可爱。"一包糖"后来成为吴明珠培育"皇后"的五个亲本之一，它可有效降低后代的单果重量和改变后代的种腔大小。

初为人母的喜悦与烦恼

回到鄯善县城后，县委任命吴明珠为农技站党支部书记、站长，岳立人给她做助手。

1958年秋后，全国开始大炼钢铁，鄯善县委召开各机关领导会议，动员全民大炼钢铁，并给各单位分了任务，而农技站的任务是炼两吨钢铁。在这件事上，吴明珠保持了难得的清醒。

会议由县委第二书记王振远主持，他在会上让大家讨论、表决心，大家纷纷表示坚决完成任务。

令王振远没想到的是，工作上从不落人后的吴明珠，却挂起了免战牌："书记好，我想说几句心里话。如果县里决心暂停生产，不收棉花、不埋葡萄，我可以把全站同志都叫回来，一定完成两吨炼钢任务。但如果县里还要抓生产，最好还是让我们留在下面，免了这个任务。"

这吴明珠可真胆大呀！一听她这话，大家都为她捏了一把汗。

"说得好！吴明珠同志实事求是、实话实说！你们的任务免了，全力以赴抓生产。"王振远书记一锤定音。

事后有人说吴明珠真幸运，不但没挨骂、没挨整，反而让鄯善县农技站成为全新疆唯一没有参与大炼钢铁的农技站。

吴明珠内心很豁亮，她知道王振远书记是一个深入基层，不唯书、只唯实的领导干部。

在随之而来的"反右倾"斗争中，王振远被揪出来批斗了一个月。作风这么好的书记怎么会是右倾机会主义分子？吴明珠坐在会场里一言不发，埋头把《金陵春梦》等四本书看完了，因为她"不想说违心的话，不想做违心的事"。

当了站长的吴明珠担子重了、责任大了，而她的身体也越来越感到笨重。同志们劝她注意身体，她却牵挂着马场那20亩地。她对岳立人说："我们争取赶在过年前把试验站建起来，好在开春进行播种。"

"你放心吧，那边我盯着，你这身子就别来回跑了。"岳立人说。

"没事。我就做点力所能及的事，人在现场心里也踏实。"吴明珠说。

结果，从方案设计、场地清理、土地平整到组织施工，她天天守在马场，一待就是一整天，和大家一起投入热火朝天的劳动。同时，她还组织人力从内地引进蔬菜、瓜果、小麦、高粱等新品种，加上之前收集的西甜瓜品种，只等试验后看哪一个品种好，就向大田推广，为后续开展研究做准备。

1959年1月底，试验站建起来了，办公场地也搬到马场的小庄园。

新的一年，新的开始。吴明珠安排一部分人继续到农村蹲点，另一部分人在试验站工作。岳立人全面负责试验站工作，他既做试验等工作，又下乡做大田的指导工作。

她对岳立人说："家里来信了，让我去南京生孩子，那边医疗条件好一点，家里人也好照顾我。真不好意思，这么关键的时候，工作全交给你了。"

"咱们鄯善就这么个县卫生院，二十来张病床，医疗设备简陋，医疗水平也不高，还是回家方便。对了，你什么时候走？"

"过两天杨其祐放假就来接我一起回家，到时我再跟你交接一下工作。"

"你放心，这里有我们。"

"孩子一满月，我就回来，说不定还能赶上春耕生产呢！"

2月初，杨其祐放假回到鄯善，一切准备就绪。他和吴明珠商量了一下行程，为减少路上折腾，最优最快的路线是先从鄯善坐汽车到酒泉，再从酒泉坐飞机回南京。那时飞机票很难买到，他们又开证明又托人想办法，总算买到了2月28日从酒泉飞南京的机票。于是他们决定2月22日从鄯善出发，这样路上不会那么赶。

21日晚上，岳立人、李志超、成永秀等农技站的同事带着鸡蛋、馕、红糖等食物过来送行，大家热热闹闹地聊了一阵后起身告别。

"咦，你怎么不回宿舍？"见岳立人朝办公室方向走去，其他人问。

"去办公室加一会儿班。天太冷就不回去了，在办公室凑合一夜。"

杨其祐烧好水，让吴明珠洗脸洗脚："天这么冷，用热水洗洗早点睡吧，明天还要赶路。我真担心你经不住这一路奔波。"

"不要过度紧张，还不到预产期呢！"吴明珠给他吃了颗定心丸。

22日早上5时左右，睡在办公室的岳立人被一阵急促的敲门声惊醒。

"岳立人，快起来，刚才杨其祐火急火燎地跑来说，吴明珠要生了。我先到卫生院拿担架去，你和杨其祐一起把她抬过去。"成永秀说完，一路小跑不见人影了。

岳立人赶紧套上衣服。不一会儿，成永秀就从卫生院把担架拿了过来。

他们跑到吴明珠家，这时吴明珠羊水已经破了。成永秀扶她躺到担架上，杨其祐和岳立人两人抬起她就往卫生院跑。

可能因为吴明珠一直劳动或营养不够，胎儿比较小，整个生产过程也比较顺利。

"哇，哇……"孩子呱呱坠地，响亮的啼哭声"解锁"了杨其祐的新身份——父亲。初为人父的他激动而忙乱，但他更多的是感到深深的爱和责任。

终于，吴明珠从简陋的产房里被推了出来。心急如焚的杨其祐一个箭步冲过去，跟着来到病房，把热在炉子上的高粱粥端到她面前。看到她脸色苍白，杨其祐揪心地握着她的手问："疼不疼？计划不如变化，没想到会早产，这小子真是个急性子。"

吴明珠笑了："快去看看咱们儿子像你还是像我。"

"先看你，你平安无事，我的心才能落地。"

"对了，当爸爸的，给儿子取个名吧！"

杨其祐一拍脑袋，自责道："你说我俩一天到晚忙什么了，连给孩子起名这么大的事情都没想过。要不我俩现在一起商量一下，起个有纪念意义的名字？"

"我俩是在重庆认识的，一起在西南农学院读书……"杨其祐自言自语道。

吴明珠补了一句："是在夏坝认识的。"她想起之前往夏坝搬家的情景。

杨其祐眼睛一亮："有了，就叫杨夏吧，纪念我们第一次见面的地点夏坝，纪念我们相识相爱的夏坝。"

吴明珠连说"好"，觉得这个名字又好听又有纪念意义。她接着说："快去看看咱们的夏夏吧，看看像谁。"

杨其祐哈哈大笑："不用看，儿子像妈，夏夏一定像你。"

"幸亏没有出发，要是生在路上就麻烦了！别傻站在这儿了，你快去给家里发个电报，爸妈还等着我们回南京呢。"吴明珠忽然想起来，急忙催道。

杨其祐刚出门，医生就把洗干净包裹好的孩子抱了进来。看着皱巴巴的小人儿，吴明珠有点恍惚，心想："一夜之间，计划全乱套了。我成了小夏夏的妈妈，南京回不去了，爸妈也见不着了。"

知道女儿要回来生孩子，吴子涵和钱一芸高兴得天天等着盼着。女儿这一走快三年了，他们日思夜想啊！

钱一芸把该准备的都准备好了——孩子的小衣服、小被子和尿布，女儿月子里要吃的鸡、鸡蛋、挂面等。接到杨其祐的电报时，他们以为是女儿女婿要告知到南京的日期和车次。一看电报，他俩愣住了，没想到孩子已经生下来了。

钱一芸手里拿着电报，对吴子涵说："我要去新疆照顾明珠，帮我买车票吧！"

"明培和明珠真是几世修来的福气，遇到了你这么善良体贴的妈妈。"吴子涵由衷地说。吴明培的孩子也是钱一芸带大的。

十天后，钱一芸历尽艰辛带着十八个鸡蛋和孩子的衣物等用品，一路乘轮渡、坐火车再转汽车，辗转到了鄯善县。

"妈，您怎么来了？"吴明珠惊讶地望着母亲，难以想象这一路母亲是如何跋山涉水，更难以想象母亲是怎样肩扛手提、带着大包小包完成这漫长而艰辛的旅程的。这大概就是人们常说的"为母则刚"吧！

"妈这时候不来，什么时候来呀？"钱一芸看到女儿黑瘦的模样，无比心酸，随后抱起可爱的小外孙，亲个不够。

"妈，您也不让爸打个电报来，我好去接您。"杨其祐双手给钱一芸端来热茶。

人品如何，细节上见端倪。这是钱一芸第一次见杨其祐，他看着比照片里还端正，言语间谦虚儒雅，一看就是有学问的人，和女儿很般配。

丈母娘看女婿，越看越喜欢。钱一芸接过热茶说："电报到你们这儿也要五六天吧，比我快不了多少。我想你要照顾明珠也离不开。这一路虽然远，转车也很麻烦，但遇到不少好人，有主动给我让座的，还有帮我拿东西的，比我想象的要顺利。"

钱一芸的到来，最高兴的要数杨其祐，这意味着手忙脚乱的日子就要结束了。他赶忙下厨，为岳母接风洗尘。只见他麻利地和面揉面，把面擀得又薄又匀，而且刀功极好，面切得又匀又细，下到锅里不软烂，吃到嘴里有嚼劲。

钱一芸看得出神，边吃边夸："明珠，你可真有福气，其祐这手艺你可远远比不上呀！你爸还一直担心你的生活，这下他还有什么好担心的呀！"

学校3月1日开学，杨其祐这下也能安心返校了。但这不是长久之计，有了孩子，这样两地奔波总不是办法，他心里萌生了一个念头。

钱一芸在抗战时期就是护士长，有丰富的医护工作经验，她对外孙百般呵护，无微不至。她不仅给外孙喂奶、换尿布，还定期给外孙洗澡、理发，把外孙收拾得整齐利落，养得白白净净。那时正遇上自然灾害，新疆物资匮乏、生活困难，就是有钱也买不到东西。特别是冬天，只有白菜、土豆、胡萝卜这"老三样"。吴明珠身体赢弱，营养跟不上，没有母乳，大多时候只能用玉米糊糊之类的流食喂养孩子。

为了给女儿增加营养，钱一芸每天早早起床，利用有限的食材变着花样做出可口的饭菜，吴明珠的身体得以慢慢恢复。

每次看到吴明珠做啥吃啥、毫不挑食地狼吞虎咽的模样，钱一芸心里就很难受，絮絮叨叨地埋怨女儿不听父母的话跑到这么远、这么穷的地方来吃苦，而吴明珠总是笑而不语。

时间长了，钱一芸也不说什么了。她发现，在西北的风沙磨砺下，女儿变得更加成熟，也更加坚忍。

孩子刚满月，吴明珠就如同解放了一样，全身心扑在了工作上，孩子和家就扔给妈妈。

"你呀，早出晚归不着家，自己不管不顾也就罢了，总是要顾着点孩子呀，再这样孩子都不认识你了。"吴明珠脚一跨进家门，钱一芸就抱着孩子絮叨起来。

吴明珠知道妈妈不高兴实在是因为心疼外孙，于是赶快接过孩子说："小夏夏想妈妈了吧？妈妈忙起来就把你忘了，对不起呀。"

杨夏3个月大时，吴明珠的工作更忙了。

看着每日劳累的妈妈，吴明珠心里很矛盾，心想："如果妈妈能一直在身边照顾孩子，一家人在一起，该有多好呀！可妈妈是南方人，很不适应新疆的气候和饮食，我也不忍心让妈妈在这儿受苦受累。何况，爸爸也上了年纪，身体每况愈下，妈妈不可能不牵挂他，我不能太自私呀！可是，如果妈妈回去了，夏夏谁来管？周全之策还是让妈妈把孩子带回南京去，几方面都能照顾到。"

吴明珠始终无法向妈妈开这个口，她觉得带孩子是自己的责任，她不好意思把这个责任推给妈妈，妈妈已经付出太多太多了。

钱一芸内心跟明镜似的，看着欲言又止的女儿，便明白了她的心思，也深知她的为难之处。

一天晚上睡觉前，钱一芸郑重地对吴明珠说："明珠呀，我离家时间也长了，我也不放心你爸爸。如果你们舍得的话，夏夏我就带回南京了。你把事业看得那么重，就全心全意投入工作吧！"

吴明珠掩面长叹，对妈妈的感激无以言表，情绪稍稍平复后说："妈，我经常去乡下，没有办法照顾您和夏夏，反而会给您添麻烦。但是带孩子会很辛苦，您身体吃得消吗？"

"这你放心，家里你爸爸会搭个手，夏夏的舅妈也可以帮衬帮衬。"

吴明珠含泪点头。她纵是万般不舍，也不得不在事业和孩子之间作出取舍。

杨其祐收到吴明珠的信后，从乌鲁木齐赶了过来。离开两个多月，夏夏长大长胖了，钱一芸却分明消瘦憔悴了。

"辛苦妈妈了。等我们以后有条件了，我们就将你们全接到新疆来。"杨其祐宠溺地抱着胖乎乎的儿子，满眼不舍。

多年以后，杨夏说，怎么也想不明白，在那样恶劣的气候环境及交通条件下，自己的父母怎么能狠心让一把年纪的外婆独自带着只有3个月大的他回南京。当时从鄯善到南京，要一路颠簸坐3天的长途汽车到500多公里外的哈密尾亚站，再从尾亚站坐4天的火车，经兰州、西安等地中转到南京。路上不要说热水，就连冷水都没有，上趟厕所都很困难。他实在想不出外婆抱着这么小的娃儿，背着三餐四季的食品、衣物，如何山一程水一程地一路折腾回南京。

热闹的家一下子冷清了下来，夫妻俩还真是不习惯。

"明珠，和你商量一下，我想调到鄯善来，这样我们能相互照顾。"

"你真这么想吗？你从北京到新疆已经很委屈了，再从乌鲁木齐到鄯善，你的专业怕是要荒废了，蔡旭老师知道会失望的！"吴明珠劝道。

"我来新疆的目的不就是我们能在一起吗？可现在我们还是两地分居，没有实质性变化。其实这个问题我想很久了，这次来之前也已经和学校说了，现在就是要在鄯善找一个接收单位办调动手续。"

"学校同意你走吗？"

"就在最近，全国教育工作会议决定由北京大学、清华大学等院校支援，将新疆学院改为新疆大学，引入新的师资力量。同时，新疆学院农林系、畜牧兽医系将并入新疆八一农学院。这是我离开的好时机，而且我这是解决两地分居，是政策允许的，领导考虑到我们的实际困难也会理解。"

"新疆八一农学院是新疆第一所农业高等院校，你们并入后，农业特色学科更有优势，你调离岂不可惜？"

"你呀，别忘了我的初衷。如果单从工作条件考虑，当初我就不会离开北京了。是不是鄯善不想要我？"杨其祐用了激将法。

"你明知道鄯善至今没有一个研究生，哪个单位不抢着要你呀！鄯善农科单位只有一个农业厅下属的园艺场，还有就是我们单位。要不，你到我们单位来吧。成永秀前阵子才告诉我，咱们结婚的房子，县里原来只借给双职工住，这次是县委办的人弄错了。如果你调过来，咱们住在这房子也算是名正言顺了。"

吴明珠的建议正合杨其祐的心意，只是他不知道还有这么一件事，他笑着说："好，我回去就申请调动，抓紧把这事解决了。"

杨其祐为了爱情，告别了大学校园，调到鄯善县农技站，在吴明珠手下任技术员，成为当时全鄯善学历最高的人，也成为全新疆所有农技站中学历最高的人。

知情的人都深感惋惜，杨其祐这个站在吴明珠背后的才华横溢的男人，为支持吴明珠的事业牺牲了自己，低调了一生，永远都是先妥协、后放弃、再追随。这一次，他依然选择牺牲自己，低调追随。20世纪50年代，新疆的研究生可谓凤毛麟角，鄯善县农技站这么个小单位更是难以见到，他真是太有牺牲精神了。

说到底，爱情本身就是一种妥协，这是杨其祐对吴明珠的人生选择用心用情的呵护和付出。

第七章

戈壁滩上一明珠

精神伉俪，十天有九天在"吵架"

妈妈带孩子回南京后，吴明珠没有了后顾之忧；杨其祐从乌鲁木齐调到鄯善工作后，她有了强有力的后盾。

1959年，又有年轻人分到鄯善的农技站，站里人员达到37人，在鄯善算是个大单位。

为宣传鄯善的自然优势、农业生产和技术改革成果，吴明珠带领全站同志经过一个月的筹备，在县城举办了农业生产展览。此次展览分综合展览室、经济作物室、粮食室和园艺室几大展区。吴明珠从马场试验站挑选了一些最新鲜的农产品拿去展示。色彩鲜艳、种类丰富的农产品整齐地摆放在各个展区，配上他们编写的文字、绘制的图表，内容精美，图文并茂，一目了然。

县领导看了很高兴，组织全县干部、生产队队长及农民代表轮流到展览馆参观学习。吴明珠和几位技术员轮流讲解，反响特别大，在当地引起轰动。

马场试验站的科研任务更重了。为让鄯善人民吃上蔬菜，吴明珠新组建了蔬菜组，试种从兄弟省市引进的蔬菜品种；她在鄯善收集到的瓜种播种在试验地里，长出了嫩绿的小苗；其他各组引进的葡萄、小麦、高粱等的新品种，也长势正旺；同时，一些分发给农民的种子也在试种当中。她每天往返于试验地和各个乡村农田之间，推广技术、指导生产。

杨其祐在小麦组，但他不仅会研究小麦，在其他农业研究方面也有所涉猎。其他组科研上有什么疑惑或解决不了的难题，找他往往能迎刃而解，大家都称他为"杨博士"。

杨其祐是一位多才多艺、性格开朗的人，他热爱读书，信息获取能力强，口才出众。他精通英语和俄语，凭借丰富的农学知识，能够根据不同语境灵活运用专业术语，精准翻译国外最新的农业研究资料。此外，他还能以地道流利的维吾尔语讲授遗传学，演唱吐鲁番情歌《阿拉木汗》。

"杨博士"在鄯善声名远扬，大家都说，农业生产上的事没有"杨博士"解决不了的，世界各地的事没有"杨博士"不知道的。

其实，"杨博士"也有解决不了的让他郁闷的事。

他原以为调到鄯善解决了两地分居问题，且不说可以与吴明珠朝夕相处，至少可以隔三岔五见一面，但事实上，两人在一起的日子屈指可数。特别是农忙季节，他俩都下到乡里去了，见面便成了奢望，彼此最常用的沟通方式就是写纸条留言：

　　明珠，回到家，又没见你，有些失望。我明天又要下乡了，怕你不好好吃饭，擀了一些面条，已经晾干了，分成几份放在灶台边的小柜子里了，你回来下锅煮一下就行了。炒了一些咸菜，你就着吃。多炒了一些，你下乡带上。　　祐

　　面条擀得像机器压出来的一样，又方便又好吃。谢谢。另，我实在太忙了，我在东巴扎乡艾孜拉村种的瓜要授粉了，可又要赶去吐鲁番开会，过几天才能回来。请你抽空去帮我授一下粉。勿忘！　　珠

杨其祐回家一看纸条，叹了一口气。第二天一大早，带上高粱馕和一壶水，他就匆匆忙忙赶往东巴扎乡授粉了。他顶着炎炎烈日在戈壁滩上来回三四十公里，回家后又是一通忙碌，为吴明珠摘录英文、俄文参考资料，然后继续留言：

明珠，这几天我抽空查阅了国外有关育种的研究资料，比如植物的二氧化碳施肥、露天花卉作物的种子繁育、人工光照下的植物栽培等，我把其中对你有启发和帮助的重要章节都翻译出来了，供参考。做了一些炒面和腌菜，给你留着。用剩的小肥皂已经削碎浸泡成洗衣水灌在瓶子里了，你洗衣服时可以直接用。注意身体，别太辛苦。　祐

杨其祐对吴明珠的关心与支持无处不在，无论是在工作上的点滴帮助，还是生活中的细微关怀，都透露出他温柔体贴的一面。他知道，吴明珠心里最记挂的还是她的"三年计划"，到秋收时节，她可能更不着家了。偶尔一碰面，两人说的除了瓜还是瓜。

他兴奋又神秘地说："告诉你一个好消息。前不久考古工作者在吐鲁番高昌故城附近阿斯塔那古墓群的一座晋墓中，挖掘出半个干缩的西瓜，由此证实吐鲁番栽培西甜瓜至少有1600—1800年历史。那些种子与现在栽培的种子一样。这是当时吐鲁番一带栽培和消费西甜瓜的佐证。"

她笑了："这消息别人可能不关心，我专门种瓜的怎么会不知道呢？今年还在南疆巴楚县脱库孜沙米附近，挖掘出一座南北朝的古墓，发现有11粒厚皮西瓜子壳。这说明吐鲁番早在公元3—4世纪就盛产厚皮西瓜。西瓜子壳外形与现有栽培品种的种子外形非常相似。"

"如果真是这样，就可以推断现有栽培的一些优良品种与古代

良种有密切的亲缘关系，也足以证明当时栽培的西甜瓜品种丰富、品质上佳。"杨其祐感叹道。

"所以说，整个吐鲁番盆地的种质资源太丰富了。我只是基本普查了鄯善的瓜种资源，我还想去吐鲁番、托克逊开展瓜种资源普查，找出优良品种。"吴明珠适时说出了她的计划，"时间太紧了，我要把生孩子耽误的时间补回来。"

他哭笑不得，只有无条件地全力支持。

难得有两个人在一起的时候，但他们的日子过得简单又清苦，最丰厚的家当就是书，屋里除了书就是土。只要到外面出差开会，他俩一定要去新华书店，把口袋里剩下的钱都用来买书。家务事在他们眼里都不是事，随便吃点东西打发肚子后，就在一起研究工作了。

杨其祐学的是遗传工程，吴明珠做的是园艺栽培。在育种方面，他知识面比她要广，对新疆的独特资源也十分清楚。所以，吴明珠遇上很多学术上的问题，比如遗传学知识以及辐射育种等先进的育种手段，她总要从杨其祐那儿寻找答案，她很多的育种手段都是杨其祐教出来的。

有时工作实践中遇到什么问题，或单位一些棘手的事情处理得不妥当，杨其祐也会直截了当表示不满，给吴明珠提意见。意见相左时，两人会激烈辩论，经常是争得面红耳赤，谁也不让谁，越吵声音越大。

大多数情况下左邻右舍都不理会，这对"精神伉俪"十天有九天都在"吵架"，但从不会为生活上的柴米油盐吵，吵来吵去都是工作上的事，一般十来分钟后就会和解。个别时候"战火不息"，旁人才过来"和和稀泥"。

大家都清楚杨其祐对吴明珠非常支持、包容，也知道杨其祐有重庆人的火爆性格，性子耿直，脾气急躁，不能火上浇油，所以都会狠狠地"批评"吴明珠。杨其祐一看这阵仗，又马上进行情绪管理，主动开展自我批评。

劝架的人说说笑笑地及时"撤退"，不影响他们继续工作。这两个人虽然性格看似迥异，但实质上有着惊人的相似之处：他们都有着坚定的信念，展现出永不言败的精神，并且能够心无旁骛地捍卫自己的观点，清晰地阐述自己的见解。他们吵归吵，感情却从来没有淡过，反倒是越吵越离不开对方。

有一次因为"瓜"，两人吵得很厉害，大家都没辙了，见到岳立人来了，赶紧说："你去劝劝吧，从来没见过吴明珠发那么大的火。"

原来，吴明珠从农家收集来一个瓜，顺手放在家里后就急着出门了，谁知回家后不知放在哪儿找不到了。她一下子火冒三丈，生气地对杨其祐说："我出去你也不照看一下，你怎么能不管不顾？"

"你自己都不知道放哪儿了，我怎么知道！"杨其祐也火了。

岳立人很无奈，说："吴明珠，你把瓜放在什么地方你自己不清楚吗？跟杨其祐发什么火？他也不能走哪儿就把你的瓜抱哪儿吧？"

众人都笑了。吴明珠心里只有瓜，瓜比谁都重要，为了瓜她可以"六亲不认"。

农技站的人经常告诫自家孩子："你怎么调皮都可以，但院子里种的瓜果千万不能偷吃，吴老师的眼睛'毒'着呢，少一个都别想蒙混过关！"

所以，每年农技站院子里种的西红柿、葡萄、蟠桃等，孩子们没有一个人去摘，哪怕葡萄架上的小葡萄都让麻雀吃得差不多了，也没人敢摘。

甜到心窝里的阿依斯汗可口奇

1960年8月的一天，吴明珠无意间听说在上百里外的前进公社迪坎儿大队有阿依斯汗可口奇，激动难言，她不禁想起之前蹲点时，乡亲们说起阿依斯汗可口奇那神往的表情，想起自己当时听到这个神奇的瓜名时那一刹那的心动。

她找到李志超："明天我俩一起去迪坎儿大队找阿依斯汗可口奇，路上多准备一些馕。"

"你确定那儿能找到吗？那么远的路，来回至少一个星期呀！"

吴明珠说："我们去了，也许就能找到；不去的话，永远找不到。"

"但愿能在迪坎儿大队找到，千万不要去更偏远的迪坎儿村。再走就到罗布泊荒漠了，我可不去。"

李志超说的迪坎儿村，是鄯善最南端的一个人迹罕至的原始自然村，是由北侧进入罗布泊之前的最后一个村庄，被称作"最后的村庄"。因为这个村庄坐落在注地间，海拔高度为零，因此也被称为"零的村庄"。

"我打听过了，阿依斯汗可口奇只有迪坎儿大队坎儿孜库勒村的老巴依家有种。老巴依以漂亮貌美的妻子阿依斯汗的名字给这瓜命名，他只有家里来了最尊贵的客人才拿出来招待，而且吃完后种子全部回收，谁也别想打种子的主意。"

"那我们何必大老远去碰这个钉子呢？"

"我相信，精诚所至，金石为开。万一我们感动了老巴依呢？"

"借你吉言吧。但愿我们不要空手而归。"

吴明珠和李志超从县城步行出发，穿过热浪灼人的火焰山，置身茫茫大戈壁，赶早路、赶晚路，太阳正中时找阴凉处歇息。第二天晚上，荒漠里前不着村，后不着店，随时会有狼群出没。幸好路边有个废弃的砖窑，两人各自裹着毡毯，在砖窑里过了一宿。

夜晚的荒漠有一种柔和的静谧之美，一种袒露的野性之美，一种本真的生命之美。苍穹之上，满天的繁星闪烁着，还有自由的风，起伏连绵的沙丘，悠然摇曳的骆驼刺，让人感受到深沉而悠远的宁静，一切纷杂与烦恼都随之而去。这条路，有它的艰辛，亦有它的风情。

吴明珠和衣而卧，躺在绵软的沙地上，好像躺在母亲的怀抱里，安静、温暖、踏实，她一觉睡到拂晓。醒来时她伸伸胳膊、蹬蹬腿，惊异地发现，废窑一觉，竟卸下了浑身的疲惫，心情愉悦又自在。她暗自思忖："看来，睡在哪里、醒在哪里都不是最重要的，有目标才是最重要的。"

她叫醒睡得正酣的李志超，继续赶路。整整走了三天，他们终于到达了迪坎儿大队坎儿孜库勒村。

这是一个深深裹进沙漠、与沙漠一色的村庄，古朴的民居单一而凝重、沉寂而神秘。低矮的房屋由土坯围就，厚厚的沙尘落满房顶。村里的维吾尔族乡亲真诚、朴素。听说两位汉族干部找老巴依，一群孩子前呼后拥地把他们带到了老巴依家。

上了年纪的老巴依五官深邃立体，毛发浓密，宽宽的前额上的皱纹和深凹的眼窝连成一体，两撇弯弯的大胡须尽情地伸展着，特别有幽默感。

当吴明珠用流利的维吾尔语说明来意后，老巴依不以为意地笑笑："两位同志远道而来，我们家里茶也有，饭也有，葡萄也有，杏子也有，梨子也有，就是没有什么可口奇。你们进来吃点喝点，休息休息就回去吧！"

李志超说："饭就不吃了，我们进去喝个茶歇歇脚吧。"

老巴依把他们带进前院的一间小屋，吴明珠想进去后再做做老巴依的思想工作，谁知老巴依"专利意识"强得出乎意料，只要一提到瓜，就顾左右而言他。吴明珠和李志超苦口婆心解释了好半天，老巴依还是不松口。无奈之下，他们只好告辞，去找大队干部想想办法。

大队干部说："老巴依家的瓜种很稀缺，他每年在自家院子精心种植、小心留种，还严加看守防护，连我们也没见过，更没吃过，他不会轻易给你们的。"

李志超显然有点儿沮丧，吴明珠宽慰他："只要有瓜，我们就没有白来。今天不行，明天再想办法。"

第二天，他们让大队干部带着来到老乡的瓜地，看看是不是还有没收集到的品种。当发现当地种瓜技术比较粗放时，吴明珠就让大队干部把附近的瓜农都召集到瓜地，由她和李志超面对面传授科学种瓜的方法。

下午，吴明珠和李志超又敲开了老巴依家的大门，站在门口笑眯眯地看着老巴依。也许是听说了他们上午在田间地头上课的事，也许是被他们锲而不舍的执着所感动，老巴依慈眉善目地做了一个"请"的手势。

这次，老巴依邀请他们来到后院。院子的围墙是用土块垒起来的，墙体厚实。院落整洁，绿树成荫，花草繁茂，种满了杏树、桃树、李子树、梨树，还有高大的桑树，中间是一片瓜地，飘散着清新的香气。

房子前面有个高高的葡萄架，绿荫蔽日的葡萄架下，仨人盘腿坐在铺着织毯的宽大凉床上，吴明珠用维吾尔语耐心地做着老巴依的工作。

"比如您种的阿依斯汗可口奇，如果通过科学手段进行种质改良和品种创新，培育出新的品种，多好呀。您把这么好的种子一直压在'箱底'是不是太可惜了呀？"

老巴依显然听进去了，虽然并不完全明白此中的道理，但他知道这两个"公家人"做的是一桩好事，而且是能让他视若珍宝的阿依斯汗可口奇名扬天下的大好事。他频频点头，并朝房间里大声呼唤："阿依斯汗，切瓜。"

不一会儿，一位美丽的妇人端着一个果盘从屋里走出来。只见她浓密的卷发，高挺的鼻梁，深邃的眼眸，一颦一笑自然甜美，散发出与生俱来的优雅，把新疆美人的特质体现得淋漓尽致。

"她就是阿依斯汗啊！"吴明珠心里惊叹着，"人长得这么甜美漂亮，那以她名字命名的瓜该会怎样的香甜啊！"

"两位同志，这就是你们想找的阿依斯汗可口奇，快尝尝味道。"老巴依指着果盘里切得整整齐齐的瓜，热情地拿起来递到吴明珠手中。

吴明珠心中涌动着难言的激动，她伸出双手小心翼翼地接过来，以专业的眼光细细打量着这瓜：果实呈长卵形，外形灰绿底覆深绿色斑点，阴面呈乳白色透红晕，果面略有棱，网纹稀粗，基部较多。果肉浅橘色，晶莹如同丹玉，令人垂涎。一口咬下去，肉质脆细，清香甜蜜，那种从嘴里甜到心窝的又香又脆的感觉，让她的心都醉了。

她看着美丽的阿依斯汗说："我从没吃到过这么香甜的瓜！"她小心翼翼地把瓜子吐到手心里细细观察。一粒粒黄色的瓜子，小巧而有曲波，让她爱不释手。

李志超心满意足地说："不虚此行，不虚此行啊！能吃上这一口瓜，我们这几天吃的苦、受的累都值了。"

"我相信公家人一定能种出比阿依斯汗可口奇更甜的瓜。"老巴依一粒粒收拾着瓜子，细心地用布包好，郑重地交到他们手中。

辞别老巴依和阿依斯汗后，吴明珠一直在回味瓜的甘甜。带着种子的她满心欢喜，微风拂面而过，送来阵阵清凉，她的心情更加欢愉了。

在吴明珠眼里，种子便是希望，是一种由暗到明的希望，一种由小到大的希望，一种由少到多的希望。只要有种子，就有盼头，就有奔头，一切皆有可能。

踏上归程时，他们又意外发现一个新品种——巴登瓜。这种瓜绵、软、香、甜，风味很独特，适合老年人吃，所以也叫"老汉瓜"。李志超从瓜农手中买下巴登瓜，如获至宝，抱着沉甸甸的瓜步履如飞。

火焰山的红，热烈而决绝，无一丝绿意敢在此驻足。在烈日的炙烤下，它仿佛被点燃了一般，每一寸山石都散发着耀眼的红光，如同熔炉中的铁块，不断向外蒸腾着滚滚热气。远处，大戈壁无垠地铺展开来，一片荒凉与苍茫，既令人心胸开阔，又让人心生畏惧。随着正午时分的逼近，太阳如同悬挂在头顶的巨大火球，毫不留情地倾泻下它那令人窒息的热量。沙尘在热风中狂舞，如同锋利的刀刃，一次次切割着他们的肌肤，带来一阵阵刺痛。在这极端的环境中，他们每一步都异常沉重。

吴明珠看着吭哧吭哧抱着瓜不撒手的李志超，拍拍他的脑袋说："我们真傻，明明有瓜解渴，为什么抱着不吃呀？把瓜吃了，留下瓜子不就行了？"

"我们这是高兴傻了呗！"李志超不由得傻笑起来。

两人找个阴凉处把瓜切开，瓜又软又香，味道甜极了。

吴明珠吃着吃着开怀大笑："这么甜的瓜，要能送给毛主席吃，那就太好了！"

李志超说："你和库尔班大叔想到一起去了。只是，这瓜恐怕还没出新疆就坏了。"

"是呀，好多农家品种非常好，又香又脆又甜，但是不耐储运、不抗病虫，一有病虫害甚至会绝产。所以，我们一定要培育出又香甜又耐储运还抗病虫害的瓜，让全国人民都能吃到新疆的瓜。"这份使命让吴明珠深切感受到责任和动力。

甜瓜吃光了，种子留下了，体力也恢复了。在戈壁深处，找到了种子"遗珠"，此行他们满载而归。

从1958年到1961年，吴明珠和李志超、张哲坚持不懈，历经春夏秋冬，在浩瀚荒凉的戈壁沙漠上，顶着猛烈的风沙、冒着炎炎的烈日普查瓜种资源、建立种质资源档案。

在火焰山地区，瓜农认为最好的甜瓜品种是青肉蜜极甘，再就是白可口奇、黄可口奇等。但吴明珠发现这里品种混杂且杂种很多，瓜农不重视选留种。她告诉瓜农留种的重要性，教他们科学栽培管理："你们看，这瓜沟小，不整枝，灌溉跟不上，所以植株上结果少，坐果率低。"

在胜金地区，巴登瓜栽种最普遍。瓜农说："这瓜绵软可口，吃了不饿，可以顶肚子。潮地里还有一种桌子瓜，浅黄底色，橙色条纹，特别漂亮，可以放在桌上当贡果。"

吴明珠调查后发现这里野瓜很多，瓜农栽培时不区分冬瓜和夏瓜，她告诉瓜农分别种植、精细管理的重要性。

在洋海地区，沙地多，西瓜种得比较好，但早熟甜瓜品种单一。高潮二队的谢尔甫拉着吴明珠来到他哥哥努孜住夫朝坎的瓜地："这是歪把子蜜极甘，当年一株秧苗结了三个瓜，收了种子后继续种，年年丰产。等今年瓜熟了你们再来，我给你们留一些种子。"

在红旗地区，爱国大队第三小队选种很好，种白可口奇最多。解放管区附近荒地不浇水时地硬，浇水后地软，农民认为这样的地适合种瓜，种了很多黄皮子。辟展大队的玉素甫·买买提见到吴明珠来了，骄傲地说："1957年，我从别处买来2斤甜瓜种子，白底散条纹，皮硬肉丰软，有酒香味，品质特别好，当年选了30个瓜留种，此后每年种，大家给它起了个好听的名字，叫恰儿蜜极甘，现

吴明珠和维吾尔族瓜农在一起

吴明珠在指导科学种瓜

在这一带很多人都在种。"

在托克逊地区，伊拉湖五队瓜农诺尔一丁和吴明珠分享了种瓜的经验："瓜沟以南北向好，阳光均匀，避风，土壤荒地最好。为减少沟内蒸发，整蔓时最好留一条尾巴在沟内。"他还说："瓜熟后25天要取种子，过生过熟都不好。"

为了把瓜地走遍、把瓜种收全，吴明珠踏遍了吐鲁番、鄯善和托克逊三县300多个生产队，用双脚丈量了一块又一块瓜地，熬夜整理了一份又一份原始资料。火焰山不知翻了多少回，戈壁滩不知穿越了多少次，坎儿井的水不知喝了多少壶，鞋不知磨穿了多少双，蜡烛不知燃烧了多少根……这些她都无暇统计，唯有西甜瓜的种质资源，她统计得清清楚楚。产地产量、外形色泽、口感风味、生长期、成熟期等品种特性，她都能如数家珍般娓娓道来。

3年来，他们从这三县的农民手中收集到100多份原始材料，用2年时间从中观察、筛选、整理出44个地方品种和1个野生甜瓜品种，丰富了种质资源，挽救了一批濒临绝迹的资源，整理形成了500多万字、数据翔实的种质资源档案，建立起全疆有史以来第一份完整的西甜瓜档案，使一批千百年来散落在偏僻农家、难以为世人知晓的种质资源重放异彩。他们迈出了科学培育西甜瓜的第一步，为后来的育种工作奠定了雄厚的基础。

在这份珍贵的档案中，吴明珠通过长期的自然选择和人工选择，按当地瓜农习惯，将厚皮甜瓜品种按成熟期进行分类：

特早熟瓜旦类：共7个品种，除黄旦子外均没有网纹，软肉，浓香，成熟期顺序是黄花皮瓜旦、本地瓜旦、黄旦子。

早熟夏瓜：共14个品种，分无网纹与有网纹的可口奇类型。如伯克扎尔德，回族称"绿皮子"，是吐鲁番较早熟的古老夏瓜品种；黄皮白肉可口奇，维吾尔族人称"赛力克可口奇"，是吐鲁番盆地原来栽培最广的老品种，鄯善东湖潮地瓜制干则以此为主；
"香梨黄"（托克逊黄皮子），原产于托克逊县红旗公社。

中熟夏瓜：共12个品种，除阿拉伯克扎尔德外，皆为有网纹
的甜瓜。如"红心脆"，维吾尔族人称"阿依斯汗可口奇"，为吐鲁
番盆地甜瓜品种中品质最优者；青皮白肉可口奇，维吾尔族人称
"阿克可口奇"，吐鲁番盆地广泛栽种。

秋瓜：共5个品种，8月立秋后成熟的甜瓜。大果型，肉厚，
皮厚，耐运高产。如黄花皮白肉蜜极甘，维吾尔族人称"赛热克蜜
极甘"。

冬瓜：共6个品种，10月成熟，深网纹，皮硬耐贮运。如黑眉
毛蜜极甘，维吾尔族人称"卡拉卡西蜜极甘"；青皮红肉可口奇，
维吾尔族人称"克孜尔可口奇"，吐鲁番盆地都有栽培。

这44份宝贵的瓜种，经吴明珠之手，正式开启了它们的星辰
大海。

只要不离开农业生产第一线，去哪儿都行

1961年9月的一天，吴明珠到吐鲁番参加传达贯彻中央"农业
六十条"的会议。会议结束后，李嘉玉书记找到她，说中心县委准
备调她到新成立的吐鲁番三县农业学校任副校长，由岳立人接任鄯
善县农技站站长。

李嘉玉说："吐鲁番农业生产落后。从长远发展看，必须培养
一批具有农业生产知识和管理技能，真正扎根农村、服务农民的优
秀农业技术人才。农业学校面向吐鲁番、托克逊、鄯善三县，你可

以扩大范围，更好地开展西甜瓜研究。"

吴明珠没有任何思想准备，沉思片刻后说："李书记，我服从组织安排。只要我不离开农业生产第一线，不离开我的育瓜研究工作，我去哪儿都行。"

晚上回到家，杨其祐已经做好了饭在等她："累了吧，快洗洗手吃饭。"

"其祐，今天李嘉玉书记找我谈话，组织上要调我到吐鲁番三县农业学校，我已经答应了。"

"调动这么大的事，你怎么也不和我商量一下？"

"李书记的这一安排完全是从工作需要出发的，我怎么能拒绝呢？"

杨其祐深表赞同："没错，吐鲁番的老百姓真的是靠天吃饭，种得多收得少。1958年李书记来了吐鲁番后，硬是在那荒滩上找粮食，扩大了种粮面积，还推广了秋高粱，这才让大伙儿不愁吃。这两年咱们吐鲁番人没饿着，李书记那绝对是功不可没啊。"

吴明珠接着讲："就拿今年5月底6月初那会儿说吧，吐鲁番遇到了百年难遇的大风，庄稼直接被风连根卷走，大树也被吹断了腰，风沙大得连坎儿井的明渠都给填平了，农业生产那叫一个惨，光葡萄就减产了近一半。这时候，李书记在吐鲁番、托克逊、鄯善三个县，发起了用科技提升农业生产的号召，才让大家渡过这一难关。所以呀，咱们得全力支持李书记的工作，无条件听从组织安排。"

"明珠，这些我都知道。我不是反对你的工作调动，只是我们好不容易调到一起，现在又要分居两地了。"

"吐鲁番离鄯善又不远，以后有机会你再调过来。"

"明珠，命中注定我要一直追赶你的脚步，结婚前追你，从北京到乌鲁木齐再到鄯善，结婚后还要继续追你，你在哪儿我们的家就在哪儿。"

"以后我们的家要安在吐鲁番了。其实我也舍不得离开鄯善，舍不得离开咱们这个小窝。"吴明珠想起结婚时他们一起布置这个小家的温馨场景，颇为不舍。

"这是我们的第一个家，我也舍不得。你先去吐鲁番，我调动的事以后再说。我正在研究改进鄯善的耕作制度，已经有了眉目，不能前功尽弃。"

吴明珠调到吐鲁番三县农业学校不到一年，因为生源、师资力量、经费不足等问题，县里撤了该学校。随后，吴明珠被调到吐鲁番县农业技术推广站任支部书记、副站长。杨其祐也从鄯善调到吐鲁番县农技站，依然在吴明珠麾下任技术员。

鄯善县农技站站长岳立人一听杨其祐要走，急了。这个博学多才的"杨博士"到鄯善后，着手抓农家品种的整理，已初见成效。杨其祐挖过坎儿井，开过拖拉机，当过机修工，种过蘑菇，是人们心目中无所不能的通才、杂家、大家。

但岳立人是懂杨其祐的。作为新中国第一代小麦遗传育种研究生，杨其祐心中永远都有那一片金黄的麦地。

当时，在"以粮为纲"的大背景下，农技站要解决粮食问题，就要改进耕作制度，并有效解决病虫害问题。

杨其祐接过这个任务。他从解决品种问题着手，反复调查研究，在了解到鄯善本地的冬麦晚熟、产量低、容易倒伏、不能避开干热风侵袭等特性后，向县委提出改革耕作制度的建议，改一年一熟制、两年三熟制为一年两熟制，得到县委大力支持。他抓小麦品种的引种试种工作，选用冬小麦早熟品种华北"北系11号"，以及喀什白皮、波克托夫两个春小麦品种，代替本地冬麦晚熟品种，使鄯善由冬麦区变为春麦区。小麦收割后，继续种高粱，便实现了一年两熟的目标。

岳立人始终认为，在鄯善农业的改制上，在解决鄯善历史上粮食紧缺的问题上，杨其祐立了大功。而这不过是杨其祐的小试牛刀而已，只要给他创造好的条件，他将发挥更大的作用。

岳立人找到杨其祐，说："你别去吐鲁番了，就留在鄯善，我给你配备得力助手，专门搞小麦研究，你有空随时可以去看吴明珠。行吗？"

杨其祐很爽快地答应："行！"

岳立人后来惋惜地说："杨其祐说行没用，李嘉玉和吴明珠还是要把他调到吐鲁番。"

岳立人心有不甘，在杨其祐办调动手续前专门去找李嘉玉："李书记，您不到一年把我们站里最有水平的两个人都调走了，我们怎么办啊？杨其祐能不能给我们留下来？"

李嘉玉给岳立人端来一杯茶，说："你不要这么激动。你是共产党员，组织上调人你有什么不满情绪？"

"不是我有情绪，杨其祐也想留下来搞小麦研究啊！"

"搞小麦研究在吐鲁番一样可以搞。你呀，要有大局观念。"李嘉玉接说，"我在基层工作这么多年，吃过没抓科学试验的苦头，也尝到了抓科学试验的甜头，认识到必须依靠科学技术，勇于向科技要生产力、要高产丰产。怎么个要法？向谁去要？向知识分子要，向农业技术员要，要大胆任用、重用、爱护知识分子，让他们手中的科学知识发挥作用，使我们的革命和建设事业如虎添翼。"

这些道理，李嘉玉在吐鲁番、托克逊、鄯善三县干部大会上讲得很透彻了，岳立人心里当然明白，但摆在眼前的是：吴明珠调走了，如今杨其祐也要调走，鄯善农技站的工作如何开展？

岳立人仍然不肯打消留住杨其祐的念头："可是，杨其祐是我们鄯善农技站的业务骨干，他这一走……"

"他们到吐鲁番也是为党工作，为农民服务。有党委、政府全力支持，鄯善农技站的工作不会受到影响，你不要有顾虑。"

岳立人无言以对，无功而返。

吴明珠和杨其祐在吐鲁番县农技站大显身手，带领园艺组、种子组、栽培组、植保组、土肥组的农技人员引用良种、培育新品种、改进施肥方法、防治病虫害等，各项生产技术改进工作齐头并进。

吐鲁番农业生产的主要问题是风沙灾害。狂风来临时，沙土遮天蔽日，人们戏谑地称吐鲁番为"土里翻"。在吐鲁番，流沙吞噬田地和村庄，干热风烧坏作物，每年八级以上大风要刮三十多次。

吐鲁番县农技站把防治风沙定为科研的主攻方向，吴明珠、杨其祐和站里其他农技人员通过多次试验，采用植树防风沙、种骆驼刺固沙等办法，创造出以林为主、林草结合的防风固沙体系，吐鲁番从此不再是沙进人退，而是人进沙退了。

流沙吞噬田地和村庄的问题基本解决了，而干热风烧坏农作物、大风卷去庄稼的情况仍然频频发生。李嘉玉到吐鲁番县农技站，就如何预防干热风危害、争取稳产高产听取科技人员意见。

杨其祐说，从全新疆干热风的天数和频率来看，吐鲁番盆地属于严重干热风区，4月到9月出现干热风的机会较多，7月前更普遍，他建议知天而作，避开干热风季，引种早熟小麦品种。

"好，这件事就由你负责。"李嘉玉把担子压在了杨其祐身上。

吐鲁番原是春麦区，杨其祐摸底调查后，认为种冬麦比春麦好，也能避开干热风。他充分发挥"书生种田"的优势，继续引种华北"北系11号"，以此替代本地春小麦，有效错开了干热风高发季。同时，他做好越冬前苗情调查、返青期田间管理，查苗情、墒情、病虫害，分类指导，因苗施策，确保冬小麦安全越冬。冬小麦收割后，他再指导农户复播高粱，获得了亩产千斤以上的高产。

典型是最有说服力的，农民们眼见为实。华北"北系11号"因品种好、蛋白质含量高，做拉面特别筋道，受到农民广泛欢迎。

播种转化为收获，收获又转化为播种，吐鲁番县粮食总产量由1962年的2150万公斤增加到1967年的3750万公斤，实现了大面积的丰产，"杨博士"在吐鲁番名声大振。

吴明珠自始至终对种质资源非常重视。她向李嘉玉建议，在吐鲁番、托克逊、鄯善三县建种子站，在县下辖公社建种子库，负责良种的引进、收集、保管、调运、供应、交换等工作。

"吴明珠同志，这个建议非常好。我认为生产队'留种'重要，科研'育种'更为重要。"李嘉玉对吴明珠寄予厚望，"你那些瓜种资源可是无价之宝啊，要充分发挥它们的作用，打响吐鲁番西甜瓜品牌……"

说起她的宝贝种子，吴明珠眼里放光："书记，我们已经开始对地方原有的甜瓜品种进行提纯复壮和改造，不断扩大新成果的种植面积。另外，我们还针对这两年出现的甜瓜病虫害问题开展研究，找到了抗病虫害的方法。"

吐鲁番传统的甜瓜品种原先并没有花叶病等病虫害。三年困难时期，为解决吃饭问题，政府提出"低标准、瓜菜代"，即主粮不够由瓜菜来代替。代替的瓜菜当然越高产越好，所以当时新疆就把西葫芦引进来了。西葫芦早熟、产量高，可以填饱肚子，但西葫芦的花叶病、枯萎病很厉害，经过蚜虫这个媒介，会迁移到瓜田里，甜瓜的病虫害从那时起就没断过。

吴明珠汇报道："书记，我们先后用南瓜、丝瓜等做砧木，以甜瓜、西瓜为接穗，通过幼苗期嫁接来抗病虫害，已取得初步成效。"

"太好了，等着你们的好消息。"李嘉玉充满期待。

冬闲人不闲，吐鲁番盆地燃起熊熊的科普之火

冬闲人不闲，非常时期有非常之法。

为增强农业科技供给能力、实现农业稳产高产，1962—1963年连续两年的冬季，吐鲁番中心县委把吐鲁番、托克逊、鄯善三县农技站全体干部组织起来，到吐鲁番县集中学习两个月。他们学习时事政治、科学理论，就吐鲁番盆地农业生产如何走出困境实现粮食自给，粮、棉、葡萄、瓜如何增产和有效防治病虫害等，共同商讨对策。

作为三县农业科技负责人，在学习期间，吴明珠还积极开展多种形式的科普活动，集中安排了三天时间，让农技人员给三县公社干部讲科技课，培训当年要重点推广的农业生产技术，指导科学合理施肥及防治病虫害等，有效提升了农村科技应用水平。她说："那时干起工作来真是如鱼得水。"

李嘉玉也来听课了。课堂上气氛异常活跃，授课的和听课的有问有答，互动良好，直到下课，有些学员还围着老师问这问那。

李嘉玉问其中一个学员："还没听懂？"

那学员难为情地说："老师讲的时候好像全听懂了，一下课就有点迷糊了，一回家就全忘了。所以……"

其他人憨憨地笑着，表示也有同感。

李嘉玉对吴明珠说："你看，农技人员认认真真地讲课，学员们认认真真地听课，可是一下课，这些知识又还给老师了。有什么办法能让大家真正学得会、用得上、真管用？"

吴明珠明白这种情况不是个例，她若有所思地说："这些学员知识水平参差不齐，农业生产经验也不一样。要不然让农技人员把

讲稿整理一下分发给学员吧。"

"你倒是启发我了。我建议，发挥农技干部的才华和力量，齐心协力编一本实用小书，书名就叫《吐鲁番盆地生产技术经验》。这本书一定要浅显易懂、一目了然，这样才能把农技知识真正装进农民的脑袋里。"李嘉玉当即拍板。

吴明珠牵头负责此书编辑事宜，她和大家一起定框架、分章节、领任务，内容包括小麦、高粱、棉花、葡萄、瓜菜等方面的高产经验和栽培技术措施。其中，小麦章节由杨其祐主笔，瓜菜章节由吴明珠主笔，最后再由杨其祐统稿。

经过两年努力，一本结合吐鲁番盆地特点、精心总结编写的20多万字的农业技术图书《吐鲁番盆地生产技术经验》出炉了。

吴明珠又趁热打铁，总结吐鲁番发展农业生产的经验，组织编写了《吐鲁番盆地农业增产经验汇编》。

两本书均由李嘉玉作序，以维吾尔语、汉语出版，成为广大农民随学随用的"口袋书"。农忙时，吴明珠还派出农技干部下乡巡回讲解和指导，推动新技术、新农艺落地生根。

科普与科学发展是相伴相生的，吐鲁番盆地燃起的科普之火，让寒冷的冬日变得"热气腾腾"。

1963年3月，国家科学技术委员会和农业部等组织制定了《1963—1972年农业科学技术发展规划纲要》，提出3000多项研究课题。

吐鲁番中心县委决定大力开展以样板田为中心的群众性科学试验活动。吴明珠向李嘉玉建议：完善全县科研推广网，在各个公社建立农科站，在各个生产队建立科学试验小组。

很快，吐鲁番、托克逊、鄯善三县共组建科学试验小组287个，参加人数1922人，科学试验活动轰轰烈烈开展起来。

各科学试验小组热情高涨，有的运用"早"字当头、防控结合的栽培技术，推广长绒棉早熟丰产经验；有的在甜瓜管理中推广细流灌溉经验；有的尝试施用赤霉素提高葡萄产量；有的加强冬小麦蚜虫防治，多地粮食亩产上千斤……

1964年夏季，吐鲁番中心县委召开为期三天的扩大会议，由吐鲁番、托克逊、鄯善三县农技干部登台讲课。

吴明珠对农技干部只有一个要求：要讲农业生产最需要的课、农民最容易接受的课、最能解决实际问题的课。

农技干部倍感压力，也备受鼓舞。每个人都精心准备，从不同角度撰写教案，内容贴近实际，涵盖农业生产的各方面，比如小麦管理、蔬菜管理、白高粱种植技术、西甜瓜的育种和栽培、农机安全等。

三天的"充电"，大家对农技干部的知识储备和业务能力高度认可。

此后三年，吐鲁番中心县委每年都召开各生产队科学试验小组组长以上人员的科学试验会，请农技干部登台讲课，也请新疆八一农学院教授或其他专家讲授品种选择、遗传繁育、病虫害防治、田间管理等。

不少维吾尔族技术员来自偏远的农村，不会讲汉语。杨其祐就自告奋勇担任翻译工作，把那些晦涩难懂的专业术语准确地翻译成维吾尔语。他那一口流利的维吾尔语，让众人啧啧称赞："一个汉族干部，能用维吾尔语进行日常对话交流就已经不错了，'杨博士'居然能把日常根本用不到的专业知识翻译得这么浅显明了，让我们听起来毫不费力，太了不起了！"

她布置"作业"，他奋笔"答题"

吐鲁番科普工作全面开花，异常活跃，科技工作者成了"香饽饽"。

吴明珠回忆道："从1963年到1965年，每年春节过后，吐鲁番各公社书记或大队领导都要给我打电话，欢迎我到他们那儿去种西甜瓜。有的公社书记还亲自上山拉羊粪给我做试验用。"

吴明珠有求必应，一到春耕农忙时节，她每天马不停蹄地奔走在各公社、大队种试验田，还指导农民科学种田。

1963年，吴明珠和新疆维吾尔自治区农林牧科学研究所刘家驹等人合作，开展赤霉素处理无核白葡萄品种试验。他们在吐鲁番五星公社共青团大队桃儿沟小队进行生产示范。无核白葡萄外形齐整、果粒增大、产量提高，试验取得显著成果。此后他们又制定出改造当地老葡萄园、变低产为高产的措施，指导吐鲁番火焰山公社农民建起千亩以上葡萄园，葡萄亩产提高到1000公斤以上，20个生产队喜获丰收。

杨其祐也是起早贪黑去各地察看冬麦越冬保苗情况，指导病虫害防治。

到1965年，夫妻二人更忙了，在两人的日程表上，几乎没有"休息"二字。据说在吐鲁番下乡，走渴了喝水，哪道坎儿井是甜水，哪道是苦水，他们都一清二楚。每到一地，他们就不厌其烦地给农民讲农业科学技术，发现问题就现场解决。两人见面的机会少之又少，相互留言又成了常态。

其祐：试验地杂交的瓜要坐果了，最近就不常回来了。　　珠

明珠：你怀孕了，要注意身体，不要一头扎在地里，能回家来最好还是回来吧。对了，咱们的孩子你起个名字，不要像夏夏那样，都生下来了才起名字。　　祐

其祐：你放心，我自己的身体心里有数。关于名字，现在国家

经过国民经济调整时期，正准备编制第三个五年计划，我想孩子的名字就叫"准"吧。杨准，你觉得如何？　　珠

明珠：杨准这个名字好，不管是男孩还是女孩叫起来都好听，而且国家正准备"三五"计划，有特殊的意义。另，我今天下午要赶到雅尔乡指导冬麦田间管理。明天县里开会你会回来吧？先别急着走，等我，我两天后回来。好久没见你了，很想你。　　祐

其祐：回县里开会，半天就结束了，下午去农技站安排一下近期工作。有工作上的事想和你商量商量：一是棉站想和我们开展育种合作的事情。你的意见如何？二是棉花复壮问题。把重点放在陆地棉上还是长绒棉上，我拿不准。你查阅一下国内外相关研究资料，再结合吐鲁番实际情况拿个意见。不等你回了，我去试验地了。对了，李嘉玉书记觉得这两年种冬麦效果很好，想再扩大推广，问问你的意见。　　珠

其实，吴明珠前脚刚走，杨其祐后脚就到了。他又接到去鄯善收获、鉴定杂种的任务，于是提前赶回来了，想着回家一定能见到吴明珠。看着桌子上的小纸条，他无奈地摇摇头，委屈地想："在她心中，肚子里的孩子不重要，我也不重要，瓜才是最重要的。"

生气归生气，吴明珠交代的事情还是不能怠慢。在栽培冬麦上，也有很多不尽如人意的地方，杨其祐原本也想给李嘉玉建议，正好总结一下。

草草吃了几口饭，他又认真看了看吴明珠给他布置的"作业"，便趴在凌乱的小桌前开始奋笔"答题"了。

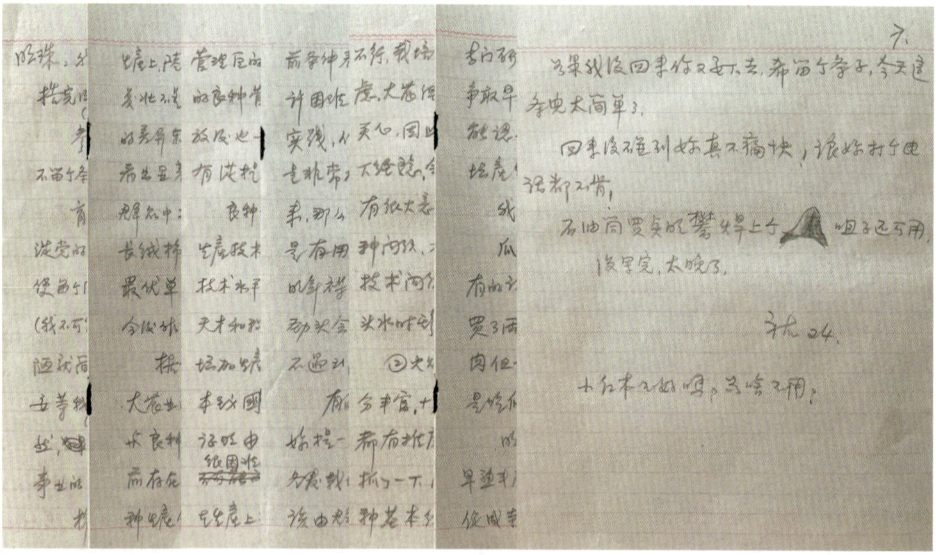

六、

如果我没回来你又要不去，希留个条子，今天这条也太简单了。

回来没碰到妳真不痛快，让妳打个电话都不肯！

石油商买来的馨焊上个嘴子还可用，

没写完，太晚了。

祺 24.

小红本不好吗？为啥不用？

杨其祐家信原件

明珠：我于廿五日乘班车去鄯，收获、鉴定杂种，搞完后就回来（约1—2周）。去乌的事情"研究研究"再说。

参观结果如何？杂交坐果情况怎样？为啥不留个条子告诉我一下呢？

育种合作一事，由陈先提起，育种不是私人行业，从党的总路线精神考虑，贯彻群选群育的方针，使每个同志发掘出最大潜力是应该的。同时，事实上只是兼搞（我不可能不按实际情况讲程序、手续，我们有的是因陋就简的办法）。因此，我很同意。特别是考虑到要等我们搞出个品种，也许花时更多、效果更差。当然（棉站）不同意也就作罢。我只能表示我对育种事业的态度而不能作决定。

棉花复壮问题，要把重点放在陆地棉108-Φ上（因生产上，陆地棉退化严重，搞得好，效果显著）。长绒棉复壮不是不该搞，目前退化不严重，复壮的与不复壮的差异较小，复壮工作群众是否愿意搞，现场也不易看出显著差别。因此，我考虑通过陆地棉108-Φ复壮，在群众中打开局面、树立信心、掌握技术，以后长绒棉就好办了。而目前长棉绒应着重选择最优单株，掌握选择鉴定技术，选好亲本，为今后作准备。

据说中央已在考虑，我们应摸出一套社会主义大农业的经验，以供兄弟国家参考。而公社制种与良种管理区的办法，是社会主义良种繁育中目前存在的两条不同路线。从最近江苏棉花育种生产会议上争论结果看，由于老专家的关系，还是良种管理区的主张占上风。但从国民党时期就搞的良种管理区，至今仍存在很多困难和问题（解放后也一再强调）。我认为这是路线错误，没有从提高群众技术、认识着手之故。

良种管理区的办法，限制了群众社会主义农业生产技术、管理水平的发展，限制了群众认识水平和技术水平的提高，限制了群众在良种繁育工作中的天才和积极性的发挥。同时，增加调运负担，增加生产管理的困难。我认为它只适合于资本主义国家种子公司老板赚钱的目的。事实证明，由于群众认识没提高，要彻底搞好良种管理是很困难的。良管区办法还推迟了品种内杂种在生产上运用的代数，降低了增产作用。就目前条件看，搞好像红旗公社那样的管理区也许困难比各公社自制自用要大得多。当然我没实践，但我认为站上准备进行实践，它的意义是非常大的（如果今后杂种一代打出一条路来，那么群众在制种中掌握的知识和技术也是有用的）。今年108-Φ单株亲本表现如何？明年杂种表现怎样？很可能今年劲头大，明年劲头会减少，看法会多起来，争论会出现，希望不要遇到过大的困难。

有两个意见，原想向李书记提，但拿不稳，先向你提一下，你来决定：

①吐鲁番冬麦历史短，冬麦栽培经验不足，解放后有了几年的实践，应该让群众总结一下。现在一年想多种一下就各种不行，栽培技术上的很多问题没引起群众深入考虑。大农经济，社员还没有像对自留地生产那样关心。因此，开个"三结合"会引起对栽培技术重视，交流一下经验，会对今后冬麦栽培技术提高、走向稳产有很大意义（讨论一下：如何解决不能及时播种问题，提高冬麦田肥力问题，早播冬麦田保苗技术问题，越冬保苗宜植区与比例问题，以及中耕、浇头水时机，等等），是否说要再过两年讨论?!

②火焰山公社冬春闲水利用得好，这是一条十分丰富、十分宝贵、有明显增产作用的经验，都有推广价值。鄯善刘书记今年早春在洋海抓了一下，洋海已收到效果。我想如能在冬麦播种基本结束时，在火焰山公社开一个"三结合"会议，专门研究各公社、队如何充分利用冬春闲水，争取早播。全苗和缓和用水矛盾的问题，会后能认真检查贯彻（因地制宜），必将对明年增产起显著作用。

我已不准备提了，要提你提一下吧！如何提在你。

瓜蛋的品质太差，人们都说像南瓜一样，有的说不如吃黄瓜，比甜瓜也早不了几天。今天买了两个，肉色一红一白，都不甜，人们一般选青肉，但青肉也不保险，有人选小果型说甜，看来是吃瓜的匠人。

……

梨瓜加大密度产量怎样？

明年有条件的话，能不能在搞好甜瓜细灌早熟丰产栽培的同时，再把蔬菜引种"卷土"重来一下，促成栽培示范也是好东西，只是点不好选！

如果我没回来你又要下去，希望留个条子，今天这个条太简单了。

回来后没碰到你真不痛快！让你打个电话都不肯！

石油筒买点明矾焊上个嘴子还可以用。

没写完，太晚了。

　　　　祐　24

小红本不好吗？为啥不用？

这已经不是简单的纸条留言了，而是迄今能找到的杨其祐唯一的书信。洋洋洒洒近两千字的笔墨，绝大部分谈的都是工作：对吴明珠育瓜工作的牵挂、对农技站管理工作的看法、对棉花复壮问题的建议、对冬小麦栽培推广工作的思考等，字里行间娓娓道来，有政策高度、有科学视角，都是肺腑之言。只有最后几句他才谈到彼此，寥寥数语，足见用情之深，读来令人唏嘘。

李嘉玉后来采纳了杨其祐的建议，在火焰山公社现场召开了一个由吐鲁番、托克逊、鄯善三县主要领导、技术骨干和农民代表参加的"三结合"会议，总结冬麦栽培经验和不足，以点带面推广火焰山公社冬春闲水利用经验，将不同的群体连接成一个知识上和情感上的共同体，"知识"和"知心"在同一过程中生成，经验和理论、实践和科研在同一过程中贯通，科学种田在吐鲁番盆地深入人心。

由于广泛开展科学试验活动，吐鲁番农业生产稳步上升，全县300多个科研小组以亩产吨粮田、双百斤皮棉、3吨鲜葡萄作为奋斗目标，到1965年，很快实现了"百斤皮棉县"、粮食年年自给有余的目标。

临风含笑品自高

百姓心中无所不能的"杨博士"

1965年冬季，吐鲁番中心县委充分信任、大胆任用知识分子，提拔得力的农技人员到各个公社挂职，当科技副社长，负责抓科学种田工作，以增加技术的源头供给，突破农业生产的技术瓶颈。

此举在新疆乃至全国都是首创。

吐鲁番县农技站是全县知识分子最集中的地方，从中抽调了业务能力强、工作实绩突出的7位同志到五星、艾丁湖、红旗、葡萄、火焰山、胜金、七泉湖等7个人民公社当科技副社长，管辖93个生产大队、343个生产队的18939户81135人。杨其祐来到位于县城东南、距县城15公里的红旗公社任科技副社长。

吴明珠安排好这7位科技副社长和公社领导的对接工作后，打算休产假回南京生孩子。临行前一天晚上，李嘉玉的爱人王月桂突然来到吴明珠家。

王月桂嘱咐道："吐鲁番到南京的路途很远，李嘉玉怕你在火车上早产，让我给你准备消毒药棉、纱布和剪刀，以防万一。万一有事你也不要慌，火车上找列车员一广播，就会有医护人员过来帮忙。"

"李书记工作那么繁忙，还牵挂着我们这些小事，太感谢啦！"吴明珠和杨其祐心里暖暖的，特别感动，一时间李嘉玉书记关心农技干部的一幕幕又浮现在他们眼前。

三年困难时期，吐鲁番所有干部职工包括李嘉玉的口粮标准都减至每月 13 公斤，唯独科技工作者的口粮标准不减，仍为每月 16 公斤。农技站干部生病住院，李嘉玉夫妇多次去看望，与医院领导及时沟通，解决治疗上的困难。农技站干部刘炳松因家庭出身不好，加上长期下乡蹲点，30 多岁还未找到对象。李嘉玉多次催促吴明珠关心刘炳松的个人问题，为他解决后顾之忧。吴明珠四处托人在城里给刘炳松找对象，还掏出 100 元给他买新衣服，用心安排相亲事宜。刘炳松忙于育种，对自己的终身大事不太上心。吴明珠于是催促他回老家解决终身大事。半年后刘炳松回到单位，只说回家找到很多适合吐鲁番种植的粮、菜种子，就是没找到老婆。后来，他还是在李嘉玉和吴明珠的关心下找到了爱人。

一般的农技干部只有农民才认识，但李嘉玉书记却认识农技站的每个干部，谁的脾气怎样，谁有什么长处，谁家有什么困难，他都清楚。为此，吴明珠时常想："有这样好的领导无微不至地关心支持，怎能不好好工作呢？"

送吴明珠上车后，杨其祐无牵无挂地走马上任了。他所在的红旗公社是一个维吾尔族、汉族和回族三个民族共同生活的地区，各村均依坎儿井的涝坝而建。村里极少有砖木结构的民居，基本上是土坯房，照明全靠油灯，夜晚一片寂静，相邻村庄要步行数公里沙土路才能到达。

生活在酷热多风的火焰山下，维吾尔族群众还是以畜牧业为主，种植庄稼的积极性不高。要想使农业科学试验见效快、成效大，使科研成果得到普及并在普及的基础上提高，就必须广泛发动农民群众。

杨其祐不遗余力地帮助红旗公社各生产大队、生产队的科研小组搞试验、抓示范、做推广，白天在试验地劳动，晚上讲科技课培养农民技术员，时常是"上工满身汗，下工浑身土"。他满腔热情地与农民打成一片，用热血和智慧播撒科学的种子、诠释科技的力量，受到了农民的欢迎。

当地没有种植蔬菜，杨其祐便带着农民们搞起了蔬菜引种，形成栽培示范。人们吃到了新鲜的蔬菜，总是念叨"'杨博士'真厉害"。

小麦根腐烂了，农民们请杨其祐去解决。

他到地里快速诊断出了病因："这是麦收后没有及时耕翻灭茬，病残组织没能在当年腐烂导致的。在没有农药的情况下，我们要合理进行肥水管理，施用腐熟的有机肥。"

试验地抽水机抽不了水了，农民们仍请杨其祐去解决。

他到现场一看，说："知道什么原因吗？因为水泵泵体密封不严漏水了，而且管道也被堵塞了。"他边说边干，不一会儿机器就能抽水了。

柴油机冒烟了，农民们还是请杨其祐去解决。

杨其祐一看，机油压力过低，机油漏入气缸了。他三下五除二就解决了。

拖拉机发动机"罢工"了，农民们依然请杨其祐去解决。

杨其祐试着发动拖拉机，一边听声音一边上上下下仔细排查，发现是气缸压缩力不足所致："你们看，这个气缸盖垫片已经松动了，活塞环也磨损得很严重了，把这两个零件换一下就好了。"

众人无不打心眼儿里佩服他。

为解决用水难题，吐鲁番中心县委大胆提出"向天山要水"的口号，测定修渠路线后计划从天山引水。红旗公社也计划修一条水渠。杨其祐虽不是学水利的，可他带着村民们从设计到施工"一条龙"全包了。没有水平仪，他用脸盆做了个简易版水平仪，硬是把水渠修成了。

清凉的渠水哗哗地流淌着，欢快而湍急，老乡们提着鸡蛋来感谢心中的"杨博士"。

无奈戈壁沙漠的蒸发量太大，水渠时常断流。杨其祐受坎儿井的启发，设计了加盖的水渠，有效减少了渠水的蒸发量。很快，这种加盖的水渠在吐鲁番盆地流行开来，后来又普及到新疆各地。

人们称杨其祐为"软专家"，称吴明珠为"硬专家"，也有人称他们"一博一专"。某种程度上，人们似乎更偏爱聪明能干、博学多才的杨其祐。他总是把自己放得很低，从不因为自己是研究生而高高在上，从不摆什么架子。即便在吃饭，只要有人叫他帮忙，他放下饭碗立即就走。

说起杨其祐，岳立人有许多故事。

有一天，岳立人在乌鲁木齐开会后坐火车回鄯善，途经七泉湖车站时，他在站台上见到远处一个背影极像杨其祐，便喊道："杨其祐……杨其祐……"

"你去哪儿了？"杨其祐见到老朋友，高兴地跑上前来。

"我从乌鲁木齐开会回来。你把自己捂得这么严实，要去做什么？"岳立人诧异杨其祐的打扮。

"我们公社的蜜蜂要转场了，我来安排它们上车。"

"这个事你也管吗？你是搞小麦研究、做科技推广的，蜜蜂转场这种事也让你来做？不要理这茬，不能这样干。"

"不管也不行呀。"

"吴明珠好吗？她怎么没去乌鲁木齐开会？"岳立人原以为能在会上碰到吴明珠。

"她回南京生孩子去了。产假快结束了，也要回来了。"杨其祐说。

岳立人想起当年生杨夏时的情景，感慨万分："时间过得真快，一晃夏夏也长大了吧？老二是男孩女孩？孩子带回来吗？"

"夏夏已经七岁了。老二是女儿，叫杨准。孩子带回来我们也顾不上，就放在南京请外婆带着。"杨其祐说起长到三个月就送走的儿子和尚未见过面的女儿，陡生愧意。

火车开出了站台。岳立人望着站台上那个渐渐模糊的身影一声长叹。他一方面敬重杨其祐的古道热肠，另一方面也为他感到惋惜，他原本是一颗璀璨夺目的星星，但一身才华、满腔抱负都耗在了这些琐碎之中，因此减弱了许多光芒。

岳立人这样评价吴明珠夫妻："论科研成果，杨其祐比不上吴明珠，但吴明珠的成果离不开杨其祐的帮助，他在其中发挥了不可替代的作用。杨其祐是那种特别善于将理论应用于实际的人，吐鲁番盆地里的每一次收获、每一次丰产，都离不开杨其祐的科研实践。"

杨其祐在生活上比较随性洒脱，一个人要多简单就有多简单，能怎么凑合就怎么凑合。他的同事王仲民说："'杨博士'没有什么钱财，他的钱都买了书。没钱买书架，就用土坯垒书架，一层又一层，满屋都是书。他对吃、穿、用全不在意，生活上也不讲究，甚至土地土气的……"

1966年，杨其祐请王仲民到红旗公社帮助建赤霉素土法生产厂。王仲民来时没带行李，就住到杨其祐宿舍。

晚上睡觉时，杨其祐拿出一床棉絮："晚上咱们将就一下吧！"

王仲民一看，有些蒙："怎么回事？你怎么盖棉絮睡觉？被面被里呢？"

杨其祐嘿嘿一笑："春节前拆洗后晾在外面，晚上回来就不见了，可能被人拿走了。"

"你就一直这么盖着？"

"这不影响保暖效果，就凑合呗。他们都传我每天从棉花套里钻进钻出，传得可神了。"说着，杨其祐蹬掉凉鞋先上到炕上。

王仲民再一看那双塑料凉鞋，原来的鞋带早断了，杨其祐不知从哪里找根草绳往中间一绑就又凑合穿了。

他无奈地说："'杨博士'，你这日子实在是太能凑合了！吴明珠知道吗？"

"没告诉她。她从南京回来后，我也才见到她两三次。你回去后不要和她说，家里布票也紧张。好了，快睡吧！"话音刚落，杨其祐倒头就睡。

王仲民看着熟睡的杨其祐辗转难眠，想到他在工作上执着认真、一点都不马虎，可生活上却这么不讲究、不计较，不禁感慨："唉，这个'杨博士'啊！"

回到农技站后，见到吴明珠王仲民实在没憋住："吴明珠，你也太不像话了！"

"咋了？我怎么不像话了？"

王仲民就说起杨其祐盖棉絮、用草绳绑鞋的事。

吴明珠哭笑不得："这人呀，被子的事他回来也不吭声。他不说我怎么会知道？"

"那他穿这么双破凉鞋你也没发现吗？你的瓜有一点点毛病都逃不过你的眼睛，一个大活人在你眼前你都不注意这些细节，你也太不懂照顾人了！"王仲民替杨其祐抱不平。

"这么大的人了，自己不会买双鞋吗？"吴明珠也无奈了。

话是这么说，可没过几天，吴明珠就到红旗公社，把杨其祐的被子给拾掇好了。

杨其祐见到吴明珠，意外地说："你怎么有空来了？想吃什么？我给你做饭。"

吴明珠把一双新凉鞋递给他："你自己不知道照顾自己吗？看你个邋遢样。先把鞋换上吧。"

杨其祐一看明白了："这个王仲民，嘴上不把门。"

吴明珠又指着地上的空酱油瓶，奇怪地问他："这么多，怎么回事？"

火焰山下，有吴明珠和杨其祐共同的事业和追求

"有时忙起来回家晚了，我一个人又不想做饭，就吃点豆子当顿饭，喝点酱油汤当菜，有滋有味，也有营养。"

吴明珠又自责又生气，想到只要两个人在一起，他总是认真地擀面条、切萝卜丝、炒土豆丝、炒炒面、腌咸菜，尽可能地给她改善生活条件，而他自己却如此将就，于是冲他大发脾气："你不要命了吗？你以为你的命是你一个人的吗？你能不能对自己负点责、对家庭负点责？"

"好了，别生气了。我改还不行吗？"杨其祐一看吴明珠真生气了，低声下气地哄她。

事实上，吐鲁番本地民众都了解，这对夫妇并不拘泥于传统的家庭观念。像吴明珠这样几乎不为家庭琐事所动，从未憧憬过享受安逸日子的，实属罕见。她全心全意地投入培育瓜种的事业，在物质方面的需求极低，心中唯有这一份纯粹的热爱。

杨其祐也从不抱怨吴明珠连个饭都不会做。反而心甘情愿为吴明珠做好后勤保障，对自己则能将就就将就。

与生活上的简朴清贫相比，他们壮志凌云，在精神上十分富有，在科研上从不将就，人生境界如同戈壁大漠般高远辽阔。

后来，人们都为杨其祐惋惜：但凡他在生活上稍微在意一些，也不会把胃搞得那么坏，也不至于得癌症！

吴明珠则把这一切都归罪于自己，非常悔恨："都怪我，经常下乡，没有照顾好他。"

"文革"流年，生活中的苦辣酸甜和一地鸡毛

1965年12月，李嘉玉带吐鲁番、托克逊、鄯善三县农技站负责

同志出席在乌鲁木齐召开的新疆维吾尔自治区甜瓜生产会议。会上，吐鲁番被列为甜瓜生产基地之一。

返程途中，李嘉玉说："吐鲁番被列为甜瓜生产基地是件大好事，政策支持力度会更大。你们要加强种质资源管理和科技创新，不断推行科学种植，引导瓜农规范化、标准化、科学化生产，提升甜瓜品质，打出吐鲁番品牌。"

"书记，我们已经对前几年收集到的一批农家优质种子进行培育，使其种性更纯、优点更突出。对阿依斯汗可口奇的亲本提纯、选育改良已初见成效，取名'红心脆'，明年开春再扩大成果，进一步改进它的抗病性和适应性。您看，这是我们的计划和目标……"吴明珠从包里拿出来年的工作计划向李嘉玉汇报。

李嘉玉频频颔首，对吴明珠工作计划中提到的射线育种工作大加赞赏，建议他们走出试验地到大田里大胆推广。

看着讲起瓜就全然忘我的吴明珠，李嘉玉说："你呀，总把孩子放在老家也不是办法，他们长大以后对你们没感情，还是接回来好。"

"其祐也和我说过，可我们一年四季下乡，没条件带孩子。人生就是这样，有所得必然有所失，有所为必定有所不为。为了事业，对孩子我只能有所不为了，好在我也能想得开。"吴明珠对孩子心怀愧疚，可有什么办法呢？当时正是育种试验"攻城拔寨"的关键时期。

李嘉玉听了，默然不语。

就在吴明珠带领团队摩拳擦掌准备大干一番时，1966年"文化大革命"开始了。各行各业的正常秩序被打乱，小小的吐鲁番县农技站也在所难免，技术推广工作受到冲击，技术干部人心惶惶，他们成了"臭老九"。

厄运不可避免地伴随着"文革"到来了。吐鲁番中心县委分成了打倒李嘉玉的"造反派"和保护李嘉玉的"保皇派"这相互对立的两大派别。"造反派"认为吴明珠是李嘉玉这条线的,她理所当然地被列入"保皇派"而受到冲击,在批斗李嘉玉时都要拉吴明珠等人陪斗。

一天,"造反派"在吐鲁番人民电影院开批斗大会,李嘉玉戴着高帽子,脖子上挂着一个大牌子,时间长了细铁丝勒进肉里,最后人都站不住了。吴明珠也被戴高帽、挂牌子陪斗,批斗会后被一起拉着游街。

李嘉玉对走在身边的吴明珠小声说:"吴明珠同志,是我连累你们了!"

"我没事,您一定要挺住,吐鲁番老百姓都知道您是我们的好书记。"吴明珠一直为老书记担心,难过得不知再说什么好。

附近几个乡的维吾尔族农民得知李嘉玉书记被批斗游街后,在夜里冒着风险悄悄地把他接走。这一走,整整八个月,他和维吾尔族农民一起,日出而作,日落而息,吃的是高粱馕,喝的是坎儿井水,跟不少维吾尔族乡亲结下了深情厚谊。

1968 年 7 月,吴明珠接到一封从江苏泗阳寄来的信。一看信封上父亲熟悉的笔迹,再一看这陌生的地址,她有种不好的预感,哆哆嗦嗦地撕开信封。信没看完,她眼泪就流了下来。

杨其祐拿过信一看,也不由得心里一沉。原来,吴明珠哥哥吴明培被打成"历史反革命",全家老少从南京下放到苏北的泗阳。

吴子涵在信中说:"一个人要能适应各种环境。农村空气好,孩子们也都好,你们不要担心……"

吴子涵那一代知识分子历经坎坷,对功名富贵、人世沉浮看得比较透彻,遇事都能淡然处之。但吴明珠怎么能不担心呢?这个家是她和杨其祐甩开膀子干工作的坚强后盾啊!他俩想到这么多年父母的不易,想到哥哥嫂子的付出,感到十分惭愧。那些年,虽然哥嫂的条件最好，房子又大，但哥嫂有三个孩子，加上他们的夏夏和准准、堂弟明复家的燕生，还有嫂子姐姐家的刘群，这七个孩子的衣食住行、教育培养都是父母哥嫂在操心，他们几乎很少过问，也难怪夏夏、准准和他们没感情。

杨其祐想起 1962 年冬天到南京出差时，三岁的儿子根本不理他，给玩具也不要，给糖也不吃，任凭他百般讨好就是不肯叫一声"爸爸"；1967 年到南京出差时，女儿望着风尘仆仆的他，怯生生地叫他"叔叔"，当时别提心头堵得有多难受了。现在哥哥嫂子遇到了这么大的坎，他们地远天高也帮不上什么忙，但至少不能再添麻烦了。

"明珠，咱们把爸妈和孩子们接过来吧！夏夏已经上三年级了，功课也不能耽误。"

"我也想过这个问题，李嘉玉书记也说起过这事，可是就这么一间小房子，他们来了连个住的地方都没有。"

"你看，咱院子门卫室旁边的杂物间一直没人住，我这几天清理打扫一下，可以住人。"杨其祐早已有所安排。

"只好先这样了，你去给家里拍电报吧！"

后来，吴子涵因为放心不下儿子一家，就让钱一芸带着 9 岁的杨夏和 3 岁的杨准来到吐鲁番，一家人算是第一次团圆了。

开学了，杨夏到吐鲁番第三小学读书。因为南京的教育水平比较高，他文化课功底扎实，经老师考核，他连跳两级直接到五年级毕业班上课，杨准上幼儿园。

杨夏和杨准都很聪明，学习也自觉，读书、背诗、练毛笔字一样也不耽误，是农技站家长们眼里"自家孩子学习的榜样"。

一天，从江苏农学院毕业分配到吐鲁番县农技站的朱勤南来找吴明珠，看到杨夏坐在院子的葡萄架下练字，驻足看了一会儿，连连夸赞："夏夏，你小小年纪字写得这么好，我看你爸都写不过你呢！"

没想到杨其祐从屋里走出来，冲着朱勤南发火："你说什么？有你这样夸孩子的吗？"

"我也没说什么，只是说了一个事实。"朱勤南没想到杨其祐这么生气，连忙解释。

"你这样夸他，会让他骄傲自满，会让他不知天高地厚，这孩子本来就不服我们管教。"杨其祐气还没消。

杨夏看着朱勤南面红耳赤、一脸委屈的样子，觉得爸爸也太过分了。

毕竟是从小没在父母跟前长大，两个孩子有时会抱团和父母对着干，除了听外婆的话，爸爸妈妈谁的话都不听，也从不叫爸爸妈妈。在他们心里，舅舅舅妈才是爸爸妈妈。

兄妹俩感情很好。每天早上，杨夏骑着自行车送妹妹到幼儿园后再去学校上学。那是一辆永久牌二八大杠自行车，杨夏个子小，只能用"钻狗洞"或称为"掏房子"的骑法，车都是歪着的，杨准紧紧扶着车座坐在后边。从吐鲁番县农技站到幼儿园再到三小，全是鹅卵石土路，骑在上面一路颠簸，车龙头稍微弯一点就会摔倒。不说骑车辛苦，坐车也很辛苦。两个孩子来来回回数不清摔了多少次，腿上总是青一块紫一块的，但是从来不哭也不说。父母心也很大，居然从不过问。

有一次遇上扬沙天气，看不清路面，车轮子在土路上滑出很远，一下撞到路边墙上，两人都摔得不轻，车把和前杠都变形了。杨夏把车子锁在路边，然后一瘸一拐地把妹妹送到幼儿园，直到放学后接上妹妹，再把车推回院子，锁在小仓库的柱子旁。他告诉妹妹："回家不许告诉他们，知道吗？"

小杨准自然知道"他们"指的是谁，使劲地点了点头。

吴明珠夫妇下班回家，院子里没见到自行车，想着孩子怎么这么晚还没回来，一进屋却见他俩自顾自地玩。

杨夏、杨准兄妹情深

杨其祐问："你们怎么回来的？自行车呢？"

兄妹俩一声不吭。杨其祐在小仓库旁找到了撞歪的自行车，气冲冲地进屋，吴明珠在一旁黑着脸不开腔。

兄妹俩一左一右坐在炕边的小梯子上，等着他们发怒、审讯。

"这车子怎么回事？"杨其祐知道儿子的犟脾气，就冲着女儿问。杨其祐明知道杨准不会骑车，肯定是杨夏干的，但杨夏又倔又犟，在南京时表兄弟姐妹就给他起了"臭头犟"的绰号，肯定打死都不会说，于是想从女儿这儿突破。

"我不知道。"小杨准脆生生地回答。

"你怎么可能不知道？到底说不说？"杨其祐火气一冲脑门儿，居然一抬手扇了女儿一耳光！尽管出手时他后悔得要死，可已经收不回来了。

没想到杨准含着眼泪硬气地回道："不知道就是不知道！"

杨夏在一旁惊呆了，想不到三岁多的铁杆小跟班居然"威武不能屈"。

杨其祐没想到，这一次失败的"审讯"，让一双儿女和父母的距离更远了。

钱一芸劝女儿女婿："养育是教育的基础。娃儿从小没和你们一起生活，没有感情是难免的，你讲什么道理都没用。你们要有耐心，给娃儿一点时间，慢慢就会好的。"

杨夏后来回忆这事，认为其实这根本不算什么事，当时只是单纯不想告诉父母而已。那时他和妹妹对父母很有意见，觉得父母在他们成长的道路上，从来就没管过他们，他和妹妹基本属于放养型自由生长的孩子。所以父母对他们要求这要求那，他们自然是不肯听的，甚至"你说东我偏要向西，你说左我偏要向右"。

有时候，兄妹俩故意恶作剧也是想引起父母的关注和重视。特别是9岁多的杨夏，正是求知欲最旺盛的时候，什么都要问，什么都想学，哪怕是吃饭时和他说说话，对他都是很大的教育和影响。杨夏希望和父母有精神上的交流和沟通，能够得到他们的认可。

实际上，吴明珠和杨其祐在一起总是谈工作，似乎忽略了儿女的存在。特别是吴明珠，在儿女眼中她是很严厉的女强人，她根本不理会儿女那种抗拒不理她的小心思，无论兄妹俩怎么恶作剧，她都不在意，也觉得无所谓。比起一双儿女，她更在意她的瓜。

所以杨夏说："我不是她的儿子，瓜才是她的儿子。"他特别想念南京的家，想念小时候夏天舅舅骑着自行车带着他到玄武湖游泳、舅妈耐心和蔼地辅导他做作业的时光，他觉得舅舅舅妈可亲可近，和眼前的"他们"完全不一样。

其实，杨其祐一直想拉近和儿女的距离，想弥补失去的时光，但心灵受伤的儿女始终认为"他们"是一伙的，根本不买账。

春耕秋收的农忙时节，吴明珠和杨其祐经常下乡。他们坐着毛驴车去，一个来回至少两三天，照顾孩子的任务依然落在钱一芸身上。

1969年春，吴明珠悄悄来到吐鲁番非常边远的艾丁湖公社，帮助一户维吾尔族农户种瓜。这户人家有十多亩较为平整的土地，全部用的是马粪、羊粪等有机肥。吴明珠教他们用细流沟灌的方式种植有机甜瓜"香黄梨"。

甜瓜想要产量高，正确授粉是关键。授粉时节也正是吐鲁番最热的季节，这里既不同华北地区的闷热，也不似南方地区的湿热，而是赤裸裸、火辣辣的干热，气温在40摄氏度以上是常态，让人望而却步。

吴明珠每天早上7时准点来到瓜地，一株株地给瓜授粉。无遮无拦的阳光灼烤着她，她感觉皮肤都被烤干了。但她不为所动，专心致志地在那儿侍弄着她的瓜秧。

艾丁湖公社的维吾尔族社长对这个从早到晚在瓜地里忙碌的真

诚热情、把心窝子掏给农民的专家十分关照，背地里称吴明珠"铁姑娘"，还吩咐公社食堂炊事员做一些可口的饭菜，让她随到随吃、尽量吃好。因为担心吴明珠的安全，他安排她住到公社附近一位汉族姑娘的家里。有时"支左"人员来找吴明珠，他总是打掩护，说她不在艾丁湖公社。

到了收获季节，"香黄梨"成熟了，瓜形漂亮，清香四溢，品质好，卖价高，瓜农一家高兴得不得了："瓜那么甜，是因为吴技术员帮我们吃了苦。"

附近的农民都很羡慕，纷纷邀请吴明珠去地里指导。

与吴明珠大受瓜农欢迎相反，孩子们和她还是没有什么感情，她的心更多是在瓜地里，他们间的隔阂依然如故。

钱一芸家庭出身不好，常有人来盘查，住在吐鲁番也不是长久之计。她也牵挂远在泗阳的丈夫和儿子一家，便提出带孩子们回去。

吴明珠当然很放心，可杨其祐有他的想法："明珠，现在哥哥被打成'历史反革命'自身难保，不能再给他们添乱了，我还是把孩子们送到重庆孩子们婆婆（注：重庆人称奶奶为'婆婆'）那里吧！"

"可是孩子们从小到大都由外婆带着，怎么离得开外婆呢？何况，外婆也舍不得他们。"吴明珠不免有点担心。

"妈妈的工作我来做。孩子好办，毕竟他们还小嘛！"杨其祐自信地说。

"也行。你到重庆后，去学校看看刘佩瑛老师，我好久没收到她的来信，我写了几封信也石沉大海，不知她情况怎么样了，我总有不好的感觉。"吴明珠想起恩师，不无牵挂。

"好，我也有这个打算。离开母校后，我也一直没回去过呢！"

1969年刚放暑假，杨其祐对祖孙三人说："放假了，我带你们到重庆去玩一下，看看夏夏婆婆，然后回南京。"

杨夏一听没意见，只要和外婆在一起，到哪里都无所谓。他们一行四人坐上火车高高兴兴地出发了。那时候，从新疆坐火车到重庆要在宝鸡中转。

快到宝鸡时，杨其祐拿出一张车票交给钱一芸："妈妈，您和爸爸这些年带那么多孩子太辛苦了，我把夏夏和准准带到重庆去，一会儿要在宝鸡转车，您就到西安再中转回南京吧。我怕夏夏闹，所以没有说。您路上一定注意安全啊！"

钱一芸虽然知道女儿女婿不忍她劳累，但这太让她措手不及了，更何况她也舍不得孩子们啊！她别过头去，不让女婿看见自己难受的样子。

当两个孩子被爸爸领着下车后，杨夏回头看不见外婆了，便歇斯底里地大哭着要往火车上跑："我不走，我要外婆……我要外婆……"杨准也跟着哥哥哭喊着，杨其祐死死地抱住他们，直到火车驶离了站台。

钱一芸贴着车窗看着这一幕不禁心如刀割、泪水涟涟，这两个孩子可是一直都没离开过她啊！

那一瞬，杨其祐也愣了。他从来没见过一向倔强的儿子哭得如此撕心裂肺。

宝鸡到重庆的火车拥挤不堪，连上厕所都要从人堆里挤过去。他们三人一直站到重庆，杨夏始终不吃不喝，也拒绝和爸爸讲话。见此情景，杨其祐意识到自己忽视了孩子的意愿，低估了孩子的情感——孩子已经长大了。

回新疆后，杨其祐和吴明珠说起车站分别的场景，十分内疚："也许是我做错了。"

"夏夏那个犟脾气像极了你，我能想象当时的场景。小孩子有情绪是难免的，长大以后就好了。"

　　吴明珠又问起孩子们在婆婆那边生活居住条件怎样。

　　"生活条件肯定比不上南京，孩子婆婆只有渝中区中兴路坎井巷的一间10来平方米的小房，又是卧室，又是厨房，还兼厕所。准准和婆婆、小表姐三人睡一张大床，夏夏睡用三个箱子拼起来的小床，房间拥挤逼仄、昏暗潮湿，不知道他们怎么适应。"杨其祐不无担心，非常后悔自己的决定太草率了。

　　吴明珠沉默了一会儿，宽慰他说："我们也没有更好的办法了。让孩子吃点苦也没有坏处，别担心了。要不等准准上学了，还是把她接到南京吧！对了，刘佩瑛老师怎样了？"

　　"我去学院没有见到刘老师，她已经被'打倒'了。你的感觉没错，老师的处境比我们想象的还要惨。"杨其祐说起他在西南农学院了解到的情况。

　　吴明珠听后，抱头无语。

　　杨其祐长叹道："明珠，我时常在想，我们到新疆还真是来对了。听说蔡旭老师也被当作'反动学术权威'受到冲击和批判。按你我的性格，无论在高校还是在机关，恐怕都难逃一劫。我们在这偏远的新疆，在这么偏僻的农村，情况比内地好多了！"

　　"是呀，虽然现在育不了种、做不了科研，但至少可以下乡和农民一起劳动，人与人之间关系相对简单。"吴明珠深有感触。

艾丁湖公社蹲点，一坑馕吃一个月

　　收集和保护瓜种只是基础，繁育新品种才是更浩大的工程。在学术界垦荒、在大地上躬耕，这是以吴明珠为代表的一代农业科技工作者的光辉缩影。

自 1965 年起，吴明珠率领团队深入吐鲁番盆地，着手当地甜瓜品种的简易杂交育种工作。他们的目标是选育新的常规甜瓜品种，并对盆地原有的老甜瓜品种进行提纯与改良。1966 年，在吐鲁番的一片青皮红肉农家冬甜瓜田里，吴明珠惊喜地发现了一株自然变异的甜瓜苗。经过多代精心选育，吴明珠培育出一种品质上乘、口感极佳的甜瓜新品种，她亲切地将其命名为"小青皮"。"小青皮"的诞生填补了新疆晚熟优良冬甜瓜品种的空白，受到了广泛的欢迎，后来还远销港澳市场。

在那个特殊年代，吴明珠的育种工作不得不中断，好在当时能在春耕秋收等农忙时节到农村支农，因而吴明珠大部分时间都在公社、生产队蹲点，指导大田生产，帮助农民科学种田。

1968 年夏天，吐鲁番县农技站全体干部职工，五人为一组，分头到七泉湖、雅尔乡、艾丁湖、胜金、恰特喀勒等公社支援麦收。

那时生活很艰苦，每个小组出发前都打一坑高粱馕，一坑馕四百多个，每个馕重四五百克，可以吃一个月左右。无论距离远近都是步行，一个小组男男女女住在一间大房子里，睡在一张大炕上。吃饭就在老乡家烧点茶水，泡点带来的馕。早晨偶尔用开水冲一个生鸡蛋，放一点盐，算是补充营养。一日三餐基本如此。

吴明珠作为站长，通常是骑自行车往返于各个公社之间巡回检查工作，在每个公社蹲点三五天。

吴明珠来到艾丁湖公社，和工作组的同志一起生活劳动。见此情形，她说："这样不行！吃不好饭哪有力气干活？我们给每个工作组都配上一套炊具，大家轮流做饭，轮到我也一样做，好不好？"

大家都很高兴，坚决拥护，大伙儿的伙食算是有些许改善。

农技站的干部大多受过正规教育，拥有一技之长，他们身居陋室，吃得简单，穿得朴素，日日奔走在田间地头从事农业科技推广工作。曾经有人调侃他们："远看像要饭的，近看像卖炭的，仔细一看原来是农技站的。"这足见其社会地位。

吴明珠也彻底"脱胎换骨",从来自书香家庭的知识女性变成了一身尘土的农村妇女。

一天,吴明珠和王仲民等几个农技人员从艾丁湖公社劳作回来一身泥土,路过吐鲁番百货大楼时,吴明珠说:"咱们进去看一下,我想买块手表,这样育种时方便记录观测时间。"

一行人来到手表柜台前,吴明珠对营业员说:"同志,请帮我拿一下这个手表,我看合适不合适。"

售货员瞥一眼吴明珠的穿着,傲慢地说:"这表很贵,你买不起就不要看了。"

其他人一听这话不愿意了:"你这人怎么说话?看看能看坏吗?你怎么看出我们买不起?"

吴明珠说:"同志,你不要以貌取人,把表拿过来,我买了。"

售货员迟疑了一下,不情愿地把表递了过来。

路上,一行人嘻嘻哈哈打趣吴明珠:"也怪你自己太不讲究了,以后出来前先把自己捯饬捯饬。"

吴明珠摸着手腕上的表,自嘲道:"天天在地里,哪有时间捯饬?瞧我这又黑又瘦、灰头土脸的,难怪别人看不起。"

那时候吐鲁番物资十分匮乏,有钱也没地方花,加上吴明珠每天在地里,晒得黢黑,穿着也不讲究,裤脚破了改短裤,长袖破了改短袖,她的青春就是用补丁来拼接的,所以遇到这种事也不奇怪。

艾丁湖,维吾尔语称"艾丁库勒",意为"月光湖"。艾丁湖位于新疆维吾尔自治区吐鲁番盆地南部、吐鲁番市境内,湖面低于海平面154米,为中国陆地最低处。艾丁湖公社是吐鲁番最偏僻也最穷的地方,距市区近20公里,且一路都是坑坑洼洼的,路况极差。吴明珠从农技站骑自行车去艾丁湖公社的时候一路下坡,骑过去人也颠得快散架了。返回的时候都是上坡，尤其是快到黑山头时的那个陡坡，凭吴明珠瘦弱的身体根本骑不上去，推起车来也很费劲。王仲民等几个精力旺盛的小伙子都是先到黑山头下等她，帮她把车骑上去。后来农技站争取到指标，才买了一辆毛驴车。

1972年全国农林科技座谈会召开后，形势开始好转。这是"文革"以来国务院第一次召开的农林科技战线会议，新疆农业局、科技局、农科院、生产建设兵团和吐鲁番县的8位代表进京出席会议。吴明珠作为吐鲁番县唯一的代表进京参会。

会议结束第二天，适逢"五一"国际劳动节，也是吴明珠的入党19周年纪念日。她来到了天安门广场，想起十七年前乘坐大卡车许诺的情景，不由得心潮起伏，思绪万千。她在日记中写道：

每当"五一"，我的心情总是无比激动，在党旗下宣誓的情景，永远印在我的脑海里。我立下誓言，要为共产主义奋斗终身。

19年来，扪心自问，我老老实实要求到最艰苦的地方去为党工作，但由于自己的世界观没改造好，对党没有作出什么贡献，这也是我非常不安和惭愧的。10多年来，艰苦的环境对我是很大的锻炼，磨炼了意志，增长了知识。感谢党给我指引了和工农相结合的正确方向。方向是对了，可路走得很不平坦，速度很慢，这都怨我自己学习太差。

"雄关漫道真如铁，而今迈步从头越。"

离开北京17年了，今天在北京过"五一"，感慨交集。我只是这里的一个匆匆过客，我的战斗岗位是在祖国边疆。来到祖国的心脏，我受到了鼓舞，汲取了力量。年华易逝，我还可以为党工作20多年，我要吸取过去20年的教训，选准目标，坚定不移地为党战斗，在农业科技上创新路，为祖国增光添彩！

回新疆后，吴明珠向吐鲁番农业科技战线的贫下中农代表和技术员传达了会议精神，介绍了各省抓农业科学试验的经验和做法，特别是广东组织300多名科技人员下乡蹲点，带动全省130多万人的科技大军大搞群众运动，在种子上打人民战争的经验做法。这对吐鲁番中心县委班子触动很大。

吐鲁番中心县委提出在实际工作中要划清几个界限：一要把为人民努力钻研业务、对技术精益求精的精神，与资产阶级名利思想区别开来。二要把带着实践中的问题查阅国内外资料进行必要的理论研究和实践工作，与厚古薄今、"洋奴哲学"区别开来。三要把正确执行党的知识分子政策妥善安排他们的工作或选拔他们到领导岗位，与专家路线区别开来。四要把坚持科学态度、实事求是、"一切经过试验"，与爬行主义、右倾保守主义区别开来。五要把认真进行科学研究、在学术上持有不同意见，与坚持反动政治观点区别开来。

这次会议后，吐鲁番县农技站的门槛都要被各公社的领导踏平了，大家纷纷邀请农技干部到他们公社种试验田。

"红心脆"名扬天下

"我要把中断几年的甜瓜育种工作开展起来。"吴明珠的科研之火又被点燃了。

应红旗公社沙伦书记邀请，吴明珠带着刚来农技站的两个男青年到青年农场去蹲点，一边当农民，一边搞科研。

前来迎接的沙伦书记给他们安顿好住处，就把他们带到了离公社4公里远的地方："吴技术员，我们平整了20亩地给你们种试验田，还有1个农民科研小组由你领导、听你指挥。这些年轻人个个身强体壮，都愿意学科学技术，你看行不行？"沙伦书记热情似火。

"行，太行了！"吴明珠一看这兵强马壮的队伍，喜不自禁，马上带着大家一起整地开沟。

她边干边示范："大家注意，这瓜沟长要20—30米，沟底、沟坡要平直，尽量位于同一水平线上。瓜沟上口宽1—1.2米，底宽0.3米，沟深0.4米，沟距约4米。大家要仔细一些，把土块、石头、植物的根茬都捡干净……"

"这开瓜沟看起来简单，有知识的人做起来则大有学问。"看到吴明珠开的瓜沟，年轻人不由得不佩服，跟着热火朝天地干了起来，相互比试谁开的瓜沟达到了吴明珠的要求。

吴明珠的育种之路既单调又辛苦，她把那些年收集的所有原始材料和育成的半成品全都拿了出来。从施入基肥、播前灌水到浸种、漂洗、拌种、播种，她全程一丝不苟地示范讲解。播种时，她的要求更为严格，每亩播量控制在150克左右，必须在距瓜沟沿8—10厘米处开穴点播，播种深度2—3厘米，每穴平平整整放入2—3粒种子。她边演示边一行行检查纠正，不放过一点纰漏。

年轻人对科学的精耕细作感到十分新鲜，学起来格外用心。为做好田间管理，他们每天跟着吴明珠定时灌溉、追肥、除草，并写标签、做好观测和记录。

当瓜苗长到四五片真叶时，吴明珠带着科研小组的年轻人给真叶定苗，每穴留苗一株，同时做好保墒蹲苗、松土整枝工作。没承想这时遭遇了一场肆虐的大风，沙伦书记和科研小组的年轻人在狂风中舍命奋战，才保住了瓜苗。

有了乡亲们全方位的支持，吴明珠的育种工作顺利推进。她深知，如果只停留在时髦品种之间的杂一代育种上，难免出现低水平的重复，导致基因重组的单一和狭窄，总是跟在别人后面转。为此，她拟定了新的育种目标，在掌握较多资源的前提下，精准选出育种的骨干亲本，培育出各具特色的自交系，培育出别具特色的新品种。

吴明珠对"红心脆"有特殊的情结。在所有新疆甜瓜老品种中，它的品质是数一数二的，没有哪个品种的品质能与它一较高下，但它又有抗病性差、结果性差、易裂果等缺点。她曾做过调查，一个"红心脆"占20—30平方米的土地，根系很粗、很发达，遍地都是瓜秧，有时却结不上一个瓜。

所以，吴明珠最大的心愿就是改造"红心脆"，提高它的抗性和产量。她以"红心脆"为骨干亲本，育出与"红心脆"有"血缘"关系的精品瓜或优良自交系。这一阶段，通过"红心脆"，吴明珠做了多个品种的杂交，选育出了一部分甜瓜自交系，如"红9号""红12号""红14号"等。这些品种形成一个系列，均为黄皮红肉，口感和风味更胜一筹。

但"红心脆"真正名扬天下，则缘于一个传奇。

1972年2月初，美国总统尼克松访华前夕，中央接待机构因要用什么水果招待贵客犯难。这时，总统先遣团有人提到，总统似乎听说过哈密瓜，可是没吃过。一句话提醒了中方，经过中央领导同意，中央派专机到新疆调运哈密瓜。选瓜任务就落在吐鲁番县农技站站长吴明珠这儿了。

春节前后，贮存下来的哈密瓜少之又少，要找到优质的哈密瓜的难度可想而知。吴明珠和张哲等人跑遍了吐鲁番盆地，终于在鄯善县鲁克沁公社一户瓜农的地窖里找到20个"红心脆"。

中美破冰之旅，毛泽东主席在中南海会见尼克松总统时请他品尝哈密瓜。尼克松看着匀称饱满、皮薄肉厚的"红心脆"，礼节性地浅尝一口，那酥脆多汁、含奶油味的口感让他不由得怔了一下，神色愕然地细细端详手中的瓜。瓜肉色泽橙红，浓香四溢，他不禁大口大口地吃了起来。

毛主席见此情形，轻松地开起了玩笑："总统先生，我们的哈密瓜味道怎么样啊？不比美国的差吧？"

尼克松当即一愣，然后情不自禁地伸出大拇指赞道："Very good！Very good！"

再看那些随行的官员，个个意犹未尽，回味无穷，对"红心脆"赞不绝口。

"红心脆"由此名扬天下。1972年春末夏初，吐鲁番县农技站第一次收到中国进出口商品交易会转来的哈密瓜订购合同。从这一年起，吐鲁番的农民开始种植"外贸瓜"，经香港转口东南亚等地。至1991年，"红心脆"在港澳地区累计销售5000万公斤以上，多年畅销不衰。

但有谁知道，吴明珠为改良"红心脆"倾注了多少心血和汗水啊！

由于所用亲本材料都源于吐鲁番，育种地点也在吐鲁番，吴明珠团队原先只在原有品种上改变一些小性状，所以育出的品种或自交系抗病性和适应性都比较差。在长期的实践中，吴明珠不断调整育种目标，在育种方法上，也始终走在科技前沿，采用先进的育种手段。为改变"红心脆"色泽不鲜艳、果皮无网纹不美观的缺点，保留其瓜肉色泽橙红、酥脆多汁的优良品质，从1965年开始，吴明珠选用外观漂亮的"花皮金棒子"作父本与"红心脆"杂交，再利用^{60}Co-γ射线进行辐射育种。经多代自交选育，吴明珠育成国内第一个常规甜瓜新品种。

这个新品种属于中熟品种，虽然抗病性与适应性没有改进，且裂瓜性增强，但它集"红心脆"的香甜可口与"花皮金棒子"的完美果形于一体，果实为全网纹黄底覆墨绿色散花条带，非常美观；品质优良，果肉浅红，肉质酥松细脆，折光糖含量在16%

左右，耐贮藏，可存至当年春节不变质。

吴明珠将新品种瓜抱在怀里，爱不释手。她深刻体会到，园艺工作是一门科学性很强且充满艺术性的工作，育种则是一种创造性的劳动。一个优良的甜瓜品种，不仅仅是一种美味可口的水果，更是一件精美的艺术品。

沙伦书记说："吴技术员，你抱这个瓜跟抱着自己的孩子一样，给它起个名呗！"

吴明珠笑了："我在南方看到过一种花叫'含笑'，花朵不尽开，花香独特，庄重矜持，有含而不露、笑而不语的特性。这个瓜干脆就叫'含笑'吧！"

众人鼓掌："'含笑'听起来很美，我们预祝'含笑'走出吐鲁番，走向新疆，走向全国。"

是呀，一粒种子寄家国。让吐鲁番的西甜瓜走向全国，一直是吴明珠孜孜以求的目标。

第九章

沐光而行南繁路

追赶太阳，没有什么能阻挡南繁的脚步

育种，需要一代代种植、纯化、稳定。西甜瓜育种对气候的依赖性很大。在新疆，一年只能种一季瓜，选育一个杂交品种需要八至十年，而要大规模推广种植，花上十年也不足为奇。

园艺工作者就是在孕育生命，可人生能有几个十年？吴明珠开始思考："我要加快育种速度，别人一年搞一代，我一年搞两代甚至三代、四代，把我的育种生命延长三四倍。"

吴明珠对杨其祐说："听说自治区农科院搞玉米研究的，冬天到海南岛加代育种了。要不，我也试试加代？这样一年能当两年用，让瓜种多繁衍一代。"

"你的消息倒是灵通。对搞农业繁育的人来说，育种年限就是科研生命，一年多育种一次，意味着科研生命延长了一倍。我的同学袁隆平 1968 年到海南岛开展水稻南繁育种，增加种子繁衍的世代，缩短了一半的育种周期，听说今年有了突破性进展。"

吴明珠说："是呀，袁隆平还是杂交水稻研究的带头人呢！我还是起步晚了，既然前面已经有了吃螃蟹的人，我便向他们取取经，问问那边的情况，然后再做计划，少走弯路。"

杨其祐沉思再三后说："明珠，过去无论你作出什么选择，无论到哪里，我都是坚定的支持者、追随者。现在不是我不支持你，

但情况不一样了。我们拖家带口，不比年轻时可以说走就走。从新疆到海南岛，天南地北，相隔万里，你考虑过家里的具体困难吗？况且孩子们也大了，你说夏夏在重庆，他婆婆也顾不上他。他婆婆是区人大代表，工作积极得很，早出晚归，不是开会就是忙街道、工厂的事，夏夏经常有一顿没一顿地吃着百家饭。这几年一到假期两个孩子回到吐鲁番，咱俩也没空管他们，都是夏夏照顾妹妹。夏夏本来就和我们不亲，到了青春期更是叛逆。准准现在在这儿上小学，也有自己的想法。我们总是缺席孩子的教育，尽不到当父母的责任，这样也不是办法啊！"

"就说去年在重庆，两个孩子多危险呀。夏夏和准准禁不住对面食品厂的香味诱惑，扒着车间窗户往里瞧，准准一不小心掉进下面的石灰池里，幸亏夏夏把她一把捞起来，用自来水帮她冲洗眼睛，但她视力还是降到0.6，这些对孩子的影响太大了。"说起那件事，杨其祐心有余悸。

"都是嘴馋惹的祸！那次掉石灰池后，我也有点后怕，不就把准准接过来了嘛！我在想，她舅舅舅妈现在又回南京教书了，她舅妈还是梅园中学的教导主任，南京的教育质量比吐鲁番好多了，可以把准准送南京上小学，以后再到她舅妈的学校上中学。有她舅妈照应，我们有什么不放心的？夏夏一向独立，在重庆能照顾好自己，不用我们太操心。"

"别人家都是当爹的心大，我们家你这个当妈的心比我这当爹的还大。"杨其祐无可奈何地说。

"别担心。就算孩子在身边，我们一年也有大半年下乡，还不是一样照顾不了他们。孩子们总要学会独立生活。"

"好，不说孩子了。你此去海南岛，又是自找苦吃。海南岛历史上被称为荒蛮瘴疬之地，交通不便，生活条件会比新疆更差，可能连吃住都无法保障，你身体能吃得消吗？毕竟年龄在这摆着呀。"

杨其祐知道没有什么能阻挡她南下加代的脚步，但不能不说出心中的担忧和顾虑。

"如果怕吃苦，当初我就不会到新疆来了。你放心，我没那么娇气。只要能到海南加代，加快育种进程、缩短育种年限，吃什么样的苦都值得。你知道，我这辈子只做育瓜这一件事，要做就要做到最好，不给自己留遗憾。"此行是出于育种工作的需要，至于生活环境如何，根本不在吴明珠的考虑之列。

"好吧，照顾好自己，家里有我呢！"杨其祐深知吴明珠的执着与坚定，他又一次以示弱的方式向她示爱，又一次无怨无悔地成为她坚强的后盾。

二十世纪六七十年代的海南，在普通人眼里，是信息闭塞、贫穷落后之地，而在农业科技工作者眼里，则是书写"一粒种子可以改变一个世界，一个品种可以造福一个民族"的育种天堂。

南繁，农作物种子南方繁育的简称，是指将夏季在北方种植的水稻、玉米、棉花等农作物育种材料，在秋季收获后，在冬春季节到亚热带或热带地区种植一季或者两季，进行繁殖和选育的农作物育种方式。其主要作用就是在育种过程中，增加种子繁衍的世代，即"加代"。

南繁基地位于海南省的崖县（今三亚）、陵水、乐东境内，其独特的加代培育密码，就蕴含在这片冲积平原所特有的气候之中。这里属于典型的热带季风气候区，低纬度带来了丰富的热量，加之优越的水分条件，使得这里一年四季皆适宜播种。这里拥有全国独一无二的光照、温度和水资源优势。这些得天独厚的自然条件，使得农作物新品种的选育周期能够缩短三分之一至二分之一。因此，南繁基地成了农业育种的"孵化器"和"加速器"，被誉为孕育中国优良种子的"摇篮"。

自然造化让这方热土如磁石一般，吸引着一代代科研工作者追光逐梦，开启种子的南繁之旅，创造出一个又一个农业奇迹。他们像候鸟一样年复一年随着气候变化而迁徙。秋天，他们从全国各地纷纷南下，利用热带优渥的气候条件从事农作物加代、繁育、制种等一系列科研活动；春天，他们带着来自大地的馈赠，带着沉甸甸的收获，越过琼州海峡北上，将一粒粒良种撒向希望的田野。新中国成立以来育成的2万多个农作物新品种，70%以上都经过南繁的加代孕育。

我国南繁始于1956年，种子的力量在这里破土而出。

1956年至20世纪60年代，是南繁事业探索实践阶段。以中国现代稻作科学奠基人丁颖，中国杂交玉米育种奠基人、"杂交玉米之父"吴绍骙等为先驱的老一辈南繁人提出了"异地培育"的南繁加代理论。

1956年9月，辽宁省农科院水稻所一行数人不远万里，奔向海南，扎根崖州，研究选育优良水稻和玉米种子，开农业南繁的先河，波澜壮阔的南繁育种序幕由此开启。之后，湖南、河南、山东、四川等省的农业专家及技术人员奔赴海南，开始南繁的探索实践，作物从玉米逐步扩大到其他粮食作物和经济作物、蔬菜作物。

1966年，农业部在海南召开玉米亲本繁殖会议后，崖县、陵水、乐东三县21个公社和6个国营农场兴建良种繁育场，前往海南育种的单位和人员比此前有所增加。到20世纪60年代末，南繁基地有21个省份计3500人，育种面积达8.2万亩。

20世纪70年代，南繁事业进入兴起阶段。1971年，南繁基地已有28个省400多家单位7000多位农业科技人员进驻，制种面积超过25万亩，形成"千军万马下海南"之势。

1972年，国务院批转农林部《关于当前种子工作的报告》，明确"南繁种子原则上只限于科研项目"，南繁工作纳入规范化管理轨道，南繁育种也迎来了那个年代的高光时刻。

袁隆平科研团队在海南发现了"野败",成功培育出杂交水稻;植物遗传育种学家谢华安受命带队前往崖城开启杂交水稻育种研究生涯;"玉米大王"李登海首次踏上海南岛,开展玉米育种科技攻关……

1973年,43岁的吴明珠加入了南繁队伍,到崖城开展瓜类冬季育种工作。

为了一颗颗萌动的瓜种,为了把培育的种子种进天涯热土,这年10月,吴明珠带着助手朱勤南,怀揣希望沐光而行,奔赴海南追光逐热。

在那个交通极其不便的年代,路途的遥远和艰辛远远超出了他们的想象:从新疆乌鲁木齐出发,经兰州、西安、郑州到武汉、长沙、广州、湛江、海安,最后到达海口,一路上经铁路、公路和水路,须坐火车、汽车和渡轮。那时候,车票要一段一段地买,车要一段一段地坐。有时深夜转车,再排队买票,票紧张的时候别说卧铺,连硬座都没有,连续站上数十小时,下车时两条腿浮肿麻木,好像不是自己的,根本不听使唤,得好几天才能缓过来。上岛后,再从北向南,坐着长途汽车走走停停。翻越崎岖陡峭的五指山时,一路陡坡加急转弯,转得人晕头转向,连苦胆都要吐出来了。

就这样,吴明珠背着她用十几年心血搜集、培育的西甜瓜育种材料和杂交授粉工具,拿着简单的行李,带着食用油和兑换的全国粮票等,跨越山海,从北到南纵贯中温带、暖温带、亚热带、热带这几个气候带,足足走了十五天,终于到达椰风蕉雨的崖县人民政府所在地三亚镇。

南繁难烦,说来说去都是瓜的事

"海南,我来了。"吴明珠难掩激动的心情。

"又是一个十五天，这是冥冥之中的定数吗？"吴明珠想起十八年前坐着敞篷大卡车顶风冒雪、风餐露宿从东到西进新疆时的情形。她当年那句"新疆，我来了"的欢呼声犹在耳旁，而今却已置身祖国的最南端，迎接着清新的空气、和煦的阳光以及簇新的未来。

十八年来，春华秋实，寒来暑往，当初青春勃发的小姑娘已经皱纹悄现。但无论时光如何流转、岁月如何变化，吴明珠对事业的执着、对瓜的痴情始终没变。

尽管一路风尘，蓬头垢面，但头顶的阳光和迎面而来的满目绿色让吴明珠欣喜万分。秋冬季节的海南非常适合西甜瓜种子的繁衍培育。

她招呼着满头大汗、已被晒蔫的朱勤南："勤南，你看这里光热充沛、绿意盎然，瓜种可以在这里向阳生长，我们终于来到了育种天堂。"

快被太阳烤焦的朱勤南被她感染了："小种子成就大梦想，吴老师又要大干一场了！"

"是呀，秋种冬忙，春节我们要在岛上过了，你要有思想准备。"

秋冬季节，海南光照充足，天空斑斓多姿，流淌着的空气潮湿而清新。吴明珠的目标十分明确，就是要利用宝岛独特的光热资源开展种子繁衍、种质研究、加代扩繁、杂交制种等方面的科学试验，不断提高育种速度与效率，选育出口感好、糖分足、抗性好、耐储运的西甜瓜良种，让南方长出北方的瓜，让甜瓜一年三熟甚至四熟。

"吴老师，虽说'既来之，则安之'，但现在咱们去哪儿落脚安家？出发前您说崖城镇地块相对便宜，现在赶紧过去吧！"朱勤南把吴明珠纷飞的思绪拉回到现实之中。

"从三亚镇到崖城镇还有几十公里的路程，今天太晚了，我们先在三亚休息，明天早点去找地。这一路过来，都快把人捂臭了。"吴明珠看两人灰扑扑、脏兮兮、汗津津的狼狈样，忍不住笑了。

第二天，吴明珠和朱勤南雇了一辆小三轮车早早出发，到崖城时已经中午了。

由于各地农科"候鸟"纷纷到崖县南繁，用地难成了最令人头疼的事，寻找合适的南繁用地非常困难。

吴明珠他们连口水都顾不上喝，一个村挨一个村找地，终于在离崖城二十多公里的新园一队找到两亩稻田租下来，同时在农民家租了两间房。每间房里，一张小木床、一顶蚊帐、一张摇摇晃晃的桌子就是全部的家当了。这下总算是在南繁基地安顿下来了，吴明珠开始了追赶太阳、为瓜奔忙的南繁旅程。

南繁是农业科技的前哨。南繁育种的艰难，只有经历过的人才有铭心刻骨的体会："南繁，南繁，又难又烦。"这主要体现为"三难三烦"："三难"即落实科研用地难、保障生物安全难、配套设施合规难。"三烦"指材料易丢失，烦；农田水利设施差，烦；生活保障跟不上，烦。

初来乍到，吴明珠工作、生活上所承受的难和烦远超想象。租住农家四面漏风的"干打垒"房，晴天闷热难耐，雨天外面下大雨、屋里下小雨，蚊帐上挂个脸盆接雨水，床底下撒些硫黄防蛇咬。

收工后，自己搭灶煮饭，上山砍柴或捡些干枯的树枝当柴烧。没有青菜，更不要说荤菜，吃的是糙米、木薯、地瓜、甘蔗、香蕉。

没有自来水，没有电灯照明，晚风吹来，如豆的煤油灯光若明若暗地摇曳着。睡觉时老鼠上蹿下跳，蚊子疯狂叮咬，人总是在半睡半醒间与它们作斗争。大家常用"三只老鼠一麻袋，三只蚊子一盘菜，三条蚂蟥做裤带，毒蛇蹿到身上来"形容当地原始的生态环境。

海南天气炎热，洗澡是个大问题。朱勤南打一盆水从头淋到脚即可，吴明珠只能烧点热水在屋子里擦一擦身。最尴尬的是厕所。这里的厕所大都是用树枝、芭蕉叶围起来的极简陋的小棚子，天气炎热，臭气逼人，人们很多时候宁愿去田间僻静处解决，也不愿意在棚子里方便。

工作条件更是一言难尽。当时海南农业生产非常落后，田里杂草丛生，虫害不断，土质很差，土壤十分贫瘠。

他们租的两亩试验田，早期开垦非常辛苦，比在新疆种十亩地还要劳累、麻烦。首先要把稻田里的水控干，然后锄草、翻田，翻出一块块大泥巴疙瘩，用锄头一一敲碎，等地晒干后再开瓜沟。在两亩地里要开出一条条宽 1.2 米、深 0.6 米的瓜沟，劳动强度非常大。当时哪有钱雇工人，都是吴明珠带着朱勤南顶着烈日一锄头一锄头在地里埋头苦干。

为了赶农时，他们根本不分早晚，连中午都不休息，每天轮流回去做午饭，吃完后再把另一个人的饭带过来。朱勤南佩服吴明珠的专业水平，可不敢恭维她的厨艺，能吃饱就不错了。人被晒得黑里透红，衣服湿了又干、干了又湿，都能晒出盐来，他们看上去比农民更像农民。

尽管如此，吴明珠毫无怨言。对她来说，海南路途遥远、物资匮乏、耕作落后、卫生条件差、生活习俗差异巨大等困难都可以忽略不计，真正让她揪心的是：风雨多瓜坐不住果，太阳毒瓜被晒蔫了，虫害多瓜被虫叮咬；肥料、农药、机械要啥没啥，灌溉等都靠人力；隔离条件差造成作物花粉天然杂交，干旱缺水造成科研材料枯死；高温多雨，土壤盐容易盐渍化；牲畜、老鼠、蚂蚁啃食科研材料……这些给他们带来了数不清的烦恼。

初来海南的吴明珠，瓜就是她的一切

南繁的艰苦和收获的喜悦

说来说去都是瓜的事。关关难过，关关都要过。怎么破解这些难题？

播种的过程，在朱勤南看来，吴明珠特别虔诚，特别有仪式感。

吴明珠把从新疆带来的"花皮金棒子""小青皮""伽师瓜"等老品种以及旱地瓜品种的种子，按标记一一摆放在地头，然后开穴点播，把2—3粒种子整整齐齐地摆放在里面。

她边播种边做标记，同时叮咛朱勤南："勤南，一定要对上标记，一粒种子都不能混淆啊！"

播种以后的整个种植期，吴明珠的日常生活变得简单而重复，除了吃饭睡觉，她天天"泡"在地里忙碌，不知疲倦地观察、记录种子的生长情况。其间，有等待，有煎熬，只为选育出高产、优质、抗病性强的西甜瓜新品种。

阳光洒向大地，种子破土生长。到了最费时费力的人工授粉阶段，工作量非常大。她对朱勤南说："授粉阶段非常关键，最佳时间就是早晨或者下午阳光不太强烈的几个小时。每天来回奔波太浪费时间了，我们搭个简易棚子，从明天起，我就住在地里。"

"吴老师，您住地里不合适，既不安全也不方便，要住也是我住，我年轻。"

"那就多备点吃的，我们都住在地里吧！"

说干就干！他们就地取材，用木条、椰树叶、芭蕉叶搭起两个简陋的棚子，住在了田间地头，守护着瓜地。

授粉难、授粉累，授粉是体力和脑力同时消耗的工作，工作强度大，需要有相当的技巧和耐心，一点也马虎不得。

朱勤南是新手，没有什么实践经验，吴明珠就认真操作示范："你看，我们带来的这些品种基本上是雌雄同株的，授粉比较麻烦。今天下午五六点钟，雌花蕾开放后，先用镊子小心摘除母本雌花中的雄蕊，再立即用纸帽罩住雌花花体，防止其他品种花粉传染。明天还要起个大早。"

第二天天还没亮，气温达到18摄氏度时，雄花就开放散粉了。他们把预先隔离的雄花带到田间，扯掉花冠，蹲在一棵棵瓜蔓前，取下雌花套子，小心翼翼地用雄花的花粉在雌花柱头上轻轻涂抹，让花粉均匀地分布在柱头上。每朵雄花可授1—2朵雌花。授粉后，要立即用发卡将雌花花冠束拢夹住，以免其他昆虫侵入，或给雌花套上套子防止授粉失效，再给授过粉的雌花挂上注明授粉日期的牌子。

吴明珠说："一定要记住，授粉的关键是不要串了。授粉后要做好标记，不同日期采用不同颜色，便于采收。如果稍有不慎，花粉一旦污染，材料就作废了。"

教的耐心细致，学的全神贯注，等蹲在瓜地的两人再次起身时，他们的腿都麻了。

那几天，他们每天一大早就蹲在瓜地里专注地授粉，中午简单填一下肚子休息一下，到傍晚太阳西沉时继续下地。

朱勤南最佩服的是吴明珠的"蹲功"。他最多蹲半个小时就腰酸腿疼，要站起来溜达溜达，或者舒展四肢在地上平躺一会儿，而吴明珠一蹲能蹲几个小时，能循环往复如此高强度的劳作。

年纪轻轻的朱勤南面有愧色："吴老师，您腿不酸吗？您也休息一会儿吧！"

"我这么多年练出来了。对种瓜的人来说，授粉是基本功，是对体力和耐力的考验，你慢慢就会习惯的。"

只要授粉不结束，吴明珠那根神经就一直绷得紧紧的："授粉关系到坐果率的高低，对温度、操作要求极高。我们这么辛苦地为不同的种质材料'搭桥牵线'，希望能够培育出具有突破性的新品种。"

授粉结束后，吴明珠还住在棚子里不肯回去："这一阶段更要加强温度、光照、水肥、整枝、病虫害等管理。你看，这地都是沙土地，容易漏水漏肥，要注意观察，勤浇水、施肥，方方面面都要悉心照料，否则就会功亏一篑。"

"吴老师，在您眼里，种瓜的每个阶段都很重要，只有您自己的身体最不重要。"朱勤南对吴明珠的脾性也算摸透了。

"育种就像培养孩子，播种后每天都在变化，如果观察不仔细，有些变异就选不出来。只有亲力亲为每天守着它们，才能熟悉它们的性状，不断加以改良。我们每天劳动，就是最好的增肌补钙，心情愉悦自在，身体肯定不会差到哪里去，身体和内心强大了，再大的坎坷都能跨过去。"

朱勤南被吴明珠所感染，虽然特别辛苦，但看着瓜苗一天天长大，他内心就有迎接希望的喜悦，感觉特别充实，特别有力量。

加代繁育，育种事业驶入快车道

吴明珠白天头顶烈日、脚踩沙土在田间劳作，夜晚椰影婆娑、海风拂面时，她会坐在棚子外看满天的星星，思念远方的亲人："我这一走，其祐会不会又吃酱油拌饭？夏夏在重庆就要高中毕业了，会不会上山下乡？准准一向会读书，在南京听舅舅舅妈的话吗？爸爸妈妈也好久不来信了，不知身体如何？马上就要过春节了，如果我不选择西进或者南下，一家人也不至于常年天南地北难以相聚。"

望断天涯云深处，独守寂寥思万重。与家人天各一方，浸透着难言的苦楚和凄切，吴明珠抬头看满天繁星和如水银河，纠结自己为什么要一个人咬着牙走得这么遥远、走到这海角天涯。一低头，看到星空下那一片泛着绿意、生机勃勃的瓜地，她的思绪又回到了现实：明天又是一个高温天，这些瓜会不会晒蔫呀？

熬过万丈孤独后，迎来的是晴空碧海。第二天她早早起来，在瓜地里来回巡查。

"吴老师，先过来吃早饭吧！"朱勤南远远地招呼着。

"勤南，快过来，咱们一起想想办法，在地里搭个简易大棚，给这些瓜打把'伞'，这太阳实在是太毒辣了。"

"吴老师，这能行吗？我在这里还没看过有人这样做。"

"我们用这些透明塑料布先试一垄吧，也许有作用呢！"

他们找来粗一点的树枝在瓜地四周打几根桩，再用竹竿做几个骨架，用绳子把塑料布牢牢地固定在架子上。他们左试右试好不容易把棚子搭起来了，结果人钻进去，棚子里像蒸笼一样，不一会儿就汗流如瀑。

"不行，温度太高，会把瓜闷死的，还是把棚子拆了吧！"吴明珠说。

朱勤南长叹一口气："白忙半天了。老师，您快去吃饭吧，别饿晕了。我先把塑料布揭了，其他东西慢慢收拾。"

吴明珠边吃饭边安慰朱勤南："搭棚子给瓜打'伞'，虽然没有什么技术含量，但在南繁算是开了先河了。我们的想法没错，至少可以防风防雨防虫。今天之所以失败，是因为材料不透气。我们想办法去找一找透气性好的材料，明年再试。"

就在这时，有人在田埂边大喊："吴明珠在吗？"

吴明珠疑惑地快步迎了上去，看清来人后惊喜地说："袁隆平，你这个大忙人，今天是什么风把你给吹来了？知道你在南红农场，到这儿也有四五十公里的路吧！"

"吴明珠，见到你太高兴了。你一来海南，我上铺的那位好兄弟的信就写来了，过去他可不会这么主动给我写信。前一阵我实在太忙了，今天刚好到这边来办事，出门前就想着来看看你。你还是那么风风火火，那么干练。"

一见吴明珠，袁隆平十分惊讶，心中充满疑问："这还是学校里那个活泼可爱漂亮的'校花'吗？怎么完全变成了一个皮肤黝黑、穿着土气的农村妇女？"再看看自己，袁隆平不由得笑了，心中感叹："我不也同样变成了地地道道的泥腿子了吗？"

"这个杨其祐，总是这么沉不住气。我想你最近一定很忙，本打算等收了种子返回新疆前再去看你呢。对了，祝贺你完成三系配套并成功培育杂交水稻。这可是载入史册的历史性突破呀！你为母校争了光，是母校的骄傲，我和其祐特别为你高兴。"

袁隆平连忙说："老同学过奖了。海南是我的福地，正因为在海南发现了雄性不育野生稻'野败'，才有了后来籼型杂交水稻三系配套的成功，这都是南繁给我带来的好运气。你来海南来对了，这里光热资源太丰富了。"

"世上没有从天而降的好运，所有的好运背后都藏着日积月累的努力和别人看不到的艰辛。我已经来晚了，许多方面要向你学习。"吴明珠由衷地说。

老同学相见，相谈甚欢。袁隆平说了今后的打算：不能止步于"三系法"，要不断创新杂交水稻育种，争取由"三系法"到"两系法"再到"一系法"，让育种程序朝着由繁至简且更加高效的方向发展。

吴明珠顺势说起她的南繁育种计划和目标，聊起她的苦与乐。她说："我来南繁，就是想加快育种的速度，更快更好地选育出抗性好、口感好、耐储运的西甜瓜良种，让全国人民都能吃上新疆的瓜。当然，我也想把制种繁育与海南反季节瓜菜商品生产紧密结合，把海南的特色瓜菜品种和技术向新疆推广，丰富新疆冬季蔬菜的市场供应，同时也促进海南农业特色经济、特色品种、农业高附加值产品的发展。"

两位西南农学院培养的"农人"，在海南岛最南端的田间地头，议农事、商良策，兴致盎然，侃侃而谈。

第一次到海南加代，别说人不适应，瓜也不例外。新疆气候干燥，海南热湿多雨，新疆的瓜种在海南"水土不服"。比如，海南昼夜温差小，影响了瓜的发育和含糖量；南方土地含氮较多，磷、钾等微量元素缺乏，瓜长不大，一亩地熟不了几个瓜，且一个个都是又小又歪、半生不熟，有的甚至没等长大就死了。

看着这些"歪瓜"，朱勤南耷拉着脑袋十分沮丧，有一种颗粒无收的挫败感。

吴明珠告诉他："瓜就像人一样，对环境有一个适应的过程。其实所有的生命都是这样，适应叫变化，稳定叫不变，我们来海南加代，目的就是加速它的变化，变化趋于稳定之后，再加代变化，再趋于稳定。就是在这一代代变和不变之中，将两个或多个品种的优良性状通过杂交集中在一起，再经过选择和培育，获得新品种。目前在海南，我们只能是'加代不选'，或者说'南繁不选'，只要能把种子收回来就可以了，然后拿回新疆去选育。"

"这么说，我们已经完成任务，收了种子就可以打道回府了？"朱勤南心存疑惑，不知道自己要多少年的磨砺才能有吴明珠这样的对瓜的感觉和专业积累。

"我们第一次来加代，这样已经很不错了。下次来种就会好一些，等三五年后它适应了，长得就好了。"

春节后，采收了这些"歪瓜"，他们就要打道回府了。他们把种子掏出来进行筛选，大概有一半的种子成熟、饱满且符合要求。他们把视若珍宝的种子挑出来洗干净，一一装袋，每个袋子上都贴上标签，方便清晰解读关键信息。

回家的路无比漫长。吴明珠兴高采烈地收拾行囊，准备过海返回新疆。几经周折，她买到了从湛江到重庆的火车票和重庆经宝鸡到乌鲁木齐的火车票。

"这样也好，可以顺路去看看夏夏。"她给儿子发了电报，告诉他她到重庆的时间和车次。

火车上人挤人，挤得一塌糊涂。火车一路走走停停，没个准点。杨夏按时去重庆菜园坝火车站接妈妈，结果等了整整一天也没见人影。那时候没有手机，也不知道火车延误到什么时候，杨夏只好第二天再去火车站等。第二天等到快傍晚了，他才见妈妈扛着大包小袋从车厢里挤下来。看着妈妈灰头土脸、一身疲惫，杨夏第一次体会到妈妈工作条件之艰苦，地域差异、交通不便都是常人难以想象的。

"物有甘苦，尝之者识；道有夷险，履之者知。"吴明珠满心欢喜，南繁四个月，她生活在季节的错位中，收获的不仅是种子，更是"多"出来的又一年，她的育种事业驶入了快车道。

春节后，吐鲁番正值春耕，吴明珠抢抓农时，把千里迢迢从南繁基地背来的种子，播撒在了吐鲁番的田野上。

海南乡亲的情义，沉沉地积淀在她的血脉里

万里路遥，心怀担当。1974年冬天，吴明珠又带着种子一路向南，前往南繁基地。

在家千日好，出门万事难。海南物资奇缺，有了去年的经历，吴明珠一行这次的准备工作显然有经验了：除了种子、行李，每人还背了五公斤黄豆，外加新疆维吾尔自治区人民政府给每个南繁队

员额外配给的五公斤大豆油。

"今年多带点黄豆过去。去年在海南遇到台风天，什么吃的都没有。有了黄豆，不仅可以发豆芽吃，可以用水泡发后炖着吃，还可以用粗盐炒着吃，这黄豆可是宝贝。"吴明珠道。

朱勤南不得不佩服吴明珠的细心周到。

路上的艰辛自不必说，他们一路走一路采购。在湖南转车时，他们赶紧买一些腊肉等腌制品，通过水陆联运托运到海南。在广东等船的时候，他们又把蚊帐、雨靴、手电筒、电池、防毒蛇咬的药膏等生活必需品买齐了。

到湛江后，他们又去农贸市场采购。在这里，吴明珠意外发现一种又轻薄又透气的塑料薄膜，忙说："勤南，快看，这种塑料薄膜用来给瓜地搭遮阳棚，是不是比我们用的塑料布透气性好多了？"

"这薄薄的，太合适了。吴老师，您看这纱网，用来拦截飞虫也不错，我们也买一些吧！"

"真是'踏破铁鞋无觅处，得来全不费工夫'。这东西也不重，价格肯定比崖县便宜，咱们多买一些，打包好，再买根扁担，咱俩轮流挑着。"吴明珠说。

正是"候鸟"南繁时。去往崖县的道路上，各省的南繁队伍各具特色：手拎桶装油的大抵是从新疆来的，江西、湖南来的大多背着腊肉、香肠等腌制品，东北的同行则带豆油和土豆……

上岛后，他们依然租住在农民家。吴明珠什么事都亲力亲为，每天头顶烈日，脚踏热土，整地、开沟、选种、播种，再人工除草、施肥、授粉，由于每天面朝黄土背朝天，她的脊背被烈日严重灼伤，晚上睡觉一触碰到床板就疼痛难忍，只能侧卧着睡觉。

育种过程中，瓜种性状不稳定，变异千奇百怪，面对长得参差不齐的瓜苗，一般人无法判断好坏。吴明珠每天蹲守在地里，了解每一株瓜苗的特点，在第一时间发现那些不同寻常的变化。

最有成就感的是，他们用从湛江挑过海的塑料薄膜和纱网，搭起了海南岛最早的防晒、防风、防虫的小拱棚，通风透气，棚内温度不高，效果不错。由于方法简单、成本低廉，许多育种"候鸟"纷纷效仿，小拱棚逐渐在南繁基地推广开来。

吴明珠入乡随俗，非常尊重海南的地方风俗，学会了简单的海南方言，和当地村民建立了深厚的感情。善良的村民们不仅给他们送来椰子、木薯、鸡蛋，还经常到地里帮忙干活，遇到台风天，也会赶过来一起抗风护苗。

一天早上，朱勤南在瓜地里值守时，发现吴明珠一直没有过来。他心里嘀咕："吴老师每天都早早来瓜地，今天怎么到现在还没过来？不会出什么意外吧？"

他不由分说地往住的地方跑，半路上碰到几个农民兄弟正用小三轮车拉着吴明珠往医院赶。原来吴明珠早上起来腹部绞痛、恶心呕吐，脸色煞白、大汗淋漓，疼得在床上直打滚，正好被房东大嫂发现。

到了海军第三医院，吴明珠被诊断为急性阑尾炎。医生说，幸亏来得及时，如果错过最佳治疗时机，就有化脓穿孔的风险，危及生命。为避免阑尾化脓坏疽或穿孔导致急性腹膜炎的情况发生，吴明珠必须住院手术治疗。

吴明珠做完手术回到住处，房东大嫂把自家的鸡宰了，炖了一锅香气扑鼻的椰子鸡汤。

"大嫂，你怎么能把鸡宰了？你们可是指望着它下蛋卖钱的，我怎么能咽得下去？"

"吴技术员，鸡再金贵也不比你的身体金贵。看你瘦的，要好好补补身体。身体好了，你才能下地种瓜。"

20世纪70年代，许多农民即使逢年过节也舍不得宰鸡吃，可谁想一连五天，房东大嫂把家里仅有的五只鸡全宰了。喝着鸡汤，吴明珠的眼泪不争气地流，这份情义沉沉地积淀在她的血脉里。她从心底感谢当地乡亲的支持和帮助，她想："我不能只在海南加代，我一定要加快育种，把新疆的甜瓜品种改良成适应海南气候条件的品种，让海南的百姓也能尝到'甜头'。"

热爱，可抵岁月漫长。吴明珠锲而不舍南下北上，面对种种困难无所畏惧，因为她坚信甜瓜能帮农民致富。

名副其实的"皇后"，新疆甜瓜品种"改朝换代"

20世纪70年代中期，新疆各地多种病害蔓延，枯萎病、疫霉病、蔓枯病等大面积交叉感染，加上新疆瓜区各种叶部病害大流行，而地方厚皮甜瓜品种混杂退化都不抗病，新疆甜瓜种植面积剧减，著名的鄯善甜瓜只剩下2000多亩，品质及产量显著下降。

与此同时，世界各国争相发展甜瓜。20世纪70年代初，美国甜瓜播种面积就在60万亩以上；1973年，日本甜瓜保护地栽培面积达13万亩。这些国家对种子工作极为重视，设有品种资源收集、鉴定、保存、育种、良繁等一系列种子系统。

发挥新疆优势、提高甜瓜品质迫在眉睫。新疆维吾尔自治区组织了甜瓜攻关项目，由有关行业多学科协作攻关。

1974年1月，吐鲁番中心县委调任吴明珠为吐鲁番县科委副主任，负责吐鲁番、托克逊、鄯善三县的西甜瓜育种、栽培和推广。她还承担了新疆维吾尔自治区甜瓜攻关项目中的育种任务，带领课题组面向全新疆育种。

吴明珠和杨其祐对此前在吐鲁番开展的育种工作进行复盘和梳理：由于甜瓜育种主要在吐鲁番本地品种中选配组合，只是在原有品种上做某些小的性状改良，所以育出的品种或自交系抗病性较弱。

"我当时主要是想改造'红心脆'，认为外来品种品质不佳，价值也不高，却忽略了补充新的基因源。"吴明珠认真反思。

"实际上近亲育种可以用选种来代替，因为吐鲁番瓜农习惯各品种混种，大田里每年都会出现自然变异。认真选择、系统培育，这比人工杂交速度还快。"杨其祐从专业角度进行分析。

"是呀，我们人工杂交选育的一批材料，很多是自然变异的重演，做了重复的工作，浪费了时间和精力。而且多年来在甜瓜育种中，我们对品质目标性状的选择，片面受'红、甜、香、脆'四个字的局限，将青肉、白肉、软蜜、醇香等其他优良性状一律淘汰，使育成的新品种单调贫乏，也阻碍了更多优秀成果的涌现。"吴明珠显然有点懊恼。

杨其祐建议道："我最近对世界各国农作物杂交育种实例系谱进行分析后得出，凡是优良的农作物品种，基本都是通过远地域、不同生态型、多亲本复合杂交选育出来的。你可以试试远生态、远地域、不同类型的亲本相配，这样优势强、变异多，抗病性还强，容易培育出新的类型。"

吴明珠茅塞顿开：要在育种工作上有所突破，就必须敢为人先，在亲本选配上破除"只有新疆品种才是最好亲本"的保守思想，大胆创新，改进育种方法。

"其祐，谢谢你。每次我面临困难找不到方向时，你总能独辟蹊径，从不同角度思考问题，帮我打开思路，让我尝试不同的方法来解决问题。"

"客气什么，这是我们共同的事业。"

1975年，吴明珠开始做不同生育期、不同栽培季节的夏甜瓜与冬甜瓜之间的杂交，育出了比较耐储运的夏瓜"红9号"，选配了厚皮甜瓜与薄皮甜瓜的组合。但由于后代群体太小，没有选出理想的材料。

吴明珠认为，对亲本的选择不能不考虑利用外来品种的抗病基因，必须引进外来基因。为拓宽亲本选择的范围，课题组先后引进国内外五十多份抗病瓜种。经过仔细观察和调查，选用其中的优良品种与新疆的地方品种进行不同生态、不同生育期的多亲复合杂交及回交。

稼穑蓬勃，缘起良种。引用外来甜瓜基因，使新疆的育种工作打破了长期封闭保守的局面，带来了新的生机，为杂优利用打下了基础。

1976年，吴明珠的育种计划有了新的突破。她引进优质抗性基因，利用远地域、远生态的美国甜瓜品种"金黄"与新疆"红23系"杂交，又利用乌克兰"黄旦子"、日本高糖品种"真珠"以及我国薄皮甜瓜"广州蜜瓜"（华南108）与新疆地方品种进行远生态、不同生育期品种的多亲复合杂交及回交，培育出了抗逆性强、高糖、耐储运的甜瓜新品系"皇后""黄醉仙"等5个具有开创性的甜瓜新品种，以及"醉仙""果味""7-3""3-3"等10多个优良的自交系，在新疆逐步推广种植或作为选育优质瓜的亲本材料。

其中，集合了5个不同地域、不同生育期亲本的甜瓜品种"皇后"具有突破性、划时代的意义，而"黄醉仙"一直是新疆早熟瓜中价格最好的品种。

这批整齐度好、糖度高、耐储运的新品种，投入国内市场后，"新疆哈密瓜不甜了"的声音逐渐消失。这些新品种都在海南加过代，经过了南繁的洗礼，与海南有着千丝万缕的联系。

"皇后"的选育，是育种组第一次将欧美生态型甜瓜基因渗入中亚品种。育种组用5年完成了5个亲本选配，又用8年进行了8代复合杂交，先后倾注了13年的心血。

吴明珠觉得瓜也是有感情的，每天都要来瓜地和瓜们说说话

吴明珠首先利用新疆本地中熟品种"香梨黄"与晚熟品种黄皮红肉冬甜瓜进行杂交，再选用美国"金黄"与我国"含笑"杂交，然后再将两个杂交种进行复合杂交，培育出"皇后92号"。

"皇后"为常规品种，晚中熟，单果重3—5公斤，亩产3000公斤左右，果实呈长卵形，质地脆爽，既有黄金品种的植株形态和艳丽的果色，又有"香梨黄"的网纹，还有黄皮红肉冬甜瓜的橘红肉色，中心折光糖在15%以上，口味略逊于"红心脆"，但外观、亩产、抗病性、耐储运性等都胜过"红心脆"。

1984年，"皇后"经过异地适应性鉴定，在新疆农科院园艺所、农六师农科所、石河子121团、哈密地区农技中心四个试点历时三年区试，综合性状表现良好。

此后，"皇后"在新疆种植8万亩，成为新疆的主栽品种，新疆80%以上的商品瓜基地都种上了"皇后"。

1986年，"皇后"除运销北京外，还试销广州、香港，其因皮黄肉红被视为吉祥之物，大受欢迎。

用瓜界专家的话说，"皇后"实现了新疆甜瓜品种第一次更新换代，即"改朝换代"。"皇后"在许多省区市得到推广，每年因种植和销售"皇后"致富的瓜农成千上万。

"醉仙"自交系则历经16年的选育，而当年吴明珠收集到的"一包糖"功不可没。

1975年起，吴明珠课题组先后两次用吐鲁番早熟优质脆肉甜瓜"一包糖"和中熟及晚熟亲本杂交，再与美国"金黄"杂交，最后又经复合杂交，于1989年培育出"醉仙"自交系。

"醉仙"是自育早熟自交系中品质风味最佳的品种，果实呈卵圆形，黄皮全网纹，肉质半脆，带有浓郁的醇香味，中心折光糖在16%以上，风味独特。

此后，吴明珠率先在哈密瓜上应用杂种优势，以"醉仙"为母本、"黄旦子"为父本，配出 F_1 品种"黄醉仙"。"黄醉仙"果肉浅绿，肉质细软，汁液充沛，浓香宜人，中心折光糖在15%以上，对疫霉病和真菌性叶斑病具有抗性。

在20世纪80年代的早熟品种中，"黄醉仙"以外观好、品质优、口感好、产量高得到瓜农们的普遍认可，除在新疆种植外，当时还在辽宁、吉林等地种植1500多亩，是最早东移的新疆哈密瓜品种。

难能可贵的是，吴明珠没有把自己选育出的"皇后"等优良品种以及一些高质量的自交系据为己有，而是无私、无偿地送给瓜界同行。

"皇后"系列甜瓜品种不是杂交种，都是自交种，没有做杂种一代。作为普通的"吃瓜群众"，也许不知道这两者的巨大差别，但所有瓜界人士都明白，如果是杂交种，两个亲本杂交，在地里只能种一季，不能收种子再种第二代。因为从第二代开始就需要自交稳定至少五六年。而自交种则是种一季后，到下个播种季还能再种，可以世世代代永续利用，还可以利用这个种子做杂交组合。拥有了自交种，等于拥有了一把致富的"金钥匙"。

现在几乎没有哪个单位、哪个育种专家会轻易把自交种分享给他人，因为这等于把自己的知识产权拱手相让，把背后涉及的巨大经济利益拱手相让。

业界认为，吴明珠把自己的研究成果无偿地让全社会共享，这是她对甜瓜事业作出的难以估量的贡献。

此后，瓜界同行利用"皇后"等骨干亲本，选配出许多优良的杂交品种，如"86-1""8601"等。这些品种通过新疆维吾尔自治区品种审定后，迅速替代了农家老品种，成为新疆甜瓜的主栽品种，每年种植面积达4万余亩，并在甘肃等气候相近的地区推广。

"皇后"系列品种的选育，使新疆甜瓜的品质上了一个新台阶，在新疆厚皮甜瓜育种史上具有划时代的意义。

如今，说起甜瓜，都会追溯到"皇后"系列品种。因而很多人都为吴明珠惋惜，因为若是她把"皇后"甜瓜做成杂交种而不是分享出自交种，她的身价就难以估量了。

吴明珠听到这些议论，根本就不屑辩解，她和老师刘佩瑛所敬佩的居里夫人、杨其祐的导师蔡旭无私奉献自己科研成果的感人故事深深地烙在她的心中，国家和人民利益至上的信念早已融入她的血脉。

她对团队学生说："一个人如果只为个人利益而奋斗，注定不会走得太远，只有把个人的追求和祖国人民的利益紧密相连，才能走得坚实，才会创造出奇迹、结出丰硕的果实。我这辈子不求高官厚禄，不图万贯家财，只想一心一意培育出几个好瓜，所以注定发不了财，你们跟着我也倒霉，都发不了财。"

在她的感召下，一批又一批像她一样的"瓜痴"始终坚定地追随着她，南下北上，潜心育瓜。

育种是优中选优、沙里淘金的事情，种子一粒重千钧。吴明珠认为，在丰富的变异个体中，要想选出综合性状优良，特别是果型较大、风味适合当地消费习惯的新品系，最好是再用本地亲本做几次回交，这样才能真正选出既有外地品种的特殊性状又结合本地品种的优良性状的理想后代。

吴明珠像候鸟一样，带着一批又一批珍贵的种子风雨无阻地迁徙，从吐鲁番到海南，再从海南到吐鲁番，利用生态差异进行南北选育，培育出多个外形美观、优质抗病的新品种，解决了新疆优质甜瓜不抗病等问题，同时也为北瓜南移打下了基础。

第十章

暖雨晴风科学春

科研热情在科学的春天里迸发

1978年，对于吴明珠来说，是意义非凡的一年。这一年她见证了科学春天的勃勃生机，科研热情在这个"日出江花红胜火"的春天里再次迸发。

3月15日清晨，吴明珠、贾那布尔、李嘉玉、陶述先、傅文等新疆维吾尔自治区的96位代表，从乌鲁木齐机场出发前往北京，出席新中国科学史上空前的盛会——全国科学大会。

这是吴明珠生平第一次坐飞机，她心潮澎湃、思绪翩翩，没想到自己能进京参加这样的科学盛会，她称之为"意外的幸福"。

飞机在云海上翱翔，吴明珠紧贴舷窗俯瞰祖国大地的壮美山河，心头重压千钧："这是去接受四个现代化的任务和挑战，我们要做科学战线上的尖兵，攻下一个个难关，攀上一座座高峰。"

"北京，我又回来了。"走下飞机时，她有着不一样的亲切感。这是她23年前生活工作过的地方，是见证她和杨其祐美好爱情的地方。

李嘉玉拍拍吴明珠的肩膀说："明珠，回到北京是不是很激动？"

"书记，想起23年前我从北京去新疆，走了整整15天，一路顶风冒雪、风餐露宿,历尽艰辛才到达乌鲁木齐。您看今天,短短几小时就准确无误地飞到了北京,真是地覆天翻、貌换境迁呢!"吴明珠感慨道。

"我还记得你第一天到乌鲁木齐时灰扑扑、脏兮兮的样子。当时,你还急着要到农村去种瓜呢。时间过得可真快啊,当年那个纯真热诚的小姑娘,如今已成为肩负使命和重托的科研带头人,你的担子可不轻啊!"

"是呀,总感觉时间不够用,恨不得一年当两年用。"

"你每年去海南南繁,不是已经一年干两年的活了吗?"

"对,这也是我去海南的目的。只是现在条件还不允许,我要努力创造条件,争取能在海南繁育两季,到新疆再繁育两季,实现一年繁育四季的目标。"

"你呀,总是那么拼命。身体是革命的本钱,不能太累。"

此时的李嘉玉已是新疆维吾尔自治区党委副书记,分管农业生产。尽管身居高位,但他还是经常到吴明珠试验地里看瓜了解情况。他每次只看不吃,更不准别人拿瓜往他车上装。

在吴明珠眼里,李嘉玉是领导,是兄长,是朋友,是科技工作者的知音和楷模。她工作上有了困难、思想上有了烦恼、科研上有了成果,都愿向他敞开心扉,和他总有聊不完的话题。

一场瑞雪过后,北京依然春寒料峭,吴明珠等代表却感受到了久违的温暖。

3月18日,这一天注定要被历史铭记,全国科学大会开启了中国"科学的春天"。

人民大会堂的明媚春光,润泽了神州大地,融解了封冻多年的科教事业坚冰。

经历了冬天的严寒又沐浴了和煦春风的吴明珠,脑海中对这个伟大的日子有着刻骨铭心、终生难忘的记忆。

15时，在雄壮的国歌声中，全国科学大会开幕。大会向全国人民发出了"向科学技术现代化进军"的伟大号召。"科学技术是生产力""四个现代化，关键是科学技术的现代化""知识分子，因此也可以说，已经是工人阶级自己的一部分"……掷地有声的话语，犹如暗夜里划过的流星，数千名科技工作者重新燃起了对未来的希望。全场掌声雷动，气氛极为热烈，一些老知识分子相顾不能语，唯有泪千行，获得了精神上的重生。

吴明珠觉得每句话都说在了她的心坎上，她感受到了震荡人心、穿透时代的力量，不禁思绪翻腾，滚滚热泪划过脸颊，鼓掌的手拍得生疼。

回程的汽车上，代表们的心上打开了一扇窗，敞亮极了。他们热烈地讨论着未来，对新生活充满无限遐想。坐在吴明珠旁边的70岁高龄的陶述先激动得老泪纵横："没想到当了那么多年的'臭老九'，如今却成了'香饽饽'。知识越多越反动的时代一去不复返了，我们终于可以扬眉吐气了。"

吴明珠不禁感叹道："是呀，十年的禁锢粉碎了，知识分子真正翻了身，恢复了尊严，得到了解放，我们永远不会忘记这个日子！"

随即，吴明珠激情澎湃地唱起了脍炙人口的《祝酒歌》。车厢内，代表们感受到生机勃勃的气息，感受到科学春天的美好。

31日上午，方毅来到新疆代表团住地看望新疆代表们。当贾那布尔向方毅介绍李嘉玉时，方毅说："我知道，你与很多科技工作者交朋友，是他们的知音，很有名。"

在与傅文握手时，得知他当年随王震一起进新疆时，方毅说："那时间很长了，您是'老新疆'、老功臣啦！"

听说吴明珠20世纪50年代从中央农村工作部主动要求支援新疆，一直在农业生产第一线从事西甜瓜繁育工作时，方毅大加赞赏："新疆的发展离不开广大科学工作者的默默奉献，你们是建设新疆的有生力量。大会提出的八个重点发展领域，农业是排在第一位的。农业要从基础理论上来改造，从细胞分子上来做工作，搞杂交育种，搞新的组合，要从遗传工程上来搞。我等着品尝你培育出来的甜瓜……"

方毅勉励大家："新疆是个好地方，财富资源了不得。希望各位树雄心、立壮志，革命加拼命，努力加油干，争取作出更大贡献。"

方毅的话让吴明珠等代表如沐春风，倍感亲切，干劲更足了。

31日下午，全国科学大会闭幕。会议通过了《1978—1985年全国科学技术发展规划纲要》（以下简称《纲要》），并举行了隆重的表彰仪式。其中，李嘉玉获得"科学工作者的知音"殊荣，吐鲁番"鄯善四级农科网"荣获先进集体。

吴明珠在获奖表彰名单中看到杨其祐的导师蔡旭获"全国先进工作者"称号，他培育的"东方红1号""东方红2号""东方红3号""农大139"等小麦品种获全国科研成果奖时，高兴极了，她在名单下着重做了标记，想带回去与杨其祐分享。

"蔡旭导师也'重见天日'了，还有这么多成果获奖，其祐要是看到的话，不知该有多开心啊！"吴明珠感到学有榜样、追有目标。

闭幕式上的讲话提道："我们民族历史上最灿烂的科学的春天到来了。""这是革命的春天，这是人民的春天，这是科学的春天！让我们张开双臂，热烈地拥抱这个春天吧！"这一刻，科学精神重新燃起，科技之光灿烂夺目。吴明珠内心的欢喜喷涌而出，激动之情难以自抑。

吴明珠一遍遍学习《纲要》，反复研读农业科学技术方面的具体要求。

吴明珠兴奋激动之余，更加坚定了为西甜瓜事业奉献毕生精力的决心："这次科学大会，理论讲透了，政策讲明了，措施讲实了，想看的都看了，想听的都听了，想说的都说了，接下来只有实干加苦干，只争朝夕，勇于创新，将自己的科学追求融入实现四个现代化的伟大事业之中，尽最大的努力造福人类，报答党和国家对我的关怀。"

正因为心中有了这样的信念，吴明珠从北京回新疆后，又一头扎到了她朝思暮想的瓜地，把田间试验一次又一次通过科学总结进行提升。

为瓜奔波为瓜忙的"瓜专员"

众所周知，全国科学大会是一个分水岭。此前，知识分子是资产阶级"臭老九"；此后，知识分子是工人阶级的一部分，是劳动者，是发展科学技术的主力。全国各地抓紧落实党的知识分子政策，知识分子普遍受到重视、得到重用。

在这样的大背景下，吴明珠于1978年11月被提拔为吐鲁番地区行政公署副专员。在许多人眼里，从此吴明珠的人生和仕途将一帆风顺。可她却高兴不起来，因为从政当领导，各种会议和应酬将占用她大量时间和精力，影响她的育种工作。

当组织上找她任前谈话时，她没有提出任何改善个人生活的要求，只是希望能保证她有六分之五的时间搞科研，而且保证她的试验基地不变。

虽然这在历届领导班子中没有先例，但吴明珠提这个要求并不是搞特殊，而是有政策依据的。

1977年9月18日，中共中央发出的《关于召开全国科学大会的通知》明确指出："保证科学研究人员每周至少必须有六分之五的业务工作时间。"1978年的全国科学大会也强调："科学技术人员应当把最大的精力放到科学技术工作上去。我们说至少必须保证六分之五的时间搞业务，也就是说这是最低的限度，能有更多的时间更好。"

组织上意识到，吴明珠之所以要保证"六分之五"，是因为科学上和生产上的需要，于是爽快地为她开了"绿灯"。从此，大家都亲切地称她"瓜专员"。

"瓜专员"整日里为瓜奔波为瓜忙。

1979年，吴明珠以科技工作者的名义向上级打报告，建议成立一个专门研究葡萄、瓜类的科研机构，由政府拨款，配备事业编制。

在她的直接推动下，在鄯善成立了我国第一个瓜果研究所——新疆吐鲁番地区葡萄瓜类研究所。这是在吐鲁番农科所园艺室的基础上组建的，吴明珠主持甜瓜、西瓜研究课题。

1980年10月，吐鲁番地区葡萄瓜类研究所搬到双水磨园艺场场部附近。

吴明珠很高兴："这里好，土地平整，关键是远离市区，不会动不动叫我去开会，这样就不耽误我种瓜。"

"吴老师只考虑种瓜方便，没想到离家更远，生活更不方便了。"她的学生们说。

吴明珠争取到资金加大投入，在双水磨建了2座800平方米的加温日光温室、1座600平方米的塑料温室和2座350平方米的塑料温室。从此，吐鲁番有了第一代温室大棚。

这几座温室从构思设计到组织施工，杨其祐立下了汗马功劳。他查阅了国外许多相关资料，在吸收先进技术的基础上，综合吐鲁番的气候条件、种植需求和资金预算等进行设计，设计出的温室能有效抵御吐鲁番极端的温差和强烈的风沙，为开展葡萄及瓜果培育工作创造良好条件。

同时，双水磨还建起了漂亮的礼堂。礼堂门楣上方凹凸的沙土立面上绘制镶嵌的图标十分引人注目。这图标在设计上颇费工夫，蕴藏着吴明珠的巧思，体现了她的雄心壮志：正中的"1980"代表建设年份；上方的地球图标，意寓让新疆的葡萄瓜果走出新疆，走向全国乃至世界；两旁对称排列着一串串饱满的葡萄和连着瓜秧的西甜瓜，尽显吐鲁番地区葡萄瓜类研究所的特质。新疆维吾尔自治区农业厅将新疆资源调查时收集到的西甜瓜种质资源存放在研究所里，这里也成为全国（新疆）西甜瓜品种资源保存中心。

这年，吴明珠带领研究所技术干部参加了新疆西甜瓜资源调查工作。这是新疆第二次开展西甜瓜种质资源调查，由自治区农业厅主持，新疆生产建设兵团、新疆八一农学院、新疆农科院园艺所、吐鲁番地区葡萄瓜类研究所等单位联合组成"新疆甜瓜西瓜资源调查组"。从1979年起，调查组历时3年，先后调查了新疆13个地区（自治州）、37个县、27个农垦团场的188个瓜产地，全面进行品种收集和观察记录工作。

这是新中国成立以来规模最大的一次专业性资源调查工作，主要收获有：收集整理了各类甜瓜品种216个、西瓜品种61个；总结了各地瓜农丰富的栽培技术和经验；初步摸清了新疆西甜瓜产地的自然条件、生产现状、原产地及引进品种的名称；侧重记录了各地西甜瓜品种的栽培历史、特征特性，并在产区现场对各个品种做了果实经济性状鉴定和拍照、留种工作。1980—1981年，调查组还将全部征集来的甜瓜、西瓜品种集中种植在鄯善、安宁渠、五家渠、昌吉等处，进行圃内鉴定和自交保存，为随后西瓜、甜瓜品种资源的研究和利用奠定了基础。由此，新疆的西甜瓜育种和研究不再局限于吐鲁番，而是拓展到新疆全域。

育种研究工作全面铺开后，人手紧缺的问题困扰着吴明珠。

1979年夏，刚从昌吉园艺场调到鄯善园艺场的郑树胜第一次近距离接触吴明珠，后来机缘巧合成了吴明珠团队的一员，这对他的人生产生了很大影响。

回忆起当年的情形，郑树胜记忆犹新。当年他只是鄯善园艺场的一名普通职工，学习了滴灌技术后，在园艺场种了20亩哈密瓜。那时刚开始搞滴灌，材料全都是进口的，质量也不怎么好，瓜的长势也不行。

吐鲁番本地人都知道吴明珠"种瓜成精"，一块地，她打眼一看，就知道种什么样的瓜合适；地里的瓜得了病虫害，她马上就能开出药方。

园艺场党委书记请吴明珠来地里"把把脉"。虽然瓜已经长到了两公斤左右，但吴明珠来了一看就说："这个滴灌材料质量不行，瓜的品种也不行，果实品质比较差，还有病虫害，瓜已经长不大了，你们也别再忙活了。"

当时，郑树胜一个人管着20亩地，滴灌材料的滴头都被沙子堵上了，他就把滴头一个个拆下来，把沙子清理干净后再安装上去，忙得汗流浃背。

吴明珠看他忙前忙后，干活主动积极、勤快麻利，就对园艺场党委书记说："我们正缺技术人手，这个小伙子不错，调到我们那里去吧，冬天还可以跟我去海南育种。"

书记一时也不好回绝："小郑，吴老师想调你过去，你考虑考虑。"

郑树胜对大名鼎鼎的吴明珠早有耳闻，想着自己单身一人也没有什么负担和拖累，能跟着大专家学习育瓜技术更是难得的机会，于是立马答应了。

他以为这事也就随口说说，没想到没过多久，他就被调到吐鲁番县农技站，做温室大棚繁育工作。当时，整个试验地基本上由他负责。

吴明珠把几百个材料的组合做好，写好名称，编上号，交代郑树胜："这个本子上都是田间管理的记载。这些材料中哪个和哪个组合，先种什么后种什么，怎么进行田间管理，我都一一写清楚了，你按步骤来操作就可以了。这项工作看似简单，却需要沉下心来全程呵护，需要日积月累、年复一年的沉淀，没有捷径可走，一定要细心、耐心。"

"吴老师，再苦再累再枯燥的工作，我都会坚持下去。"有专家"撑腰"，郑树胜底气足、决心大。

从此，这温室大棚的试验地就成了郑树胜的"家"。他除做好日常管理外，还要及时观测每个植株整个生长周期的状况，记录上百个性状数据，从根、茎、叶到果实的大小、发育时间等，都要认真观察和记录。

吴明珠只要有空就来试验地，察看瓜的长势，把瓜当孩子般悉心照顾，整枝压蔓、肥水管理、防治病虫、杂交授粉、接种鉴定，她把她的经验毫无保留地口传心授给郑树胜。

"树胜，你可不要小看育种工作。我们的工作态度是否严谨、是否具备敏锐的观察力，对育种成败至关重要。只要我们用心去做，细致分析、果断取舍，这试验地里的任何一个瓜种，都有可能横空出世，成为'希望之星'。"

看到吴明珠抚摸着瓜时的满眼深情，郑树胜也被感染了，忘了劳作的辛苦，成就感溢满心间。

那段时间，吴明珠忙着钻瓜棚，杨其祐也忙着钻他的小温棚，他一会儿做无土栽培试验，一会儿研究三倍体无籽西瓜，一会儿又搞起了食用菌，甚至研究自动控制射流技术，充分展示了"杨博士"触类旁通、一专多能的才华。

每每忙完自己小温棚里的活，杨其祐就会到瓜棚接吴明珠。碰到在瓜棚里值守的郑树胜，杨其祐就与他畅聊起来。

"树胜，晚上住这儿冷不冷？吃饭了没有？"

"我刚吃了块馕。您还没吃饭吧？"

"没吃，这不等她回去一起吃嘛！"

吴明珠听见了，冲杨其祐喊："你忙完了就先回家吃饭。你这样早一顿晚一顿、有一顿没一顿的，你的胃还要不要？我快忙完了，你先吃块馕垫垫肚子。"她嗔怨着从布袋里掰了一大块馕给他，还递上了自己的水壶。

"你一年在家吃饭的日子有几天？我得珍惜啊！"

郑树胜看着他俩特有的表达方式，笑着转移了话题："杨老师，听说你现在在搞食用菌，什么时候也教教我呗！"

这可对上了杨其祐的心思，他滔滔不绝说了起来："食用菌对营养、温度、水分、空气、光线、酸碱度等环境条件要求比较高，营养价值也比较高，所以要探索总结适合吐鲁番本地气候的食用菌栽培技术。目前，关键是要加强食用菌育种，有好的种源才能种出优质的菌类。上次听王仲民讲哈密巴里坤的蘑菇长得特别大，我一直想找时间去看看……"

"好了，一说起食用菌你就停不下来了。树胜，你一个人也别在这啃馕了，到我家去一起吃点热乎乎的面条吧。"吴明珠忙完后过来招呼他俩。

杨其祐忙说："对，我的面条擀得很好，不像你们吴老师只会做面疙瘩。我还腌了萝卜丝。走，一起回家。"

路上，杨其祐还在聊他的各种试验。

郑树胜说："每一次和杨老师聊天，我都十分惊讶一个人的脑子里怎么能装得下这么多的学问，不由得惭愧自己学识浅薄。"

适逢改革开放，学习英语的热潮席卷吐鲁番，杨其祐有深厚的英文功底，他发挥专长，义务办起了英语学习班，有空就在农技站院子里教大家学习英语。念国际音标的琅琅声，在这边陲小镇夜晚的星空下回荡。

杨其祐口才极好，讲起课来风趣幽默、充满激情。他发音标准，流畅清晰，上课注重听说领先、读写跟进，十分鄙视"哑巴英语"，从不要求死记硬背，学生都爱听"杨博士"讲课。刚开始学生以农技站的人为主，后来慕名前来学习的人越来越多，小小的院落书声琅琅，自成一景。吐鲁番不少人说自己的英语得益于"杨博士"的启蒙。

北疆明珠，南国生辉

人生惟有村田乐，未觉封侯胜种瓜。

1980年10月初，"瓜专员"吴明珠不改初衷，背着收获的种子南下加代。这也是郑树胜第一次跟着她去南繁，结伴南下的还有瓜果研究所另一个课题组做抗病育种的张恩福和做西瓜研究的吴国元。

那时，坐飞机是件稀奇事，甚至一度是身份的象征，只有县团级干部出具单位介绍信等证明，才能买机票坐飞机。当了副专员的吴明珠自然是够条件坐飞机了，但她还是和郑树胜、张恩福、吴国元一起，肩扛手提背着沉重的行囊挤火车、坐汽车、乘轮渡，千辛万苦、长途跋涉前往海南。

"吴老师，您为什么不坐飞机，跟我们一起受罪？"郑树胜问。

"浪费那钱干吗？课题组经费那么紧张，一张机票几千元，咱们省下来搞研究多好！"吴明珠舍不得花钱。

刚到崖城新园一队时，郑树胜被眼前的环境惊呆了：想不到海南居住条件如此简陋，想不到吴明珠在如此恶劣的条件下年复一年、锲而不舍地培育良种。

"树胜，别发呆了，这已经比吴老师刚来时好多了！那时人生地不熟，吃住都困难，晚上睡觉都睡不安稳，头上蚊虫飞，地上老鼠叫，加上治安不好，男同志都要小心翼翼保护自己的人身财产安全，更何况吴老师了。"吴国元此前和别的团队来过这里，说起过往不胜感慨。

"过去的事就不要提了，以后条件会越来越好。"吴明珠一如既往，对苦日子极为乐观和包容。

刚一落脚，新疆生产建设兵团222团农科所南繁人员谭善柏、马新力前来拜访吴明珠。说起湖南邵阳农科所在崖城南滨农场培育无籽西瓜的事，吴明珠很感兴趣，带上吴国元、郑树胜和张恩福，坐着新园一队的手扶拖拉机，在泥土路上颠簸了3个多小时，灰头土脸地到达南滨农场邵阳农科所育种基地。

不料，因为科研涉密，相关人员不想让他们参观，场面十分尴尬。吴国元解释道："我们来自新疆，是吴明珠副专员的团队……"

话音未落，就见一老者从地里跑过来吃惊地询问："你说是谁？是那个戈壁滩上的吴明珠吗？"

经确认，他激动地说："我是陈为霖，研究无籽西瓜的。终于见到传说中的'戈壁明珠'了。我很早就从报纸上知道你的大名了，幸会。"

"陈老，您好。您是国内著名的多倍体西瓜研究专家，我们到您这儿学习取经来了。"吴明珠紧紧握住陈为霖的手。

"刚才失礼了，我们相互学习。小武，快去切瓜来。"陈为霖一边对他的学生、湖南农业大学的孙小武说，一边高兴地带大家到瓜地参观。

在用椰树叶搭的窝棚中，陈为霖热情地请大家品尝核桃味的白皮西瓜，和吴明珠就无籽西瓜进行深入交谈，也谈到南繁的艰辛和不易，交流适者生存之道，言语间乐观又坚定。

这时，同行的年轻人真正意识到吴明珠在业内的声望和影响，意识到"戈壁滩上的明珠"这个称号有着不平凡的意义。

赫赫有名的吴明珠回到自己的地里就成了农民，郑树胜也领教了在海南种瓜的重重困难。刚上岛时，他觉得空气中都混着鱼腥味，整个人都黏糊糊的；天亮就到地里干活，天黑就上床睡觉，生活单调乏味。一到雨天，外面大雨、屋里小雨，有时乌龟、青蛙都会跑进来。

吃饭是个大问题，连煤油炉都没有，只能用几块砖头围起来，捡柴做饭，炊具也十分简陋。饮用水是从一个两米深的井里打上来的，喝了一段时间就会浑身起疙瘩。

吴明珠是南方人，从小吃米饭长大，加上胃不好，要吃软一点的米饭或稀饭。郑树胜、吴国元和张恩福不爱吃海南的糙米，爱吃有嚼劲的面食。他们做面时，吴明珠从不说什么。

有一天轮到张恩福做饭，他不会擀面条，就做了一锅面疙瘩汤。等开锅了，吴明珠拿勺子盛时，惊叫起来："张恩福，这上面白花花浮了一层什么东西呀？"

几个人凑上去一看，不由得头皮发麻。张恩福说："海南太潮了，面粉生虫子了！这还能吃吗？倒了重新再做吧！"

"别别别，把浮在上面的虫子撇掉，将就着吃吧，别浪费粮食。时间也不早了，大家吃完饭好好休息一下，等下还要干活呢！"吴明珠说着就动手撇起虫子来。

看着吴明珠若无其事地吃着面疙瘩，学生们也只好端起饭碗吃起来。

过了一段时间，几个年轻人一起聊天时，郑树胜说："你们发现没，吴老师好像不爱吃面食，每次拿筷子搅来搅去，跟受刑似的，吃得很少。"

"对呀，我们也太粗心了。这样，从明天起我们跟着老师一起吃米饭。"张恩福说。

知道吴明珠的饮食习惯后，学生们每天早晨熬一大锅稠稠的稀饭就着小咸鱼吃，中午收工回来，大家再就着小咸鱼喝凉稀饭。

吴明珠也十分体谅年轻人，想方设法托人从内地买一些挂面满足他们吃面的渴望，还会买很多豆豉鱼和凤尾鱼罐头改善生活。

"还是吴老师对我们好，这些东西这么贵重，花了她不少钱，就咱们每月二十几块钱的工资，哪里能吃得起。"张恩福私下里对郑树胜说。

面对恶劣的生活条件，吴明珠总会风轻云淡地劝慰他们："这比我们1973年刚来时好得多了，那时好多育种人员都吃不饱饭。"

就说种瓜，之前平地、开瓜沟、播种、授粉等辛苦都忽略不计，最辛苦的是种瓜时恰逢海南的旱季，没有蓄水池，瓜地面临引水灌溉困难，不得不两人合力用铁桶从渠沟或河坝里打水灌溉。

最让吴明珠烦恼的还是瓜常常被偷。有时在地里看到一个好瓜，第二天再去，这个瓜就不知被谁偷走了，找来找去，不了了之，令她头疼不已。后来郑树胜就守在瓜棚里，防止有人偷瓜。郑树胜没想到的是，为了一个瓜，差点搭上他的一条命。

一天后半夜，郑树胜半睡半醒中听到瓜地里有窸窸窣窣的声响，果然有人来偷瓜。他大喝一声追了上去，因为穿着人字拖，加上晚上地上有露水，跑起来很滑，两个人都跑不快。眼看要追上时，只见偷瓜贼纵身跳进了水稻田里，因为天黑看不清楚，郑树胜也随即跳了进去，这一跳才发现那不是稻田，而是一个池塘，水都快没到他脖子了。那偷瓜贼见他紧追不放，情急之下从池塘里抓起一大坨泥巴甩了过来，一下子糊了郑树胜满头满脸，他一下子什么都看不见了，几近窒息。好在他水性不错，但挣扎着爬出池塘时，偷瓜贼早已逃之夭夭了。

这事郑树胜自然没敢告诉吴明珠，只悄悄告诉了吴国元。吴明珠第二天来瓜地，一眼就发现几个瓜被踩坏了，而且还少了一个瓜，忙问怎么回事，郑树胜支支吾吾不敢说。吴明珠急了："瓜就是我们的命，让你看个瓜都看不住，到底怎么回事？"

在一旁的吴国元这才说了原委，吴明珠听了心一软："树胜，以后一定要小心啊，瓜没有了可以再种，生命可只有一次，再不要冒这样的险了。"

视瓜如命的吴明珠说出这番话，让郑树胜感动了好久。

新疆是全国较早开展农作物南繁育种的省区市之一。为改变新疆育种科技人员每年各找住所、自办伙食、不能集中精力南繁育种的状况，1978年，新疆维吾尔自治区成立了由党委副书记李嘉玉任组长的南繁工作领导小组，下设业务挂靠自治区种子站的常设机构"新疆南繁指挥部"，在全国率先结束了各自为战的无序南繁局面。

新疆南繁指挥部成立后，1979年开始在距离崖县约十公里的荔枝沟师部农场建立了固定的新疆南繁大院。大院内建有两层和三层楼房各一幢、砖瓦平房十七间。此外，还有食堂、伙房、仓库、车库等配套建筑。

这是新疆在海南设立的一个重要育种基地，为新疆农业科研机构进行农作物品种的南繁选育、引进、制种、扩繁、种子纯度鉴定和种质资源收集等工作提供了良好的条件。

1981年，新疆南繁指挥部逐步建设完善，吴明珠的南繁团队也搬到了指挥部。

1982年，吴明珠的南繁团队又多了两员虎将——1980年高中毕业就跟着吴明珠的冯炯鑫和刚从石河子农学院园艺系毕业的廖新福。

相比以往，他们的南繁生活有了极大改善：住，有固定的集体宿舍，是砖瓦平房，四个人一间；床，是用一根根竹子排列起来当床板、六根木桩固定起来当床腿，床架上面挂有蚊帐。吃，在农场食堂，拿钱和全国粮票到农场场部买饭票。同时，有了自来水、电和公共厕所。

生活条件大家非常满意，但育种条件尚不尽如人意。于是，吴明珠团队就在附近芒果园里开垦了一片育种基地。

指挥部为祝贺吴明珠团队到来，在宿舍门口贴了一副对联：创大业为科技英才，展宏图现华夏明珠。横批：高风亮节。

众人鼓掌叫好，吴明珠说："这是对我们的鼓励和鞭策。现在条件这么好，我们更要加油干！"

从新疆过来的南繁人员都住在这儿，考虑到大多数人的饮食习惯，指挥部从新疆请来一个大厨做饭，一日三餐除了海南当地的糙米，还有面食，偶尔还能吃上一顿肉。闲时，大家晚上会提着马灯到海边捉螃蟹、拣扇贝，打打牙祭。

虽然每天工作劳累，但生活很充实、很温馨，大家常聚在一起聊家常、叙友情，像一个大家庭，生活不再单调寂寞。

有时候师部农场放电影，廖新福、冯炯鑫等几个年轻人谁也不敢向吴明珠请假，不料吴明珠大老远就招呼他们："今晚你们去看电影吧，我来守瓜地。"

电影散场，大家都觉得怪不好意思的。

偶尔有闲暇，吴明珠看年轻人憋得慌就说："你们出去转转，散散心，瓜地有我呢！"几人一听，高兴得飞也似的跑了。

那时候育种就种一季，每年9月底10月初来海南加代，2月就回新疆。当时没有大棚，都是露地种，甜瓜的病虫害很重，无论新疆多好的种子到了海南都不抗病虫，甜瓜很难熟，收的种子的成熟度也不好。西瓜的病虫害轻一点，成熟后可以收到较好的种子。碰

1982年，吴明珠和她的团队合影

吴明珠在三亚荔枝沟的师部农场
新疆南繁指挥部

上台风天，大家只能眼睁睁看着雨水冲刷地里的西甜瓜苗，只好重复种下一代，不能因为天气原因"颗粒无收"。

赛瓜会上，瓜香人欢，马嘶驴叫

　　每年返回吐鲁番时，最麻烦的是要重新找地块。因为在熟地种瓜，要特别注意轮作和选择合适的前作，切忌连作。连作会造成土壤中瓜类所需的营养元素偏缺、土壤传播的病菌大量聚集，发病多、产量低，所以有"瓜茬瓜，不发家"的谚语。

　　不同的前茬作物对瓜类作物的产量和品质有着显著影响。西甜瓜不宜与葫芦科、茄科作物连作（即重茬），最适合种在前茬作物是小麦、玉米、花生、苜蓿的地里，以及经过耕作晾晒的休闲地里。此外，棉花、水稻等也是较好的前茬选择。一般试验地面积以五至十亩为宜，并要确保土地的安全性良好。

　　多年来，吴明珠团队一直没有固定的育种试验基地，每年打一枪换一个地方，吃了不少苦头。每换一个地方，对土质、气候环境都要从头摸索，增加了工作难度。若遇到风灾等自然灾害，不仅育种材料没保障，个别年份连种子也收不上，辛苦付诸东流，也延长了育种时间。

　　好在吴明珠与当地农民特别是维吾尔族、回族等民族群众关系非常亲密，只要是她选中的地块，农民会以相当优惠的价格出租，并无偿提供有机肥等。他们先后在吐鲁番的雅尔乡，鄯善的乔克塘、东湖乡、七克台、辟展乡等地育种，有一年还去了库尔勒。库尔勒自然环境比吐鲁番要好，可是开播没吐鲁番早，吐鲁番三月就可以播种了。

20世纪80年代初期，吴明珠利用生态差，南北选育扩大品种适应性：每年春夏季在吐鲁番育种，吐鲁番干旱、炎热，能抗吐鲁番高温的材料生命力旺盛；秋冬季到海南加代选育，海南温暖、潮湿、病虫害极多，是进行抗性选择的最佳地区。如此循环，育出的品种抗性、适应性和品质都较理想。

刚开始，吴明珠团队只有郑树胜、冯炯鑫两人，没有多少科研经费，请不起工人，试验地里的活都是吴明珠带着两人起早贪黑地干。在海南种两三亩地，在吐鲁番一般种五亩左右，后来他们在新疆当地请了胜金乡的农民克然木·买买提帮忙。

买买提家庭困难，吴明珠给他安排了住房。他把老伴和孙子都带了过来，有了固定收入，一家人的生计问题也解决了。

买买提踏实肯干，不但会农活，还会木匠、铁匠等活计，一些日常农具的维修他也全包了。他带来的一辆小毛驴车，在生产中发挥了很大作用，比如拉化肥、拉瓜等，省了很多人力。

每当一批新材料出苗后，吴明珠和学生就一株一株地跟踪观察，生怕漏选了一个好材料。他们常常在最炎热的中午或刮大风时，到地里观察品种的抗逆性。晚上收工回来吃完饭也不得空闲，郑树胜和冯炯鑫还要制作人工授粉时套在花柱上的小帽子：把锡箔纸裁成边长为两三厘米长的正方形，再用铅笔卷起来，在头上拧一下，一个小帽子就做成了。

"这都是老杨攒的烟盒里的锡箔纸，我让他戒烟他也戒不掉，还找理由说抽烟是为了给我攒锡箔纸。瞧瞧这一大堆，就知道他的烟瘾有多大了。"吴明珠边抱怨边递上一沓沓锡箔纸。这些锡箔纸肯定不够，得再找羊皮纸或硫酸纸来做，一季要做两三千个才够用。两个小伙子一面干这些细致枯燥的活，一面漫无边际地闲聊。

吴明珠见他们聊天，眉头一皱："你们时间多得很吗？有这时间不知道学学英语？我可是要考你们的。"

两人立即悄不作声。她前脚一走，郑树胜就笑着说："怎么比老妈还管得多，我妈都不这么管我呢！"

"可不就是妈妈嘛！"冯炯鑫笑着回应。

他们心里很服气，又相互考起英语单词来。

到了收瓜的时候，吴明珠怕拖拉机拉瓜会颠坏瓜，就用毛驴车把瓜拉回单位再掏瓜种。

有时毛驴车装上瓜再坐上人，小毛驴一看就罢工，一步也不肯往前走。买买提挥鞭猛抽，吴明珠连忙拦住，怜惜地捋着小毛驴的毛说："小驴子，我知道你也累了，我们下来走，你只拉瓜就行了，不要把我们的瓜颠坏了。"

小毛驴这才迈开蹄子。大家大笑道："这小驴子心眼儿还挺多，而吴老师偏偏又是如此'怜香惜驴'。"

每每培育出新的品种，吴明珠总想方设法进行推广，给周边农民送种子，让他们种瓜。收获后，一些瓜农会抱着瓜来感谢吴明珠，说自己种的瓜真好吃。

这启发了吴明珠。她对郑树胜、冯炯鑫说："谁都说自己的瓜好，我们不妨搞个赛瓜会，让瓜农把最好的瓜拿来评比，既可以从中发现优质的农家品种，还有利于提高农民种瓜的积极性，一举两得。"

郑树胜和冯炯鑫兴致勃勃："好呀，咱们新建的礼堂这么大、这么漂亮，场地足够。如果能通过赛瓜会宣传推广新品种，今后也不用那么费时费力挨家挨户推广了。"

"也不要局限于瓜农，可以邀请全国研究瓜的科研单位加入以扩大影响，以便同行相互交流学习。"吴明珠说。

说干就干。吴明珠争取到吐鲁番和鄯善县委的大力支持，赛瓜会由新疆吐鲁番地区葡萄瓜类研究所主办，鄯善县农业技术推广站协办。通知发到各个公社，整个吐鲁番地区不管是单位还是农户，只要是漂亮的好瓜，都可以拿来参赛。

邀请领导和评委、布置礼堂、悬挂横幅……吴明珠忙得不亦乐乎。终于，迎来了期盼已久的这一天。

这天，吴明珠抱着一个特别漂亮的金色网纹甜瓜来到礼堂交给冯炯鑫，说："炯鑫，这个瓜是我们自己培育的，你把它摆在最醒目的位置，这个瓜不参加评比，只用来展示。"

"吴老师，摆在这儿可以吗？"冯炯鑫把瓜摆在展台中央。

"可以，大家进来后一眼就能看到。你一定要给我看好了，赛瓜会一结束就收起来。"吴明珠叮嘱冯炯鑫后，就去迎接前来参赛的人。

吐鲁番和鄯善的瓜农来了，远的开着手扶拖拉机来，近的赶着马车和驴车来，有的甚至顶着烈日抱着瓜徒步十几公里来到会场。

新疆农科院、新疆八一农学院、河北农大、浙江农大、中国农业科学院郑州果树研究所等科研单位的同行来了。

吐鲁番、鄯善县政府和科委的领导也来了。

整个基地人头攒动，气氛空前热烈。

新疆吐鲁番地区葡萄瓜类研究所一下子成了众人的焦点，崭新的礼堂、通红的大门十分喜庆。门楣上方的西甜瓜、葡萄、地球等图标更是吸引了众人的目光。

乡亲们议论纷纷："看，我带来的瓜和墙上那个瓜一样好看。""我种的瓜要是能评上'瓜王'，是不是就可以卖到全国、卖到全球了？"

工作人员听到这话，更正道："不光是你的瓜卖到全国和全球，吴老师是要让我们新疆的瓜走向全国、走向全球……"

礼堂内外，瓜香、人欢、马嘶、驴叫，一派前所未有的热闹景象。

冯炯鑫等工作人员当场给参赛的瓜——称重、登记、编号，展台上摆满了来自各个地方的优良品种，品种之多之好，远远超出大家的想象。

吴明珠如数家珍地向评委们逐一介绍每个瓜的名称、来源。

每介绍完一个瓜，郑树胜等工作人员就接过来切瓜，随着一声声脆响，一块块瓜递到了评委面前，他们品鉴、打分，郑树胜等人再进行分数汇总。

9.2分、8.5分、8.8分……

每宣布一个得分，瓜农们就鼓掌欢呼，叽叽喳喳地议论着。

吐鲁番红旗公社的瓜农自豪地说："这瓜是我种的，一定能得奖！"

"你这瓜都能得这么高的分，一会儿看我的瓜，那是最最有名的潮地瓜，肯定比你的瓜分数高。"鄯善县辟展公社的瓜农不服气地说。

"你就吹牛吧，我们种的是吴技术员的品种，这个奖我们拿定了。"住在双水磨的瓜农接过话，一副胜券在握的样子。

"你们都别争了，什么时候我们能种出那样的瓜才叫厉害。"有人指着展台上那个金灿灿的甜瓜说，大家一看都不说话了。

宣布评比结果的环节充满了紧张的气氛，获得一等奖的"瓜王"成了众星捧月的人气王，人们里三层外三层围着他讨教种瓜的经验，分享着瓜的甜蜜。

获奖的公社和单位领到了奖牌，瓜农们则得到了水壶、脸盆、茶杯、毛巾等奖品，各自兴高采烈地打道回府。

打扫"战场"时，吴明珠一看展台上她的瓜竟然不翼而飞了，忙问："炯鑫，瓜呢？我让你盯着的那个瓜去哪儿了？"

冯炯鑫一看，吓出一身冷汗："刚刚还见它在这儿的，谁抱走了？"

"怎么回事，连个瓜都看不住？赶快去找，无论如何要给我找回来!"吴明珠大为恼火,黑着脸狠狠地训斥着。

冯炯鑫一时不知所措。买买提悄悄对他说:"你呀,闯祸了!我在地里给吴老师看瓜,哪个好瓜在哪里,吴老师都盯得死死的,少一个瓜都逃不过她的眼睛。我渴了去吃别人地里的瓜,也不敢吃吴老师种的瓜。这瓜可是她的宝贝,你赶快去找,这里我来收拾。"

冯炯鑫从没见吴明珠发过这么大的火,不敢怠慢,连忙四处打听。原来,吐鲁番地区葡萄瓜类研究所里一个搞行政的同志在赛瓜会结束时,听见鄯善县一位领导夸这瓜如何如何漂亮,就把它抱下来做了顺水人情,送掉了。

"岂有此理,谁让他自作主张送瓜的?马上给我追回来!"吴明珠不容分说地说。

冯炯鑫、郑树胜刚参加工作没多久,对瓜、对种子的重要性还十分懵懂,完全没有这个意识,心想:"至于发这么大脾气吗?"但他们也不敢不执行命令,二话不说就去追瓜了。

瓜追回来了,吴明珠心情也平复了,她对冯炯鑫、郑树胜说:"别人不理解,我们搞育种的难道不知道种子多重要吗?这瓜我们已经加了四五代,快育成了。加代的瓜一旦丢了,得从头再种,浪费时间精力不说,关键还不一定能种出这么好的品种。我们的科研生命是有限的,经不起这样的折腾啊!"

这事有多个版本,被传得神乎其神。有人说:"不就一个瓜嘛,也未免太不近人情了,这种事也只有她能做得出来了。"

抛开其中夸张的成分不论,后来冯炯鑫、郑树胜等所有跟着吴明珠没日没夜一起种瓜的人,都能感同身受并理解她的这种"不近人情",她心中的天平始终是向瓜倾斜的。为了瓜,她可以什么都不要。

赛瓜小舞台,推广大平台。打响第一炮后,吴明珠连续几年牵头举办赛瓜会,这项最亲民、最具互动性的赛瓜会成了瓜农们一年一度最盼望的活动，不仅高效推广了新品种、提高了瓜农的种植技术，还为他们带来了可观的经济效益。

瓜农说："哈密瓜的甜蜜，是吴技术员他们辛苦酿造出来的。"就连远道而来参加赛瓜会的科研专家都说，这样的活动别开生面、大开眼界。

在这一阶段，吴明珠成功选育出一些常规品种以及高质量的自交系：

1984年，"含笑"通过了新疆维吾尔自治区品种审定，获吐鲁番优秀科技成果三等奖，在新疆维吾尔自治区赛瓜会上获得荣誉奖。

西瓜新品种"火洲一号"，1984年通过新疆维吾尔自治区品种审定，在同年的全国西瓜评比会上获中国固定品种第二名，1985年获吐鲁番科技进步奖一等奖、新疆维吾尔自治区科技进步奖三等奖。

西瓜新品种"伊选"，1984年通过新疆维吾尔自治区品种审定，在同年的全国西瓜评比会上获早熟品种第一名，1985年获吐鲁番科技进步奖二等奖。

这些，都是"南繁北育"结出的硕果。

辞官归田，"我的人生就是想多结几个瓜"

身为副专员，必须处理大量的公务、参加各种会议，吴明珠难免分身乏术，六分之五的科研时间常常难以保证。一面是事无巨细的行政管理工作，一面是丝丝入扣的瓜种选育工作，二者都要耗费大量的时间和精力，比起处理行政上的繁杂事务，她更愿意把精力投入育种工作。

思考再三后，吴明珠找到当时新疆维吾尔自治区党委书记、自治区人大常委会主任铁木尔·达瓦买提，请求辞官。

铁木尔·达瓦买提在二十世纪五六十年代先后任托克逊县长、县委书记，吐鲁番中心县委副书记，因工作往来和吴明珠很熟悉，也是她非常好的朋友，更深知她的脾性："多少人想当这个官，你辞官？吴明珠，这种事也只有你想得出来，也做得出来！"

"书记，这么多年你是了解我的，不管做什么事情都用心去做、努力做好。我占着这个副专员的位置，却腾不出时间来做这个工作，影响到党的事业我心里也很不安。"

"知道你有多大的发展空间吗？女同志、知识分子、年富力强、有科研成果，放眼全新疆，什么人有你这么好的条件？这意味着什么？"铁木尔·达瓦买提扳着手指一条条罗列着她的优势。

"这些对我都不重要。人这辈子能做好一件事就不错了，对我来说那就是种好瓜。你就让我一心一意种瓜吧！"

"吴明珠，现在像你这样的人不多了，纯粹、无私、执着。好吧，我支持你专注甜蜜的事业，同意你辞去行署副专员职务，但要经过组织批准。"

一个星期后，吴明珠愉快地卸下了"副专员"的重任，只保留地委委员职务。无官一身轻的她，大步迈向选育创新西甜瓜新品种的漫漫科研路。

1983年11月，《新疆日报》《光明日报》等报纸相继发布一条简短的消息："育种专家吴明珠辞去吐鲁番行署副专员职务。"

据说，这条"解甲辞官"的消息引起多方关注，被许多新闻媒体炒得沸沸扬扬。

人们不理解，吴明珠为什么放着一呼百应、八面威风的官不当，偏要面朝黄土背朝天地种瓜，真是太傻了。但这消息在吐鲁番却没有激起什么波澜，因为这事发生在吴明珠身上似乎是意料之中的事，谁也没觉得应该大惊小怪。人们说，如果为了当官，她就不会从北京来到新疆，就不会从乌鲁木齐跑到鄯善。在吐鲁番盆地，谁也没有把这个"瓜专员"当成"官"。

五年副专员，吴明珠没有谋一点私利。丈夫杨其祐始终是农技站的一名技术员，1981年因身体原因调到江苏省农科院筹建原子能农业利用研究所，从事辐射育种研究，成为单位的业务骨干。儿子杨夏高中毕业后上山下乡，返城后没有工作，流落重庆四处打工，吃尽苦头。她从没想过为儿子在吐鲁番找一份体面的工作。

五年副专员，吴明珠一心种瓜，除参加必要的会议外，几乎都在瓜田里，全身心地投入育种栽培。选种、播种、平地、打埂、开沟、铺膜、授粉、测糖度、鉴定品样，每样她都亲手操作、亲自把关。每次下乡或开会回来，她第一个念头必是先到瓜棚去看瓜，然后才是回家。难怪杨夏会抱怨："在她眼里，瓜比儿子要亲。"

1983年，由吐鲁番地区葡萄瓜类研究所承担的常规育种课题和甜瓜栽培课题，分别列入新疆维吾尔自治区农业厅和科技厅组织的科技攻关项目"提高甜瓜品质和产量研究"的育种协作组和栽培协作组。吴明珠担任攻关领导小组副组长，带领廖新福、郑树胜、冯炯鑫以及买买提，夜以继日开展技术攻关。

多年来，吴明珠一直把培育一个综合性状优于"红心脆"而品质与"红心脆"相当，且外形美观、产量不低的大众化品种作为育种目标。开展技术攻关后，育种组在原育种目标基础上提出了更高的育种指标：一、二级商品瓜亩产不低于1.5吨，可溶性固形物含量在12%以上，商品瓜整齐度达95%，抗性、耐贮运性好，等等。

当时，研究所试验地连续几年种甜瓜，但地里瓜列当（俗称"瓜丁"）疯长，寄生在甜瓜上，严重危害瓜的生长、影响瓜的产量和品质。

吴明珠对大家说："瓜列当繁殖能力相当强，目前还没有有效的防治措施，无论是人工拔除还是化学防治，都不可避免地会对瓜造成严重危害。看来今年要实行轮作，避免重茬，只能重新找地块播种了。大家想想办法，看哪里有合适的试验地。"

这时，研究所一个家住鄯善辟展公社乔克塔木大队的临时帮忙的维吾尔族农民说，他家里有六七亩地，不知合适不合适。

吴明珠马上派廖新福、冯炯鑫等人前去察看地块。除了位置稍远，地块不错，前茬也不是葫芦科或其他蔬菜类作物，这位农民家里还有房可以租住。

课题组于是就驻扎在这个村庄，他们每天扛着"坎土曼"（一种类似锄头的农具）到地里劳作。种子如期播下去了，看着瓜苗破土而出、长出真叶，他们加强田间管理，整枝、压蔓、除草、施肥……

快到采收季节，吴明珠外出开会回来后直奔鄯善这个试验地，蹲下身子整整那个枝，摸摸这个瓜，似乎和瓜们有说不完的话。当她直起身子时，忽然眼睛一亮，发现不远处有一个瓜长得尤其漂亮。

她快步走上前，小心翼翼地采收后，把瓜高高地举过头顶，朝冯炯鑫等人兴奋地大喊："你们快来看，快看这个瓜，长得太漂亮了，这个品种多出色啊！"

此时的吴明珠，像一个快乐的小女孩，除了兴奋还是兴奋。

或许因为每天都在田间劳作，大家并未特别留意，但此刻在吴明珠的托举下，在火焰山炽热阳光的照耀下，这个瓜闪耀着金黄色的光泽，绿色的条纹时隐时现，宛如大自然精心雕琢的杰作。它犹如一位尊贵的皇后，超凡脱俗，毫无保留地彰显着生命的绚烂与华美。

大家从吴明珠手里接过瓜来，围观着、赞叹着，也相互打趣道："看来这瓜地里不是没有好瓜，而是缺少发现好瓜的眼睛。"

殊不知，吴明珠托举的这个瓜就是"皇后"，此前提到过的"皇后"系列就是通过这个瓜培育出来的。简言之，这瓜是"皇后"系列的源头，也是甜瓜育种的骨干材料。

在新品种培育过程中，吴明珠团队致力开拓创新，全力以赴攻克"两大难关"：

一是怎样提高厚皮甜瓜授粉坐果率，使幼果能正常生长发育而不脱落。

吴明珠发现，在甜瓜的人工控制授粉过程中，其坐果率存在差异。美国加利福尼亚州德舍特种子公司的坐果率大约为30%，而苏联的相关资料显示苏联的坐果率为38.7%。在新疆，北部地区通常年份的坐果率为30%—40%，而在吐鲁番盆地，由于气候炎热干燥，坐果率普遍只有20%左右，这减少了优良品种的选择机会。此外，反复进行人工授粉不仅耗时耗力，还使得甜瓜的育种和良种繁育工作量显著增加。

"要改进授粉技术，提高坐果率。"吴明珠带领课题组经过定期定点的试验观察，从一系列繁杂的实验数据中得出结论：吐鲁番最佳授粉时间为5月下旬至6月上旬，此时授粉能有效避开病毒发病期；每天授粉时间不能过早或过晚，以早上8时至11时为宜，尽量争取在8时至10时内完成。根据品种特性严格整枝，选好授粉花位，一般都采用单蔓整枝，叶幕不要太厚，否则影响通风透光，使蓓蕾、幼果黄萎脱落，叶片也不能太稀，以免太阳烫伤幼果、灼伤大果。为确保授粉纯正，在授粉前一天下午选花夹花。利用蕾期授粉，可以扩大选花、授粉范围，提高工效。同时，加强授粉前后的田间管理，授粉前浇一次水，保证授粉的湿度要求，授粉后在子房下铺一些柔草，防止子房烫伤。

人工控制授粉，一般一株有1—2个果实即可，授粉果坐稳后，即停止对该株授粉。

整个试验过程中，吴明珠全程跟踪，时不时提醒：

"大家注意，单蔓整枝所出现的第一至二朵结实花最容易坐果，要抓紧授粉，千万不要错过了。"

"在夹花、去雄、授粉过程中一定要轻，可以抓住花冠授粉，不要碰伤子房、抹掉茸毛……"

"如果植株坐不住瓜，造成空秧，就会严重影响育种进程。"

围绕授粉技术的改进，配合田间管理技术，吐鲁番厚皮甜瓜的自发授粉坐果率从20%左右提高到50%左右，最高的在60%以上。连续几天授粉，课题组做到株株有自交瓜，扩大了选择范围，提高了育种效率。

二是怎样解决甜瓜加代的病害问题。为加快育种速度，课题组秋冬季在吐鲁番温室加第二代或三代，有时在海南岛和吐鲁番同时进行加代。但温室温度高，病害极重，于是课题组试用无土栽培，基本成功。通过两年试验，在基质、营养配方、温湿度控制、防治病害等方面，课题组摸索出了一些经验。当时，他们的甜瓜无土栽培在国内可以说是第一家。

吴明珠在国内首先研究出提高厚皮甜瓜授粉坐果率的关键措施，解决了西北干旱地区厚皮甜瓜人工授粉坐果难这一关键问题，并为甜瓜通过花粉管通道转基因提供了理论依据和较准确的操作时间。利用这一技术，课题组在全国首先获得多个厚皮甜瓜转基因抗病单系。同时，课题组研究出厚皮甜瓜无土栽培技术并取得甜瓜育种加代成功，为甜瓜杂优制种打下了基础。

1984年，时任中共中央政治局委员、国务委员、国家科委主任方毅到鄯善视察，在吐鲁番地区葡萄瓜类研究所见到吴明珠。他说："明珠同志，我还记得全国科学大会时你对我说的话，我今天就来看看你的科研成果。"

吴明珠迎上前说："您当时说等着品尝我培育出来的甜瓜呢！我们今天刚好在这里举办赛瓜会，咱们去现场看看吧。"说着，她陪同方毅来到赛瓜会现场。

"这么热闹啊！这活动好，接地气、聚人气、暖人心、惠民生，看老百姓多高兴啊！"现场瓜香四溢、喜气洋洋、热闹非凡，方毅十分高兴。

工作人员端来了甜瓜新品种请领导们品尝。

看着那些有着漂亮网纹、香气扑鼻的甜瓜，品尝到它们细松脆爽、香醇绵长的甜蜜，方毅连连夸赞："明珠同志，你培育出来的甜瓜真是瓜果中的佳品啊！"他即兴题词"佳果"，既是对眼前这些瓜果的赞誉，也是希望吴明珠培育出更多的佳果。

为加强西甜瓜种质资源与新品种选育以及优质高产栽培等研究，1984年夏，新疆农业科学院邀请吴明珠到园艺作物研究所帮助开展相关研究。

1985年5月，吴明珠正式调入新疆农科院园艺所。新疆农科院让吴明珠任副院长之职，吴明珠婉拒了："要是想当官我就不会到农科院来。我只想在这个科研平台上专心搞西甜瓜育种，把这个事做大做好。"

她想起新疆农科院涂治老院长曾对她说："明珠，我看你还是适合在专业技术上发展，只要坚持下去一定会出成果。"

如今斯人已逝，但他的话语犹在耳边。吴明珠心中默默地说："老院长，我一定潜心研究西甜瓜，不辜负您的期望。"

她摆脱了繁杂的行政事务，以更加充沛的精力投入提高西甜瓜品质和产量的研究。不管她工作如何变动，新疆维吾尔自治区协作攻关的项目始终没有中断。

后来，冯炯鑫也调到了新疆农科院园艺所。很多人羡慕他说："能调到首府，成了大城市的人，总算脱离了苦海，再也不用在

'火洲''风库'忍受极端恶劣的天气了。"

那时，新疆很多干部不到万不得已都不愿意到吐鲁番出差。

冯炯鑫听闻此言，也不做过多解释。他们的吴老师绝不会考虑人在哪里过得舒适，只会考虑她的瓜在哪里长得最好。他们的基地仍然在吐鲁番和鄯善。

为更好地把握育种方向，吴明珠带领课题组同志潜心钻研育种知识，加快知识更新，还让大家通过阅读专业图书学习新知识。有了专业知识的支撑，课题组攻关优势十分突出：一是熟悉亲本，无论是新疆当地品种还是外地引入品种，他们都了如指掌，减少了选择的盲目性。二是严格授粉操作程序，试验地很少有错种和混杂不纯的情况。三是精于田间管理，没有因管理不当或遭病虫害袭击而报废的试验。尤为可贵的是，他们在育种工作中始终没有停止创新的脚步。

一天授粉后，吴明珠直起身来，若有所思地盯着采摘下来的雄花对廖新福说："你看这些甜瓜栽培品种，大多属完全花与雄花同株类型，杂交时结实花要去雄，程序烦琐，太耗时了。如果能选育结实花为雌性单性花的母本，就能简化制种手续，提高制种效率。"

"吴老师，这么多年咱们一直这样授粉，如果能实现单性花育种，授粉效率至少提高一倍。"廖新福也跃跃欲试。

1985年，吐鲁番地区葡萄瓜类研究所迎来了新的发展阶段，它被扩建并更名为新疆葡萄瓜果开发研究中心，同时成立了技术开发服务公司。在这一背景下，吴明珠率领由新疆农科院园艺所与新疆葡萄瓜果开发研究中心共同组建的联合课题组，踏上了简化杂一代甜瓜制种程序的征途，着手研究将结实花转化为单性花的方法。课题组选用了美国的单性花材料"GSV·83095"，与"醉仙""含笑"等优质甜瓜品种进行杂交试验。历经九年的不懈努力，他们辗转于南方与北方进行繁育，历经五代回交和八代自交的精细培育，最终成功培育出了单性花基因纯合的自交系。这一成果令人振奋，"含笑"与"醉仙"的单性花率均稳定达到了100%，且它们的品质和风味与原始品种相差无几。雌性单性花的转育工作至此基本取得了成功，并迅速被应用于实际生产中。这一创新技术极大地提升了甜瓜的制种效率，为甜瓜产业的进一步发展奠定了坚实的基础。

为便于苗期鉴定，吴明珠又从美国引进既有黄叶标志基因又是单性花的"C879J2"甜瓜材料与"芙蓉"杂交、回交、自交，"芙蓉"转育效果显著，选育出了一个抗性好、品质优、具有单性花特性和黄叶标志基因的特殊性状自交系。

课题组五年育种，硕果累累：

以优质甜瓜"含笑"作亲本，与其他远地理起源的优良品种杂交、回交或多亲杂交，共种组合76个，累计试验面积41亩。

攻关五年，到海南南繁五次，大棚和温室加代三次，最多时一年种三次，完成十个繁殖世代，提交"皇后""芙蓉""郁金"三个甜瓜成品新品种，经新疆维吾尔自治区品种审定委员会审查通过，分别命名为"新蜜1号""新蜜2号""新蜜3号"，在鄯善县示范种植1000亩，有效促进农民增收。三个品种大量进入市场，远销深圳、广州、上海、北京、天津等大城市。新疆葡萄瓜果开发研究中心因此荣获1986年新疆维吾尔自治区农业技术推广一等奖。

提供半成品甜瓜两个："红芙蓉"和"黄醉仙"。两个品种早熟、硬皮、软肉、浓香，风味很好，在鄯善马场试种10多亩，受到农民欢迎，并到海南制种。另外两个有希望的品系，在试配组合中。

"提高甜瓜品质及产量的研究"攻关项目，获得了新疆维吾尔自治区科技进步奖二等奖。

为了种瓜，吴明珠什么都不管不顾。

全国科学大会之后，国家着手恢复并健全了职称评定体系，这让广大知识分子深切感受到了被尊重的喜悦。尽管职称评定并不直接与薪资挂钩，但它却象征着一种崇高的荣誉。到了1983年，新疆维吾尔自治区紧跟步伐，启动了专业技术职称的评定工作。由于当时没有设定具体的岗位需求、数量限制以及任期要求，许多满怀热情的知识分子纷纷提交了申报材料，积极参与其中。

时任新疆维吾尔自治区党委副书记李嘉玉分管农业生产，他很纳闷儿报上来的评审材料里没有吴明珠的材料，因为论学历、资历、科研成果以及对农业生产的贡献等，吴明珠是最有资格参评的。他问主管职称的同志："吴明珠同志的材料呢？"

"吴老师没有申报。我们问了她本人，您猜她怎么说？"主管职称的同志卖了个关子。

"怎么说？"李嘉玉也很好奇。

"她说，她正忙着给瓜授粉，没空填写这些东西，不能为了一个职称而误了农时。"

"这个吴明珠，这个吴明珠啊！"李嘉玉听了，一声长叹，不知是该怨她还是该夸她。只有像她这样淡泊名利的人，才能拥有超然物外的豁达心境，不为名所累，不为利所缚。

"早佳8424"横空出世，一瓜封神

1984年，吴明珠在几十组试验配比组合中，成功培育出最为出色的西瓜品种——"早佳8424"。

因它是1984年第24组试验中培育出来的早熟品种，代号"8424"，吴明珠又取"早熟""佳果"之义，故定名"早佳8424"。

说起"早佳8424"，伊鸿平无疑是幸运的。

1984年，伊鸿平从新疆八一农学院毕业，被分配到新疆农科院园艺研究所，加入了由园艺所和吐鲁番地区葡萄瓜类研究所联合组成的课题组，在吴明珠带领下开展技术攻关。

伊鸿平上大学时就听说吴明珠是知名的西甜瓜研究专家，知道她在瓜界人气很旺。1983年，伊鸿平来到吐鲁番地区葡萄瓜类研究所实习时，第一次在试验地听她讲果蔬学课程，以及新疆西甜瓜育种的现状和研究方向。

她讲育种的重要性："好种子带来好收成。要找出优秀的西甜瓜品种，百里挑一不行，必须千里挑一、万里挑一。"

她讲栽培的重要性："一个好的育种工作者必须是一个好的栽培工作者，二者不可割裂。搞育种的人如果不懂得栽培，在选育时良莠不分，必然选不出好的杂种后代，而你不可能把所有的种子都种地里。如果试验地管理不好，就不能客观反映材料的好坏，轻者延误育种进程，重者选育失败。所以首先要过栽培关，因为优良品种的性状能否表现出来就靠栽培，这叫良种良法配套。"

吴明珠一边深入浅出地讲解，一边蹲在瓜地示范，这让伊鸿平既感动又敬佩，坚定了要从事西甜瓜科研事业的决心和信心。他想，如果以后能师从这样的名师、专家，该有多好啊！

没想到这次听课竟改变了他的人生轨迹。

1984年毕业分配时，伊鸿平被分到新疆维吾尔自治区畜牧厅，这与他的园艺梦相去甚远，他没有服从分配，因而被退档。恰好当时新疆农科院园艺所到新疆八一农学院招揽人才，伊鸿平毫不犹豫地报名，通过激烈竞争加入了他心心念念的团队。

伊鸿平深感幸运，因为他经历了"早佳8424"从田间组合筛选直至选育成功，再到其南移东进、广泛推广的每一个重要环节。

虽然"早佳8424"选育攻关阶段在1984年，但基础工作与吴明珠近30年收集整理新疆地方瓜种资源是分不开的。其亲本的选育在国内外同类研究中乃属先例：

父本 T_2 西瓜的选育历程始于1965年，它是我国西瓜育种史上的一次创新尝试，首次将远地域、多生态型及不同熟期的西瓜品种进行多亲复合杂交与回交。经过1972年的两次常规育种与诱变育种，T_2 终于崭露头角。它的原始亲本涵盖了美洲生态型的美国"K_7"和"糖婴"、东亚生态型的日本"金露"和"金都"，以及中亚生态型的吐鲁番白皮高产夏西瓜，共五个西瓜品种，经过杂交选育，最终在1984年定型。T_2 遗传基因丰富，适应性强，集成了多个西瓜自交体的优良性状，综合性状优势极为突出。

而母本"伊选"的故事则始于改革开放之初，当时新疆用一些常规西瓜老品种与日本的西瓜品种进行了交换，从而引进了杂种一代"伊吹"。经过自交分离，课题组定向选育了八代，终于在1981年选育出了"伊选"西瓜，并于1984年通过了品种审定。"伊选"皮色浅绿，早熟且品质优良，唯一的缺点是皮薄易脆，在采收和运输过程中容易裂果。

无论是父本 T_2 还是母本"伊选"，它们的选育都历经了漫长的时间，父本选育长达20年，母本也历时8年。在选育过程中，吴明珠团队采用了多元杂交和回交等方法，进行了多倍体西瓜育种，这背后凝聚了他们无尽的心血和汗水。

最终，按照西瓜育种的性状目标要求，课题组将新育成的优质西瓜母本与抗病耐储运的西瓜父本进行了选配杂交，并对新杂交组合进行了多点栽培测试，为"早佳8424"的诞生奠定了坚实的基础。

1983年9月底，吴明珠让廖新福、冯炯鑫带着两个工人到海南崖城适配组合："你们早点过去，先做一些准备工作。我处理完这边的工作就去和你们会合。"

廖新福等人没想到来海南后一直下大雨，稻田里的水稻无法收割，他们只能等水稻收割后才开始抽水、平地，好在终于赶上农时，如期做了适配组合。

1984年春天，课题组在新疆吐鲁番地区葡萄瓜类研究所进行测优初选，在研究所旁边园艺场四队试验地种了40多组种子，其中第24个组合表现最为突出。课题组请吐鲁番科委、各农技站园艺专家来地里做品种鉴评，最终筛选出这个优质、耐贮运的新品系，代号"8424"，即1984年第24个组合。

"早佳8424"单瓜重3公斤左右，果实呈圆球形，果皮绿色底，覆墨绿条带，果肉粉红色，细、松、脆、甜，中心折光糖在11%以上，风味品质极佳，抗病性较强。

早熟西瓜杂优新品种"早佳8424"横空出世，改变了中国西瓜品种的格局。

但这不是吴明珠育种工作的终点，而是新的起点。良种繁育是品种选育工作的继续，选育和推广良种工作是提高甜瓜和西瓜产量和品质的重要措施。

吴明珠带领团队随即紧锣密鼓地进行为期两年的区域性品种评比、中试及栽培等系列生产性试验。同时，他们开展高效栽培技术的研究试验，采用"三圃"进行亲本保纯、复壮提纯繁殖，确保亲本种子的纯度和稳定性。通过多重栽培试验，吴明珠团队探索出一套与"早佳8424"相适应的"三膜配套"栽培技术，西瓜可多次采收。

1987年，"早佳8424"参加新疆农作物品种区域试验，表现出早熟、品质优、抗病性强等特点。

直到1989年，"早佳8424"开始应用生产示范及推广，"早佳8424"种植成为优质高效农业项目。

以上过程历时5年。

此时郑树胜已离开课题组，在新疆葡萄瓜果技术开发服务公司做销售，把培育出来的"皇后""早佳8424"等优良品种推向全国。

说起品种推广的艰难，郑树胜现在回忆起来仍觉得难以想象。

他们不仅在鄯善辟展乡进行良种繁育，大面积种植"早佳8424"等品种，还把种子分门别类装进大旅行袋，肩扛手提，沿着陇海铁路，从甘肃的第一站开始，经陕西、河南、安徽、江苏，一直到上海南汇、浙江宁波，每到一个县城就找当地种子公司，免费留种，让各地试种，推广普及。

"这么好的种子，我们免费给人家，求着人家种，但效果仍不理想。这在现在简直是不可思议的事，现在种子都是按一粒一粒卖的，其贵重程度堪比金子。"郑树胜说。

究其原因，"早佳8424"产量低，皮薄易裂果，运输比较困难，优势不突出，各地并不怎么看好。

郑树胜越走越灰心，他去邮局给吴明珠打了一个长途电话。

吴明珠鼓励他："树胜，别泄气。我们的瓜品质和风味是别人比不了的，你再坚持一下，我不相信都不识货。"

在上海，他们拨云见日，终于"破例"。有人说，上海人对夏天的仪式感，就是从吃"早佳8424"开始的。

上海市农业局局长胡鼎军作为上海推广"早佳8424"的主要负责人，见证了这一曲折坎坷的历程。

20世纪80年代中期，为寻找适合上海人口味的新瓜种，胡鼎军带领团队到日本考察，品尝了很多种类的西甜瓜，均未能如愿。后来，他在三亚见到"早佳8424"西瓜，觉得上海人的专属美味也许就隐藏在这一串神秘的数字里。

1989年，胡鼎军热心牵线搭桥，让南汇农业技术推广站农技人员与吴明珠团队联系引种"早佳8424"。

起初，"早佳8424"在上海的生长环境中适应性不强、抗病能力较弱。吴明珠团队针对其抗病性进行了深入研究，不断优化选种，并在南汇种植了216亩"早佳8424"，指导农技人员根据当地独特的气候条件和水土环境进行精细栽培。结果，每亩产量高达3—4吨，亩产值超过2000元。后来，上海人将这一品种称为"南汇8424"。

"南汇8424"以其清甜的口感、细脆的肉质以及入口即化的特点，深受消费者喜爱，迅速占据了上海西瓜市场90%的份额，种植面积也随之大幅增加。同年，在上海举办的早熟优质西瓜展评会上，"南汇8424"荣获特别奖。

1990年，"南汇8424"在上海、江苏、浙江等地种植2000亩以上，在中国园艺学会西甜瓜协会组织的"全国南方早熟西瓜评比会"上斩获一等奖。为保证西瓜的优良品种，上海市种子公司与新疆建立了特约繁种、供种关系。此后，"南汇8424"屹立上海西瓜市场经久不衰，深受上海市民青睐。

1990年，"早佳8424"通过新疆农作物品种审定委员会审定，正式命名为"新优三号"。

"早佳8424"真正扩大种植是在1996年。

那年，郑树胜接到宁波市种子公司薄永明的电话："郑老师，'早佳8424'我们去年种了三四百亩，瓜农反映太好了，今年你们生产多少种子，我们要多少。"为保险起见，薄永明专程来到新疆，订下了合同。

因为是杂交种，当年只生产了一吨，鉴定完毕后全部发到宁波，供不应求。

1997年后，产量逐年增大，一年可生产12吨"早佳8424"种子，最大量时一年需要20吨种子。"早佳8424"在宁波、温岭等地大面积推广开来。

"按25—50克种子种一亩地来算，这个种植面积是不得了的，几乎是海量了。2001年'早佳8424'发展成为浙江的主栽品种，同年获浙江省农业丰收奖二等奖。"郑树胜说来十分欣慰。

在浙江温岭、乐清，近30个乡镇种植的优质早熟西瓜品种都是"早佳8424"，占比100%。温岭从1991年引种"早佳8424"，到2001年种植面积达6万亩，产值2.7亿元。

黄文斌来自温州市神鹿种业有限公司，他记忆中最深刻的一幕是，当温州成功引种"早佳8424"后，特地邀请了吴明珠前来传授种植技术。

那天，地里聚集了100多位满怀期待的瓜农，他们有的抱着自己辛勤种植的西瓜，有的还带着遭受绿斑驳花叶病困扰的病株，纷纷前来请这位专家诊断。瓜农们将吴明珠团团围住，问题一个接一个，热切地希望得到解答。

吴明珠见状，心中满是欢喜，立刻与瓜农们展开了热烈的互动交流。每一个疑问，她都耐心细致地解答，逐一破解瓜农们遇到的难题："西瓜绿斑驳花叶病主要是种子带病而消毒工作不彻底导致的。因此，种植西瓜必须从种子浸种开始，严格进行每一步的消毒工作，无论是手、刀子、工具、衣物，还是育苗场、大田，都不能有丝毫疏忽。"

她还特意强调："大田不要今天消毒这一块，明天消毒那一块，要一天之内全部消毒完，只有这样才能有效控制绿斑驳花叶病发生。"

看着瓜农们一个个满意而归，吴明珠对黄文斌说："这样安排最好，直接和瓜农见面，现场解决问题。让每个瓜农都能有好的收入、每个市民都能吃上可口的西瓜，这是我最高兴的事。"

返程路过楠溪江风景区时，吴明珠看到路边有卖瓜的，便让司机停车。她跑过去拿起一个瓜说："你们看，这就是我们选育出来的'早佳8424'，没想到这里都有卖。"

黄文斌告诉她："我们温州瓜农大部分都种'早佳8424'。1992

年，温岭市箬横镇长山村'西瓜大王'彭友达引进3两'早佳8424'种子试种。他种瓜成功后，建立了西瓜合作社。他们合作社追着太阳种瓜，还带领浙江温岭、黄岩，以及江西、广西、海南、广东、云南、贵州、福建等14个省区市3万余瓜农种'早佳8424'，每年种20万亩，大批瓜农靠种瓜发家致富。"

吴明珠说："温岭是国内第一个想出利用'三膜覆盖'新招种植'早佳8424'的地方。采用这个方法，瓜苗不仅能躲在膜里避雨，还一年四季都能种。这样一来，南方那些雨水多的地方，也能轻松解决西瓜长时间栽培的难题了。"

"那年您还专程到温岭考察指导，现在温岭的瓜品种优、产量高、种植面积大、上市季节长，瓜农受益多。"

"太好了！"吴明珠边说边掏钱买了两个瓜请大家品尝，"怎么样？味道怎么样？"

"这瓜肉质细脆，口感清甜，入口即化，都不用怎么嚼，从没有吃过这么好的西瓜。"众人边吃边赞。

在江苏东台，由长江、淮河排入大海的泥沙冲积而形成的特有沙壤土，透气性好，排水力强，土壤偏碱性，适合种植西瓜。这里从宋代开始就流传有"高田好种瓜，低田能放鸭"的俗语。

吴明珠团队与当地农技人员联手推进"早佳8424"大面积种植，每年以1万多亩速度递增，2005年达20.2万亩。政府鼓励种瓜能手扩大承包面积，一般的种30—50亩，多的种200—300亩。东台的瓜农称吴明珠为"瓜婆婆"，对其满怀道不尽的感激和敬意。

东台国家现代农业产业园袁飞讲起当时的情景有声有色："毫不夸张地说，'早佳8424'在东台遍地都种。"瓜熟蒂落，瓜农们将瓜拉到南京等地售卖，人们选瓜时随意拿起一个，只是轻轻一拍或者用刀尖稍一触碰，瓜便爆裂开来，口感惊艳，于是给它起了个形象的名字——"东台爆炸瓜"。东台这个小城市随着"东台爆炸瓜"

一炮而红，名声大振。2007年，东台市被中国国家行业主管部门命名为"中国西瓜之乡"。

自1989年应用推广以来，"早佳8424"遍及大半个中国。1996年，"早佳8424"（新优三号）的选育及推广，获农业部科技进步奖二等奖。

在海南，文昌、定安、琼海等七个市县全部采用小拱棚覆盖及膜下微滴灌技术，推广种植"早佳8424"，占全省优质早熟西瓜种植面积的90%。该品种2004年推广1万亩，产值过亿元，利润过5000万元；2005年推广3万亩，产值过3亿元，利润过1.5亿元；2006年推广5.5万亩，产值过5.5亿元，利润过2.7亿元。2007年，"西瓜新品种'早佳（8424）'及配套拱棚生产技术在海南的推广应用"获海南省政府科技成果转化奖一等奖。

此外，四川、湖北、山东、安徽、湖南等地，"早佳8424"也有相当的种植面积。2006年9月3日，吴明珠在日记中写道："'8424'在西藏试种成功，效果好。"

"早佳8424"种子还漂洋过海，在美国加利福尼亚州生根、发芽、开花、结果。

2010年，"'新优三号'高效栽培技术应用与推广"获农业部全国农牧渔业丰收奖农业技术推广成果奖一等奖。

伊鸿平、郑树胜、翟文强、冯炯鑫这些经验丰富的行家一致认为，一个优秀的西瓜品种，其成功之处不仅在于能在短时间内广泛种植，更在于能经得起时间的考验，在不同地区长久受到欢迎。"早佳8424"正是这样一个典范。它凭借出色的品质和亲民的价格，一直深受喜爱，稳居西瓜界的"C位"，成为西瓜品种中的经典之作，是江南优质西瓜的标志性符号和典范，也为全国高品质中型瓜的发展奠定了坚实基础。

如今市场上，无论是"玉麟""麒麟"，还是"黄蜜""沈园"

"美都"等，都脱胎于"早佳8424"，它在西瓜育种史上的确是难以逾越的高峰。

令人感佩的是，吴明珠凭"早佳8424"一瓜封神，完全可以给团队、给自己带来巨大的经济效益，但她始终认为所有优秀品种应该属于全社会，没有任何理由占为己有。这种博大的胸怀非常人所能拥有。

吴明珠发起成立了以南繁基地为中心、全国各地西甜瓜知名专家共同参与的华夏西瓜甜瓜育种家联谊会，将"早佳8424"亲本无偿提供给瓜界同行，推进了"早佳8424"在苏浙沪等东部地区的推广，也推进了西瓜产业化进程。

从二十世纪八九十年代至今，"早佳8424"栽培遍及大半个中国，创造了成百上千亿元的产值，一举推动中国成为全世界最大的西瓜生产国和消费国，为农民致富作出了巨大贡献，成为瓜界传奇。而吴明珠的生活一如既往的清贫、朴素、单调，她没有在这个席卷神州大地的甜蜜事业中获得任何经济利益。

国家西甜瓜产业技术体系第二任首席科学家许勇对"早佳8424"给予了高度评价。他认为这个高品质且适合长期栽培的品种打破了传统早熟西瓜不能长期栽培的历史。这一历史性的变革虽然是由市场需求推动的，但吴明珠在其中发挥了不可替代的作用。她以品种选育为支撑，将整个产业链串联起来，再由农民去实践和完善。吴明珠的贡献主要在于品种选育，"早佳8424"就是她对西甜瓜产业乃至中国"三农"工作的最大贡献，这一成就值得大写特写。

瓜之甘甜苦中来

这样的幸福对这个家庭来说，太短暂了

　　与吴明珠育瓜的累累硕果形成鲜明反差的，是她家里的"一地鸡毛"。

　　1981年初，江苏省农科院拟筹建原子能农业利用研究所，加强原子能在农业方面的应用及技术开发研究。

　　这是原子核科学技术与农业科学技术相结合的尝试，全国开展相关研究的人才十分稀缺，江苏省农科院里同样缺乏既懂农业又懂辐射育种的专家。几经周折，他们找到全能型人才杨其祐，希望他负责筹建工作，牵头开展^{60}Co-γ辐射育种研究工作。

　　杨其祐心动了，但他又放不下吴明珠，迟迟拿不定主意。

　　吴明珠急了："其祐，你为了我来新疆，吃了那么多苦，放弃了自己的事业，现在也该为自己考虑考虑了。这么好的施展才华的平台，你不要再错过了。"

　　"江苏省农科院知道你是搞园艺的，有经验又有成果，希望我们夫妻一起调过去，解决两地分居问题。"

　　"你还不了解我吗？我的事业在新疆，我的瓜在新疆，我离不开新疆、扔不下这些瓜的，它们是我的命。你先调过去，我退休了再过去。"

"退休？就你这性格，到时候恐怕退而不休呢！"杨其祐知道劝不动她，"你本来就不会照顾自己，我这一走，留你一个人在新疆，你怎么办呀？"

"即便你不调走，我也是半年在新疆半年在海南，没有太大影响。再说，这些年艰苦的生活让你的身体严重透支，你的胃病也越来越重，爸爸妈妈在南京，生活上也能照顾你，你去了好好调理调理。"

"也好，我过去也能陪一下老人和孩子。准准也上高中了。对孩子我们亏欠太多了，尤其是夏夏，一个人在重庆，大学考不上，工作也没着落。"说到孩子，杨其祐情绪又低落了。

考虑到杨其祐的身体状况，新疆维吾尔自治区人事部门同意了他的调动申请。

临别时，杨其祐望着吴明珠依依不舍，满眼内疚。1957年，他风尘仆仆奔赴新疆与心爱的人相会的情景仍历历在目，如今却不得已变更自己的生活轨迹离开她，离开自己朝朝暮暮挥洒青春和汗水的天山热土。他感觉，自己二十多年扎在新疆大地的根系，仿佛从精神上被连根拔起了。

到了南京，杨其祐先去看望吴子涵和钱一芸。得知女婿调到南京，二老觉得女儿回来也指日可待，十分高兴，围着杨其祐嘘寒问暖，上下打量。

吴子涵感慨道："瞧你瘦的，新疆太苦了！你为明珠吃了那么多苦，不容易呀！回来好，回来好！"

"休息时能回家就回家来，妈给你做点好吃的，好好调养身体。"钱一芸体贴地说。

"爸妈放心，我就是小胃病，不碍事的。"杨其祐宽慰道。他对二老始终心存感激，没有二老和哥嫂的全力支持，他和吴明珠的事业根本无从谈起。

1981年8月31日，江苏省农业科学院原子能农业利用研究所在南京挂牌成立，杨其祐成为单位的科研带头人，工作干得风生水起。

在重庆市十二中读高中时，杨夏和同学组织了一个马克思列宁主义学习小组，他们一起研读相关经典著作。他每天还坚持长跑、学习藏语。他甚至满怀激情地向学校递交了血书，表达了去西藏支援的强烈愿望。后来，吴明珠得知了杨夏的想法，想方设法"哄骗"他到新疆。

母子一见面，吴明珠劈头盖脸一顿教训："不好好读书，一天到晚想什么？没有文化怎么援藏？等读完大学再去也不迟。到时也可以到新疆，一样是建设边疆。"

"我就是要离你们远远的，怎么可能到新疆？"杨夏心想。

去西藏的计划因此泡汤，新疆那边又坚决不去，杨夏决定响应号召，上山下乡接受贫下中农的再教育。1976年7月高中毕业后，他在重庆市南纪门街道办事处报了名，前往巴县木洞区的双河公社石塔知青场。在那里，他住进了茅草顶土墙房，每天扛着锄头出门挣工分，经历了不少艰难困苦。

杨夏下乡后，家里只留下他婆婆一个人生活。杨夏的二姑妈在杨家坪的重庆钢铁高等专科学校教书，本想接母亲过去一起住，好有个照应。但老人舍不得自己亲手创办的铅丝厂，坚持不肯离开。因为这个街道工厂不仅解决了几百人的就业问题，更是老人一生的心血。令家人们遗憾的是，1977年，老人突发心梗去世时，身边竟没有一个亲人陪伴。直到两天后，热心的邻居发现老人家大门紧闭，敲门不应，破门而入时，才发现老人已经离世。

杨夏在偏远闭塞的巴县农村，通信和交通极为落后。收到电报后急匆匆赶回去时，婆婆早已不能回应他的声声呼唤了。杨夏捧着遗像与婆婆做最后告别时，万箭穿心，悲伤和无助的他不知该如何面对未来。

1978年10月，全国知识青年上山下乡工作会议提出，妥善安置知识青年回城和就业。1979年1月，国务院同意知青办报送的六条意见，除"招工""顶替"等政策外，明确可"参照以往办理病退、困退的规定商调回城"。

和杨夏前后上山下乡的知识青年通过各种途径纷纷返城。1979年12月，南纪门街道办事处鉴于杨夏婆婆生前对街道的贡献，考虑到杨夏的困难处境，为他办了一个特困证，他才从农村返城待业，独自一人自由野蛮地生长。在岁月的磨砺下，杨夏成了社会底层地地道道的"街娃"。

杨其祐和吴明珠对杨夏的境况非常揪心，希望儿子复读考大学，他们觉得"夏夏脑子足够聪明，不上大学太可惜了"。

杨夏十分叛逆，父母的话根本听不进去，加上他小学到高中阶段受"文革"影响，基本没学到系统的知识，他对考大学没有一点信心，更何况他不能接受上大学还要"他们"出学费。他想早点工作实现经济独立，但又不敢公开对抗父母，所以就今年考了明年再考，每年到考场晃一晃应付了事。

看到儿子一次次落榜，杨其祐和吴明珠心有不甘："我们的儿子居然无缘大学，说出去谁相信啊？"两人反思后明白是他们做父母的没有尽到责任，于是给杨夏写信，让他到吐鲁番好好复习再考大学，或者到南京复习也行，实在考不上就在吐鲁番找份工作，总比一个人在重庆晃荡好。

无论父母如何苦口婆心、软硬兼施，杨夏打定了主意，哪儿也不去。他想："过去你们对我不管不顾，尿片子都没给我洗过一次，我们之间有什么感情啊！现在你们想来左右我的人生，我偏不让。"他觉得不靠父母，一样能自食其力。所以，他到处打零工，什么眼镜厂、设备厂，哪儿有活他就去哪儿干。

收工后，他就窝在中兴路坎井巷那间 10 来平方米的简陋小屋里，翻看各类杂书，捣鼓无线电设备，组装收音机，摆弄各种乐器，吹口琴、吹笛子、拉二胡、拉小提琴、拉手风琴，没有任何人教他，他见啥学啥，无师自通。到了夏天，小屋西晒，闷热难耐，他就跑到长江里游泳，日子过得艰辛落魄且自由散漫。

1982 年 10 月 1 日，适逢中秋和国庆双节叠加，杨夏一人无聊在家。门响了，他疑惑地拉开房门，惊住了，只见杨其祐拎着行李笑眯眯地站在门口，慈爱地看着他。

看儿子呆呆的样子，杨其祐在他胸前捶了一下："傻小子，连爸爸都不认识了？"

尽管每年都到新疆和父母对着干，在信里也和父母说不了几句话，但在重庆、在节日里能见到爸爸，孤独的杨夏还是十分开心："你怎么来了？也不提前告诉我一声。"

"前几天我和单位同事到成都考察，明天从重庆坐船回南京，顺路来看看你。刚好赶上节日，你二姑妈让我们一起去她家过节。"杨其祐环顾这简陋凌乱的小屋，不由得鼻子发酸、眼眶泛红。

"好，我去买点吃的。"杨夏飞跑着用打零工的钱买了四瓶啤酒、两袋花生米。

"夏夏，给你钱。"杨其祐说着从口袋里掏出钱来。

"不要，我挣钱了。"

"现在不需要你挣钱，还是去考学读书吧！知识是这个世界上最宝贵的财富。"

见儿子一声不吭，杨其祐心想："这小子，还真是偏。一会儿到他二姑妈家，再和他认真谈谈考大学的事，也让他二姑妈好好劝说劝说。"

等父子赶到杨夏二姑妈家时，已经晚上八点多了。杨夏二姑妈做了一桌丰盛的晚餐。他们三人难得相聚，谁知一杯酒下肚，吃了几粒花生米，杨其祐胃病发作，恶心呕吐，大汗淋漓，面色苍白，疼得难以忍受。再看他的脚，肿得连穿鞋都困难，更别说走路了。

在场的人慌了神，马上把他送到离家最近的医院。杨夏二姑妈找了专家会诊，活检后确诊为胃癌，需要进行手术治疗。

杨夏震惊得说不出话来，仿佛天塌了……

杨夏二姑妈难过得泪流满面："人病成这样不治疗，还要到成都出差，不要命了吗？"

杨夏二姑妈怕吴明珠承受不住，拍电报给她时谎称杨其祐胃穿孔做了手术。吴明珠完全没有思想准备，短短的电文让她陷入了深深的自责与痛苦之中。

她恨不得马上赶到重庆，可是"十一"过后，她又要带团队去海南南繁育种了。为保障北育与南繁无缝对接，她当时正紧锣密鼓地制订育种计划，收集、整理当年收获的育种材料做材料组合，忙得不可开交，哪能说走就走。

廖新福、郑树胜等人得知杨其祐住院后，竭力劝说："吴老师，您赶快去重庆照顾杨老师，我们又不是第一次到海南育种，您就放心吧！"

"只好这样了。这两天我把今年几百个种子组合做好，你们去海南后严格按名称、编号播种，有什么问题立刻打电报给我。等老杨病情稍有好转，我马上到海南。"

连续几天加班加点，吴明珠把一个写满了所有材料组合和各种注意事项的小本子交给廖新福和郑树胜，叮嘱他们严格按此操作。然后，她又去吐鲁番行署处理完行政事务。

等她赶到重庆时，杨其祐已做完手术七八天了。

见到吴明珠，杨其祐说："让二姐不要告诉你，她还是去拍了电报。我这不是没事了吗？手术很成功，你放心去海南吧，搞农业的人最怕误了农时。这里有夏夏照顾我呢！"

"你都病成这样了，还操心我的事。工作我都安排好了，你就安心养病吧！"看到杨其祐瘦得皮包骨头，吴明珠心都要碎了。

"我还是非常幸运的，如果再晚一天，在回南京的轮船上发病，恐怕就要去见马克思了。"杨其祐幽默地说。

吴明珠心里有不好的预感，她找到主治医生，详细地了解杨其祐的病情："医生，您坦率告诉我，他得的是什么病。"

医生说："病人胃癌已经到了中晚期，手术做得很成功，但术后癌细胞残留概率相对较高，保守估计最多活三四年。"

吴明珠的心一下子坠入谷底，真是天塌地陷。在她的心中，丈夫一直是她的倚靠，是他支撑着她的事业和生命。

吴明珠擦干眼泪，装作无事人一样来到病房，悉心照顾杨其祐。杨夏晚上守夜，让妈妈回去休息，一家三口难得这样相伴相守。

让夫妻俩欣慰的是，他们的夏夏，好像一夜之间懂事了，虽然还是没有开口叫一声爸爸妈妈。

后来，杨夏回忆起爸爸确诊胃癌的那一刻，他说自己仿佛遭遇了晴天霹雳，从未经历过如此巨大的打击。那一刻，他深深地感受到了内心深处对爸爸那份深藏已久的爱。在众人眼中，爸爸是无所不能的"杨博士"，而在他心里，爸爸是他的崇拜对象，他对爸爸心存敬畏。然而，此刻的爸爸却显得如此病态和脆弱，这让他突然有了一种前所未有的责任感和担当意识。于是，他夜以继日地守在爸爸的病房里，睡在凉椅上，无微不至地照顾着爸爸。

经过三次化疗，效果良好，杨其祐出院后便回了南京，吴明珠也匆匆南下海南。

送别父母后，杨夏开始郑重考虑父母的意见，认真规划起自己的未来。

不久之后，经过街道的推荐，杨夏来到了位于重庆最繁华地段的解放碑工商所工作，这是一个规模较大的集体单位。由于解放碑区域商业活动频繁，工商所的工作量相当繁重。杨夏展现出极强的吃苦耐劳精神，工作勤勉且高效。无论是进行市场管理还是处理消费维权事务，他都能既严格遵循政策规定，又兼顾人情世故，大小事务都处理得井井有条。随着时间的推移，他逐渐成了所里的业务骨干。此外，他还写得一手好字，这一特长也让他深得所长的赏识与器重。

1984年，所长让他通过自考到重庆大学自动化系在职进修。所长说："单位出钱送你读大学，一样的本科文凭，而且毕业后还回咱们单位，多好。"

杨夏婉拒了所长的好意。他心气儿很高，父母是20世纪50年代响当当的研究生和大学生，妹妹杨准今年高中毕业后也要参加高考，既然选择考大学，那他就考全日制大学。

他想方设法给自己报了名，和妹妹杨准一起参加了1984年的全国统一高考。自己想考就会自加压力，他每天下班回家拼命复习功课，数理化完全靠翻书自学。

功夫不负有心人，高考揭榜，杨夏榜上有名。

在填报志愿的时候，杨夏心里挂念着那10来平方米的小屋，不想离开重庆，担心一旦迁移户口，小屋就会被收回，自己将来会无处容身，加之听说渝州大学的大学生毕业后会定向分配到重庆工作，因此，他毫不犹豫地将七个志愿全部填写为渝州大学。至于专业的选择，虽然知道父母非常希望他能学习农学，但他还是赌气般地坚决不填报农学专业，只选择了电子工程系的无线电专业，并且明确表示不服从专业调剂。

志在必得的杨夏如愿收到了录取通知书，他分别给爸妈打电报："我已考上渝州大学。"

这寥寥八字，带给杨其祐和吴明珠的震惊是难以言喻的。杨准一直在南京读书，学业上顺风顺水，考上南京医科大学是意料之中的事，虽然高兴，但远没有杨夏带给他们的那么意外和惊喜。在他们对儿子上大学几近绝望之时，没想到喜从天降，尤其是杨其祐，别提有多高兴了，仿佛打了一针强心剂，整个人精气神都上来了。虽然他心底里还是非常遗憾儿子没有学农，但此时他也别无他求。

1985年，吴明珠结束三亚南繁后专程回到南京过年，杨夏放假也过来和家人团圆。杨其祐精神状态特别好，亲自下厨，展示了精湛的厨艺。杨夏生怕爸爸累着，主动过来打下手。

杨其祐越看儿子越高兴："夏夏，一听你考上了大学，我的病就好了一大半，比吃什么药都管用。我一直不服气，我的儿子怎么会考不上大学！对了，说说你是怎么想通的，又是怎么努力的。"

杨夏笑而不语。

吴明珠也一改以往的严肃，和杨准有聊不完的话题。在问了女儿的学业以后，她就开始讲她的瓜，讲她的南繁故事。

年夜饭上桌了，一家人频频举杯，祝福过去的一年：

杨夏和杨准考上了大学。

杨其祐身体恢复了许多。

吴明珠培育出了"早佳8424"等优良品种。

可谓好事连连。

畅想未来的生活，每个人都满怀期待。吴明珠建议，等以后有条件了，一家人到海南过春节。

在杨夏的记忆中，这是全家在一起过的最幸福、最和谐、最难忘的一个春节，欢声笑语，喜气洋洋。

只是，这样的幸福对这个家庭来说，太短暂了。

吴明珠一家人难得的团圆

27岁的儿子第一次叫"爸爸"

谁也没料到，1985年底，杨其祐的癌细胞转移了。

正在读大二的杨夏接到妈妈发来的电报，说爸爸病重住院了，她一时脱不开身，希望他能先去陪护。

那时，渝州大学为实现考研零的突破，成立了考研班，对优秀学生进行重点培养。杨夏每年拿甲等奖学金，又是考研班班长，学校对他寄予厚望，而且马上要期末考试，学习任务很重。但杨夏没有一丝迟疑，拿电报请假后直奔火车站。最近的一趟火车只有无座票，他就这样挤上火车一路站到了南京。

"爸爸，你感觉怎么样？好点了吗？真是急死我了！我接到电报后一刻也没耽误就赶过来了。"杨夏急匆匆地推开病房门，言语里全是担心。

杨其祐一下愣住了，在一连串的关切里面，他只抓住了一个关键词——"爸爸"。

儿子居然脱口而出叫了"爸爸"！这是27岁（虚岁）的儿子第一次叫他"爸爸"。向来口才极好的杨其祐一时不知说什么好，激动得使劲点头，招手让杨夏坐在床沿上。此时此刻，他拉着儿子的手，觉得自己是全世界最幸福的爸爸。

"爸爸，别担心，现在医疗条件这么好，一定不会有事的。"杨夏看着瘦得脱了相的爸爸，心跟被锥子扎似的。

"夏夏，是你妈告诉你的吗？学期末了，你考试怎么办？学业要紧，不能耽误啊！准准每天上完课就过来照顾我，你妈过两天也就过来了。"

"她一个人也忙不过来，晚上我在这里也方便些。"

那些天，杨夏全天候守着爸爸。白天，他陪爸爸做各种检查治疗；晚上，父子俩会谈天说地，杨其祐把过去想说而没说的话全说了。

说起他最内疚的事："夏夏，那辆自行车是怎么撞坏的？你们至今守口如瓶。这事一定是你干的，和准准无关，我知道打你没用，你肯定不说，竟鬼使神差地狠狠打了准准一巴掌，想让她开口。那一巴掌比打在我自己脸上还疼。"

"是呀，您下手也太狠了，准准小脸蛋上那个红红的巴掌印我还记得。关键是她的坚强不屈让我太佩服了。"杨夏想起当时的场景笑了。

"你们这个犟脾气像谁呢？人家是不撞南墙不回头，你们是撞了南墙也不回头，一个个比我还犟。"

"像您，和您一样。"

杨其祐说起他最后悔的事："夏夏，你记得在宝鸡火车站你哭得声嘶力竭，不肯跟我转车的事吗？"

"怎么不记得，我印象太深刻了。我从来没和外婆分开过，也从来没有那么伤心过。"

"其实，那时候我就后悔了，我的决定太草率，对你伤害太深了。儿子，对不起啊！"

"爸爸，没什么对不起的，您当时也是为我们好，怕我们给困难中的舅舅添麻烦。"

"说实在的，当时把你送过去舅舅那儿也好，留在吐鲁番也好，都比把你放在重庆好，特别是你婆婆走了以后，你一个人在重庆吃了那么多的苦，耽误了学业，否则也不会考了几年才考上大学，我和你妈觉得非常内疚。"

"别说过去的事了，您看我现在不是挺好的嘛。"

"是呀，我始终觉得很庆幸，庆幸你在那样的生活环境下，没有淹死在长江里，没有去偷去抢，没有学坏变成社会上的混混，一个'街娃'还努力自学考上了大学，这就够了，我已经很知足了。"

"要是杨其祐和吴明珠的儿子考不上大学，就算你们不说，我自己也不甘心呢。"杨夏实话实说。

杨其祐说起他最揪心的事："记得1976年9月，你发来电报说10日到吐鲁番，可是因为毛主席逝世，汽车站所有的车辆都停运了。那时吐鲁番火车站是大河沿站，离市区还有五六十公里，我和你妈妈没法去火车站接你，担心得整整一个晚上睡不着觉。"

"没想到你们还会为我担心，我以为你们压根忘了我这个儿子呢。"杨夏想起了当时的委屈和无助。

杨夏清晰地记得那次从南京归来的情景，他背着100斤大米，手里还拎着1个手风琴和2个哑铃，外加一堆杂七杂八的物品。当他在大河沿站下车后，却没看到父母来接站，也找不到一辆前往市区的车，这让他满心困惑。

面对这么多行李，他别无他法，只能采取"打冲"的方式，即先把两件行李放在视线范围内，折回再拿其他的，就这样一段一段地挪到了长途汽车站。但遗憾的是，所有的车都停运了，他只能在车站熬过了一个漫长的夜晚。第二天，情况依旧没有好转，他不得不继续"打冲"，一步一步往市区挪。幸运的是，他在路边遇到了正在卸煤的卡车，他主动上前帮忙，司机感激之下便让他搭了顺风车到了市区。

"那时候我们真是急坏了，没想到你居然坐着煤车回来，整个人跟个小煤人一样黑黢黢的，你真是太了不起了。"杨其祐感慨万分，"还有啊，你外婆让你带来的那100斤大米，我们真是视若珍宝。要知道，那时候一个户口本过年过节也只能分到2斤大米呢。"

"好歹那时候我已经17岁了，总能想办法回家的。"杨夏笑着回应，"还有一次你忘了吗？我12岁那年暑假从重庆回吐鲁番，我还特意发电报告诉你们时间和车次，结果火车到了大河沿站，却没人来接我，我当时急得大哭。幸好有几个解放军叔叔过来问我妈妈是谁，我一说吴明珠，他们就说'吴明珠啊，知道了'，然后就把我送回家了。原来他们的部队就驻扎在吐鲁番呢。"

杨其祐想起来了，惭愧地说："记得，那次我们忙得记错了日子，以为你是第二天才到呢，结果晚上回家，你在院子里等我们。看我们这父母当的……"

"之前还有一次是我和表哥一起坐火车去吐鲁番，到站时看没人来接，我俩不敢下车，那又是个过路站，只停几分钟，幸亏列车长让我们到站台上去等。后来听到广播找人，我们跑到检票口，你才认出我们。"

"这怪我，我不知道你长大的模样，拿着你两三岁的照片去接站，当然认不出你了。当时急得我呀，只好求助广播员了。"

"好像我每次回去都有故事，都不顺利。那时我真怀疑自己到底是不是你们的亲儿子。"杨夏已经释然，把多年耿耿于怀的事当故事讲了。

"你最懒得给我们写信了，偶尔写一封信也是就事论事的只言片语，没有一句多余的话。还是准准擅长表达，她写起信来洋洋洒洒，文笔很好。你妈总说，我写东西随手就来了，准准像我，夏夏多写几句都不行，不像我的儿子。我倒是觉得你写的简明扼要、一目了然。只要能收到儿子的信，我就很开心。"杨其祐心底里还是有些偏袒儿子。

"那时候我都不叫你们爸妈，能写信已经不错了。说来，我高考时数理化都不及格，就语文考了96分，文字水平不至于像她说的那么不堪。"杨夏笑着说。

"我记得你生物也不错，满分30分，你考了27分。我跟你妈说，夏夏不学农业真是可惜了。你是被爸妈耽误了。"

……

杨夏记忆中，在陪伴爸爸的这段日子里，父子俩说的话超过了过去二十多年的总和。过去他只要一和爸爸说话，基本上都是和爸爸顶嘴，而现在多么温馨、多么亲切，所有的误会和不快都烟消云散了。

这一生，最对不起的就是老杨

在许多人眼中，吴明珠就是个"瓜痴"，是个只懂科学不懂生活的人。实际上，家庭和亲情在她心底分量很重。南繁到了采收时节，吴明珠安排好收尾工作，请了此生唯一的一次长假，从海南来到南京，来到杨其祐身边。

主治医生说，杨其祐病情十分严重，做手术、化疗已经没有什么效果了。医生开了一些止疼药，建议他回家养病。

吴明珠接杨其祐回到家中，尽心尽力照顾他。钱一芸也常常熬鸡汤、炖甲鱼汤等给女婿送过来。吴明珠查阅了国内外很多资料，想了很多办法，但都无济于事。她内心的悲伤无以言喻，只想好好地陪深爱的人走完人生最后一程。他能多活一天，她心里也好受一些。

新疆农科院领导得知杨其祐的病情后，让吴明珠不要考虑工作上的事，安心在南京照顾病人。离开瓜的日子，吴明珠难免无所适从，她向江苏省农科院借用了一个小温室搞水培试验，边照顾杨其祐边做她的科学研究。

杨其祐最了解她："明珠，你工作放心不下，能回新疆就回去一下，把工作安排好了再来……"

吴明珠心里自责："都这时候了，我怎么能走呢？老杨这一生都在为我付出、为我牺牲，我又没能好好照顾好他，如果他选择留在北京，也不会得这个病啊！"

她埋怨道："你呀，总是替我考虑。春节时廖新福来南京看你，我把每晚抽空写的播种计划都交给他了，他按步骤操作就行。团队的人在工作上都能独当一面了，我也放心。你就安心养病，等你病好了，我陪你回新疆看看。"

"是呀，毕竟在那工作了20多年，想那些老朋友，想那些维吾尔族兄弟，想我们的东湖，想我们的大棚，想坎儿井清甜的水……"说着说着，杨其祐难过了。

听说杨其祐病重了，吐鲁番、鄯善的同志纷纷派代表到南京看望他，一些维吾尔族老乡还给他寄来特产，并写信鼓励他。

吴明珠一封封地将信念给杨其祐听："虽然我们是不同民族的人，但我们就像亲兄弟一样……""你教我们科学技术，带我们挖井修渠，我们想你啊！"

杨其祐的泪水涌出来了：吐鲁番百姓认可我，维吾尔族兄弟认可我，这就足矣。

一天，吴明珠高兴地推门进来："其祐，你看谁来了。"

原来是岳立人、张发、王仲民、克依木·肉孜等老朋友专程到南京看望他来了。

"这么大老远的，你们怎么来了？"杨其祐激动地让吴明珠扶他坐起来。

"老杨，快看看我们给你带来了啥。"岳立人边说边从旅行包里拿出煮好的手抓羊肉，还有新疆生产的香烟等。

吴明珠赶紧到厨房把手抓羊肉加热后端了出来。

杨其祐吃了一口羊肉，眼眶红了："真香啊！就是这个味道，这是吐鲁番才有的味道，真是久违了。"

"知道你好这一口，我们买了最鲜嫩的羊肉，临出发前煮好，一路上生怕坏了，好在冬天天冷，否则真带不过来。"克依木·肉孜说。

张发适时点上一根烟递了过去，杨其祐深深吸了一口："我感觉又回到了火焰山下，回到了我们在一起的时候，真想时光倒流啊！"

吴明珠下意识地想阻拦，可转念一想："让他抽吧，他还能抽多少支烟呢！"看他们亲如兄弟地亲热聊着，她转身走出房间，默默地流泪……

1986年4月，杨其祐病情进一步恶化，再也起不了床了。吴明珠把他送到南京市钟山医院治疗，想着住在医院也许还有一线生机。

吴明珠天天在医院里陪伴着、照顾着。杨夏看妈妈很是疲惫，说："妈妈，我们分个工，我做饭比你好，白天我做饭，准准送饭，你陪爸爸，晚上我来守夜，你回家休息。"

这是杨夏第一次叫"妈妈"，吴明珠心里一暖，但仍面无表情地说："好。爸爸睡了你也抓紧时间睡，别把自己累坏了。"

也许，此时吴明珠的心里只在意丈夫的身体，再也没有什么事能让她开心起来。

杨其祐明白自己时日不多了，一刻也不愿离开吴明珠。有时杨准送饭过来刚替换一会儿妈妈，他就说，"去叫你妈妈来"。只要吴明珠在身边，他就那么静静地看着她，哪怕什么也不说。有时疼痛袭来，他强忍着，不想当着她的面表露出来；她心里再难受，也从不在他面前流一滴眼泪。

在守护杨其祐的日子里，吴明珠恨不得把攒了一辈子的爱都回报给他。她给他唱歌，唱他最爱的《草原上升起不落的太阳》《达坂城的姑娘》《半个月亮爬上来》等。

"唱得真好，比结婚那天唱得还深情。"杨其祐打趣道，仿佛又回到了鄯善，回到了县政府大院那简朴而热烈的婚礼现场。

吴明珠也被逗笑了。

一天，杨其祐眉头舒展，微笑地盯着吴明珠。

吴明珠问："你傻笑什么？有什么好事说来听听。"

他伸出三个指头比画着，表情颇为自豪。

"这是啥意思？"吴明珠不解。

"三连冠嘛！难道不值得庆贺？"

吴明珠恍然大悟，原来是指她培育出的"皇后""芙蓉""郁金"通过了新疆维吾尔自治区的品种审定。

吴明珠握着杨其祐的手，由衷地说："其祐，如果没有你，我也不可能有今天的成绩，你的支持帮助是我最大的底气。我的研究成果，一半都要归功于你。"

杨其祐笑了："这是我们共同的理想，是我们共同的事业。"

说得多好。杨其祐的话把吴明珠的思绪带到了他们最美好的青春岁月，他们为之奋斗的戈壁沙漠，想起他们为育瓜吃过的所有的苦，想起他对她生活上的关心和工作上的帮助。那个曾经毅然决然追随她到鄯善的意气风发的博学才子，如今憔悴不堪地卧在病榻，吴明珠愧疚难当。她想在他生命的最后时刻，把自己的遗憾说出来。

"明珠，我们在一起生活快三十年了，你还没开口，我就知道你要说什么。我明白你的心思，什么也别说了……"

吴明珠还是憋不住，说出了心中的悔恨："感谢你对我的照顾，我却没有照顾好你，这辈子我欠你太多太多了。"

"爱是相互给予，哪能斤斤计较？两个人一起生活，不是谁照顾谁，而是互相照顾，你也实实在在地为爱情承担起了应有的责任。"

"你为了我从北京到新疆，没能发挥你的才华，你不后悔吗？"这一直是吴明珠难以释怀的痛。

"怎样才叫发挥才能呢？难道只有当官、出名、发财才叫发挥才能吗？我在新疆播撒了知识的种子，作为一名知识分子，人生足矣。"

"其祐，我时常在想，如果咱俩互换角色，我不确定自己会不会因为你而放弃事业，是我对不起你。"

杨其祐拉着她的手说："傻瓜，哪有什么'如果'，哪有什么'对不起'，和你在一起，我无怨无悔。"

脉脉深情，感天动地。

刹那间，吴明珠感受到了爱情的美好与无奈：奈何今生，情深缘浅。

"我走了以后，你要好好休息，好好吃饭，一定要照顾好自己。你的事业我不担心，我只担心以后没人照顾你。夏夏和准准都很聪明，让他们好好准备考研的事，别因为我影响了学业。他们大学还没毕业，经济上负担还很重，这都得落在你一个人的身上，我真想和你一起扛啊。"弥留之际，杨其祐殷殷叮嘱令人动容。

"两个孩子都长大了，也懂事了，你一定会好起来的。"吴明珠只能这样安慰他，眼泪却直往心里流。

"最近我时常在想，人生如果有两个幸运该多好——一个是遇见你，一个是和你一起走到底。可我，已经没有第二个幸运了。明珠，谢谢你放下工作来陪我，也谢谢孩子们。过去我们一家总是聚少离多，这几个月，是我一生中最幸福的时光，也算弥补了不能和你白发到老走到底的遗憾。"

"其祐，别说了……"吴明珠紧紧握着杨其祐的手不肯松开，生怕一松手他的生命就会滑落。

7月31日，杨夏和往常一样睡在爸爸旁边。凌晨两点左右，杨夏忽然听到心电监护仪发出"嘀嘀嘀"的报警声。他一个激灵翻身起来，看到屏幕上那条曲线已变成了一条直线，爸爸的呼噜声不知何时也已停止，再摸摸脉，脉也没了。

"爸爸，爸爸，你醒醒，你醒醒啊——"杨其祐已听不到儿子的声声呼唤。

杨夏赶紧跑出去叫值班医生。医生立即上呼吸机急救，但已无力回天。

杨夏又到护士办公室打电话到江苏省农科院的主机，请他们通知家人赶快来医院。杨夏后来回忆说，做这些事情的时候，他的脑袋完全是空的。

听到噩耗，吴明珠肝肠寸断。当她和杨准赶到医院时，已经凌晨三点多了。她失魂落魄、跌跌撞撞地冲进病房，走到深爱的人身边静静伫立，俯下身子轻轻地抱住他，生怕惊醒他。

过了好一会儿，她泪流满面地缓缓起身，对儿子说："夏夏，去打盆洗脸水，让我最后一次给你爸爸洗洗脸吧……"

她抚摸着杨其祐瘦削的脸庞，拿着温热的毛巾仔细地擦拭着，低声抽泣着，极力压抑着悲痛。

那个时候，杨夏和杨准真希望妈妈能痛痛快快地大哭一场，以释放心底所有的悲伤。

夜，黑暗得深不可测，寂静得不能再寂静。

杨其祐，这个才华横溢的男人，在这个寂静得让人窒息的黑夜里，静静地走了，把无尽的悲伤和思念留给了深爱他的妻子、儿女。

杨其祐，一个20世纪50年代屈指可数的研究生，一个满腔抱负、博学多才的知识分子，走的时候仅57岁，没有官衔、没有职称，只有两个字——"奉献"，而这两个字也是二十世纪五六十年代援疆知识分子共同的精神写照。

杨其祐，一辈子不为名、不为利，甘做基石，默默奉献，为建设边疆贡献了青春和智慧、热血和汗水，甚至生命。他在大漠戈壁、天山南北播撒的科技的种子，如今已生根、发芽、开花、结果……

吴明珠变了，她心无所依、神思恍惚，睁眼闭眼都是她的老杨，整个人仿佛一夜之间苍老了十多岁。

生活要继续，工作也要继续。五天以后，吴明珠收拾好行囊，准备回新疆。

杨夏和杨准急了："爸爸才走没几天，你身体都没缓过来，就不能在南京好好休息休息吗？"

"你爸爸生病这段时间，我放下了工作，现在我该回去育瓜了。这是我和你爸共同的事业，我应该以两倍的热情去工作，把你爸的损失挽回来，这样才对得起你爸，对得起爱我们的新疆百姓。"

"我们已经没有了爸爸，不能再没有妈妈。你们都奉献了，我们怎么办？"

儿女们没能留住吴明珠的脚步。她封存了内心的痛苦，即便心如刀绞、痛彻心扉，也步履不停，一路奔赴，回到新疆，很快又赶赴海南，躬耕在野，播种收获，收获播种，一刻也不让自己闲下来。她说，只要一闲下来，她就会想起杨其祐，想起那些美好的过往，情不能已。

在三亚的一天深夜里，好朋友袁力见吴明珠房间的灯还未熄，便推门进去想叫她早点休息，却见她对着一沓信默默流泪。

见到袁力，她伤心地说："我这一生，对父母没有尽孝，对儿女没有尽责，对丈夫没有尽心，为人女、为人母、为人妻都不合格。我最大的悲痛和苦难是这么早就失去了我的老杨，最对不起、最亏欠的人就是我的老杨。如果……唉，没有如果……"

说起杨其祐，吴明珠撕心裂肺的思念和伤悲一如这无垠的夜空，深不见底。对她而言，这世上最刻骨铭心也最难挽留的便是爱情。

车祸中，重伤的她和无损的瓜

吴明珠选择育种事业，是出于一种热爱、痴迷与情怀。

1986年11月，新疆农科院园艺所承接了农业部科技司"七五"重点课题的相关研究，吴明珠主持此课题。

吴明珠深知育种的重点是创新，而创新的源泉是对所育品种的深度认知："我们不能满足于现状，我们要找出育种工作存在的困难和问题，紧跟育种工作前沿发展态势，明晰下一步的工作目标。"

对此，廖新福、伊鸿平、冯炯鑫等人见仁见智，谈了不少问题，并经过一一梳理，总结出几方面的问题：育出的甜瓜品种还不配套，缺少早熟优质甜瓜品种，没有晚熟的真正抗病的品种，缺少适于系列加工的品种，新疆的西甜瓜还没能走向全国。最后一点也是最重要的一点。

吴明珠对年轻人说："课题时间紧、任务重，我只能为你们年轻人做点铺路的工作。时间只有三年，大家不仅要拼体力，还要拼脑力，常规育种、辐射育种、杂优利用培育一起上，也必须一年加代三代才能完成任务。"

凭着坚韧不拔的意志和对事业的信心，吴明珠带领团队顶着戈壁滩的风沙、海南岛的烈日，春夏秋冬、风里雨里，克服种种艰难困苦，培育出"红芙蓉"等甜瓜新品种。"红芙蓉"既有"红心脆"的风味品质，又有超过"红心脆"的外观及抗逆性，是一个综合性状优良的杂种一代。

1987年7月19日傍晚，吴明珠选出两个最出众的"红芙蓉"，从鄯善新疆葡萄瓜果研究所搭车前往乌鲁木齐新疆农科院进行品种鉴定。

一路上，她抱着这两个瓜，生怕车子颠簸把瓜磕碰了。没想到，行至乌鲁木齐南郊乌拉泊附近时，司机因没有午休犯困而意外追尾发生车祸。一刹那，吴明珠本能地紧紧护住瓜，而她的头部却受到强烈碰撞。随着一阵剧痛，眼前一片漆黑，她昏迷过去了，鲜血从前额涌了出来。

当时放假回家的杨准和她同行，头部也受了轻伤。见到妈妈满脸满身都是血，她惊恐地呼喊："妈妈！妈妈!"她的呼喊没有得到任何回应。

杨准擦去泪水，赶忙跑到公路边拦住一辆车，把妈妈送到新疆维吾尔自治区人民医院。

吴明珠仍在昏迷中。面对突如其来的意外，杨准感到特别无助，心想："爸爸走了，我们不能再失去妈妈。"能找谁呢？近乎绝望之际，一个亲切的名字——李嘉玉，浮现在她的脑海里。

"对！找李伯伯，找到他，妈妈就有救了。"她立马从妈妈包里的通讯录中找到李嘉玉家的电话号码，毫不犹豫地在医院急救室打通了李嘉玉家的电话。

凌晨一点多，忙碌了一天的李嘉玉早已睡下。接到电话得知吴明珠受伤的消息后，他立刻让孩子去喊司机，同时打电话通知新疆农科院的领导。随后，他和爱人王月桂一同急匆匆地赶往医院，新疆农科院的领导也迅速赶到了医院。

经诊断，吴明珠为重度脑震荡。头部遭受外力撞击导致颅脑损伤，吴明珠出现了意识障碍。

手术时，王月桂一直用手托着吴明珠的头，不时提醒医生："小心，小心，轻点，再轻点。"

整个抢救过程，李嘉玉和新疆农科院的领导焦急地守候在一旁，直到手术完成，得知吴明珠无生命危险，他们才放下悬着的心。

这时，天快亮了。

第二天一大早，廖新福等人闻讯赶到医院，在过道的病床上见到了吴明珠。她苏醒过来后的第一句话便是："这是哪里？我怎么会在这里？你怎么来了？"

"吴老师，您昨晚发生车祸受伤了，现在在医院。"

她马上下意识地问："那我的瓜呢？摔坏了吗？"

"自己都伤成这样了，还惦记着瓜。"廖新福说，"瓜在您怀里抱着，没摔坏，您伤得挺重的，要好好静养。"

"那你们今天要把瓜送去鉴定，别耽误了。"吴明珠在庆幸自己依然活着的同时，深刻意识到时间的宝贵与命运的无常。她明白，旦夕之间祸福难料，生死只在一瞬之间。因此，她不再认为还有大把的时间可以为党和人民工作，而是决心以只争朝夕的精神，将有限的生命投入创造更大价值的事业中去。

鉴于吴明珠的病情，她被转到了军区总医院接受进一步治疗。她的伤情牵动了许多人的心，新疆维吾尔自治区领导纷纷前来看望，还专门给她送来桑葚汁等滋补品，嘱咐她务必好好休息，早日恢复健康。

李嘉玉每天忙完工作后总要到医院看看："明珠，恢复得怎样了？要安心养伤，最近就不要牵挂你的瓜了。"

"谢谢您。您最近身体也不好，还这么为我操心，半夜三更还和月桂大姐一起赶来医院守着我，真过意不去。"吴明珠感觉自己给领导和同志们添了麻烦。

"瞧你说的，知识分子是国家的宝贵财富，理应受到组织的关心和爱护。你为新疆农业作出那么大的贡献，是新疆人民的无价之宝啊！"李嘉玉看吴明珠恢复得不错，乐呵呵地说。

吴明珠泪水盈眶，心想："我只是做了些力所能及的工作，组织上就给我这么高的评价，领导还给我这么多的关心和支持。我如果不好好工作，就真对不起领导和同志们了。"

吴明珠把病房当成了工作室，只要廖新福、伊鸿平、冯炯鑫、张瑞、翟文强等团队成员来医院看她，她的话题就离不开瓜了。

跬步瓜田即寥廓

北瓜南移，新疆哈密瓜在海南结了果

　　20世纪90年代初，厚皮甜瓜成了高档消费果品风靡全世界，特别是日本和中国台湾网纹甜瓜的盛行，对我国南方开放城市，特别是深圳、珠海和海南，造成了很大的市场冲击。

　　吴明珠看在眼里急在心头："我们南繁近二十年，只是加代，新疆的瓜在海南种不了，海南百姓给了我们那么多的支持和帮助，却得不到实惠，这是我一直以来解不开的心结。要解决厚皮甜瓜南移问题，当务之急是要解决品种、防病栽培及无土栽培三方面的问题。"

　　解决品种问题，最简单便捷的途径是从生态环境相似的日本或中国台湾引种。当时吴明珠团队也与日本和中国台湾农业科研单位开展过民间交流，有一些合作关系。但吴明珠断然否决引种："不行！农业要强大，首先是种子要强。种子的控制权落入他人之手，一旦遭遇断供，就等于被掐住了命脉，这是很可怕的事情。我们必须牢牢把种子的主权攥紧在自己手中。"

　　她还说："日本和中国台湾的种子价格极贵，好点的种子一粒售价一美元，我们不能浪费大笔外汇来长他人志气。我们是搞育种的，进口种子，情何以堪？我们要自力更生，加强与国内外的横向技术合作，广泛收集种质资源，增加新的抗病基因，用新的手段育出适合海南等南方地区栽培的品种，让我们的品种占领市场，这才是上策！"

在栽培技术上，刚从栽培组合并来到育种组的王登明建议："防病是关键，还是要在'抗'字上下功夫，搞清主要病源，综合研究有效措施。"

"咱们八十年代初在吐鲁番土温室进行过小面积的无土栽培，但瓜形太小，还要在营养液配方和自动化控制方面加强研究。"廖新福和冯炯鑫想起了当年的小试验。

"是呀，吐鲁番有了土温室后，一年能繁育两季。如果在海南岛建个大棚，再培育两季，育种加代就提速了，还能延长育种生命。"吴明珠提议。

廖新福说："吴老师，在海南建大棚，哪来的经费？咱们的科研经费早已捉襟见肘，您连乘坐飞机都舍不得，机票钱都省下来用在科研上了。"

"不能因为有困难，咱们就不做，要想办法创造条件。新疆的瓜要在海南结果，没有保护设施不行。要因地制宜在海南建大棚，防雨水、防湿热、抗病虫，这样才能实现北瓜南移，让海南的百姓吃上新疆的瓜，走上种瓜致富之路。"

吴明珠说的"北瓜南移"让大家豁然开朗。但北瓜南移是一项系统工程，需要建立并形成甜瓜露地栽培和保护地栽培技术体系。其中，人为选择和创造适于甜瓜生长的环境是先决条件，栽培技术是关键，抗病育种是根本。

人们虽然难以直接改变整体的生态环境，但可以选择适宜的季节，并运用保护地栽培技术来调节和控制局部的小气候条件。在南方地区，利用纱网和大棚可以有效地防雨减湿、防虫防病，同时提高气温并增大昼夜温差。在保护地内连续多年种植会导致连作障碍，从而影响甜瓜的品质和产量，但采用保护地无土栽培技术，这些难题就能迎刃而解了。

"对，搞设施农业。"这个很前卫的想法一下子跃入了吴明珠的脑海。

吴明珠团队明确了新的育种目标：培育抗湿、抗病、耐弱光的优质品种。在我国潮湿多雨、弱光照的东南部地区采用大棚有机生态型无土栽培方式种植。

在农业部的支持下，吴明珠率先在珠海、深圳的塑料大棚中试验了无土栽培这一种植模式，并一举成功。

1992年8月至10月，吴明珠团队和珠海农科所合作，在一个简易温室内采用悬杯深液水培法，试验种植新疆哈密瓜（脆肉型）。此次试验主要种植"芙蓉""皇后""网纹香"等甜瓜品种，并改良"红心脆"的抗性和"皇后"歪瓜多的特性。简易温室为单栋双斜面玻璃顶结构，喷水降温等配套设施齐全，纱网外备有塑料布，平时卷起来，下雨或降温时再放下。

吴明珠每天都到温室观测，根据蒸发量、吸收量向贮液池加水，并一遍遍叮嘱伊鸿平和冯炯鑫："要注意观察，保持营养液循环流动，适时增加氧气。""要特别注意密闭，不要透光，透光会引起青苔生长，青苔会夺取养分使根系变黄。"

1993年，吴明珠团队在珠海又种植了10个温室5亩的厚皮甜瓜，共种出8批哈密瓜，经济效益十分可观。1994年，他们又种植了20多个温室10多亩的厚皮甜瓜，珠海农科所成了当时全国无土栽培厚皮甜瓜规模最大的单位。

1993年8月初，吴明珠团队与深圳农科中心科技处合作，开展南方厚皮甜瓜无土栽培品种选择及栽培技术研究，在深圳农科中心蔬菜所的温室播种了20个杂优组合。

吴明珠对温室条件十分满意："这温室至少有3米高，天窗设在顶部非常合理，中午降温，平时通气也好。我们什么时候有条件

1993—1994年，吴明珠团队在深圳大棚成功种植哈密瓜

了，在三亚也按这个标准建个棚。"

"这个温室的湿度小于珠海，蔓枯病的发病率也会低于珠海吧。"伊鸿平、艾尔肯很高兴，这会减少许多麻烦。

与珠海农科所的水培不同，吴明珠团队在深圳主要以蘑菇泥营养液做栽培基质，用50%的木屑、50%的蘑菇废料混合杀菌消毒后堆沤腐熟，再加膨化鸡粪。这个营养液是吴明珠参照中国台湾配方结合深圳实际加以调整制成的，有机肥与无机肥相结合，效果很好。

1993年10月底，甜瓜全部采收完毕，从播种到收获共85天；20个杂优组合中，生长期间淘汰5个组合，剩下15个组合各具特点。前期栽培槽漏水漏肥，导致所结瓜小于珠海的，但糖度普遍较高，品质细嫩超过原产地新疆，于是大家从中选出5个可推广的杂一代。

在许多人的认知中，水培（营养液培）才是真正先进的无土栽培，所以对基质培并不了解和重视。吴明珠团队对几种形式的无土栽培进行了比较试验，得出结论：水培优于保护地土壤栽培，基质培又优于水培，而有机肥加基质培更优于营养液加基质培。

在珠海、深圳无土栽培厚皮甜瓜的成功实践，让吴明珠认识到，无土栽培技术发展前景广阔，除供甜瓜育种加代外，还可反季节栽培高抗、耐湿、耐弱光品种，或者利用全自控温室种植，解决淡季甜瓜供应问题。

"我们必须在海南建自己的大棚，创造能种植厚皮甜瓜的小生态环境，使厚皮甜瓜在生长发育阶段能与大棚内的小气候相适应，保证选育出优良品种，切实为'三农'服务。"吴明珠说。

一些搞露地育种的专家非常不理解，觉得这是不可能的："搞个一亩的大棚至少要30万元，我们每个月工资不到100元，海南这么多南繁单位还没人这样做。""好像听说以色列有种植大棚，但造价实在太高了。"

面对这些杂音，吴明珠不为所动，心里想的是产业的永续发展："生活上我们能省就省，工作中该花的钱必须花，不能算眼前的经济账，要看长远的利益。别的作物可以露地种，但甜瓜对生长环境要求高，南繁育种难度大，只有在大棚内栽培，新疆的瓜才能落地海南，才能推动当地产业发展，带动海南农民致富。"

1994年，在吴明珠的全力争取下，新疆南繁指挥部向新疆维吾尔自治区农业厅申请经费，在三亚建了一个只有三分地的简易大棚，明确给吴明珠团队用于育种加代、甜瓜无土栽培试验、品种试验示范等。团队成员也基本掌握了无土栽培技术，育种试验不再受外部环境影响，成功率大大提升。

吴明珠团队的设施农业就此起步。

这一年，吴明珠对团队成员说："今年南繁任务比较重，露地和大棚都要种植，大家春节肯定是回不了家了。"

"这么多年来，我们都是这样过来的。"所有人都明白，春节前后是育种最繁忙的时候，即便是新婚之喜或家里媳妇生小孩，也难以抽身返家去，因为海南和新疆离得太远了，不得不在家庭生活上作出牺牲。尽管有人偶尔会有情绪波动，但在吴明珠潜心科研、无私奉献的精神感召下，他们最终都坚守岗位，这正是团队强大的精神力量的体现。

南繁保护地育种大棚的建设，开启了海南设施农业新篇章。吴明珠团队运用无土栽培或基质（沙土）滴灌栽培等新技术，结合先进的椰糠基质与营养元素溶液配方滴灌施肥，建立了甜瓜育种无土栽培技术体系，并创新了全年高速育种模式，在海南与吐鲁番每年各育两季。同时，吴明珠团队成功选育了"金凤凰"等8个适合东南部大棚种植的甜瓜新品种，极大推动了我国瓜类南繁工作的开展。

在此之前，中国从没有人在大棚里种植哈密瓜，吴明珠是第一个把哈密瓜种植引进大棚的人，使得最为娇贵的新疆哈密瓜乖乖地在海南生根、发芽、开花、结果，成为海南冬季重要经济作物。如今，海南省内甜瓜种植大棚面积已超过五十万亩，年产值超过一百亿元，还极大地促进了上下游相关产业链的扩展，整体带动了三四百亿元的经济产值。甜瓜已成为海南瓜果产业中的支柱。

新疆南繁指挥部李树诚说，各省育种专家来海南南繁，在育种结束后，基本上就回去为原属地作贡献，而为海南"三农"作出如此巨大贡献的，吴明珠是第一人。

偷师学艺的农民学生，尝到了种瓜的甜头

让科技落地、让科技成果在田野生"金"，这是吴明珠科研团队的终极目标。他们把培育出的甜瓜品种无偿送给当地农民试种，一个个优良品种播撒到大田，农民们打心眼儿里感激他们。三亚海棠湾镇洪李村种植大户陈川武是最早受益的人。

陈川武是海南文昌文教镇人，因家境贫寒，初中毕业后便回家务农。文化程度不高的他相信科学、尊重科学，爱学习、肯钻研，坚信种地要种出名堂，必须依靠科学。

1991年，陈川武到海南热作两院拜师学习无土栽培技术，回家后尝试种植各类蔬菜，但没有实质性进展。1993年，他偶然在报纸上看到吴明珠团队在珠海无土栽培哈密瓜取得成功，受到了启发。1994年，他在《海南日报》上看到吴明珠团队在三亚种瓜的消息，心中大喜，便从文昌赶到三亚师部农场新疆南繁指挥部，并在试验地里见到了吴明珠。

陈川武自卑又胆怯，觉得自己只是一个普通不过的农民，不敢

说想来学习技术，只说想来打工挣钱。

吴明珠见他显得拘谨，便非常热情地招呼他喝水，并满怀歉意地告诉他，团队已经从新疆请了两个工人，暂时不缺人手，让他到其他科研单位看看需不需要人。

见到吴明珠这么平易近人，这个朴实的农民很后悔自己没有实话实说，只好打道回府，继续独自摸索无土栽培种植果蔬的方法。经过两年试验却没有收获，陈川武又萌生了去三亚学种哈密瓜的念头。

陈川武决定偷师学艺。1996年下半年，他再次南下三亚，在三亚师部农场上海农科院南繁基地租房搭棚，种植台湾甜瓜品种。

陈川武的住所紧邻吴明珠的试验地，见吴明珠的大棚规模又扩大了，瓜苗都很苗壮，心生羡慕，便暗中观察学习，模仿改进栽培方法。同时还与大棚里的工人交友，趁午休时偷偷溜进大棚观看学习。

孰料有一天吴明珠收工后又折回大棚拿东西，发现有外人在场，她大声问道："谁在那儿？干什么？"

陈川武一看情况不妙，怕连累两个工人，马上道歉："吴老师，对不起，我前两年来找过您，想在您这儿打工。现在，我也在用无土栽培技术种哈密瓜，但瓜长得不好，叶子都黄了，想来学习学习。"

吴明珠也认出了他，马上缓和了语气："你也在种瓜？这是好事呀，你把瓜苗拿来我看看。"

陈川武一听飞跑回去，把瓜苗连根拔起，气喘吁吁地又跑回来，毕恭毕敬递给吴明珠查看。

"这是病害造成的，所以抗病非常重要。这瓜长不大了，我给你一些种子，你重新种吧。"吴明珠当场许诺。

陈川武喜出望外，回去后拔掉了第一批瓜秧，种下了吴明珠最新培育出来的中熟杂交甜瓜品种"金凤凰"。那是 1996 年 11 月。

吴明珠亲自指导，陈川武一点即通。他每天在自己的小竹棚和吴明珠的大棚来回切换，严格按吴明珠的模式和要求操作。

吴明珠饭后散步，有时会到陈川武的小瓜棚里去，看到瓜长势喜人，就竖起大拇指表扬他做事认真，有模有样。

得到大专家的肯定，陈川武搓着双手憨憨地笑着。1997 年春节，陈川武所有的努力和付出、辛苦和汗水得到了回报，他种植的"金凤凰"网纹细密、外形美观，口感细、松、脆，风味极好。他抱着一个最漂亮的瓜，飞奔向吴明珠报喜。

"不错，味道很好，很纯正。小陈，你下一步有什么打算？"吴明珠很欣赏这个爱科学、学科学、实干苦干的年轻人。

"吴老师，我老家文昌的气候不适合种哈密瓜，我想在三亚这边租地种瓜。我已经在海棠湾镇洪李村那边和村民谈好了，先种半亩，再慢慢扩大面积。就是洪李村离这边二三十公里，有点远。"

"没关系，我们这里有电话，有什么问题，需要什么，你随时打电话来。"

"吴老师……我还想种'金凤凰'，今年能多给我一些种子吗？"陈川武吭哧了半天，终于说出了核心点。

"没问题！我们育种的目的就是要在生产上推广，就是要服务'三农'，让海南的农民朋友通过种瓜发家致富。"吴明珠爽快地答应了。

陈川武捧着珍贵的种子来到洪李村，将原来的试验性研究改为大田生产，在半亩地里搭起了简易、廉价、实惠、耐用的土木结构大棚，铺上了水泥，用红砖砌了栽培槽，播下了种子。

遇到困难和问题，他就打电话向吴明珠请教，吴明珠有时还派学生过去指导。经过三个月精心栽培，陈川武大棚的瓜藤上结出了一个个色泽金黄、形态饱满的"金凤凰"，足以和新疆的哈密瓜媲美。

1996年，陈川武只有房顶上的二三十平方米的小试验棚。在吴明珠的支持和帮助下，1997年，他在洪李村租了半亩地搭棚种瓜，1998年便扩大到了四五亩。2000年，他和海南省林业总公司合作，对方出资金，他出技术，在大棚种植了20亩地的瓜。

收获时节，海南岛内外很多搞农业的人来参观陈川武的瓜，只见一排排长卵形、鹅黄透红、大小匀称的"金凤凰"整整齐齐地垂吊在藤蔓上，好似接受人们的检阅。

一时间，陈川武声名远扬，成为海南第一个用无土栽培技术种植哈密瓜的种植大户。

陈川武是有心人，他依靠科技种瓜走上了致富路。作为吴明珠教出来的第一个农民学生，他深受老师影响，先富不忘后富，牵头成立了哈密瓜农民专业合作社，积极带领附近村民致富，种植面积逐渐扩大到200多亩，许多农民从中尝到了甜头。2007年，陈川武被评为"三亚市十大杰出青年"。

在吴明珠的直接和间接推动下，海南陵水、东方、乐东、昌江等地的农民陆续种植"金凤凰"，最大种植面积达到2万亩。"金凤凰"也因此成为新疆最早南移成功的哈密瓜品种，深受海南广大农民的喜爱。

"金凤凰"成了海南农民致富的"金钥匙"

吴明珠始终坚守一个信念：如果一个瓜没有好的品质，哪怕产量再高，推广到社会上也是失败的。优良的品质，永远是第一位。

吴明珠团队以三亚为中心，先后建成7个无土栽培哈密瓜生产基地，并面向周边市县开展优质哈密瓜反季节种植技术的示范与推广，千方百计为海南农民架起科技致富的桥梁。

"吴老师最大的愿望就是让品质好、长相好的甜瓜甜到老百姓心里，帮助他们种出美好的生活。她不遗余力地把最科学、最经济、最实用的种植技术传授给瓜农，把完整的、成系列的西甜瓜育种创新体系推向世界。"吴明珠的学生说。

每次选育出甜瓜新品种，吴明珠都会就地转化，交给一些种植大户种植，再征求他们的意见。陵水的农民说，哈密瓜太大了，能培育出小一点的瓜就好了；乐东的农民说，瓜皮色泽要是再亮点、纹路再清晰一些就好了。这些，吴明珠都记住了，她边试验边改进。

吴明珠常和学生到附近村子散步，和村民们聊天，了解他们的家庭经济状况、种植收入等。聊到兴头上，她直截了当地说："你们就种瓜吧，我教你们种，保证你们能挣钱。"

得知乐东种了200多亩"金凤凰"，吴明珠立马到乐东了解种植情况。在佛罗镇，吴明珠看到海滩边的盐碱地瓜长得特别好，便说："不错，这里每年淹海水，海水退去可以连作，瓜的风味和鄯善东湖的潮地瓜一样。"

陪同的村干部说："佛罗镇求雨村有成片的干旱瘠薄的海沙地，村民穷得叮当响，去年一个村民种了40亩'金凤凰'，纯收入超过10万元。今年村民们争先恐后开始种瓜。今天听说专家来了，都在地里等着呢！"

在瓜地，吴明珠用简单的海南方言和瓜农聊种瓜的苦辣酸甜，告诉他们什么时候播种、什么时候整枝打杈、什么时候施肥、什么时候预防打药，以及瓜有病了该打什么药。她讲得清清楚楚，农民们听得明明白白。

她边讲解边示范："海沙地适合哈密瓜的生长，但水分极易流失。可以试试在沙土上面铺上薄膜，保持土质湿润，这样种出来的哈密瓜口感会更好。"

瓜农们幽默地说:"以前,我们只会种地瓜、吃地瓜,却怎么也摆脱不了贫穷,没想到现在,不仅听说了西甜瓜,还靠种西甜瓜发家致富了。"

除指导农民种瓜外,吴明珠积极扶持"公司种植业",即由公司承包瓜地,组织周边农民种植。陵水一家公司雇用200多名农民在200亩大棚里种植哈密瓜,每人每月能挣七八百元工资,一个生产季还能和公司五五分成。

在海南岛南部,许多农民种瓜致富,建起了一幢幢漂亮的"哈密瓜"楼,这是他们过去做梦都不敢想的。

看到千千万万颗饱含希望的种子在科技的助力下破土而出,看到一批批因种植西甜瓜而繁荣起来的村镇涌现,吴明珠深感自己曾经历的所有艰辛、付出的所有心血与汗水都是值得的。

在广东雷州种瓜的牟帮贵1998年在新闻报道中听说了"早佳8424",就打电话到新疆农科院找吴明珠,一番沟通后,吴明珠便把种子寄了过去。

之后,吴明珠放心不下,时不时致电询问:"你们什么时候种啊?苗长得怎么样啊?"她几乎全程跟踪。

2002年,吴明珠选育的"金凤凰"在海南很有名气,牟帮贵又请求吴明珠卖给他两斤种子。

吴明珠说:"你初次种这个品种,买那么多种子风险太大了。这样吧,我派个技术员去雷州,直接到地里指导你。"

没想到那年效益特别好,"金凤凰"一斤卖到7元钱,人称"黄金瓜"。

牟帮贵打电话向吴明珠报喜,吴明珠很高兴,建议他到海南来发展,因为雷州种瓜的气候条件不如海南。

2003年,牟帮贵在三亚新疆农科院科技示范园的大棚里,第一次见到了吴明珠。

"我只是一个小农民，大名鼎鼎的大院士这么热情地招待我，给我切瓜吃、泡茶喝，拉着我聊种瓜的事，还热心帮我找基地，我很惊讶，也很感动。"牟帮贵说。

牟帮贵下决心移驻海南，并在陵水注册了农业公司。此后，牟帮贵经常向吴明珠讨教新技术，还聘请她为技术顾问。吴明珠一到牟帮贵的瓜地就问："小牟，瓜长得怎么样啊？有没有挣钱？"

2006年，牟帮贵的瓜地出现了大问题，叶片迅速干枯，茎秆和叶柄则出现流汁、腐烂或干枯的现象。谁都不知道这是细菌还是真菌引起的，牟帮贵找人配了七八种药都没有效果，反而对瓜苗造成损害。牟帮贵还请人送样到广东化验，但也化验不出来。

吴明珠到现场察看后，怀疑是细菌问题。她把病菌样本寄给日本同行，经化验是细菌性"角斑病"。于是，她对症下药，通过栽培管理、药剂防治解决了这一难题。

看到地里的瓜苗恢复健康且长势不错，吴明珠特别高兴。

直到现在，牟帮贵仍按吴明珠教的方法种植西甜瓜，而他的公司的种植面积也从最初的200亩逐步扩大到了200多万亩。

三亚作为全国反季节瓜菜重要基地，吴明珠向三亚市政府建议，要积极打造并擦亮"无公害产品"品牌，在西甜瓜产区组建农民协会，完成产前、产中、产后及销售等环节的产业化工作，也可采用"公司+农户"模式，但前提是必须保证农民的利益和品牌的效益。

2002年前后，三亚加快推进南繁科技成果的本地转化，积极开展"设施农业+产业化"，推动三亚热带农业升级转型，带动海南南部地区西甜瓜产业的发展，年种植西甜瓜20多万亩，产值在50亿元以上。这些反季节种植的西甜瓜品种，80%是吴明珠科研团队多年南繁选育的品种，包括"金凤凰""黄皮9818"等。其中，"金凤凰"深受当地瓜农喜爱并被市场普遍看好，2004年在三亚及周边大棚种植1200多亩，售价远超其他品种。

2004年4月18日，三亚市政府向"中国杂交水稻之父"袁隆平、"中国瓜王"吴明珠两位院士授予"三亚市荣誉市民"称号。

手捧证书，吴明珠感慨万千。从31年前踏上三亚这片土地开始，每年她都有半年时间在三亚的田间地头度过，她和三亚农民建立了深厚的感情。她没有忘记：1974年西沙海战时，崖县政府把数百名南繁人员接到大礼堂护其安全；特大台风来临时，政府派出工作人员帮助抗风救灾；在师部农场丢失瓜后，场长亲自到瓜地守夜看瓜；阑尾手术后，农民朋友杀鸡熬汤，无微不至地照顾她……

这桩桩件件、点点滴滴浮现在她眼前，她说："'三亚市荣誉市民'的称号不仅仅是一种荣誉，更是一份沉甸甸的职责，是竭尽全力为海南的'三农'服务的职责。这份职责与我内心深处对三亚百姓的深厚感情紧密相连。"

如今，我国西甜瓜的生产、消费总量均占世界50%以上，海南西甜瓜的冬季生产占全国90%以上，形成一批知名品牌。每年全岛出岛商品瓜超过一百万吨，产生的经济价值达几十亿元，成为海南瓜果的支柱型品种，促进了乡村振兴，为全国西甜瓜的冬春市场供应提供了重要保障。

殷殷嘱托，让"天下第一瓜"走向世界

吴明珠北瓜南育，在海南成功无土栽培新疆哈密瓜的消息传播开来，引起了时任新疆维吾尔自治区党委书记宋汉良的高度重视。

改革开放以来，新疆哈密瓜种植面积扩大，产业有了很大发

展，但年复一年局限在新疆自产自销，市场价格未能体现其应有的价值，其资源优势也未能转化为经济优势。

宋汉良在任时就非常关注哈密瓜产业，对其发展困境耿耿于怀，希望培育新品种，拓展市场。他注意到1994年新疆哈密瓜运往香港虽多，但利润微薄，且在香港只能摆地摊卖，与日本高价礼品甜瓜形成鲜明对比。他担忧新疆哈密瓜因运输成本高、品质不稳而难以竞争，恐失去市场。保住新疆"瓜果之乡"的美名，让哈密瓜成为支柱产业，成为他心头的大事。

1995年3月8日，宋汉良到三亚新疆南繁指挥部视察，李树诚站长端上一盘哈密瓜招待宋汉良一行。

宋汉良吃了一口惊讶道："这里居然能吃到新疆的哈密瓜，风味还这么好。这是怎么运过来的？"

李树诚忙解释："这是新疆农科院吴明珠在三亚基地的大棚里培育的'金凤凰'，还有'绿宝石''新红心脆'等，口感不比新疆的差，这四五个瓜还是之前挑剩下的。"

"不错，外形好、甜度高、肉质细、爽口清脆，我看这瓜有很大的开发利用潜力。我们现在去找吴明珠，和她好好聊聊。"宋汉良迫不及待起身就走。

不巧的是，吴明珠带团到台湾学习考察，不在基地。宋汉良向其他同志详细了解了北瓜南育的情况，看到他们在只有三分地的大棚里做品种试验，直呼太不容易了。

宋汉良认为，三亚哈密瓜初步具备了商品瓜的属性：从商品经济角度分析，新疆哈密瓜在三亚试种成功，保持了哈密瓜原有的独特风味；无土栽培无公害是时代潮流，有很大的吸引力；具有反季节生产特征，正好赶在圣诞节、元旦、春节前后投入市场，有很大的经济价值。

因长期超负荷工作，宋汉良积劳成疾到北京治疗，但他仍心系哈密瓜产业，希望三亚基地能成为进军国际市场的桥头堡，恢复哈密瓜"天下第一瓜"的美誉。

1995年5月，宋汉良秘书邢万良回乌鲁木齐办事，他想找吴明珠转告宋汉良的想法，但吴明珠当时在吐鲁番忙着育瓜抽不出身，邢万良只好留了一封信。宋汉良又托新疆维吾尔自治区党委副书记贾那布尔捎口信，让吴明珠到北京时一定要去见见他，以便当面交换意见。

6月，吴明珠到中国农科院蔬菜花卉研究所出差，学习有机生态型基质培养技术。一抵达北京，她就到医院看望宋汉良。

"明珠同志，我去三亚虽然没见到你，可是品尝了你在当地培育出来的哈密瓜，心里真是高兴啊！本来我应该去找你聊聊的，可是我这身体不争气呀，辛苦你啦！"见到吴明珠，宋汉良心情大好。

"您上次去三亚时，我刚好带团到台湾高雄参加海峡两岸西瓜甜瓜育种研讨会，参观访问了陈文郁先生的台湾农友种苗公司及西甜瓜产地，对台湾西甜瓜育种、生产、经营管理等有了比较全面的了解。他们在育种科研上结合生产和市场需要，培育了一大批新品种，卖到了东南亚一带，值得我们学习借鉴。"

"看来是要多走出去开阔眼界。记得你曾经说过，咱们新疆这么好的甜瓜，和其他的瓜混在一起，只卖几毛钱一斤，真是无奈。现在你让新疆的瓜在海南结了果，哈密瓜走出新疆有希望啦。我们完全可以借鉴中国台湾、香港、新加坡等地的经营模式，尽早让它在南方商品化。"

"这也是我们的目标。瓜果是新疆的优势，以前我们在海南培育成功一个新品种后，总要拿回新疆推广，但受贮运、成本等影响，好瓜没能卖出好价钱。我也在想，三亚新疆南繁基地不但要成为强大的繁育基地、科研基地、种子基地，还要成为商品基地。但目前我们的条件还不允许，在海南没有大棚种不了瓜，可建一个一亩地的大棚，至少需要 30 万元，我们那点科研经费……"

"这个情况我了解，已经要求自治区相关部门在经费方面给予支持。我再约一下在海南开公司的新疆企业家李家兴，很快可以敲定这事。"宋汉良说。

"太好了，如果能解决设施问题，这些新品种既可以为新疆所用，也可以在海南和条件适合的地方大量推广种植。反季节种植的哈密瓜正好在春节前后收获，效益可以提高十倍。只是，我们搞科研的，对市场经济不了解，走商业化的路子也不在行，最好有专业的团队来做推广。"吴明珠不无顾虑，她不想为赚钱而耽误科研。

宋汉良看出了她的心思："明珠同志，我们一定要懂得，社会主义市场经济是党的十四大提出的方针，共产党员是社会主义市场经济的助推者，我们不积极参与，社会主义市场经济体制如何建立？我们应该消除顾虑，勇敢地投身市场经济的浪潮，接受锻炼。搞科研并不排斥经济利益，二者也是统一的。"

吴明珠不好意思地笑了。虽然她打心眼儿里不想与钱沾边，但心里明白，商品的竞争优势其实从科研阶段就已经开始确立了，占领市场是其延伸，也是最终目标。现在实际上科研人员已是市场竞争的排头兵了，今后的发展方向必然是成立集科研、制种、生产、流通于一体的实体企业。这是提高甜瓜质量、拓宽商品市场的有效途径。

宋汉良又语重心长地说："新疆的瓜果打不出去，我很不甘心。现在，已经打出去的是棉花，而我朝思暮想的是瓜果，最有希望突破的也是甜瓜。希望哈密瓜通过三亚早日参与国际市场竞争，最终带动新疆本土哈密瓜的商品化、产业化、国际化。"

吴明珠被宋汉良看问题的政治高度和思想境界深深折服，脑子也随即转过弯来。吴明珠心想："新疆甜瓜事业若能如宋汉良书记期望的那样，在三亚建立走向世界的窗口，以此带动新疆哈密瓜产业的发展，这不就是我们农业科技人员的终极目标吗?"

几天后，宋汉良约吴明珠和李家兴到医院，共商科企合作、建立窗口企业的相关事宜，吴明珠带团队成员伊鸿平和冯炯鑫参加。

宋汉良开门见山:"家兴同志，吴明珠同志在哈密瓜研究方面很有成就，但囊中羞涩，只能做开发哈密瓜新品种的工作，而且只能开展最低限度的研究项目，至于哈密瓜的商品属性，基本不敢问津。吴明珠科研攻关团队和你的公司都在三亚，如果进行科企合作，组成窗口企业，以企业支持科研攻关，以科研成果带动企业，共同推动新疆哈密瓜尽早打入国际市场，我认为这是双赢的选择。"

李家兴对吴明珠早有耳闻，很期待双方的合作:"宋书记，我有市场经济的经验，也希望尽我的微薄之力反哺新疆，为新疆人民做些实事。"

宋汉良很高兴:"明珠同志，窗口企业一旦建立起来，就不能停留在新品种开发上，应该以哈密瓜在国际市场上占有份额的大小为标准，把科学技术提高到更高水平。这对你们将是很大的转变，也是全新的尝试。"

吴明珠当场表示:"我们要以'天下第一瓜'为目标，最大限度开展科研攻关，培育出有竞争力的精品瓜，带动新疆哈密瓜产业的振兴。"

吴明珠返回新疆前，到医院向宋汉良道别。吴明珠告诉他，李家兴承诺先投资30万元，帮助在三亚新疆南繁指挥部建2个1亩地的单拱大棚，到10月就可以投入使用。另外，自治区科委投资30万元在吐鲁番建了2亩地的大棚，加露地现在共有30亩的试验基地，所以今年播种面积扩大了。

宋汉良满意地点点头:"太好了，争取多培育一些新品种，在海南大面积推广。要抓紧建立窗口企业，要明确三亚的窗口企业的出发点和落脚点是为了新疆本土哈密瓜发展这个根本。"

临别时，宋汉良发自肺腑地说："明珠，我们的籍贯虽然都不是新疆，但我们都是在新疆大地的雨露滋润下、在新疆各族人民的哺育下成长起来的'新疆人'。不管在哪里工作，根永远是扎在新疆这块大地上的。"

这番话，吴明珠时刻铭记在心。

后来，由于李家兴公司将房地产开发的重点转向北京，加之其他种种原因，建立窗口企业的目标未能实现，只做了一些小面积的示范。

这也是让吴明珠深感遗憾的事情。

"黄皮9818"跨洋种植，打入美国市场

为弥补这一憾事，吴明珠紧跟科技潮流，尤其关注国内外最新的育种动态，积极尝试最先进的育种方式，比如辐射育种、航天育种，用科技的力量为传统农业育种注入新活力。

1996年3月，当吴明珠得知我国即将发射一颗农业卫星，并正在征集搭载于卫星上的育种材料时，她立刻萌生了一个想法："航天育种周期相比杂交育种缩短约二分之一，由8年左右缩短至4年左右，这太吸引人了。一粒上天入地的甜瓜种子，会结出什么样的果实？一定要争取这个难得的机会，把咱们最经典、最优良的瓜种送上天。"

"吴老师，年初在三亚收获的'皇后''红心脆'哈密瓜纯系干种子，纯度、净度、发芽率都很好，选它们怎么样？"伊鸿平、王登明等人建议道。

"好，就选'皇后''红心脆'，一部分种子送上天，留一部分

种子做对照。"

1996年10月20日，我国自行研制的第十七颗返回式科学技术卫星搭载着"皇后""红心脆"种子，在太空飞行15天后，于11月4日返回地球。

航天育种不能一飞了事，让种子上天并不难，难就难在如何让这些"天选之子"落地生根，并从中选育出更优良的新品种。

从1997年4月到2000年春，从吐鲁番到三亚，吴明珠团队将卫星搭载的"皇后""红心脆"种子和对照种子同时播种，历经4年8代试验，培育出综合性状超过原品种的"皇后"97号和98号两个自交系。2001年，吴明珠团队对其进行组合观察与测优，筛选出2个中熟杂种一代新品系，在品质风味、外观及抗性等方面更优良。

冯炯鑫和王登明说："这次瓜种搭载后的变异，像是大海捞针，类型少，频率也低。"

伊鸿平接过话茬补充道："空间诱变就像细雨润物，悄悄改变，不易察觉。SP_1代就像初春的嫩芽，历经风霜依然能茁壮成长。到SP_2代及以后世代，则像匠人手中的雕刻刀，对原有的某些性状进行了细腻的修饰。"

吴明珠深有感触："所以，严格的鉴定和筛选非常重要。这次试验十分明显，'皇后'是经过远地域、多亲本复合杂交选育出的自交系，像舞台上的主角，对空间诱变极为敏感，变异显著。'红心脆'则是新疆典型的地方农家品种，就像是新疆大地上的坚忍守护者，无论外界如何变迁，遗传性都不会轻易动摇。今后在选择搭载材料时，得挑那些敏感性强或者杂交种，后代变异的幅度大，更容易选出我们想要的优良突变体。"

学生们在一旁听得入迷，对吴老师的育种前瞻性佩服得五体投地。

在育种界，研究往往跟不上生产的步伐，难以引领市场，而吴

甜瓜品种"黄皮9818"进入美国超市

"黄皮9818"在美国加利福尼亚州栽培成功并商业化种植

明珠仿佛能够预知未来，总能精准把握市场需求，带领团队借助科技的力量不断创新。

1997年4月，在吴明珠的推动下，新疆维吾尔自治区人民政府批准在新疆农科院园艺所西甜瓜育种研究组的基础上组建哈密瓜研究中心。

哈密瓜研究中心在吴明珠带领下，在育种手段上形成了以辐射诱变育种、空间诱变、多亲复合杂交育种及分子标记辅助抗病育种等先进育种技术与常规育种技术紧密结合的聚合育种体系；不断改进和推广甜瓜露地栽培及无土栽培技术体系，建立了一整套大棚哈密瓜无土栽培新技术，培育出"黄皮9818""新红心脆""金龙"等优质抗病新品种，以及特色酸甜瓜（风味系列品种），并在新疆、上海、海南及华北地区大面积种植、推广，形成了"窗口"，探索出以"品种—品质—品牌"为链条的产业化开发之路。

2000年以后，吴明珠面向国际育种，拓展海外市场，与国外同行特别是生物工程技术界的同行进行多种形式的合作，在东南亚、美洲、欧洲、非洲一些适宜种植哈密瓜的地方推广新品种，多点种植"新红心脆""金龙"等品种。

"我们现在不仅服务新疆人民、全国人民，还服务世界人民。"吴明珠很自豪。

2003年，国内20多份哈密瓜品种样本被拿到美国先正达种苗有限公司进行测试。北京大学现代农业研究院张兴平当时在美国做西瓜育种工作，负责对这些品种进行鉴定。为确保公平公正，所有样本都是匿名测试，最终吴明珠团队选送的"黄皮9818"脱颖而出，拔得头筹。

现场，美国专家摸着"黄皮9818"爱不释手，他们品尝肉色橘红、肉质细脆香甜的瓜肉后，啧啧称奇，非常震撼。美国先正达种苗有限公司当即决定将"黄皮9818"引种到美国。后来，该品种在加利福尼亚州种植成功，实现了历史性的跨洋试种，该品种也被认为是最有代表性的哈密瓜品种。

2007年，先正达种苗有限公司在大量测试种植后，决定在美国加利福尼亚州商业化生产"黄皮9818"，种植面积400多亩。5月，该公司盛情邀请吴明珠一行赴美国，见证"黄皮9818"打入美国市场。

张兴平说，美国消费市场非常成熟又很有竞争力，"黄皮9818"以优质的性状、独特的口感和风味，成为我国第一个具有自主知识产权的并在国外种植成功的哈密瓜品种。

张兴平骄傲地看到，中国的育种专家站在了世界舞台上，被同行所熟知和敬重；中国的甜瓜不但惠及国内百姓，而且名扬世界。

坚而不移若基石

情义相投的两姐妹

1998年3月，吴明珠又如候鸟一般从海南岛回到了吐鲁番，在瓜地、大棚、试验室，为了一粒粒种子的承诺，锲而不舍、日复一日地忙碌着。

5月的一天，瓜地里来了一位访客——《科技日报》记者部主任、我国首批高级记者、首批全国优秀新闻工作者、首届范长江新闻奖获得者郭梅尼。

听说记者来采访，吴明珠避之唯恐不及。自20世纪50年代从首都北京一竿子扎到鄯善县以来，她的传奇经历吸引了不少记者慕名而来。但她是个低调行事的人，从不愿意张扬，常让记者吃闭门羹。

据说1987年10月出席党的十三大时，吴明珠为躲避记者采访，甚至藏到了桌底下。在北京开科技会议时，央视一档访谈节目采访她，她如坐针毡，采访结束起身就走，嘴里说着"吃饭去喽"。事后她说，她不喜欢那样正襟危坐"束缚"着访谈，不如在瓜地里边看瓜边说瓜，更轻松自在一些。

拥有众多荣誉的郭梅尼也绝非浪得虚名，从桥梁巨擘茅以升到原子能先驱钱三强，从被誉为"中国的居里夫人"的何泽慧到"巨浪之父"黄纬禄，再到数学界的"双子星"杨乐与张广厚，乃至科技界的领航者宋健，中国科技殿堂里的这些闪耀明星，郭梅尼都采写过。她的笔尖同样温柔地触碰过那些在逆境中绽放光芒的灵魂：高位截瘫却笑对人生的张海迪、高考失意却坚忍不拔的杨建秋，以及拄双拐前行的曹雁等等。他们的故事，经由郭梅尼之手，化作了激励人心的篇章。只要发现有价值的线索，郭梅尼就绝不会与好新闻失之交臂，哪怕下工地、蹲工棚、入深山、钻矿井，寒来暑往，跋山涉水，她是新闻界无人不知的"拼命三娘"、金牌记者。

一个偶然，郭梅尼听新疆同行说起有一个很了不起的科学家，20世纪50年代毅然决然从北京到边远的新疆，什么官啊，名啊，利啊，统统不在乎，只为心中那份对科学的热爱，就是要去基层育瓜。丈夫病逝、儿女远离，她受了太多太多的苦，仍独自一人在新疆广袤的土地上默默耕耘，培育出了20多个新品种。她因此被誉为新疆甜瓜品种的创始人和奠基人。

郭梅尼敏锐地捕捉到其中所蕴藏的新闻价值，并产生了强烈的共情："出发，去新疆！"

郭梅尼开始收拾行李，带着先天脑瘫、无人照顾的20多岁的儿子丁铁军，前往新疆采访。丁铁军四肢僵硬、寸步难行，郭梅尼便用轮椅推着儿子，儿子抱着行李箱。到乌鲁木齐乘公共汽车时，站台上车的地方被铁栏杆挡着，轮椅转不过来，几个热心人还一起帮忙把轮椅抬上了车。入住招待所后，厕所很小，轮椅推不进去，她让大块头的儿子搭在肩头，抱着他一点点往里挪。

安顿好儿子后，郭梅尼直奔新疆农科院采访。园艺所的同志告诉她："吴老师在吐鲁番种瓜，说不准什么时候回来，你去吐鲁番找她吧。"

郭梅尼先在新疆农科院查看了相关资料，重点了解了吴明珠30多年来在新疆为西甜瓜事业作出的贡献，听吴明珠同事讲吴明珠的故事，日常琐碎的点点滴滴深深打动了她，她感受到这位让人敬重的科学家生命的丰美。两天后，她推着儿子来到了吐鲁番。

一个躲着不想见记者，一个一定要见到采访对象，两个执拗的人碰到了一起。

一见面，两人都很吃惊。

郭梅尼看吴明珠：瘦瘦小小、黝黑黝黑的，穿一件晒得褪了色的蓝底白点衬衫和一双底快磨平的农家老布鞋，衣着打扮怎么也不像知识分子的模样。

吴明珠看郭梅尼：个子高，嗓门大，性格直率，风风火火，大大咧咧，与印象中戴着眼镜、背着相机、咬文嚼字的大记者相去甚远。

"正忙着授粉呢，真没时间接受采访。我就是一个普普通通种瓜的，没你们想的那么高尚。你不要写我，新疆有许多50年代支边的大学生，你就写写50年代的知识分子群像，写写这一代人吃苦耐劳、无私奉献的精神吧！"吴明珠本能地拒绝。

郭梅尼可没退缩："写精神也要从具体的人物落笔呀。从北京到新疆几千公里，你总不能让我无功而返吧。你忙你的，让我跟着就行，不耽误你种瓜。"

白天，吴明珠要钻大棚种瓜，郭梅尼就跟着钻进大棚，在瓜地里劳动、体验、观察。

那是授粉季节，吴明珠脖子上搭着一条毛巾，蹲在地上一株一株地给花授粉。只见她熟练地将雄花摘下来，然后把花粉抹在雌花的柱头上，再用事先准备好的发卡把雌花夹住，最后认真地填写记录，挂上注明授粉日期的牌子。她一边不停地操作着，一边自言自语地和瓜说话。

郭梅尼奇怪了，不满地说："你忙得顾不上和我说话，却一直唠唠叨叨地和瓜说话，瓜能听得懂吗？"

"瓜是我的生命，它也是有感情的，我一天不来瓜地和它们说说话，就会觉得很难受，就像妈妈一天看不到孩子一样。"吴明珠拿起毛巾擦着滑落的汗珠，头也不抬地继续忙着手中的活。

她就这样一直蹲着，从早上7时多干到中午12时左右，吃完饭躲过吐鲁番最热的时段再接着干到晚上10时，那些年轻人都中暑了，她还没事儿。

"你的蹲功怎么这么厉害？我蹲一会儿就头晕目眩受不了了，你这一蹲几个小时都不歇歇？"

吴明珠笑了："习惯了，我这样蹲了二三十年了，你才蹲了几天？而且，你这身材下蹲也确实困难。"

"哈哈……我没你这本事，看我这膀大腰圆的身板，蹲时间长了还真不行，腰又酸又痛。"郭梅尼一边捶着腰一边笑着打趣道，"晚上能抽空一起聊聊吗？"

谁知吴明珠说晚上要回试验室整理材料，还是没时间。

郭梅尼于是白天在瓜棚，晚上赶回招待所照顾好儿子后，接着采访吴明珠在吐鲁番的同事、朋友，10多个人都聊了个遍。

朝夕相处十几天，吴明珠算是服了，她的低调坚持拗不过郭梅尼不达目的不罢休的执着。授完粉的当天晚上，吴明珠抱着一个瓜来到招待所找郭梅尼。当看到郭梅尼竟然带着脑瘫儿子来吐鲁番时，吴明珠大为震惊："你带着这个孩子，怎么不告诉我？"

郭梅尼说："先天性脑瘫，没办法。自从婆婆去世后，这孩子就没人照顾了，我走哪儿就带他到哪儿，一般情况下我也很少出远门，除非有重要的采访。"

吴明珠关切地走到丁铁军跟前想和他聊聊，却发现他满脸通红，一摸额头："怎么这么烫？这孩子发烧了。"

"没关系，到新疆后气候不适应，我刚买退烧药给他吃了。"

吴明珠一时语塞，敬意和愧意交叠。这一刻，她和记者之间的那堵"墙"塌了，她打开了话匣子，和郭梅尼互诉衷肠，接连聊了几个晚上。当说到杨其祐，说到和他从相识相知相爱到相伴相守直到别离，吴明珠眉宇间深情款款。说起她与杨其祐简朴而充满情趣的婚礼，杨其祐对她工作的帮助和支持、对她无微不至的照顾与呵护，往事如电影般一幕幕在吴明珠的脑海里回放。

"我们志同道合，总有说不完的话，这奠定了我们的感情基础。他英文好，俄文也好，看到国外学术刊物上与我的研究有关的资料，就给我翻译出来。他专业知识丰富，给我讲遗传学知识。有时因为一些事分不开身，我还让他帮我授粉、做杂交，他从无二话……"

"我家房前有一条坎儿井，入冬前他会买很多雪里蕻，在井里洗干净后晾干，并用盐搓匀腌制起来，能吃一冬天呢。他做饭做得比我好，面条擀得和机器压出来一样整齐均匀，萝卜丝切得特别细，用酱油、醋、糖腌上，吃的时候滴几滴香油，太香了。他一做饭总把我使唤得团团转，不是叫我拿酱油、醋，就是让我弄葱、姜、蒜。我就和他开玩笑说：'你做个饭我得坐上飞机跟着你转啊。'他说：'这不就是夫唱妇随嘛。'"

这些艰苦而又充满情趣的生活细节，吴明珠笑着说着，不一会儿眼眶就湿润了。

"但他一个人的时候特别凑合，常常饿了吃点爆米花，喝点酱油汤，或者来碗酱油拌饭对付了事，否则也不会得那种病。他不跟我到新疆，也不至于没了事业、丢了性命。都怪我，怪我没有照顾好他。"吴明珠摆了摆手，再也说不下去了。

郭梅尼见状马上转移话题："这也不能怨你，别难过了。你看儿女们现在都自立了，多好啊！"看着身边的儿子，郭梅尼不无羡慕。

"我那儿子挺聪明的，但脾气太倔，大学毕业时学校让他留校他不肯，分到国营重庆无线电五厂上班，年年被评为新品开发标兵，还被破格提拔为设计科科长。干得好好的，他偏要辞职到中外合资的公司，后来公司解体再次待业，自己开公司也开不下去，他哪是那块料啊。即使生活漂泊不定，他也不肯来新疆，主要是和我没感情。女儿在南京的一家医院工作，对我也有意见。同事们羡慕她妈妈不在身边可以不受拘束、自由自在，她说：'你们就知道自由，但自由的同时意味着孤独寂寞，意味着要独立处理生活中的一切大小事情，独立作出生活中的一切选择。'后来她选择远走高飞去了美国。你说我当母亲的怎么不想孩子在身边呢？"吴明珠也不知道自己怎么就把这一肚子心里话向郭梅尼倒了出来，念起这本对谁也不愿意念的"难念的经"。

郭梅尼说起她的脑瘫儿子丁铁军，虽然没上过一天学，但他自强不息，刻苦自学微积分、线性代数，"我们不懂的他都懂"。郭梅尼说，丁铁军虽重度残疾却心怀大爱，创办三里屯爱康社区康复中心，为残疾朋友义务提供心理健康、康复医疗等咨询服务，因此被评为全国自强模范。"如果铁军没得这病，不知能为社会做多少事情呢……"郭梅尼言语间既自豪又惋惜。

两个女人说起家事，都有一本"难念的经"，而说起事业，说起深爱的工作，她俩又两眼放光，有很多共同的语言。

吴明珠说起她的"皇后""早佳8424""金凤凰"等，优点如何、风味怎样，有哪些不足，仿佛在点评自家孩子。说起她南繁北育的酸甜苦辣，她说："现在条件好多了，我别无杂念，只想多培育几个好瓜。"

"听说自治区和农科院曾几次提名，推荐你评选中国工程院院士，都没有评上。去年4月又继续推荐提名了，推荐意见有足够的说服力：'为新疆及全国的甜瓜、西瓜事业作出了突出贡献，被誉为'西部瓜王'；收集整理了新疆甜瓜地方品种，挽救了一批濒临绝迹的资源。'以你的科研成就，这次应该没问题吧？"郭梅尼问。

"搞农业的人都是一根筋，天天泡在地里育种，哪有时间写论文呀？但这是必备条件，我也理解，我的目标并不是当院士。今年，自治区又推荐我参评'杰出专业技术人才奖章'，据说全国共评十名。评上评不上且不说，各种材料和表格要写一大堆，我真没有时间和精力耗在这些事情上。唉，不提这些事啦。"吴明珠轻描淡写地说。

"有人不理解，你在北京中央机关工作多好呀，干吗非要一再要求到边远艰苦的鄯善工作呢？你放着好好的行政公署副专员不当，为什么要辞官去住瓜棚，成天摆弄这些瓜呢？一个人耗尽一辈子光阴，只为种瓜，值得吗？"郭梅尼不解地问。

"说来非常简单，我在大学学的是园艺，如果我不是在哈密瓜的故乡，想培育出这么多优良品种是不可能的。所以说，衡量贡献大小的标准，不在地位和官阶的大小，而在所做之事给人民带来多大的好处。"

在吐鲁番的夜晚，在招待所的小房间里，她们敞开心扉畅快地聊着。从某种意义上说，彼此间不再是采访和被采访的关系，而是情义相投的两姐妹。

吴明珠的事迹深深打动了郭梅尼。回到北京后，她用深情而细腻的笔调把吴明珠和杨其祐在新疆艰苦奋斗数十年的生活点滴串联起来，不仅写他们的事业，也写他们的恋爱婚姻、家庭生活；怀着朴素的情感，用平实的叙述彰显他们的精神力量与人生追求，展现闪耀在这一代知识分子身上的光辉，反映他们为共和国作出的巨大贡献和牺牲，称赞他们是共和国的基石。

当写到吴明珠与杨其祐诀别的场景时，郭梅尼再也无法控制自己的感情，泪水滴落，洇湿了稿纸。她认为，吴明珠能取得这样的成就，与杨其祐的支持是分不开的。文中，她为杨其祐倾注了很多笔墨，包括他的才情、他的欢愉、他的遗憾、他的痛苦、他的不舍，以及他的人格魅力。

当郭梅尼为这篇稿子画上最后一个句号时，她不禁掩卷唏嘘：人生结出几个瓜，需要作出多大的牺牲，付出多大的代价啊。吴明珠和杨其祐是那样坚忍、那样朴实，不图名、不图利，为了甜蜜的事业，踏踏实实地把自己压在最底层。郭梅尼相信，她的感情、哭声、泪水，读者一定能感受到，并产生情感的共鸣。

的确，郭梅尼的泪水触动了千万读者的心弦，激起了他们情感的涟漪。

1998年8月10日，吴明珠收到郭梅尼的信，里边有一份7月11日的《科技日报》。这份《科技日报》用了整整一个版面刊登了人物通讯——《基石——记戈壁滩上的甜瓜、西瓜育种专家吴明珠》（以下简称《基石》）。

郭梅尼在信中说，《基石》发表后，在社会上，特别是科技界，引起了极大反响，许多朋友打电话告诉她"这稿子读得我泪流满面啊！"而读者来信如雪花般飞进编辑部，很多读者表示是含着热泪读完的。

郭梅尼还随信附上了8月4日中国工程院院长宋健写给自己的信。信中宋健高度评价《基石》，其中写道：

细读《基石》，我也流下了眼泪！吴明珠是值得大写的一位女杰！她的成就、奉献、追求和人生品德，是我们时代的骄傲，是中国知识分子的杰出代表。她应该受到中国科技界的崇敬，得到人民的爱戴。"我们的共和国正是由像吴明珠、杨其祐这样的基石铺垫起来的"，这句话写得很贴切。我想还应加一句：共和国今天所取得的成就，人民的生活能有今天，正是由像吴明珠、杨其祐这样的科技工作者，用他们的智慧、汗水、心血和生命创造的。如有机会，请你向她转致我们最衷心的敬意和问候。

谢谢。你和陈卫东的采访和报道，我已请工程院的同志们也都

科技日报社

郭梅尼同志：（你和陈卫东的）

　　7月11日来信和大作均收到，带到北戴河才来得及细读，故迟至今日才回信，祈谅。

　　细读《基石》，我也流下了眼泪！吴明珠是值得大写的一位女杰！她的成就、奉献、追求和人生，是我们的时代的骄傲，是中国知识分子的杰出代表。她应该受到中国科技界的尊敬，得到人民的爱戴。"我们的共和国，正是由像吴明珠、杨其祜这样的基石铺垫起来的"，这个话写得很贴切。我想还应加一句：共和国今天所取得的成就，人民的生活能有改善，正是由像吴明珠、杨其祜这样的科技工作者，用她们的智慧、汗水、心血和生命创造的。如有机会，请你向她转致我最深的敬意和问候。

　　谢谢你和陈卫东的采访和报导。我已请工程院的同志们也都看一遍。工程院覆盖工、农、医三大领域，约1100万人。你们的报报导致使我得悉工程院要面向这些在第一线脚踏实地、做出杰出贡献的同行们多做工作，这是工程院的责任和义务。

　　我们刚到工程院，正在学习如何开拓新的征程。尚望你们关照。

　　敬祝

夏安

宋健　1998年8月4日

宋第14号　年月日

看一遍。工程院覆盖工、农、医三大领域，约1000万人。你们的报道敦促了工程院要面向这些在第一线，脚踏实地做出杰出贡献的同行们多做工作，这是工程院的责任和义务。

吴明珠没想到一篇报道会引起这么轰动的效应，特别是宋健院长的信让她热泪盈眶，她觉得自己只是做了一个科技工作者的分内之事，却得到如此之高的肯定和评价。她辗转反侧，难以入眠，提笔给郭梅尼回信。信中写道：

我十分敬佩你的人格魅力。本来，我对记者总是保持距离的，可是，在你的面前，就像见到了老朋友一样，向你敞开心怀，无所不谈。我认为你是用心去理解别人的，所以就能和采访对象心连心。而且，你总是从精神世界去描述一个人，而不是吹大话。本来我是一个普普通通的科技人员，由于你的理解，才把文章写得这么动人。如果你本人没有崇高的人格，是无论如何写不出来的。

郭梅尼的报道在新疆引发强烈反响，1998年8月6日，《新疆日报》全文转载《基石》。新疆维吾尔自治区科委作出决定，在全区科技界广泛开展向吴明珠同志学习的活动。

当务之急是要有自己的科技示范园

科企合作停滞不前，科研成果产业化的瓶颈犹在，如何才能让新疆的哈密瓜走出新疆，把这份甜蜜带向国内外？
吴明珠心里放不下的是宋汉良书记的殷殷嘱托。

1999年1月3日，吴明珠生日。夜晚，她静下心来记录自己的心境：

今天忙了一天，算是庆祝69岁生日。照说应当过九，可是事业无成，过什么呢？希望明年有新的突破，一定好好过70岁生日……我一定要发愤图强，创造老年辉煌，生命不息，奋斗不止，直到最高峰。

年近七旬，很多人早已安度晚年、乐享天伦，而吴明珠还在转思维、创模式、求突破，攀登事业的高峰。在她看来，当时的科研设施已无法满足南繁的需要，也无法满足哈密瓜北瓜南移产业化发展的需要。

开展育种工作，吴明珠始终坚持至少要具备三个基本条件：一要有固定的试验地，面积大小以能供轮作倒茬为宜；二要有温室或大棚，可延长育种寿命，在海南建棚更好；三要有实用的试验室，除生物工程需要外，田间栽培的各种数据以及品质成分可从试验室里得到，如用分子标记检测杂种一代的纯度，可以节省在田间检测必需的大面积土地、劳力等费用，建试验室从长远看是节约而不是浪费。

因此，吴明珠觉得当务之急是在三亚建立新疆农科院自己的科技示范园。

吴明珠积极推进科技示范园建设，得到了时任新疆维吾尔自治区党委书记王乐泉的大力支持，不仅落实了专项经费，还给予了必要保障。科技示范园建在哪里较好？

2月10日，吴明珠陪同新疆农科院同志到三亚师部农场商谈用地事宜，但迟迟没有答复，看来希望渺茫。当时，三亚师部农场及周边聚集了全国各地许多农科单位，很难找到理想的地块了，只能在其他地方想办法。

2月23日正月初八，吴明珠照常去试验地做些常规工作。

忙完收工时，她见陈川武拎着三只鸡大步走来。

"吴老师过年好，我来给您拜个年。"

"小陈啊，去年种的瓜卖得怎么样？赚了多少钱？"

"吴老师，钱是赚到了。我那四五亩地种的全是'金凤凰'，卖得特别好，这都得感谢您啊！"

"恭喜你呀。小陈，一人富了不算富，你还要带领乡亲们一起富。"

"我一直记着您的话呢。这不，我在村里张罗的种瓜合作社，今年又有好多乡亲加入进来了。和您分享一个好消息，我种的'金凤凰'去年在首届冬交会上展出，连着瓜秧子摆在展台上，吸引了很多人围观呢！"

"我看新闻了。大家评价如何？"

"三亚展馆都挤满了人，很多人想不到海南也能种出哈密瓜。我们带去很多'金凤凰'让大家品尝，人人都夸这瓜长得好看，吃起来又香甜。那几天每天忙着切瓜，手都切酸了。"陈川武激动地连说带比画。

吴明珠看他越说越兴奋，也不禁为他高兴："你能把这个瓜种出来，还种得这么好，不容易，真不容易啊！"

"吴老师，冬交会上我还接到了订单，客商就要'金凤凰'，我今年又多租了几亩地接着种，争取下次再去冬交会亮亮相。"陈川武干劲十足，乐得合不拢嘴。

说到租地，吴明珠心一动，话赶话地问："小陈，你们那里有没有大一点的地块，我们农科院想建科技示范园，麻烦你在海棠湾那边帮我们打听打听。"

陈川武连忙答应下来，吴明珠多年来给他那么多的帮助，现在他终于有机会报答她了。他不敢怠慢,马上回村里落实这事。

当晚,吴明珠便接到了陈川武打来的电话,她想不到陈川武办事这么积极、这么靠谱。

陈川武说,那块林地很大,也比较平整,租金只要200多元一亩,但这地还涉及三亚市林场的部分地块。

吴明珠兴奋得睡不着,第二天一早便叫上马新力等人到实地考察:"不错,这块地足够大,交通方便,地势也比较高,以后遇台风、暴雨,再也不怕瓜苗被淹了。"

马新力一看,满眼都是木麻黄树、黄沙包子和茅草,非常荒凉,忙问:"吴老师,这地不太平整,土壤贫瘠,水分也不足,能建科技示范园吗?"

"在海南能找到这么块地不容易,但价格可以压一压。我们先把种植基地建起来,再慢慢改良土壤、改善环境。"吴明珠信心满满。

1999年4月,新疆农科院租用了三亚市林场和洪李村的部分土地共计162.5亩,每亩租金100元,租期40年。经过规划论证,科技示范园正式开始筹建。

把瓜的甘甜献给人民

1999年10月中旬,吴明珠从吐鲁番回到三亚新疆南繁指挥部,在试验基地种上当年辐射的西瓜苗,并给一号大棚补苗。因甜瓜转基因发病,大量霜霉病苗要淘汰,还要上架施肥……吴明珠每天都忙得不可开交。

10月25日,李树诚站长气喘吁吁地跑到瓜棚:"吴老师,好消息，大好消息啊！"

接着，李树诚递给她一份文件。

大家围上来一看，文件中写道："这次受到表彰的杰出专业技术人才，有在希望的田野上，改良品种、推广新的栽培技术，向大自然要产量、要效益的农艺师。"

说实在的，吴明珠一贯低调行事，虽然她在新疆的口碑很好、人气很高，但在郭梅尼的报道发表之前，她在全国并没有多少名气。这篇报道让更多人知道了吴明珠和杨其祐。

鉴于吴明珠对中国西甜瓜事业的突出贡献以及取得的卓越成就，1999年，人事部授予吴明珠等十人"杰出专业技术人才奖章"。和她一起获得奖章的科技巨匠有袁隆平、马伟明、李留恩、詹文龙、龙乐豪、陈竺、王涛、魏可镁、陆芸。

"吴老师，过几天您要到北京领奖，还要在人民大会堂作事迹报告，您去准备准备，地里的活交给我们干。"冯炯鑫劝她。

"唉，这么多的工作又要丢给你们了。"

"吴老师，我们跟了您那么多年，您还不放心啊。这么重要的会，您一定要认真准备准备。"

"是呀，还要准备事迹材料。我也得好好打扮一下自己，毕竟是到人民大会堂，不能太随意了。"吴明珠看了看自己的衣着打扮笑着说。

谁也没想到，吴明珠的"好好打扮"就是到附近最便宜的理发店花5元钱烫染了花白的头发，再从箱底拿出一件穿了多年的深咖色大衣熨了熨，就完事了。

11月2日，中宣部、人事部、科技部在北京人民大会堂联合举行杰出专业技术人才先进事迹报告会，中央和国家机关有关负责人及首都各界3000多人听取了报告。

69岁的吴明珠走上报告席：

同志们：

我叫吴明珠，是新疆农科院搞甜瓜、西瓜育种的研究员。我今天报告的题目是《瓜之甘甜苦中来》。

在新疆的大戈壁滩上，我奋战了40多年。这对人生来说是很长的，但在历史的长河中，仅仅是一刹那。从梳着两条大辫子的姑娘到今天年近古稀的老太太，我仍然奔波于干热的吐鲁番和湿热的海南岛，一年三至四代培育西瓜和哈密瓜。瓜棚就像是我的家，我天天摆弄瓜。人们说，我心里只有瓜。瓜就是我的儿子，我会和瓜说话……

是呀，瓜是我的生命，我的人生就是想多结几个瓜，把瓜的甘甜献给人民。

我是50年代成长起来的人，总想让有限的生命干出一番壮丽的事业，想把自己学到的专业知识奉献给祖国和人民，实现自己的理想。

……

到新疆40多年了，要问苦不苦，说真的，是真苦。戈壁滩上的狂风、火焰山的烈日，还有疾病、车祸，什么艰难困苦我都遇到过，但是我从来没有后悔过。因为我从来的那一天起，就抱着对党、对人民的热爱，对园艺事业的执着追求和理想，我从来没放弃过这个理想和追求。

记得我爱人患癌症的时候，我问过他："你后悔不后悔？新疆的条件这么差。"他说他没有后悔过，我也从来没后悔过，我觉得我的道路是走对了。

我带着特别内疚的心情陪伴他半年，他去世的时候，是我这辈子最难过的时候。孩子们也埋怨我没照顾好他们的爸爸，他们跟我也不亲，因为我在新疆要工作，没办法带他们，他们都是我母亲和哥哥嫂子带大的，所以和我没有什么感情。

1999年，被授予全国"杰出专业技术人才奖章"，载誉归来

现在我也能想得开：在事业上要有所得，必然在家庭中会有所失，我觉得我损失的不是国家利益，而是我个人及家庭的利益，我所得到的比我失掉的有价值。已经这样了，我也就不去想它了。有时看到别人家庭团聚觉得非常温暖，我没有享受过这个，也体会不到是什么滋味，也没想过去追求它，我觉得我的天地比那个更大。

如今，老杨走了，孩子们成人了，我也老了。但是，为了国家，为了人民，也为了老杨未竟的事业，我还在加倍地工作，想在有生之年和年轻人一起，利用高新技术培育出更好的甜瓜，让它走向世界，把甜蜜奉献给全人类……

人们听她娓娓道来，听她讲她的理想、她的奋斗、她的爱、她的痛和她如火焰般燃烧的人生。现场掌声雷动，经久不息。

从一个个细节、一幕幕场景中，人们真正感受到——瓜之甘甜苦中来。正是因为吴明珠饱尝了育瓜的苦，才让千千万万人品尝到了瓜的甜。那甜蜜历经岁月的磨砺，沉淀着生命的悲欢。

1999年11月，吴明珠作为全国十大杰出专业技术人才报告团成员来到西南农业大学，受到了师生们的热烈欢迎。

吴明珠重返母校，时任校长、蚕学遗传育种专家、中国工程院院士向仲怀热情迎接，全程陪同。他们一见如故，十分投缘。

向仲怀1954年考入西南农学院蚕桑系，1958年毕业后留校任教。虽然与吴明珠没有过交集，但20世纪50年代《人民日报》曾以《戈壁滩上的明珠》为题报道吴明珠扎根新疆的事迹，在学校里引起了强烈反响。从那时起，吴明珠师姐一直是向仲怀等一届又一届师弟师妹们学习的榜样。

在母校，吴明珠见到了最敬重的刘佩瑛老师，见到了刘鸿仁等校友，大家久别重逢，别提有多激动了。

"明珠，听说你今天要回学校，我昨晚都快失眠了，你是我们的骄傲啊!"刘佩瑛老师拉着得意弟子的手,满是欢喜。

"刘老师,我也很想您呀!1996年在海南一别,又三年了,我们的科研条件有了改善,增加了两个大棚,育种效率也提高了,又培育出'早芙蓉'等新品种,请您来品尝。"

"真好,有时间我一定去。我现在也是分身乏术,目前正以产学研三结合的方式,在零起点、零基础上对魔芋进行系统研究和开发,压力很大。"

"刘老师,无论做人还是做科研,您都是我的引路人,是我的榜样,您对我的影响太大了。"

"明珠,你真了不起,成功让新疆的哈密瓜南下东移。你这次回来,园艺系领导想和你谈谈在重庆引种哈密瓜的事情,不知各方面的条件是否具备。"刘佩瑛说。

"老师,您知道重庆雾大、湿度大、温差小,栽培哈密瓜的难度确实不小。但重庆气候条件与上海比较接近,通过大棚无土栽培,上海能成功,重庆应该也能成功。我们可以进行小范围的试点种植,成功后再大面积铺开。"吴明珠想起当年天天往刘佩瑛试验地跑的情景,会心地笑了。

"看来重庆人吃上本土产的哈密瓜有希望了。"刘佩瑛很期待。

"老师,这也是我的愿望啊,毕竟我对重庆、对母校的感情很不一样。"

这对亦师亦友的师生,总有那么多共同的话题。

在学校大礼堂,吴明珠向师生们作了事迹报告。这是她理想启航的校园,是她和杨其祐相识相爱的地方,她触景生情,感慨万千,讲着讲着,泪水湿润了眼眶。

面对年轻的学子,她说:"年轻人一定要有理想和信念,以祖国和人民的需要为第一,把青春献给祖国。我之所以能够取得一点成绩,是党的阳光雨露哺育了我,是母校教育培养了我,使我能够在艰苦的边疆扎下根来，在我所热爱的西甜瓜事业中深耕细作。在新疆，像我这样的科技工作者有很多。他们不讲困难、不讲条件，而是讲理想、讲奉献、讲艰苦奋斗、讲为人民服务，几十年如一日地奋战在农业生产第一线。而我，只是沧海一粟……"

台下，同学们静心倾听，有的感动落泪，有的陷入沉思，无不为之动容。吴明珠的事迹是一种强大的精神激励，她对人生与事业的真诚态度，她的质朴本色、不忘初心、执着追求与坚韧不拔，有着震撼人心的力量。

吴明珠对母校有着别样的深情，她在日记中写道："回学校，那种场面真叫人感动。老师、学生都热情极了，还举行了授予我客座教授的仪式。我将负重前行，奋斗不止，不能辜负母校的期望啊。"

可说起来，吴明珠在某些方面到底还是"辜负"了母校的期望。

报告会前，重庆市四套班子会见了吴明珠，重庆市委和西南农业大学的领导希望在西南农业大学设立一个农学专业博士点，聘任吴明珠为博士生导师，作为博士点建设带头人，支持母校打造一流学科平台、培养一流农学人才。

谁都觉得这是一个双赢的好事，对学校来说，由吴明珠领衔博士点建设，对学校发展尤其是农学园艺学科发展必将注入强大的动能；对吴明珠来说，在母校挂职建设博士点，科研经费叠加生活补贴近千万元，还有一套200平方米的房子，何乐而不为？

出人意料的是，吴明珠婉拒了："感谢领导和母校的厚爱，但我长期在田间地头推进种业创新，确实没有更多时间和精力回母校上课。"

"其实，就是以您的名义申请一个博士点，对学校来说多一个博士点多不容易呀！您有空回来上上课，抽不出空也没关系，而且这对您个人和家庭也有好处，至少能解决夏夏的住房问题。"私下，有朋友好心提醒她。

"那怎么行？不在学校上课，挂什么职？这种沽名钓誉的事，我不能干！"吴明珠决绝地说。

此事终究未能促成。

这事传到杨夏耳朵里，他见怪不怪地说："就我妈，绝对是一根筋，即便我在重庆住着婆婆留下的那间11.5平方米的破房子，她也不会考虑为我改善一下生活条件。她坚决不干的事，谁也劝说不动她。"

当选院士，对我来说是新的起点

在外停留的时间长了，吴明珠对瓜的思念也长了。结束了报告团的巡回演讲，她马不停蹄回到海南，李树诚和伊鸿平到机场接她。

一见面，她急切地问："示范园建得怎么样了？明年能如期完工吗？前一阵子下大暴雨，大棚里的瓜苗淹了没有？有没有及时补苗？瓜长势如何？病虫害厉害吗？"

"吴老师，您也不和我们说说北京领奖的事，就关心瓜。可能因为天气原因，瓜长得不是太好。示范园建设一直盯着呢，没问题。"伊鸿平太了解老师的脾性了，只能实话实说。

休息了一晚，吴明珠又扎到瓜棚里了。

11月15日至24日：一直授粉，大棚还不错，病棚长得不好，地里太差，总算每样有几株。

11月25日至29日：在西瓜棚授粉。

12月1日：做了A_{18} 20朵花，早8时到晚5时，9个小时。

12月2日：今天做了40朵花，技术比较熟练了。西瓜长得很好，甜瓜问题多，病毒特别严重。有的不坐瓜。

12月3日：着手进行红皮西甜瓜转育工作。

12月4日：今天做了对照，西瓜不剩几株了。7-3今天开始开花，蔓枯病严重。其余甜瓜长得很慢，今年太差劲。甜瓜今天开始成熟。

12月6日：开始做22小时注射，效果都不好。

12月7日：今天开始部分不去柱头，看效果如何。

12月8日至15日：瓜长得太差，真生气，污染严重。开始收瓜。

12月17日：我真的病了，晚上出汗，胸痛，流鼻涕，开始吃药，还得去瓜地。

12月18日至19日：2-14、2-15，糖可，西瓜也可以，仙果风味最好。

12月23日至26日：晨温，棚内5—8摄氏度。医院检查为气管炎，打吊针。

日记里，除了瓜还是瓜。即使生病中，吴明珠还是泡在瓜地里。

直到12月27日，日记画风变了："今天公布了院士名单，也算是对我一生奋斗的一个总结。我的目的不是当院士，只想为人类做一些有价值的事情。很多事情得从头学起，不达目的决不罢休。"

中国工程院院士，是国家设立的工程技术方面的最高学术称号，为终身荣誉。这一称号不仅是对吴明珠个人成就的认可，更是对她推动西甜瓜事业发展的充分肯定。

宋健院长第一时间得知吴明珠当选院士后，他先让秘书向郭梅尼转告这个好消息，后于11月22日又提笔给郭梅尼写信：

> 你为传播吴明珠同志的事迹倾注了心血……若世上有乐为人梯者，郭梅尼当为第一人。经11月20日选举，吴明珠正式当选为中国工程院院士……谨报奉闻，向你致最衷心感谢，并请向她转致祝贺。冬已至，尚望珍摄。

2000年元旦，吴明珠收到郭梅尼转来的信，十分感动。她打电话给郭梅尼，请她向宋健转达谢意，并说："我所获得的崇高荣誉，不是我个人的成绩，而是我们团队智慧、心血和汗水的结晶。人生是短暂的，我要努力把握时机，坚持做好育瓜这件事，更好地服务新疆人民。"

与吴明珠同年当选院士的还有绵羊育种专家、新疆农垦科学院名誉院长刘守仁。两位院士"落地"新疆，是新疆科技战线的一大喜讯，是"科教兴疆"又一新的起点。新疆维吾尔自治区党委、人民政府于2000年1月3日召开了隆重的庆祝大会，祝贺新疆本土工程院院士实现零的突破。

吴明珠宠辱不惊、淡定从容、自我加压，她在会上表示："在已往的岁月里，作为一名普通的科技工作者，我只是勤勤恳恳为人民做了一点我应该做的工作，但党和人民却给予了我很高的荣誉。我决心从零做起，把党和人民给我的荣誉化为工作的动力，和年轻同志一起，力争在高新技术育种方面有所突破，为重振新疆甜瓜的声誉，为新疆哈密瓜走向世界，我将奋斗终身！"

1月3日：庆祝大会后，自治区组织部受党政领导委托，为我祝贺生日，七十大寿，这也许是我一生中最荣幸的一天。晚上，吐鲁番四套班子及老朋友都赶到乌市为我祝寿和庆贺。见到老朋友，我真高兴极了！大家给我过生日，真不好意思。实际上，我感到压力很大，我再加倍努力也满足不了大家对我的期望。

1月4日：院里开庆祝会，大家很高兴，这是自然的。我在会上没有官话，只有一些老实话，说了一些希望和今后的打算，真感担子重。

1月5日：讨论甜瓜良种产业化问题，我一定要在两三年内拿出好品种，为人类造福，誓死一搏！

1月6日：晚上又是庆祝会，院里要表示一下，我太累了。院领导说要给我修建"院士楼"，我坚决谢绝。一年365天，我一大半时间都住在育种基地，要那么大的房子干什么，纯属浪费。

1月7日：有关领导都到机场送行，太麻烦了。晚上一到三亚，我就感到高兴。

1月8日至9日：我喜欢安静，这两天精神好多了。只有回到瓜地，我的心才静下来，觉得踏实了。育瓜的活还要照样干，而且要干得更好。

从日记中可以看出，吴明珠当选中国工程院院士后不为名利所累，依然秉持简朴的工作作风，将心血倾注于科研事业。

一回到海南，吴明珠就接到了袁隆平的电话："老同学，听说你回来了。祝贺你当选中国工程院院士，我打心眼儿里为你高兴啊！如果其祐在世，我都能想象出他一定比你还高兴。"

"谢谢老袁。其祐走后，其实我一人在干我们两人的工作，他说过这是我们共同的事业。现在，也算是能告慰他了。"吴明珠说起她的老杨，不免有些伤感。

"对了，明天有一批专家要来我的超级稻试验田参观，我们的校友向仲怀院士也来，你一定要过来，好好叙叙旧。"袁隆平邀请道。

吴明珠一口答应："我也是后来才知道这次评选院士时，向仲

吴明珠（右一）和校友袁隆平（左二）、向仲怀（右二）等人在三亚南繁基地

怀是我的推荐人呢。我带几个新品种请你们尝尝。"

第二天，吴明珠、袁隆平、向仲怀这"西农三剑客"相逢在南繁基地的稻田边，谈笑风生。

他们一个被誉为"杂交水稻之父"，让老百姓吃得饱；一个被誉为"西甜瓜之母"，让老百姓吃得甜；一个点燃蚕丝之光，让老百姓穿得好：他们做的都是民生大事。

"瞧这三人，知情的，看得出他们是院士，是共和国杰出的科学家；不知情的，以为是普普通通的农民，一身尘土两脚泥。"

"他们身上都有'西农人'的共同点，那就是务实、实干。"

几位随行同志不无敬佩地议论着。

到海南后，从1月10日播种第二季甜瓜种子到4月1日采收完毕，吴明珠每天都在地里为瓜忙碌着。

很多人始终不理解吴明珠怎么这么喜欢下地，后来她给出了答案："只有在瓜地里，我才觉得杨其祐并没有离开我，始终和我在一起。我能感受到他的呼吸，感受到他的心跳，感受到他传递的力量，让我能从容地面对所有的困难。我会和他分享培育出的每一个新品种，分享党和人民给我的许多荣誉。这些荣誉有一半要归功于他，包括当选中国工程院院士。我对他说，这不是我的终极目标，而是一个新的起点，意味着更高的标准和更大的责任。"

不解决新疆哈密瓜产业化问题，我死不瞑目

新疆农科院科技示范园的建设，是吴明珠念兹在兹的心头大事。她带着大家打围墙，建晒场和库房。在土壤改良上，她费了很多力气，先是去除杂草，砍掉木麻黄树，再是找来牛粪、羊粪等有

机粪肥进行循环施肥和土壤改良，最后是用新型肥料"花无缺"及新鲜的冲施肥进一步改良土壤。

科技示范园建成后，吴明珠对大棚安装进行全程跟踪和质量把控。园内共建了八座温室大棚、一座植物遗传转化试验室、一座种子检验检疫室，并配齐了相关仪器等设施，加强了科研人员力量。示范园也成为全国唯一具备进行转基因南繁育种条件的基地，成为新疆农科院众多南繁科研机构开展以粮食作物、瓜果、蔬菜、花卉为主的基础研究与示范推广的重要平台。

由于科技示范园宿舍尚未建好，吴明珠还是住在三亚新疆南繁指挥部，每天来回四十多公里。在盖"院士楼"的建议被吴明珠婉拒后，新疆维吾尔自治区为改善她南繁时的工作生活条件，为她在三亚花三十万元购买了一套三居室。

不少人劝吴明珠在房子产权登记时写上自己的名字："你为国家作出那么大的贡献，创造出数以亿计的经济效益，这一套房子算得了什么？"

吴明珠自然明白这些人是站在她的角度真心替她考虑，她私下推心置腹地对他们说："这是国家财产，是为我们提供工作上的方便，我放在自己名下，和贪污受贿有什么区别？党和人民给我这么多的荣誉，我不能为此索取和享受。"

从此，谁也不再提起这事。不久，吴明珠让人把房子的产权登记在了新疆农科院名下。

理解的人，佩服吴明珠的执着和纯粹，一心科研，心无杂念。但也有很多人不理解，认为吴明珠耻于谈钱，是和钱有仇，死脑筋。

吴明珠的回应只有八个字：只问是非，不计得失。

"新疆第一个女院士"让鄯善县人民大为骄傲和自豪，鄯善县旅游景区里竖起了一座吴明珠沙雕作为形象宣传。听闻此事，吴明珠让司机杨俊涛前往核实。核实后，她深感"惶恐不安"，立即给鄯善县委写了一封信，恳请有关方面立即拆除："我只是为鄯善百姓做了我应该做的事，决不能沽名钓誉，树个人权威。"

"怎么一当上院士什么乱七八糟的事都来了？我就是一个搞农业科研的，只会授粉育种，做我该做的事情。在各种荣誉面前，务必坚守五六十年代援疆知识分子的奉献精神，不能打着院士的名义为自己捞好处，这违反中国工程院章程和院士行为规范。"吴明珠心想。

身患重病的宋汉良在获悉吴明珠当选中国工程院院士后，从北京打电话向她表示祝贺，与她足足谈了半个小时，鼓励她继续搞好哈密瓜的产业开发："明珠同志，一定要把新疆哈密瓜产业搞上去，否则我死不瞑目啊！"

吴明珠哽咽了……

面对老书记的期望，吴明珠辗转反侧，一夜未眠。她给时任新疆维吾尔自治区党委书记王乐泉写了封短信，讲了宋汉良老书记对哈密瓜事业的牵挂和期望，讲了她的想法和建议。信末，她说："老书记的一席话对我震动很大，不解决新疆哈密瓜产业化问题，我也死不瞑目。"这成了吴明珠最大的心结。

老书记和老科学家"死不瞑目"的执着让王乐泉很感动，当即作出批示，请自治区分管农业的副主席熊辉银推动此事。

熊辉银在吐鲁番与吴明珠深入长谈后，一致认为科研单位无法解决哈密瓜产业化的所有问题，组建哈密瓜高科技企业是解决新疆哈密瓜产业化问题的有力抓手。

谁来牵头抓这个事呢？吴明珠想到了新疆农科院新任副院长杜伟。

她向杜伟详细介绍了事情的缘起："自治区计划借鉴隆平高科模式，筹建新疆哈密瓜种业公司，此事已报王乐泉书记同意。我的初衷，一是推动哈密瓜的产业发展，二是通过组建公司募集产业发展和科研创新的资金，三是形成产学研用一体化的组织形式。办好这件事有很大的难度，但对我们科技工作者来说，党的号召、国家的需求始终是第一位的，所以希望由你牵头，我来配合，一起推动落实这件难事、好事。"

"吴老师，现在国家鼓励科研院校领头创办高科技企业，加强产学研用深度融合，提高科技成果转化和产业化水平。成立高科技企业，国内外都有先例，也是顺应大势，能有效解决新疆哈密瓜产业发展的瓶颈。"杜伟觉得自己有责任也有义务。

"是呀，隆平高科已经先行一步给我们作了示范。但水稻产业与哈密瓜产业又有很大的不同，水稻是刚需，种植面积大，哈密瓜无法与之相提并论。我们必须深入调研，拿出一个可行性方案。"吴明珠说。

经过两小时的讨论，他们达成了共识。杜伟考察了多家农业高科技企业，发现哈密瓜种植面积小，制种产量低且收益不高。资金得不到保障，成立新疆哈密瓜种业公司就难以实现。

有人提议，解决问题的方法就是提高哈密瓜种子的售价。

杜伟一听就知道此路不通，这显然与吴明珠办公司的初衷背道而驰。

果然，吴明珠坚决反对："我们办公司，不是要去挣农民的钱，而是要让农民挣钱，这个出发点绝对不能变，否则背离了我们的初心。"

种子绝对不能涨价，但公司只有盈利才能发展。那么，这个盈利点是什么？如果公司年年亏损，何谈带动产业发展？

"杜伟，单靠种子支撑不了公司发展，是不是可以走其他的路径拓展瓜产业？从种子产业向全产业链转变，通过哈密瓜产品增加企业盈利。比如说公司和主要产瓜县、主要生产基地签订协议，组织农民合作社，以股份制的形式让农民加入，把新疆哈密瓜这个特色产业做大做优做强，让农民通过瓜产业走上致富路。"吴明珠说。

"吴老师，您这个想法太好了，能把哈密瓜优势资源都整合进来，真正让利于瓜农。就我所知，这种业态也是比较超前的。目前，全国还没有这种成熟的业态，我们就做第一个吃螃蟹的人吧！"杜伟也是理想主义者，两人一拍即合。

杜伟又带队走访了鄯善县、哈密市几个哈密瓜主产区，得到了当地领导和相关部门的认可和支持。

理想是丰满的，现实却是残酷的，几大难题摆在眼前：

一是哈密瓜保鲜期短。哈密瓜在八九分成熟时品质最佳，但难贮藏运输，在六七分成熟时则口感不佳。当时冷链不发达，内地市场难以获取。延长保鲜期需从育种着手，但非短期可成；而销售网络搭建方面，商贩因风险大不愿介入，且各地销售渠道已形成各自的销售体系，一时难以打开局面。

二是产业布局问题。哈密瓜无法周年供应，导致推广单位和星级酒店等虽有兴趣也无法长期使用。

"周年供应的问题目前无法解决，我们只有利用中国广袤的大地来分区种植。比如说冬季在海南、云南等地，种完后到苏浙沪一带，再到新疆，只有解决了布局问题，才能把一个季节性的水果变成全年供应的水果。这对我们来说仍然任重道远。"吴明珠显然意识到远水解不了近渴。

三是哈密瓜延伸加工难。杜伟调研发现，哈密瓜加工成汁后失去香脆特点，仅剩甜味，在追求健康理念的当下缺乏市场优势。

种子产业无法支撑、销售端无法解决，组织农民就是一句空话。

"太难了，这比我搞科研难多了。"吴明珠叹息道。这也为她今后开展创新育种、特色育种提供了思路和方向：要合理布局种植区域，实现周年供应；研发新品种，增加甜瓜的维生素C含量，改变瓜的颜色，使瓜好吃、好看又健康。

当时，新疆七家有一定体量的企业和投资公司因吴明珠院士的名气，都愿意出资入股。新疆农科院提出要绝对控股，占股52%（吴明珠个人占股20%，吴明珠团队的品种知识产权占股25%，新疆农科院在吐鲁番、三亚的两个基地及附着物占股7%），初步议定由杜伟任董事长。这些条件近乎苛刻，拟出资入股的七家发起企业却都答应了。

但是，吴明珠和杜伟觉得成立新疆哈密瓜种业高科技公司的时机尚不成熟。

"吴老师，据初步估算，一年至少需要6000万元营业额才能支撑公司的运营。要把52%的股份逐步变成有形的资产，公司才能可持续长久发展。但在瓜产业这个链条上，我们绞尽脑汁也很难找出增加收益的点，我心里确实没底。"杜伟实事求是地向吴明珠汇报。

"杜伟，我们办公司的初衷是探索一条科工贸一体化的产业发展之路，通过不断创新让哈密瓜产业成为品牌产业，服务'三农'、惠及百姓。如果条件不成熟，公司盈利空间不够、后劲不足，可持续发展的能力不强，就不要盲目推进。这是对哈密瓜产业负责，对宋汉良老书记和王乐泉书记负责，对新疆人民负责，更是对广大股民负责。眼下，我们要把重点放在品种创新上，在各地推广布局，早日实现四季生产、周年均衡供应，等条件成熟后再推动建立公司。"吴明珠虽有遗憾，但绝不冒进。

杜伟五味杂陈，感慨万千。

20世纪90年代，在中国经济体制改革的背景下，股市成为企业融资热门渠道。众多企业追求上市，股民投资踊跃，"上市"与"圈钱"几乎画上了等号。若吴明珠在此环境下选择推动哈密瓜种业高科技公司上市，利用政府信用溢价融资，加大科研投入，将合情合理且合法。

其实，知情者都知道，彼时的吴明珠于公于私都十分需要钱。于公，科研经费捉襟见肘，只能勉强维持现有的研究不中断，连建个大棚都要四处化缘；于私，儿子下岗后生活不稳定，女儿出国留学也需要钱。杨其祐去世后，她一个人支撑着这个家，几无积蓄。加之常年没有管过孩子，实际上她对孩子是有愧疚的，内心深处也想对孩子做些补偿。如果企业能够上市，把她无形的知识价值资产化，把她的科研成果全部转为有形的财富，实现知识资本和经营资本的有效结合，既能破解科研经费紧张的困局，也能化解家庭困难的窘境。对她而言，这无疑是最好的选择。

但吴明珠重名节而轻名利，在原则问题上保持了难得的清醒，她绝不为一己私利而牺牲广大股民的利益。

有人议论称他们傻，认为有政府和大企业支持，资金充裕，不必非投哈密瓜产业，可选热门投资赚钱，再来搞哈密瓜产业。况且公司年薪高，持股收入超预期，即便公司破产，个人也无损失。

吴明珠听到这些极为不齿。她说："我是党培养成长起来的科研工作者，是中国工程院院士，无论做什么事都不能违背入党誓词，不能违反中国工程院院士的道德行为准则和自己的原则。"

多年后，杜伟复盘这事时说："很遗憾，但从没有后悔过。"他遗憾的是没能帮吴明珠实现她的梦想，这也成为他职业生涯中最大的遗憾；没有后悔过的是与成为千万富翁擦肩而过。

2002年2月6日，新疆维吾尔自治区人民政府召开首届新疆维吾尔自治区科学技术进步奖颁奖大会，王乐泉书记向特等奖获得者、中国工程院院士、新疆农科院研究员吴明珠以及中国科学院新疆生态与地理研究所研究员夏训诚两位科学家各颁发奖金50万元。

吴明珠此次获得的奖项，是新疆维吾尔自治区有史以来对在科技创新、科技成果转化方面作出特殊贡献的科技人员给予的最高荣誉和奖励。

此前，吴明珠不肯申报这个奖项："对新疆作出突出贡献的专家有很多，我不能搞个人宣传。"

当时杜伟负责新疆农科院的申报工作："吴老师，这不是搞个人宣传。农业科学应该在自治区科学界占有一席之地，您是最有影响力的科学家之一，推荐您不是基于个人考虑，而是代表农业领域广大科技工作者，这也是他们的殊荣。"

"现在正是农忙时节，我哪有时间做这些事？"吴明珠还是推托。

"这好办，只要您同意，申报材料不用您填写。"杜伟一听吴明珠松口连忙说。

后来，杜伟和吴明珠团队的科研秘书郭丽霞负责提交申报材料。新疆维吾尔自治区科委组织答辩时，吴明珠仍在吐鲁番的瓜地里忙碌，杜伟代她答辩。

在颁奖大会上，当王乐泉书记向吴明珠颁发奖金后，吴明珠当场宣布：40万元捐给课题组，用于哈密瓜优良品种的选育和优秀人才的培养；另外10万元与课题组所有同志一同分享。

她说："我的荣誉也是团队每一个人的荣誉，这份奖金理应共同分享。"事后听说，连看瓜的老农都有一份奖金。

新疆百万元重奖两位科学家的举措一时传为佳话，而吴明珠分配奖金的故事也在天山南北成为美谈。

甜蜜初心真国士

给种子插上翅膀，哈密瓜"南移东进"示范推广

　　成立哈密瓜高科技企业的事暂时搁浅了，但"种子创新"和"产业布局"成为吴明珠团队孜孜矻矻要攻克的难关。

　　吴明珠团队为推进哈密瓜南移东进，设定新育种目标：耐湿、耐弱光、抗性好、适应性强，以适应南方秋冬光热条件。为此，他们分析了上海和三亚的气象资料，发现湿度大、日照短、病虫害严重。于是，他们通过与台湾农友种苗公司，以及美国、日本的科研单位合作，引入耐湿、耐弱光、抗病的甜瓜资源进行杂交选育。历经8年16季南繁北育，成功培育出"金凤凰""雪里红"等多个适宜东部沿海种植的新品种，为推广奠定了基础。

　　上海市嘉定区农业技术推广服务中心高级农艺师顾海峰说，没有吴明珠，就没有上海嘉定及周边地区哈密瓜产业的今天。

　　上海自20世纪90年代末开始尝试引进种植哈密瓜，但都是小面积试种，引种试验过程中遇到了很多技术难题。

　　2002年1月，嘉定区农委主任徐叶根率队到三亚实地考察新疆农科院科技示范园，与吴明珠恳谈欲发展哈密瓜种植、打造嘉定区域特色农业产业的愿望，吴明珠当场赠送了适宜东部沿海地区种植的哈密瓜新品种种子。

　　2002年8月，嘉定区种苗基地开始科研攻关，试种7个品种、

10亩哈密瓜。种植过程中，部分品种发白粉病、枯蔓病。于是吴明珠立马来到上海，指导筛选出4个适合上海的主推品种。

天道酬勤，嘉定第一次试种哈密瓜获得成功，实现了上海地区规模化种植哈密瓜零的突破。

2003—2004年，嘉定扩大引种示范的规模，种植面积达15亩。然而在两年引种试验中，发现一些品种不适宜早春栽培，表现不佳。嘉定哈密瓜科研团队遇到了一系列技术难题。

吴明珠应邀来到嘉定指导："有两种减少蔓枯病发生的方法，简单可行。一是在幼苗移栽时，把营养钵底剪空，连钵带苗埋进基质三分之一处，根系通过钵底伸入基质，滴水时钵内可保持干燥，根茎部不易发生蔓枯病。二是直接栽苗，在根茎附近撒一层炭化稻壳，保持根茎部干燥，抑制蔓枯病发生。"

"吴老师，您一直推动哈密瓜'南移东进'，如果您在上海建立科研示范基地，就不用来回奔波了。"嘉定区领导盛情邀请。虽然上海有很多两院院士，但没有农业领域的院士，吴明珠如能在这里建立基地，对于推动嘉定乃至上海现代农业的发展意义深远。

吴明珠心动了，欣然答应在嘉定建立哈密瓜"南移东进"科研示范基地。

2005年7月，吴明珠带领科研团队在嘉定区种苗基地长期蹲点，开展早、中熟甜瓜品质比较和示范，影响面极大，辐射到浙江湖州、江苏太仓等市县。当地政府建立了院士办公室。

8月，强台风"麦莎"来袭，狂风、暴雨致使上海地区蔬菜、水果等种植基地大面积严重受损，很多大棚被台风摧毁。当时正值哈密瓜定植时节，嘉定基地的育苗棚是两个单体大棚，抗台风能力特别差，台风吹得大棚东摇西晃、嘎吱嘎吱乱响，感觉随时都会被风吹跑。

大家担心吴明珠的安危，再三叮嘱："吴老师，外面风太大，千万不要出门啊!"

吴明珠焦急万分:"如果瓜苗都没有了,我待在这里还有什么意义?"

说完,她顶着狂风暴雨带领大家加固大棚,用沙袋和压膜线加固,但大棚还是被吹得鼓胀变形,薄膜被吹破四处渗水。

眼看育苗棚要保不住了,吴明珠大喊:"风太大了,棚随时会被刮跑,我们马上抢种瓜苗,把所有的瓜苗都定植到连体大棚的试验地里。"

那天,大家从早晨开始一直干到天黑,最后一批瓜苗是打着电筒种完的。

每个人都累得筋疲力尽,身上都像咸鸭蛋一样裹着泥水,但没有一个人抱怨偷懒、叫苦喊累,没有一个人不玩命地抢险:"吴老师这么大的科学家、这么大的年纪还在拼命干,我们谁能不干?"

10月,嘉定区"吴明珠院士工作室"在嘉定现代农业园区挂牌成立。75岁高龄的吴明珠,带领团队伊鸿平、冯炯鑫,上海市农业技术推广服务中心张文献、林天杰,以及嘉定区农业技术推广服务中心顾海峰等技术人员,组成科研攻关团队,开展哈密瓜"南移东进"科研示范工作。

当时,嘉定现代农业园区办公配套用房还在建设之中,条件非常艰苦,吴明珠和大家同吃、同住、同劳动,吃的是普通的工作餐,住的是集体宿舍。

顾海峰记得,有一次育苗床做好后,吴明珠一看就不满意:"你们自己看看,这育苗床符不符合要求,这地平整不平整!育苗床不符合要求、地整得不平,浇水后每棵苗的吸水量就不一样,将来瓜苗长势就不均匀,这势必会影响到试验结果。现在返工重做。"说着,她带头干了起来,年轻人羞愧自责,不敢怠慢,全部返工,直至达到适宜的平整度和深度。

类似这样的细节还有很多。大清早，年轻人偷懒想睡个懒觉，吴明珠会挨个儿宿舍敲门："学农不怕苦，怕苦不学农。快起床啦！趁早上凉快，早点去干活。"

中午时分，太阳炙烤着大棚，棚里温度极高，大家让吴明珠回去休息。她说："这点热比吐鲁番和三亚差远了，那些地方我都扛过来了，这里更没问题。"

2005—2007年，吴明珠每年7月至10月在嘉定开展西甜瓜科研工作。她非常注重科研成果的转化应用，积极向哈密瓜种植户、合作社推广新品种、新技术，解决农业科技入户"最后一公里"问题。

嘉定工业区灯塔村是传统的草莓种植村，吴明珠团队把国家和上海西甜瓜产业技术体系最新科技成果"草莓–哈密瓜"高效茬口模式推广给农民。灯塔村100多户农户在草莓采收后接种哈密瓜，通过工厂化育苗技术和肥水一体化技术等最新科研成果的推广与应用，每亩增收近万元。

2007年10月，上海市哈密瓜研究所和上海市嘉定区哈密瓜研究所在嘉定现代农业园区挂牌成立，吴明珠担任名誉所长。

吴明珠带领科研团队每年春茬和秋茬开展哈密瓜新品种引种评比试验，成功筛选出"黄皮9818""西州蜜25号""雪里红""仙果""风味四号"等多个适宜上海地区种植的哈密瓜品种。

2009—2014年，上海嘉定及江苏、浙江等的周边地区累计推广种植哈密瓜近6000亩，总产值超过7000万元，总利润近4000万元，促进上海乃至东部沿海地区优质哈密瓜规模化、产业化发展。

说起哈密瓜的"南移东进"，不能不提江苏溧阳。溧阳因盛产西瓜而有"瓜乡"美名，出于品种退化等原因，农民们渴望引进瓜类新品种。

吴明珠也有一大烦恼：倾注半生心血培育的"雪里红"，尽管有不少地方引种试种，可最后都不了了之。

培育和推广一个品种，要花费育种工作者很多心血和汗水，如何延长品种的寿命很重要。得知溧阳想要扩大试种"雪里红"的示范面积时，吴明珠从新疆寄了4000多颗"雪里红""绿宝石"种子，并通过电话进行远程指导。

溧阳瓜农利用大棚等设施，模仿新疆哈密瓜生长环境，按照吴明珠传授的栽培技术，早春布种，全过程做好田间管理，哈密瓜从开花到挂果仅45天。

远在新疆的吴明珠听到消息，既惊喜又疑惑，马上到实地考察。看到瓜的长势比她预料的还好，一个个"雪里红"错落有致地躺在地上，白里透红，圆润饱满，条纹清晰，她说："没想到啊，你们太棒了！"

此后10多年，吴明珠多次到溧阳田头指导农民种瓜。瓜农们也不负厚望，每年春、夏、秋三季，仅哈密瓜单项总效益就超亿元。溧阳哈密瓜先后获得无公害农产品、绿色食品、名优农产品等荣誉称号。

吴明珠培育的种子，插上了科学的翅膀，播撒到了大江南北。

"风味"和"红皮"：甜瓜特色育种的飞跃

吴明珠站得高看得远，在科研上具有许多年轻人难以企及的前瞻视野与时代敏锐度，不断迸发出与时俱进的创新点，让年轻人佩服之至。

"瓜三代"王怀松感叹道："按常理说，'瓜二代'特别是'瓜三代'的年轻人，应该比'瓜一代'更有创造力和活力，年逾古稀一般容易墨守成规，没有太多创新思维。但吴老师例外，她身上凝聚着创新的精神内核，她的创新胆识和战略眼光是基于深厚的专业素养以及长年在田间地头科研实践的丰富经验。虽然她从不追赶生活上的潮流，却一直在追赶科技上的潮流，每一步都走在学科发展最前沿，创新性地培育出风味甜瓜、红皮甜瓜等新品种。"

潮流在变，吴明珠育瓜的理想情怀、创新精神始终不变。在她的心里，品种创新是产业的龙头，始终是第一位的。

2000年前后，随着生活品质的提高，人们对西甜瓜品质的要求也越来越高，开始重点关注其中对人体健康有益物质的含量。

当时西甜瓜育种工作在花色种类上的模仿较多，在品种上的创新较少，适合设施栽培的脆肉型品种更少，育种手段也比较单一，不像国外各有各的特点，如美国的黑皮皱褶甜瓜，日本的黑园甜瓜、宽条甜瓜及无籽西瓜，等等。

吴明珠看在眼里急在心里。她将目光锁定在特色育种上："我们不能仅停留在研究怎样让西甜瓜更甜上，还应该研究西甜瓜风味的多样性，培育花色美观多样、综合性状好、独具特色的精品瓜，以适应国内和国际市场需要。"

甜瓜不甜，还能是甜瓜吗？乍一听，大家不免有些疑惑。

吴明珠说："我们应该尝试酸甜瓜研究，减少瓜的甜味，增加酸的口感，使瓜富含有益健康的柠檬酸，让糖尿病人也能吃上甜瓜。"

话是这么说，但做起来难度不会小。从来瓜都是甜的，这"酸"的基因从何而来呢？

吴明珠自有她的撒手锏："别忘了，我们有甜酸瓜的原始亲本。1975年用中熟品种'香梨黄'作母本与黄皮红肉冬甜瓜作父本杂交，1976年又将F_1与'一包糖'杂交育出的自交系，综合了早、中、晚熟甜瓜的特点。1985年，我们从中选出了果皮黄里透红、外形美观的自交系，代号76-2。"

冯炯鑫恍然大悟："吴老师，我想起来了，1990年冬天我们把

76-2种子用^{60}Co-γ辐照，播种后植株田间表现变异不明显，第二年又把新种子用^{60}Co-γ辐照，在秋季播种。当时只有一粒种子出苗，结了一个单瓜，瓜特小，种子很少，所以我有印象。"

吴明珠接着说："是呀，到了冬天，我们不是把这20粒种子种在三亚荔枝沟芒果园里，只有第15株抗性较好，结瓜后只收了少量种子，一直存放在乌鲁木齐。"

冯炯鑫笑了："没想到这些被打入'冷宫'的种子还能发挥作用。"

"到1999年冬季，我们又在荔枝沟大棚内育苗20株，结了一个小单瓜，和原来的76-2不一样，它果肉变软，带有酸味。又经过一年三季多代选育，正圆、椭圆、高圆、扁圆，各种果形基本稳定。"吴明珠补充道。

"记得记得，我们尝了那瓜，长果形的比圆果形的含酸量更高一些。"伊鸿平对那酸味印象深刻。

风味甜瓜是自主创新的代表。2002—2003年，无论在三亚还是在吐鲁番都证明酸瓜的抗逆性很强，品质不受逆境的影响。

在试验过程中，吴明珠在棚里察看得特别仔细，取舍尤为慎重，既紧盯目标植株，又注意选留突发的变异株，任何变异都逃不过她的眼睛。

2003年，"风味一号"在吐鲁番基地第一次亮相。这瓜甜中带酸，获得好评。

2004年，选配的"风味二号"，果实品质与"风味一号"相反，酸中带甜。

2004年冬季，吴明珠在三亚选配了"风味三号"。因当年气温低、阴雨天多，甜瓜花粉少，所收种子很少。同时，吴明珠团队组织在昌吉、北京、嘉定、温州等地试种，普遍反映三个品系中"风味三号"最好，外形似小南瓜，酸甜适宜，口味别致，有益人体健康的柠檬酸、维生素等物质的含量明显高于对照品种"金凤凰"，被同行认为是世界性的突破。

吴明珠将风味系列甜瓜及杂种一代"早醉仙""花醉仙""酸醉仙"共550多粒种子，寄给华中农业大学别之龙、汤谧研究团队，请他们试种观察，解析一下为什么有的瓜酸味浓，有的瓜酸味淡。

她在写给别之龙的信中说："这季在海南三亚，我们发现酸甜瓜的酸度与采收期有关，早采的（授粉40天内）酸甜味好，晚采的（授粉40天后）逐渐只甜不酸。你们可根据气候变化情况，分别做试验。"

2005年8月，别之龙、汤谧研究团队在华中农业大学实验基地的玻璃温室内将这批种子进行播种育苗，对"风味二号"果实成熟过程中的品质变化、"风味三号"光合特性和果实品质、"风味四号"甜瓜设施栽培技术等进行研究，为吴明珠团队选育性状更好的风味甜瓜提供技术支撑。

吴明珠团队还与中国农业科学院蔬菜花卉研究所、西北农林科技大学园艺学院联合开展甜瓜果实酸性性状的遗传分析、甜瓜糖酸性状的遗传研究，为提高甜瓜果实品质育种效率和充分利用风味甜瓜资源提供理论依据。

2006年4月，吴明珠邀请国内西甜瓜专家及中国台湾农友种苗公司专家曾仙化到海南，对风味甜瓜进行现场鉴评。专家们一致认为这是国内首创、国外未见的甜瓜新系列，风味特殊，甜中带酸，含有多种对人体有益的物质。此次鉴评中，"风味三号"的评价最高。

吴明珠请曾仙化带两个酸甜瓜给台湾农友种苗公司的陈文郁。陈文郁回信说："带回来的甜瓜，我都尝过了，'风味三号'真的是有酸味的甜瓜，肉质细软，酸甘适度，确实品质、风味都很美好，是非常非常优良的新品种……"

7月4日，新疆维吾尔自治区科技厅主持召集新疆有关甜瓜专家进行成果鉴定。最终，"酸味甜瓜选育"项目通过了新疆维吾尔自治区科学技术成果鉴定。该风味系列甜瓜鲜食酸甜可口，还可榨汁，加工成瓜干，配合高糖酿造具有哈密瓜天然香味的酒，颇具加工应用前景，在国内外市场有较大的竞争潜力。

这是吴明珠团队10多年来甜瓜育种的又一次飞跃。

继"风味三号"，吴明珠团队又选育出"风味四号""风味五号""风味八号"等品种，既有酸甜口感，又保留新疆哈密瓜果香浓郁的特点。酸甜风味的哈密瓜全面进入市场后，被消费者广为称赞。

创新是无限的。吴明珠在"特色育种"的道路上不断探索，总是有层出不穷的奇思妙想："我们要在色香味方面都满足人们的需求，既然能改变瓜的果肉口感，同样也能改造瓜的果皮颜色。市面上的瓜以绿色为主，还有黄色、乳白色等，如果能培育出色泽如'中国红'的红色果皮精品瓜，一定会更受欢迎，市场价格也会高。"

培育红皮甜瓜，是吴明珠继风味甜瓜之后的又一创新。吴明珠要求课题人员全部就位："大家要胆大心细。胆大，就是在育种上要敢于创新、勇于突破；心细，就是在工作中要细致严谨、认真观察、善于发现。"

2003年，吴明珠在三亚洪李村发现一种野生的红瓜，名叫"红果"，叶似甜瓜，种子似西瓜，野生性很强，口感很差，基本没有甜味，但颜色极鲜红。吴明珠想："如果能把这红色的基因转到甜瓜上，甜瓜的颜色就太漂亮了。"

于是，她把几个"红果"交给吴海波说："你用它和甜瓜杂交，用甜瓜的雄花授'红果'的雌花，然后再做反交，用'红果'的雄花授甜瓜的雌花，看能不能通过技术手段把'红果'漂亮的红色转到甜瓜上。"

对吴明珠的大胆设想，2002年加入团队的吴海波觉得非常不可思议。他将信将疑地进行试验，授粉效果并不好，总是无法坐果，于是他向吴明珠说了这一情况。

吴明珠说："你转换一下思路，创造利于坐果的条件，再试试用'红果'的雄花给甜瓜的雌花授粉，再做反交，用甜瓜的雄花给'红果'的雌花授粉，看看结果如何。"

几天后，吴海波兴高采烈地跑到吴明珠面前说："吴老师，花蕾有变化，果坐住了。看来还是甜瓜的花粉起了作用。"

等果实成熟，收集到种子后，吴海波把杂交种子交给吴明珠。吴明珠把种子倒出来一粒粒仔细查看，结果发现"红果"的种子发生了变化。

"你把原本的种子和这次杂交的种子放在一起对比一下，看看是否已经发生了变化。"吴明珠笑着说。

吴海波仔细观察，不确定地说："好像两颗种子一大一小，杂交后的种子大一些。我之前都没发现这细微的差别。"

"我们搞育种必须严谨认真，如果不仔细观察，很可能就忽视一个非常好的育种材料。只有细致再细致，才能发现微妙变化，为后边的选育奠定基础。"

吴明珠的话让吴海波茅塞顿开，受益匪浅。

台湾农友种苗公司的陈文郁老先生听说吴明珠的试验后，把一个从南非高原引进的红瓜送给她。瓜比较大，皮色很红，但糖分只有五度。

吴明珠在"红"的特性上下功夫，在"甜"字上做文章，分别在吐鲁番和三亚开展试验，先用这个红瓜做杂交，从杂交后代分离出皮红、糖分高的再进行繁育。田间一年种2代，试验面积5亩，种植材料合计132份，选育出2倍体红色果皮甜瓜高代稳定自交系2个，筛选出红色果皮多倍体材料30个，选育红色果皮大果型脆肉厚皮甜瓜，糖分达17度。

红皮瓜熟了以后非常漂亮，有网纹的，有光皮的，有条纹的，但口感均未达到吴明珠的预期。红瓜的原始材料口感是软的，她要想办法把松脆的口感转进去，红皮甜瓜的培育仍在不断探索之中。

她说："只要我活一天，就一定要培育出品质优良的红皮瓜。"

把西甜瓜产业带入"国家队"

吴明珠对优质瓜果培育这个甜蜜的事业有很多畅想与目标，但单靠自己和团队"十几个人，七八条枪"只能望洋兴叹。

1986年3月，著名科学家王大珩、王淦昌、杨嘉墀、陈芳允联合向中央提出题为《关于跟踪研究外国战略性高技术发展的建议》的报告。在随后半年时间里，国务院组织200多位专家对该报告进行反复探讨、论证，最后形成了高技术研究发展计划，即"863计划"。

"863"这个数字，对科技工作者来说，是再熟悉不过的了，可以说代表着国家重大战略意志、高科技方向、高水平专家团队、创新型成果，承载着科研人员的理想和激情。

为增强我国现代农业的核心竞争力，当时科技部把生物和现代农业技术领域的"现代农业技术主题""优质超高产农作物新品种培育""现代节水农业技术体系及新产品研究与开发"等列入国家863计划"十五"重大专项。

吴明珠获悉这个信息后，找到中国农科院方智远和张志斌详细了解相关情况，希望能把优质瓜果品种的选育列入重大专项："全国西甜瓜产业从科研到示范推广，多少年都是地方项目，还没有争取到国家项目。我想把西甜瓜产业带入'国家队'。"

吴明珠放眼整个产业发展的格局和胸怀，让方智远和张志斌深受感动："吴老师，中国农科院也承担着带动和引领全国农业产业发展的责任和义务，我们共同来推动这事。"

吴明珠和张志斌来到科技部、农业部等相关部门争取支持。当时，"优质超高产农作物新品种培育"专项投入经费总额1.4亿元，主要开展水稻、小麦等农作物的现代高效育种技术体系构建、新品种繁育技术和产业化研究。因西甜瓜属于蔬菜类，不占据重要位置，只有甘蓝、黄瓜、白菜、番茄、辣椒五大蔬菜被纳入了专项。

吴明珠向相关同志敞开心扉，阐述西甜瓜作为促进农民增收的高效园艺作物在我国果蔬生产和消费中的重要地位，并用翔实的数据讲述西甜瓜行业在科研和生产上的发展，以及在服务"三农"方面作出的重要贡献。

科技部的同志十分感动："在完全可以安度晚年的年纪，吴院士还在为西甜瓜事业操劳奔波，我们有什么理由不给予支持？"

2001年9月30日，新疆农科院向科技部提交了课题申请书。

在吴明珠的积极争取、全力推动下，"优质瓜果种质创新技术及新品种选育"项目，被纳入863计划"现代农业技术"重大专项。

该项目分为三个子课题，涉及甜瓜、西瓜和葡萄三种作物，由新疆农科院主持，西北农林科技大学园艺学院、中国农业科学院郑州果树研究所、中国农业科学院蔬菜花卉研究所、北京市农林科学院蔬菜研究中心、新疆西域农业科技集团科研中心联合实施。

课题组由21人组成，为支持青年科技人才在重大科研任务中"挑大梁"，吴明珠让伊鸿平任课题组组长，全面主持工作；中国农业科学院郑州果树研究所刘君璞任课题组副组长，主持西瓜子课题；西北农林科技大学王跃进任课题组副组长，主持葡萄子课题；张志斌负责甜瓜品种选育；许勇负责早熟西瓜育种；林德佩负责西

吴明珠在三亚基地大棚内观测记录哈密瓜植株生长情况

吴明珠在品鉴甜瓜新品种

瓜砧木品种选育；冯炯鑫负责甜瓜田间试验；王怀松负责甜瓜杂交组合选配；翟文强负责甜瓜分子标记辅助育种……

吴明珠担任育种指导，说是指导，但实际上她是整个团队的核心和灵魂。

课题涉及三省一市，区域跨度大。三年间，在863计划引领下，吴明珠带领科研团队明确课题实施的技术路线，在提高品质的基础上增强抗性育种、加快育种速度，超额完成了各项任务和指标，取得了一批在全国领先的创新成果。

甜瓜与西瓜品种选育技术有了突破和创新：建立起甜瓜高新技术（生物技术、空间诱变技术、核技术等）与常规育种技术聚合的育种技术体系；利用AFLP（扩增片段长度多态性）技术对厚皮甜瓜种内不同材料间的遗传变异性进行了研究，并对甜瓜杂交种纯度进行分析，表明AFLP指纹可作为杂交种纯度鉴定的依据；采用多亲复合杂交、回交等育种手段，选育出晚熟抗病优质哈密瓜稳定自交系4个，这对新疆晚熟哈密瓜是一重大突破；选育出西瓜砧木新品种（本砧）3个，提高接穗的抗病性；完成西瓜图谱构建；开展西瓜倍性、离体诱导和抗逆性研究以及雄性不育性研究……

此外，采用高新育种技术与常规育种技术进行聚合育种，培育出不同类型、不同栽培方式和不同生态地域的西甜瓜新品种（系）34个。其中，经空间诱变技术培育出的适合西北地区露地栽培的01-36新品系，参加了新疆2003年甜瓜品种区域试验，并在2003年鄯善哈密瓜节举行的新品种赛瓜上获得第一名，"新红心脆"获得第二名。培育砧木新品种（系）3个，在山东、上海、海南等地表现出高抗枯萎病的特点，推广面积近万亩。

在葡萄子课题上，开展优质抗逆无核葡萄种质创新高效聚合育种技术研究，通过以欧洲无核葡萄品种为母本、以中国野生葡萄资源为父本渗入抗病基因创新无核抗病葡萄的新种质……

课题实施以来，整个瓜界在农业科技领域获得越来越多的瞩目与荣光。

2003年，科技部批准设立新疆国家瓜类工程技术研究中心。该中心于2008年通过科技部验收，正式命名挂牌。这表明国家对西甜瓜行业科研生产的发展愈加重视。

在863计划科研项目推进的过程中，张志斌对吴明珠事业上的敬业精神、科研上的创新精神、生活上的无私品格印象尤为深刻，称她为"科技界的楷模"。他认为，吴明珠以西甜瓜产业为支撑，创新育种手段，培育优良品种，聚焦"三农"、服务"三农"，许多农民因种瓜致富，许多区域性产业因此发展壮大。吴明珠最大的贡献在于她以农业科学家的深邃眼光和洞察力，从科研、示范到推广，推动西甜瓜产业从无到有，从小到大，从大到强，把西甜瓜产业整合带动了起来，使西甜瓜从新疆走向全国。

首席科学家：聚体系之力，强农业筋骨

863计划科研项目取得丰硕成果，让吴明珠看到了瓜界同行团结协作的力量："课题结束了，但协作育瓜的使命没有结束。西甜瓜研究不能一家或几家独大，必须由点到面，实现'全国一盘棋'。这还有很长的路要走，我苦恼的还是缺少一个好的平台。"

项目实施期间，北京市农科院蔬菜研究中心、新疆农科院、中国农科院郑州果树所和中国农科院蔬菜花卉研究所共同召集全国二三十位西甜瓜育种栽培专家，参与国家公益性行业（农业）"西甜瓜"科研专项的前期酝酿、论证、调研等工作，吴明珠和几位专家全力推进项目立项。

2007年11月，吴明珠和方智远等赴南京出席中国园艺学会十届二次理事会暨学术研讨会。此次研讨会，园艺界知名院士、专家教授等行业领军人物共370多人与会。

时任农业部副部长危朝安出席开幕会后，在吃饭时来到几位院士中间，就如何提高农业科技创新能力和创新效率听取科学家们的声音。

契机来了！吴明珠说出了憋在心里的话："危部长，我希望建立一个国家级的平台，实现西甜瓜研究'全国一盘棋'。这么多年，我和团队在新疆种瓜，在海南及苏浙沪周边示范种植新疆的瓜，取得了一些成效，但全国的西甜瓜研究依然存在科技资源分散、协同创新不够、农业科技和产业经济脱节等情况。之前，我们参与了国家公益性行业（农业）'西甜瓜'科研专项项目，但这只是和相关科研院所一时一地的小范围合作，不是长久之计。如果能由农业部牵头，搭建一个国家级的产业合作平台，把全国瓜界的力量集合起来，开展联合攻关、分工协作，就能变单项研究为系统研究，变单点突破为多点集成，在西甜瓜主产区开展转化应用，推动成果落地，从而撬动整个瓜产业发展壮大。"

"您说得对。正是有这个科研专项的前提和基础，农业部和财政部才联合开展现代农业产业技术体系建设，目前已选择水稻、玉米、小麦、大豆、油菜、棉花、柑橘、苹果、生猪、奶牛这10个产业进行试点。12月1日，将在北京人民大会堂召开试点启动大会。"危朝安说。

方智远已经收到会议通知，他接过话题说："建设现代农业产业技术体系可以说是重大的制度创新、机制创新和管理创新，能使研发、转化、推广衔接起来，每个产业有一支核心研发队伍，每个科技人员都能在体系中找到自己的位置，对促进形成农业科技的大联合、大协作意义重大、影响深远。"

吴明珠不由自主被吸引住了，觉得真是天遂人愿，这么好的机会绝不能错过了："有没有下一批？西甜瓜产业能不能单列入体系？"吴明珠强调了"单列"二字，同时重点介绍了近年来西甜瓜产业的发展情况，表达了带领全国瓜界进入体系的强烈愿望。

她知道，一直以来西甜瓜产业在国家科研体系中的位置比较尴尬，西甜瓜属于一年生葫芦科草本作物，生产方式上像蔬菜，消费方式上又是水果，国家对西甜瓜的支持往往会出现真空，既没列入蔬菜也没列入水果，西甜瓜学科缺乏一个长期支持的项目。如果能单列入国家现代农业产业技术体系，就等于为全国西甜瓜产业发展插上了腾飞的翅膀。

"明年初，我们要在全国范围全面推进，共建设50个现代农业产业技术体系。刘艳副司长会和你们具体对接。"危朝安叮嘱坐在对面的刘艳。

刘艳微笑着向大家介绍："农业部主要围绕产业发展需求，以产品为单元，以产业为主线，建设从产地到餐桌、从生产到消费、从研发到市场各个环节紧密衔接、环环相扣的现代农业产业技术体系。"说着，她又看向危朝安，"但西甜瓜不属大宗农产品，如果要单列，恐怕会有点难度。"

没等危朝安开口，吴明珠先急了："西甜瓜是不属于大宗农产品，但要看对农业生产贡献的大小，对社会创造价值的多少，看它的发展远景。你看现在多少农民靠种瓜致富，多少地方吃上了过去想也不敢想的哈密瓜。"

这时正好服务员端上了餐后水果，吴明珠一看便说："你们看，你们看，这哈密瓜，过去在南京能吃到吗？"

看到吴明珠焦急而激动的神情，听着她连珠炮似的一串话语，再瞧瞧刚摆上桌的金黄诱人、香甜四溢的哈密瓜，众人都忍不住笑了起来。

"吴院士说得对，哈密瓜过去只新疆独有，是瓜果类中的皇族水果，我们大多数人只是听说却很难吃到，现在已经'飞入寻常百姓家'，几乎人人都能吃到了。"

"是呀，哈密瓜虽不是刚需，但它能让人们的生活变得更甜——一个是口感之甜，一个是瓜农致富带来的生活之甜。"

"这甜蜜的生活和吴院士在哈密瓜育种上的卓越贡献分不开，是她让哈密瓜在全国多地生根、发芽、结果，让我们都能大饱口福。"

大家一边吃着香甜的哈密瓜，一边由衷地感慨着。

危朝安也深有感触，对刘艳说："我们既要有原则性，还要有灵活性，在设立体系时不仅要看是不是大宗农产品，还要考量这个产业对国家、对'三农'事业作出的贡献，更要看这个产业有没有一个能挑大梁、担重任，以及在业界有影响力和凝聚力，有强烈事业心的科学家来领航。"

方智远等业内同行纷纷说："在瓜界，吴院士是毋庸置疑的领航人选。都奔80岁的人了，有谁还像她这样风里雨里、田间地头奔波忙碌，全心全意为产业发展呕心沥血？"

大家都向吴明珠投去敬佩的目光，但吴明珠的心思仍在体系建设上："我多年的体会是过去搞科研难就难在科研经费没有稳定性，大家普遍有恐慌感和不安全感，担心吃了上顿没下顿，争取课题、落实科研经费的难题难倒了不少人。如果国家体系有足够的经费保障，就再也不用为跑项目而挤压科研时间，没有后顾之忧，科研队伍也会稳定。"

刘艳忙补充道："吴院士说到了关键点，长期稳定的经费支持是体系建设的亮点。为加大对农业科研的稳定支持力度，中央财政将投入近10亿元专项资金，经费标准是体系中每个岗位科学家每年有70万元、试验站站长有50万元基本研发费，以此提升农业科技创新能力。"

"太好了，如果西甜瓜产业能单列入国家现代农业产业技术体系，就能广泛集聚瓜界的科技资源形成'全国一盘棋'，最大程度推动瓜产业遍及全国，走向世界。"吴明珠兴奋地说。

"吴院士，你们尽快写一个详细报告送农业部科教司，只要有利于农业科技创新，有利于'三农'事业发展，农业部一定全力支持。"返程前，危朝安叮嘱吴明珠。

"好！"吴明珠掷地有声，志在必得。

她感慨万千，浮想联翩。回想50多年前，自己义无反顾只身一人奔赴新疆的初衷；回想当年望着天安门，向毛主席像深情许诺的场景；回想在酷热难耐的戈壁滩，抱着巴登瓜想送到北京而不能的遗憾；回想这些年南繁北育，推进北瓜南移东进的艰辛；回想在人民大会堂作报告时，要把甜蜜奉献给中国人民和全人类的承诺；回想自己作为中国工程院院士的使命和责任……归根结底，这些不就是要让新疆独有的瓜在全国生根开花，结出累累硕果吗？不就是要扛起全国瓜研究的旗帜，引领西甜瓜产业服务"三农"吗？

当晚，吴明珠顾不上休息，兴冲冲地召集张志斌与北京市农科院蔬菜研究中心许勇等人一起商议申报加入体系事宜。针对每一个农产品设置一个国家产业技术研发中心、由业内顶级科学家担任首席科学家等具体要求，大家综合考虑科研成就、学术威望、统筹能力等方面因素，初步议定西甜瓜产业技术体系建设依托单位为新疆农科院、首席科学家为吴明珠。

吴明珠知道这"首席"二字意味着什么，她暗下决心：哪怕押上自己几十年来全部的学识、经验、声誉、成果，她也要披挂上阵，为西甜瓜而战！

吴明珠请许勇在此前撰写的国家公益性行业（农业）"西甜瓜"科研专项方案的基础上，连夜起草报告初稿，着重阐述西甜瓜产业在国计民生、农民增收、产业转型中的重要作用，近年来所取得的主要成绩，以及未来的研究重点、发展前景等，作为立项依据。

第二天，她又认真修改，并亲笔誊写一遍，叮嘱张志斌会议结束回到北京后，一定要把申报材料亲自交给农业部危朝安副部长。

2008年春，吴明珠又召集业内专家到中国农科院郑州果树所，就西甜瓜产业体系科学家岗位、综合试验站设置等进行细化，补充完善相关材料。之后，她专程赴北京，与农业部科教司产业技术处主管产业体系的同志详细面谈。

2008年底，农业部公布了第二批现代农业产业技术体系目录名单，高粱、大麦、花生、蚕桑、水禽等40个大宗农产品，40位首席科学家和40家科研单位榜上有名。西甜瓜、吴明珠、新疆维吾尔自治区农业科学院分别赫然在列。

吴明珠十分欣慰，激动的心情难以平复，奋斗几十年，总算是把西甜瓜产业带入了国家现代农业产业技术体系。

学生们高兴地庆贺："吴老师，这是您人生和事业结出的最大的'瓜'。"

看来吴明珠很喜欢这个比喻，她笑了："没想到快80岁了，还要和你们年轻人一起奋斗。"

"'革命人永远是年轻'。我们都希望跟着您干下去，把这个'瓜'越种越大。"学生们高兴地说。

2009年2月，由农业部科教司和国家西甜瓜产业技术体系建设办公室主办的国家西甜瓜产业技术体系建设启动大会在华中农业大学举行。

作为这一体系的首席科学家，吴明珠发表了热情洋溢的讲话："西甜瓜是甜蜜的事业，只有甜蜜的事业才是幸福的事业。从今天起，西甜瓜产业正式步入了国家重大平台建设。我们要聚体系之力，强农业筋骨，让科技支撑西甜瓜产业健康发展。"

启动大会后，吴明珠组织召开国家西甜瓜产业技术体系工作会议，介绍体系建设的框架与组成：设育种、栽培、病虫害防控、综合共4个功能研究室，14个科学家岗位，第一批建设17个综合试验站。

具体研究组织体系怎么搭建？每个岗位由谁来干？综合试验站建在哪里？

科学家岗位和综合试验站的含金量不言而喻，多少人想方设法要进入体系。吴明珠始终坚持一个原则：要让对产业有贡献、出成绩的人与岗位相匹配，让拔尖人才集中在体系中挑大梁、担重任；综合试验站要考虑区域生态特征，产品特色，优势区域代表性，综合试验示范工作需求等，在西甜瓜主产区设立。

在这个指导思想下，张志斌配合吴明珠搭建体系框架。一天，他拿着方案找吴明珠："吴老师，整个体系里新疆农科院的岗位占比是不是太少了？毕竟是体系依托单位啊。"

"我们要着眼服务西甜瓜产业体系发展的需要，团结带领四面八方的科技人员，提升科技创新能力。不能盯着自己单位有多少人，要在全国范围布局，这样才能保障体系顺利运行。岗位不在多少，关键要发挥好作用。你不是也把栽培室主任的岗位让出来，让年轻人来担任吗？"吴明珠对张志斌非常信任。

方案公布后，赢得了全国瓜界的高度认可。许勇任育种研究室主任，刘君璞任栽培研究室主任，赵廷昌任病虫害防控研究室主任。吴明珠团队只有伊鸿平和冯炯鑫占了两个岗位科学家席位，分别是厚皮甜瓜育种岗位、甜瓜栽培岗位。

自此，西甜瓜产业有了一支稳定的服务国家目标的科技队伍，有了长年稳定的科研经费。这支队伍在产业各个环节和各个主产区，按国家统一部署开展相关研究，肩负起布局全国、推动西甜瓜产业高质量发展的重任。

从"跟跑"到"领跑",西甜瓜产业领先世界

相比单列入国家现代农业产业技术体系的困难,如何发挥体系"吸纳"和"辐射"作用更是难上加难。用废寝忘食、夙夜在公来形容年近八旬的吴明珠毫不为过。

按照农业部要求,吴明珠组织体系内的人员全面调查、征集西甜瓜产业技术用户,包括主产区政府部门、推广部门、龙头企业、农民专业合作社等提出的需要解决的技术问题,经专家组讨论梳理后,提出体系未来五年研发和试验示范任务规划与分年度计划。

这一任务艰巨而繁杂,吴明珠率队跨省调研,共同梳理我国西甜瓜产业存在的主要问题。

每到一地,她都和瓜农倾心交谈,找到农民"卖瓜难"的症结所在:西甜瓜早、中、晚熟品种搭配不合理,信息不畅通,品牌意识不强,品质不一致,不能周年均衡供应,影响农民增收和市场消费。

吴明珠一语中的:"说到底,还是小农生产与大流通不协调造成的。"

在育种、栽培、抗病、贮运方面,专家们也条分缕析地指出存在的主要问题:

抗性育种与品质育种的协调不一致,品质意识不强,品质差、口味单一。

不同区域、不同时期大面积露地生产及设施栽培的选地、育苗、肥水管理、整枝授粉和采收等,没有普遍实行因地制宜的标准化管理。

多种病虫害发生的关键时期,预测预报工作不普及,防治不及

时和用药不当往往造成大面积歉收。近年，特种病害对西瓜产业造成毁灭性打击，严重影响制种业的发展。

贮运技术不配套，贮藏及运输途中损失较大。西甜瓜产品深加工技术研究和开发不够。

……

这些问题是体系今后五年亟待发力解决的关键问题。据此，结合专家们的建议，吴明珠提出了产业体系五年建设目标。其中包括：

五年内，产业技术研发中心各研究室通过试验站帮助带动100个示范县的1万亩标准化示范园，并辐射100万亩规模化示范种植片，充分提升示范园的经济效益。

五年内，西甜瓜种植结构合理优化。小型西瓜、无籽西瓜、高档甜瓜种植面积提高10%，不同风味甜瓜产量增加1%，西甜瓜优质产品增加20%，产品安全性达到无公害标准，并向绿色产品、有机农业方向推进，瓜农增收提高20%，哈密瓜外销率提高5%。

五年内，体系建设再增加1个经济研究室共计5个研究室，增加10个试验站，共计27个试验站。加强与各地推广部门的联系和技术培训，聚集全国75%左右的产业人员和研发能力，最广泛地为国家西甜瓜行业及农民服务。

这些目标，虽然颇具挑战，但也有实现的基础，因此吴明珠又进一步细化了重点技术需求。

从走访调研到伏案撰稿，吴明珠大事小情，事必躬亲。等最后一个字落笔时，天快亮了。她和衣在床上打了个盹儿，一大早就去找伊鸿平："小伊，这个材料麻烦你认真校对一遍，不要有差错。年纪大了，体力和脑力大不如前，最近总是犯迷糊，人觉得特别累。"

"吴老师，您又熬夜了。制定体系五年任务规划这么大的工作量，我们年轻人一般都顶不下来，而您却像打了强心针一样，这谁能熬得住啊。不能再这样拼命了！"伊鸿平看着老师布满血丝的双眼、疲惫不堪的神情，心疼地抱怨道。

"没办法，西甜瓜产业能进入国家体系不容易，是好事，也是大事、难事，一定要倾尽全力去做。接下来还要写分年度计划。"吴明珠揉揉隐隐作痛的太阳穴说。

伊鸿平没办法，只好退而求其次："吴老师，身体是革命的本钱。由我们先起草分年度计划初稿，您再修改行吗？"

"好。别担心我的身体，我会注意的。"

伊鸿平说，吴明珠对他们起草的分年度计划及其他材料，总是逐字逐句细细打磨，不放过一点疏漏。

"确实，体系建设的工作量太大了。看着吴老师夜晚伏案疾书，白天又马不停蹄地四处调研，无论是脑力还是体力，老师都付出了太多太多。看着她一天比一天疲惫、一天比一天憔悴，我们又心疼又焦急，但谁也劝不动她。"伊鸿平心疼道。

为建立国家西甜瓜产业技术体系对接优势产区的工作平台，吴明珠按照体系五年任务规划要求，牵头在海南三亚、安徽合肥、山东潍坊、宁夏中卫、陕西渭南、浙江宁波等地建立综合试验站，在上海嘉定、江苏东台、湖北武汉建立院士工作站，同时为综合试验站和院士工作站揭牌并给予指导。

2009年7月，吴明珠等6人到宁夏中卫为试验站揭牌，并到香山乡、兴仁镇等压砂瓜种植基地检查指导试验站工作。

在一块50亩连片种植西瓜新品种的示范田里，吴明珠欣慰地观察到：栽培行列整齐划一，坐果位置标准规范，西瓜表皮呈现出美丽的墨绿色条纹，健壮的瓜藤上挂满了沉甸甸的果实。看到瓜农们脸上洋溢着因丰收而带来的喜悦，她十分高兴。

看到专家来了，瓜农纷纷围拢过来，你一言我一语："地里大的瓜在20斤以上，中等的也有15斤左右，估计每亩产量达到4000斤，收入在1600元以上，比种植老品种效益提高了20%—30%。"

"这些瓜销路很好，都被商家提前订购了，感谢专家们培育了这么好的品种。"

吴明珠站到瓜上验证这些西瓜的储运性后，特别开心："我们育种工作者就是要为农业服务、为农民服务，提供质优价廉的品种，创造出自己的品牌。你们有什么产业难题，可以通过试验站反馈给我们，我们会以最快的速度、最有效的措施解决问题。"

2009年秋天，海南文昌西甜瓜细菌性果斑病大暴发。叶片突然卷缩、萎蔫并出现水渍状暗绿色或褐色的病斑，果实也出现圆形水渍状病斑，瓜农马上采取各种措施防治病害。可没过几天，瓜地病情加重，受害面积逐渐扩大，甚至许多果实开始腐烂。瓜农聚在一起商量不出对策，个个心急如焚。

文昌告急！接到当地综合试验站的情况报告后，吴明珠当机立断，组织体系内病虫害防控岗位的专家赵廷昌等人到文昌，现场调查、取样、会诊。很快，专家们锁定了病害："这是细菌性果斑病，破坏力强、危害范围广、传播速度快，是西甜瓜最主要的一种毁灭性病害。"

"这与文昌的气候条件有关，也与瓜类品种繁杂、栽培管理不当、种子消毒不彻底、病原远距离传播扩散有关。"专家们找出了症结所在。

吴明珠和赵廷昌等人马上到瓜地召集瓜农，就如何防治果斑病，针对种子消毒处理、幼苗期防治、成株期处理、田间管理等环节一一支着儿："大家注意，在源头上，种子处理是关键。西甜瓜种子和培育嫁接苗的砧木等都要用药剂消毒处理后再催芽播种，时间要把握好，以免种子出现药害。田间管理要用心，浇水时避免灌水传染，可以增施有机肥，增强植株抗病能力。要及时整枝、打杈，保证植株通风透光，发现病株要及时清除，用过的工具也要消毒……"

专家们边讲解边示范，瓜农按要求清理一个个病株，落实一项项消毒防治措施。

过了一星期，吴明珠还是不放心，又带队来到文昌。瓜农们围上来高兴地说："果斑病已经控制住了，瓜正慢慢恢复长势。感谢专家们帮我们挽回了损失，不然今年就白干了。"

在产业体系年会上，吴明珠说起这事时很有成就感："这次协作，是推动体系专家以解决农业现实问题为己任，从关注论文到关注生产的生动实践，有力推动了对果斑病的行业专项研究。"

文昌的病害防治不是个例。自从建立了国家西甜瓜产业技术体系，各主产区在生长过程中一旦遇到问题，就是整个体系的问题，当地综合试验站就会及时反馈给体系，吴明珠等体系科学家就会第一时间到现场协同解决，提出针对性强、环环相扣的技术方案，保证产业发展在技术支撑上不出现缺位。

据许勇介绍，体系建立前，我国西甜瓜产业在国际上基本是"跟跑"的状况。体系建立后，西甜瓜研究、西甜瓜产业发展均处于世界"领跑"地位。具体而言，西甜瓜产业进一步向优势产区集中，北至华北地区，南至海南岛，东到苏浙沪，西到新疆、甘肃等地，处处种瓜，流通及销售半径扩大，形成了周年安全均衡供应的产业发展新格局，西甜瓜产量居世界最高，全国人民实现了"吃瓜自由"。产业科技支撑作用显著，西甜瓜育种技术取得重大突破，栽培技术有了极大提升，西甜瓜品质和抗性达到国际领先水平。良种与良法相结合，十大技术、八大模式下，西甜瓜生产能力大幅度提升。优质优价机制基本形成，推动西甜瓜新品种与优良生产技术对外输出，东南亚国家成为冬春季西甜瓜供应新热点地区。

2011年后，吴明珠因健康问题，只担任特色甜瓜育种岗位科学家，把首席科学家的重担交到了许勇肩上。

"西甜瓜事业是薪火相传的事业，希望你充分发挥产业体系

'国家队'的作用，有效整合西甜瓜科技资源，凝聚科研队伍力量，加速优良品种的更新换代，在集成研究、试验示范、品种推广等方面发挥重要作用。"吴明珠语重心长地对继任者许勇说。

以世俗的眼光看，产业体系首席科学家是一个含金量极高的岗位，人们似乎有这样的惯性思维，就是岗位传承一般不会轻易落到外单位人身上，吴明珠的首席科学家岗位按惯例应由新疆科研单位或她的团队成员接班。据悉，国家50个产业体系中，首席科学家岗位的变更基本上都有师承关系，只有西甜瓜体系例外，或者说只有吴明珠例外。她完全从事业发展的全局出发，没有一点儿杂质。

许勇被吴明珠坦荡磊落的格局和胸襟深深折服："我没想到吴院士会把这份使命和责任交给我。如果她稍稍有点私心、有点倾向性，这个岗位就轮不到我。老一辈科学家淡泊名利、豁达无私的精神始终激励鞭策着我，我压力大、动力足，更有责任接好这个'接力棒'。"

吴明珠虽然卸去了首席科学家的担子，但她并没有卸下对西甜瓜事业的那份热爱。她担起了特色甜瓜育种岗位科学家的责任，依然忙碌在试验室、瓜棚里，为甜蜜的事业不懈奋斗着。

2011年5月，全国西甜瓜产业联盟成立，吴明珠因卓越的贡献与广泛的认可，被瓜界专家和理事单位代表一致推举为联盟会长，这无疑是众望所归。

吴明珠满怀深情地说："我这辈子，和瓜结下了不解之缘。作为西甜瓜研究领域一名普通的科研人员，我非常幸运地见证并参与了我国西甜瓜产业从最初的萌芽到如今蓬勃发展的全过程。这每一步都凝聚着我们的心血与汗水。"

如今，"吴明珠"这个名字已和科学前沿的育瓜理念不可分割，和西甜瓜产业紧紧相连，成了引领这个甜蜜事业发展壮大的一面旗帜。她的故事，不仅是对家国情怀的深情演绎，更是对科学精神的生动诠释，激励着更多的年轻人不断前行，用科学的力量造福人类。

不辞长作育瓜人

唯有"瓜"，能够打败阿尔茨海默病

"当首席那几年，吴老师真的是太累了，也太操心了。她白天到大棚干活，晚上熬夜写材料，经常失眠，不得不吃安眠药入睡。这谁能顶得住啊！她毕竟一大把年纪了，身体能不累垮吗？加上之前遭遇车祸致头部受伤，否则也不可能一下子得上这个病。"和吴明珠朝夕相处的学生们说起那段日子她那股拼命劲儿，眼里泛着泪光。

2011年底，司机杨俊涛发现一向干练的吴明珠出现了生物钟紊乱、记忆力衰退、丢三落四、夜里怕光等状况。她每天早上6时让杨俊涛开车，从吐鲁番到乌鲁木齐新疆农科院上班。到办公室后，她一会儿找眼镜，一会儿找笔，整个人很焦虑，显得格外疲惫。

这种状况持续了一段时间，杨俊涛越来越感觉不对劲。一天早上，吴明珠说："涛涛，你给王仲民打个电话，问问他今天的工作怎么安排。"

吴明珠调到新疆农科院后，就和王仲民没有工作上的联系了。"大清早的，找他干啥？"杨俊涛心里犯嘀咕，但还是给王仲民打了电话。接到电话的王仲民非常不解，于是赶来见吴明珠。

见到王仲民，吴明珠开口就问："今天工作怎么安排？你有什么计划?"

王仲民丈二和尚摸不着头脑,只好说:"今天你想去哪里,我们就去哪里。要不,我们去瓜地看看?"

吴明珠听了很高兴,他们一起去看了几个瓜地,还看了吐鲁番的新区、老城。中午吃饭聊天时,王仲民越发感到了异样,让杨俊涛特别留心关注。

杨俊涛把吴明珠接到自己家里住了几天,发现她白天嗜睡,晚上失眠,食欲也不好。他妻子小蔡悉心照顾吴明珠,变着花样做饭,熬粥、煎黄花鱼、包羊肉皮芽子馅饺子等,都是吴明珠爱吃的。

吴明珠来到厨房,看着忙碌的小蔡问:"小蔡,要不要我帮忙?我很会和面。"

"吴老师,不用您帮忙,您去看看电视吧,《新闻联播》马上要开始了。"

"小蔡,有个家多好,一家人在一起和和美美,多幸福。"

小蔡鼻子一酸,过去吴明珠谈论的大多是工作上的事情,像这样表达家庭温情的话语几乎很少。

"吴老师,您就住家里,别走了。"她很心疼吴明珠,她看得出吴明珠内心渴望家庭的温暖。

"这哪行呀?我是党的女儿,有党管我。"

小蔡瞬间泪目。她想起刚结婚那年在海南过春节,大家一起吃年夜饭,席间有个孩子问道:"吴奶奶,我有我妈管我,您老了谁来管呀?"

童言无忌,吴明珠慈爱地摸了摸小朋友的脸颊,笑容满面地说:"我是党的女儿,有党管我呀!"

这句话不经意间脱口而出,重重地敲在了小蔡心头,党的形象一下子具象化了。心有归宿的她假期结束回到单位后,就向党组织递交了入党申请书，后来成了一名光荣的共产党员。

小蔡悄悄拭去泪水，为吴明珠捧上饺子。在外人眼里，内心那么强大的吴明珠，实际上也是一个渴望家庭温暖的普普通通的女人啊！

几天下来，吴明珠的症状没有任何改善，她常常一个人发呆或者喃喃自语，有时还说要到海南去种瓜。

杨俊涛向单位报告了吴明珠的病情。冯炯鑫接吴明珠到乌鲁木齐他家里住了一段日子，发现她的记忆断崖式下跌，大家都没辙了，赶忙送她去医院治疗，并和杨夏通了电话。

"上次见面的时候还好好的，怎么突然会这样？"杨夏不敢相信。

2012年春，重庆，春雨潇潇，乍暖还寒。吴明珠在冯炯鑫、马新力的陪同下回到了儿子家。

一进家门见到杨夏，吴明珠开口问："咦，夏夏你在这干什么？怎么不去厂里上班？"

杨夏愣住了，他调到西南大学（2005年，西南农业大学与西南师范大学合并组建为西南大学）已经十多年了，没想到他妈妈竟连这也记不起来了。

公司倒闭后，杨夏四处打工，几经沉浮，漂泊不定。2001年4月，西南农业大学新组建计算机与信息学院，正缺师资。时任西南农业大学校长向仲怀对杨夏的情况比较了解，知道他专业对口，业务能力强，在工厂时主持开发的"微机高压无功补偿仪"等曾获重庆市优秀新产品奖。于是向仲怀建议杨夏报名参加招考。经过严格的笔试和面试，杨夏过关斩将，于7月调入计算机和信息学院。

吴明珠得知此消息时，不亚于得知杨夏考入大学时的兴奋。在她眼里，这个"不成器"的儿子终于步入了教书育人的轨道。

"妈妈，您怎么回事？我早就到西南大学当老师了，现在住的就是学校分的房子，这是我们的家呀。"杨夏急了。

"学校好，教书好，你爸就很会教书。"

提到爸爸，杨夏马上拿出相册里爸爸的照片问："妈妈，您看这是谁？您认识他吗？"

吴明珠拿着照片认真端详后说："这是我们一起工作的同事，我们关系比较好。我走哪儿，他就跟到哪儿！"

"他是杨其祐，是您的爱人、我的爸爸。您想起来了吗？"杨夏不死心，再次轻声提醒。

"他是和我们一起种瓜的，对我比较好，我叫他来他就来，要是来晚了，好多工作就做不了了。"

杨夏脑袋"轰"的一声，整个人都蒙了，心想："妈妈除了瓜就是工作，怎么可以连爸爸都从脑子里擦除了呢？那是她一生的挚爱呀！"

"那您看看我。我是谁？"杨夏好不甘心，死死地抓着妈妈的双肩，目不转睛地盯着她。

吴明珠茫然地看着他，疑惑地摇了摇头。

"妈妈，我是您的儿子夏夏啊！刚才您还叫我，怎么这会儿又不记得了？"

"我儿子是叫夏夏，他在重庆，不在这儿，你和他长得有点儿像。"

前所未有的无力感击倒了杨夏，他缓缓松开双手，欲哭无泪，几近绝望。

西南大学的领导得知吴明珠的病情后，马上联系陆军军医大学第二附属医院进行专家会诊。经全面检查，确诊吴明珠患上了重度阿尔茨海默病。

专家说："由于工作强度极高且承受巨大压力，加之头部曾遭受重创，导致大量脑细胞坏死，进而引发脑组织萎缩和神经元退化，病人因此迅速丧失了基本的沟通能力、对至亲的辨认能力以及自我照顾的能力。与常见的逐渐衰退不同，病人的病情发作极为突然，几乎没有经历任何过渡期。根据病情进展及病人整体身体状况的综合评估，预计剩余寿命最多为3年。"

"3年？一向内心坚定、自强独立、雷厉风行的妈妈，年逾80岁仍能自如跨越瓜沟的妈妈，从来都是悉心照顾他人而不愿劳烦他人的妈妈，生命进入了3年倒计时？那样一副用钢铁和信念浇铸的身躯竟会被病魔击倒？"一连串疑问涌上杨夏的心头。

杨夏和妈妈聚少离多，在一个屋檐下相处的时间加起来有没有3年都未可知。彼时，已成家立业、为人父的杨夏早已没有了过去的"一身反骨"，完全理解了父母为所热爱的事业"舍小家为大家"的执着追求和无私奉献，理解了他们"心有大我、至诚报国"的人生格局和至高境界。他总想着等妈妈告老还乡后让她尽享天伦，谁知……

杨夏的心理防线瞬间被击溃。他多么希望妈妈仍像过去一样对儿女不管不顾地奔波忙碌，只要她健健康康就行。

他把妈妈接到家中，和爱人一起无微不至地照顾着妈妈的饮食起居。

阿尔茨海默病如橡皮擦一般，把吴明珠脑海里的记忆一点一点地擦除。她甚至忘记了自己，忘记了最爱的亲人，忘记了最熟悉的学生。无情的病魔迫使她的生活日渐偏离原来的轨道，迫使她不得不离开深深热爱的瓜田。

神奇的是，"瓜"是个特例，根深蒂固地扎在她的潜意识里，挥之不去。唯有"瓜"以及与"瓜"相关联的事，能够打败偷走她记忆的阿尔茨海默病。

在重庆的头几年，吴明珠时而认得杨夏是自己的儿子，时而又把杨夏误认为是同事，向他询问瓜的长势如何。看到家里种的花花草草，她会教杨夏如何浇水、施肥、授粉……

2024年1月3日，瓜界同仁在重庆为吴明珠庆祝生日

应瓜界朋友邀请，作者刘颖赴
重庆向吴明珠送上生日祝福

她在家里根本待不住，时不时念叨着要回新疆、回海南。

杨夏问："妈妈，你去新疆和海南干什么？"

"地里的活要干呀！我要去育种，要给瓜授粉呀！"

吴明珠的学生们南繁北育，原来只在海南和新疆两地切换，自从吴明珠生病后，他们南来北往时又多了一个重庆，总要在重庆停留几天，专程看望老师，并带上她最喜欢的礼物——新培育的优质西甜瓜。

每每学生们到来，吴明珠都以为是来接她的："你们来接我啦？我终于找到组织了。我收拾收拾行李就跟你们去育瓜。我不能在这儿躺着，我们现在一起去瓜地，还有很多工作要干呢！"

一番话，让学生们泪水在眼眶里打转。

国家西甜瓜产业技术体系的同行们，约定俗成地把体系年会时间定在1月3日，这一天是吴明珠的生日。

瓜界的朋友们用这种隆重而朴素的方式为她庆生，向她致敬。

吴明珠只要见到学生和瓜界的朋友们，虽然已叫不出大家的名字，但她的眼睛清澈发亮，笑容也与平日完全不一样。她会打起十二分的精神和他们聊瓜，牵出她与瓜的记忆片段。

他们的故事充满了人生的酸甜苦辣，而这一切都与"瓜"——西甜瓜事业紧密相连。

"妈妈那一代育种家太辛苦了，一身力气百身汗，面朝黄土背朝天。爸爸妈妈曾一心想让我学农，但我没学，现在想来很后悔，觉得对不起他们。如果能用计算机方面的专业知识做些与农业相关的研究，或许能稍稍弥补爸爸妈妈心中的遗憾。"新冠疫情期间，杨夏心中萌生了一个念头。

疫情放开后，杨夏的三项科研成果"出笼"了：

一是农林业病虫害智能无人机巡检系统。无论是露地大田、大棚还是林地，最好的防治植物病虫害的措施都是及早发现、及早处理。该系统通过植保无人机巡检，将通用模型和专用模型进行比对，能迅速准确发现哪个植株有病虫害，及时做出预警。

二是农业栽培智慧管理系统。有感于妈妈育种时最辛苦的就是授粉，杨夏尝试用各种探头加机器人，连接通用模型、专用模型及传感器，机器人巡检时自动授粉，可极大解放劳动力，提高农业生产效率。

三是机器人医生。新冠疫情期间，妈妈摔伤带她上医院就诊时，杨夏总怕她感染。于是，他发明了这款机器人医生。在不见面的情况下，机器人医生能辅助完成对患者的相关检查，既能保障患者的就诊需求，也能减少感染的风险。

这三项发明，其实都和妈妈相关联，倾注了杨夏对妈妈无言的爱。

杨夏就此向国家知识产权局提出实质审查请求，目前三项专利申请进入实质审查阶段。他说，不管最终审查结果如何，他的初衷就是想为像爸爸妈妈一样的农业科学家服务、为"三农"事业服务。

春去秋来，最令杨夏感到宽慰的是，妈妈的生命早已超越了医生最初预估的3年期限。

在陪伴妈妈度过的这十几年的时光里，杨夏深刻理解了妈妈对新疆和海南那份难以割舍的情愫：那里不仅承载着爸爸妈妈毕生的心血与事业，还有他们并肩作战的同事、朝夕相处的学生，以及虽然不是亲人却胜似亲人的各族乡亲。每年，杨夏都会驾车带着妈妈，在夏秋之际前往吐鲁番，冬春之时则前往三亚，并在那里住上一段时间，让妈妈能够在大棚里侍弄她心爱的瓜，与那些寄托着她深厚情感的瓜"聊聊天"。

杨夏能真切地感受到，每当回到这片曾经奋斗过的土地，妈妈内心流露出的那份由衷的喜悦与满足。

这份喜悦，对杨夏而言，就是妈妈给予他的最珍贵的礼物。

耕土耕心，桃李不言，下自成蹊

2006年5月1日，吴明珠在日记中写道："入党宣誓的第53年。我这一生，没做什么大事，只是没有背叛理想。"

在5月4日的日记中，吴明珠写道："入团宣誓的第56年，我认为自己一直为共产主义理想而奋斗了56年。至少是从我做起，不管别人怎样看。"

这两个日子，是吴明珠生命中最重要的日子。每年的这两个时候，她都会对照反思自己的言行，是否背离了初心，是否践行了誓言。寥寥数字，力透纸背，折射出她对党的事业的无比忠诚。

那么，在别人眼里，她又是怎样的吴明珠呢？

"吴老师是整个团队的核心和灵魂，她有着坚定的信仰和坚忍的意志，还有着极高的道德标准。"

"现在能对他人产生影响的人不多了。吴老师几十年来耕土耕心、言传身教，甘为人梯、奖掖后学，温暖着我们走过的每一个瞬间，影响了我们的一生，每个人都受益无穷……"

吴明珠为瓜聚才，始终强调德才兼备、以德为重，每一个加入团队的年轻人，无一例外地都得到过吴明珠的关心爱护和悉心培养。她尤其注重对科技创新人才的培养："希望我所带的年轻人，在各方面都能超过我。只有这样，西甜瓜事业才能薪火相传、健康发展。"

有人说吴明珠运气好，也有人说她人缘好。她在《我的追求》中这样说："我的追求和国家人民的利益是一致的，所以得到大家的支持……如果只为个人而奋斗，就不会有今天。"

"瓜二代"冯炯鑫是1980年跟随吴明珠南繁北育的学生。从会吃瓜到会种瓜再到能培育出好瓜，从高中毕业生一步步成长为新疆农科院哈密瓜研究中心副研究员。他说，那些年吃过的苦，如今都变成了瓜的甜，是吴明珠对事业坚定不移的信念和百折不挠的精神，指引着他走到了今天。

冯炯鑫说："1980年，我跟着吴老师开始了南繁的艰苦生活，那是我投身南繁的第一年。我们租住在农民家，也租用农民的地开展育种工作。农村的生活条件很差，衣食住行都很困难，就说下雨天，路面严重积水，动物粪便以及生活垃圾随水流漂浮，臭气熏天，根本无法正常出门。我有时会想，自己年纪轻轻的做什么不好，为什么要背井离乡，大老远跑到这种地方来吃这种苦。"

每当冯炯鑫心生退意时，吴明珠总是以平和而淡然的语气，向他讲述自己初到南繁时经历的艰苦岁月。她言谈间手势利落，展现出一种干练与果断，双眸中闪烁着知识女性的睿智光芒，她清澈爽朗的笑声，更是透露出一种无愧于心的豁达气质。

那一刻，冯炯鑫明白了，所有的困难都无法成为吴明珠放弃南繁的理由。吴老师这样一个瘦弱的女子都能坚持下来，我还有什么理由退缩呢？

这一年，吴明珠带领他们克服了一个又一个困难，种植了2亩育种材料，收获了100多份种子。这之后，冯炯鑫跟随吴明珠南繁北育了30多年。

"30多年里，吴老师有很多身份，但她最珍视的身份是共产党员。她在多个场合强调，'我是党的女儿，为党工作是我毕生的追求'。她要求学生们积极向党组织靠拢，我和团队很多年轻人都是在吴老师的感召下加入党组织的。"冯炯鑫说。

吴明珠是搞育种的，但始终强调良种良法配套。她形象地比喻道，种子和栽培，就像一个人的两条腿，只要有一条腿瘸了，肯定会摔跤，也永远跑不快。她清楚地了解不同西甜瓜植株的生长习性，时刻惦记每一株瓜苗的生长状况以及授粉、杂交、坐果等情况，所以她选育优良品种的"命中率"特别高。

这种细致严谨的行事风格，贯穿了她几十年工作中的每一天。她身体力行，同样要求年轻人专心致志，不受外界干扰。

年轻人刚入行时，吴明珠会带着去瓜地，讲授瓜的生长习性，以及整地开沟、播种保苗、浇水追肥、整枝授粉、成熟采收、掏瓜留种这一全套育种流程，每个环节都不放过。

为磨砺年轻人的心性，她规定每天早上7时、中午12时、下午6时准时记录大棚里的温度、湿度，绝不允许有丝毫马虎。到了冬季，早上7时天还是黑的，要拿着手电去记录。每天重复如此枯燥无趣的工作，年轻人心里难免会产生不悦，有时想赖床睡个懒觉，这时吴明珠就会来敲门催促。后来习惯成自然，他们也逐渐明白了吴明珠的良苦用心。

生活中，吴明珠像母亲一样关心体贴、敞开心扉。谁心里有疙瘩，向她倾诉后就会烟消云散；谁生活比较困难，她会悄悄地拿钱接济；谁年龄大了没有对象，她会热心张罗着牵线搭桥，从相亲到结婚都操心不已；谁过生日，她都记在心里，亲手包饺子以表庆祝；谁生病了，她不仅叮嘱打针吃药，还会做一碗清淡的鸡蛋面，比亲人照顾得还细致……

最让大家敬重和信服的是，在这个大家庭里，她没有架子，每件事都亲力亲为，地里的活一样不落抢着干。

"吴老师都没歇着，谁还敢歇下来？"这是学生们说得最多的话。

有一次，吐鲁番刮起沙尘暴，眼看刚长出的瓜苗就要被风刮飞了。吴明珠赶紧带着冯炯鑫、伊鸿平、杨俊涛一起在棚里埋苗护苗，一直忙到晚上，满脸满头都是土。当一行四人饿着肚子从瓜地开十几公里的车回到市区时，满大街都是沙土，许多饭馆都关门了，找了半天终于找到一家饺子馆。

几个人坐下开吃后，杨俊涛小声嘟囔了一句："累死了，这么遭罪图个啥？"

没想到吴明珠的耳朵特灵，听到后立刻说："遭什么罪？我们的瓜苗保住了，这些年的心血保住了，你说图个啥？快吃，这么香的饺子还堵不住你的嘴！"

杨俊涛吓得再不吭声，冯炯鑫、伊鸿平憋着笑，闷头吃饭。

伊鸿平1984年科班毕业后，幸运地加入育种团队，师从吴明珠，随后逐步成长为新疆农科院哈密瓜研究中心研究员。他说："我的老师吴明珠院士是无数南繁北育科学家的典型代表，她的家国情怀鲜活而生动，是融入血脉，与时代同频共振的。她无论做什么事情都从国家需要、人民需要出发，没有一己私利，生动诠释了她对党、对人民、对事业的赤子之情。"

伊鸿平年复一年地跟随吴明珠南繁北育，吴明珠最初的告诫他一直铭记于心："搞农业研究的人注定一生清贫，你们跟着我是发不了财的，也不要羡慕别人发财。一个人如果斤斤计较'小我'的利益得失，干什么工作都围绕着赚钱，那注定是走不远的。"

30多年来，吴明珠身体力行作出了榜样：她拼尽全力推动西甜瓜产业从新疆走向全国，却从没有想过从中谋取任何利益。其实，只要攥紧团队研发的任何一个优良品种，都足以让每个人获得巨大的经济效益，但她却无偿地把这些良种送给瓜界同行，甚至许多人靠销售她培育的种子发了财，而她的团队则始终恪守她的承诺，没有一个人在这份甜蜜的事业中为自己谋取私利。

特别是当选中国工程院院士后，她有各种各样的发财途径，请她挂博士点的、高薪聘请她的，开出的价码让多少人惊叹羡慕，她都一一谢绝。

在吴明珠团队，从"瓜一代"到"瓜二代"，再到"瓜三代"，代代相传的不仅是专业知识与技术方法，更有一种注重培养与提携青年人才，并为他们施加适当压力以促进成长的"家风"。

在争取到863计划科研项目课题后，吴明珠让伊鸿平担任课题组组长："这是国家级的项目，我给你压担子，全力支持、配合你，对你的成长有帮助。以后你们还要独立挑起更重的担子，产出高质量的科研成果。"伊鸿平深为感动。

吴明珠注重理论与实践的结合，常向学生推荐育种、遗传、栽培等方面的专业书籍，要求他们结合育种实践撰写论文："学问赖之以成。我们既要一身泥一身汗地把论文写在大地上，也要把实践经验的凝结用纸笔上升到理论高度，形成科研成果。"

开展航天育种后，伊鸿平根据课题组几年的试验成果，撰写了题为《哈密瓜空间诱变育种研究与应用》的论文，发表前请吴明珠修改把关。

吴明珠第一眼看到作者排名，拿起笔就把伊鸿平的名字圈到最前面。

伊鸿平不好意思地说："吴老师，这论文完全是根据课题组几年的试验数据写的。您全程主持了这个课题的研究，理应作为第一作者，这也是业界的惯例呀。"

"什么惯例不惯例，我们应该打破所谓的惯例，谁执笔谁就是第一作者，这样也能调动大家写论文的积极性，有利于把实践经验上升为理论成果。"

第二天，吴明珠把论文交给了伊鸿平。伊鸿平看到上面密密麻麻的修改痕迹，心里便明白吴老师又熬夜工作了。

吴明珠甘为人梯。她撰写的每一篇论文都会署上参与课题研究的团队成员的名字，重要的课题会让学生们挑大梁。这无疑是评职称、申报新课题、升职的重要加分项，她是在为学生们的事业发展

伏案工作的吴明珠

铺路搭桥。

廖新福说起这事深有感触："我是最大的受益者。我参加工作不久就因此有不少科研成果，后来评职称和晋升都顺风顺水。"

"吴老师的一生是传奇的。"廖新福说，"人们很难想象育种有多难。即使放到现在，选育一个优良品种也需要6—7年时间。吴老师穷尽一生培育了30多个品种，同行们又用这些品种培育出了'子子孙孙'。"

在廖新福的印象中，吴明珠非常自律，多年养成了良好的习惯，每晚7时必看《新闻联播》，了解时事政治，这也是她一天中唯一的放松时刻。吴明珠在生活上简朴到了极致，廖新福跟随她这么多年，不见她更新过一件家具，睡的也是那种涂了蓝色油漆的最简陋的小木板床，用的锅碗瓢盆还是二十世纪五六十年代老式的搪瓷碗、铁皮盆、铝制壶，一件衣服穿几年甚至十几年都舍不得淘汰。她吃饭也特别简单，不喜欢社交应酬中的条条框框。但在学习上她很舍得花钱，买数码相机、录音机、电脑等，买回来后会仔细研究学习这些工具的使用方法。20世纪80年代，她在香港买了个收音机，每天早晨雷打不动地背单词学习英语，边背边走进瓜田看看，再去大棚里转转，走到哪学到哪，毫不懈怠。因此，她能够流利地用英语和外方专家进行无障碍的沟通交流。

20世纪80年代中期，南繁基地有了一台很小的电视机，放在走廊里，有时只能看一个频道，但还是有很多人搬凳子去凑热闹。一到晚上，课题组的年轻人喜欢聚在一起打麻将、打扑克，放松娱乐一下。

吴明珠见了就呵斥："你们白天工作很辛苦，晚上要早点休息，聚在一起打牌不但影响身体，还影响别人学习和休息。你们都比我年轻，要保持良好的学习习惯，业余时间学学外语，看看专业书，对照工作中发现的问题想想理论和实践之间的差距在哪，这样才能不断进步。不能玩物丧志，那样人就废了。"

在张永兵的记忆里，吴明珠对团队人员的要求非常高，对工作的严谨儿近苛刻，谁要有点儿疏忽，她当面就批评。其他课题组的人平时工作完成之后，业余时间就不会有太多约束和管制，但吴明珠不一样，她不允许年轻人抽烟、喝酒，而诸如此类的生活日常，她都事无巨细全管。在学习上她盯得尤其紧，团队许多年轻人就是在吴明珠的督促下开始学习英语的。张永兵2002年考研时，英语考了71分，他说如果没有吴明珠的严管督促，他考不了这个高分。

吴明珠的生活特别简单，刚开始大家都以为她不会做饭，为了省时间，大家吃饭也特别简单。王登明说："单是早餐，奶茶、馕、榨菜和鸡蛋这几样，吴老师一成不变吃了十多年，她宿舍里最多的就是方便面。"

有一次周末，吴明珠包饺子犒劳大家。

"吴老师包饺子给我们吃，太开心啦！"学生们高兴地过去帮忙。

"吴老师，您已经把馅儿拌好啦？什么馅儿呀？这么快？也没听见您剁肉呀？"廖新福的爱人张瑞也是吴明珠的学生，她好奇地问。

"我这是自己发明的馅儿，用花菜、茄子拌午餐肉，省时省事又有营养。"

"这花菜您是从哪儿弄来的？我们还从来没吃过这种馅儿的饺子呢。应该算是您的一个创举啦！"

花菜、茄子和午餐肉切得不够细碎，包出的饺子表面凹凸不平，有许多凸起。学生们明白了，吴明珠不是不会做饭，她只是舍不得在育种之外耗费时间，哪怕一分一秒。

"和吴老师在一起，她那由内而外散发的清风正气会浸润你的心田、荡涤你的心胸，让人特别感动。"马新力说。

20世纪90年代初，园艺所给吴明珠配了辆车，但她从不公车私用，遇特殊情况偶尔用一下也会付油费。

2005年，杨准携丈夫从美国回来，杨夏也带着妻子女儿从重庆来到三亚，一家人在天涯海角过团圆年。司机杨俊涛因妻子生孩子回了新疆，由马新力开车前往海口美兰机场接杨夏一家。

一回到三亚，吴明珠没顾上和儿子打招呼，先问马新力来回油费是多少。马新力说没有多少钱，之后吴明珠再问起，他就借口帮忙搬行李，把这件事搪塞过去了。

过了两天，吴明珠拿着钱找到马新力，让他一定要把钱交给单位："车是公家配给基地研究人员工作使用的，我私人用车，油费必须出，不能占公家一丝一毫。"

马新力后来才知道，吴明珠找别的司机询问了油费。

事后马新力和杨俊涛说起这事，杨俊涛见怪不怪地说："吴老师当院士后，自治区政府要给她的车挂政府的车牌号，她一口谢绝：'我就是一个平凡的人，是平凡的科学工作者，不能要特殊待遇。'"

园艺所配的这车开了十几年，仅往海南就跑了无数趟，时常出现这样或那样的故障。后来这车送到广州的厂里检测，发现主要是发动机制造上的故障。因为没钱更换发动机，吴明珠又凑合着用了四五年。

2007年，马新力、廖新福、伊鸿平、冯炯鑫找吴明珠商量："吴老师，这车已经跑了30多万公里，要换了，今年无论如何也不能再开到海南去了。"

"让涛涛去修一修，那些零件换一换还能跑。能用就先用吧，换车的事先不急，以后再说。"

吴明珠的工作做不通，几人一商量，于是在给新疆维吾尔自治区打报告建种子资源库时，在报告后边加了一条："请解决吴明珠院士用车问题，费用80万元……"

报告递上去后，几人又找了相关部门，甚至想办法找到了主要领导的秘书。

吴明珠知道后，黑着脸一拍桌子，把马新力等人痛骂一顿："我告诉你们，我吴明珠这辈子从没有向自治区和各级领导伸手要过一分钱，你们凭什么说给我解决用车的事？需要你们管吗？"

"吴老师，车开到30多万公里后，故障发生的概率会增加，车辆的安全性能会受到影响。这车确实不能再开到海南去了。"看到吴明珠发那么大的火，大家吓得连忙解释。

"不用给我解释！你们为啥要擅自在报告上加上那条？我把那条删除了，你们重新递交。"

后来项目批了780多万元，相关部门按照吴明珠部级领导待遇，批了20万元购买商务车，其余资金自筹。虽然还有缺口，但起码能换车了，吴明珠这才换了车。

吴明珠是一个非常有爱心的人，对待学生就像对待孩子一样。

吴海波2005年到海南南繁时，基地只有一栋楼房，一些年龄大的老师住那儿，刚参加工作的年轻人大多住在平房。当时基地周边农村的治安不太好，吴海波刚住进平房就被小偷"光顾"了，窗户被卸掉，衣服、书本都被翻得杂乱不堪，扔得满地都是。吴明珠听说后，让他搬到楼房来住，既安全也可以专心学习。

有一次，吴海波因水土不服，感冒发烧了。吴明珠得知后，把朋友送她的几百元一罐的蛋白粉拿来让他喝。

"吴老师，这蛋白粉太贵重了，您留着，我年轻抵抗力强，很快就会好起来的。"

"出门在外，身体第一。身体好了才能好好工作。"吴明珠像母亲一样慈爱地说。

吴海波跟随吴明珠虽然只有短短5年，但吴明珠的言传身教对他影响很大。吴明珠带领他培育红皮甜瓜时对他说的话，他一直铭记于心、受益匪浅："搞科研，一是要胆大心细，二是要敢于创新。"

"瓜三代"张学军在新疆农大上学时，听了吴明珠作的题为《我的追求》的报告后感触特别深，2007年毕业时便积极争取留在新疆加入吴明珠团队，当年9月就来到了海南南繁基地。

"这基地怎么这么偏僻？天天窝在地里，去哪儿都不方便。"张学军非常不理解。

"搞科研肯定会枯燥。要是身在闹市，哪能静下心来育种？我们要耐得住寂寞，远离喧闹，融入农民之中，扎根田地和瓜棚，这样才能出成果。"吴明珠耐心地开导他。

张学军在海南过的第一个年，团队成员只在除夕聚在一起辞旧迎新，大年初一，基地其他课题组都去赶海了，吴明珠则带他们去地里看苗，把长势不好的苗换掉，病苗也处理掉。

她说："瓜种到地里每天都在生长，瓜没有年节，我们也没有年节，每天都要去看它长得怎么样了，发现问题要及时处理。"

记得播种时，吴明珠再三叮嘱他们要注意细节，播种到位。

"这么简单的事，吴老师怎么还不放心？"张学军边嘀咕，边打个穴把种子扔了进去。

"不行！怎么能站着扔种子？要蹲下去，把种子整齐地平放，而且每个种子的方向要一致。"吴明珠不满意地边说边纠正。

"为什么？种子不平放也一样能生根发芽啊！"

"当然不一样。我们之前做过实验，种子不放平，发芽时拱土会有影响，平放拱土才拱得更好。"

从这个小小的细节中，张学军看到了老科学家的认真严谨、一丝不苟，这一优秀品质也被他一直保持至今。如今的他，已接过了"瓜二代"的接力棒，挑起了新疆农科院哈密瓜研究中心主任的大梁。

山因脊而雄，屋因梁而固。从吐鲁番的田间地头到三亚的南繁基地，一批又一批"瓜二代""瓜三代"义无反顾地追随"瓜一代"吴明珠，从科研新手蜕变成育种专家。这个历经三代人传承的团队，成功培育出了一批批跨越时代的西甜瓜品种，开创了我国的西甜瓜事业。

吴明珠的故事，打动人心的不仅是她对科学事业的执着追求，还有她对人与人之间磊落坦荡、热情真诚的相处之道，树立了一个生动的典范。

讲不完的故事，道不尽的真情

吴明珠不仅带动了团队里的年轻人，还带动了其他科研单位的年轻人，甚至把基层推广站的年轻技术员、农民中的种瓜能手都带起来了。

说起他们的吴老师，学生们有讲不完的故事、道不尽的真情。

1999年10月，中国农科院蔬菜花卉研究所的王怀松第一次来到三亚南繁。

王怀松于1995年大学毕业后，师从王耀林和张志斌两位导师，从事蔬菜设施高产栽培技术研究。1997年，为填补所里的空白，王怀松专注甜瓜育种研究。通过中国农科院郑州果树研究所王坚的牵线搭桥，他与吴明珠有了交集，也由此进入全国西甜瓜行业圈、跨入瓜界，成为吴明珠最为器重的"瓜三代"。

初到三亚，王怀松两眼一抹黑，不知道去哪儿南繁，不清楚怎么租地。

"怀松，别担心，我们搬到新基地了，在三亚新疆南繁指挥部基地还有四个大棚，可以腾出两个棚无偿给你用。吃住可以和我们合伙，按标准交钱就可以了。"吴明珠一句话解决了王怀松的难题。

王怀松和张永兵、杨俊涛三人同住。吴明珠经常过来嘘寒问暖，安排人手帮王怀松干棚里的活，她还到大棚里查看瓜苗长势。她对田间管理要求特别严，经常耐心给予指导。

"怀松，你第一次来海南，生活上不适应就说。你刚结婚就和爱人分开了，我房间有电话，这把钥匙留给你，如果想家了，随时去给爱人打个电话。"

她又招呼张永兵和杨俊涛："今晚别做饭了，我请客，咱们一起到解放路口那家快餐店吃套餐。"

二十几元一份的套餐，王怀松吃得心里暖暖的。

从10月初播种到次年1月结束，在吴明珠的悉心指导下，王怀松完成了第一次南繁育种。他说："我育种工作中的许多习惯，都是那时跟随吴老师学习时养成的。现在，我还保留着吴老师为我的品种试种时详细记录的性状信息。"

一次，吴明珠让王怀松到乐东黄流去买鸡粪做底肥，王怀松从三亚坐老式火车到黄流，买了鸡粪后雇了一辆三轮拖拉机开到三亚荔枝沟的师部农场基地。

没想到晚上杨俊涛一进门就向王怀松抱怨："你闻闻，我身上有鸡屎味没有？"

看王怀松一脸蒙的样子，随后进来的张永兵笑着说："今天，吴老师让涛涛开她的车把一部分鸡粪拉到洪李村那边的基地，后备厢里满满当当塞了几袋鸡粪，那个味道真把我们熏坏了，可吴老师居然毫不介意。"

"吴老师为了她的瓜，根本不讲究这些，她说这是工作需要，车里的气味散一散就没有了，给瓜施底肥可不能耽误。这车是坐人的，怎么变成拉鸡粪的了？我看这味道一时半会儿根本散不了。"

杨俊涛无奈地摇了摇头，他们都明白吴明珠对瓜的痴情和钟爱、执着和坚守。

在上海嘉定综合试验站蹲点时，吴明珠给嘉定区农委全体干部与科技人员、华亭镇全体公职人员作题为《我的追求》的专题报告时，许多同志潸然泪下，两位"三支一扶"的女大学生更是泣不成声。

她们说，刚来嘉定种苗基地场工作时，无法适应在大棚里工作的高温，一个星期中暑两次，偷偷流过眼泪，甚至打算回市区找份安逸的工作。听了吴明珠的报告，她们改变了想法，决定留下来，像吴明珠那样保持初心，择一业、谋一事、终一生，为哈密瓜科研工作尽自己最大的努力。

从那天开始，她们每天5点多就和吴老师一样起床，到大棚里面工作。也因这份坚持，她们如今已经是嘉定瓜果培育方面的中坚力量了。

每每说起与吴明珠相处的日子，她们眼里闪着光，言谈中满是敬佩："现代社会中，能让我们从内心深处感动的人和事越来越少了，但吴老师是其中之一，她是科技领域的一束光。我们特别怀念和吴老师一起工作的那段时光。"

瓜农陈川武常常自豪地对人夸耀："我是吴老师在海南的第一个农民学生。"来自东北的姜向涛则逢人就说："我是吴老师在东北的第一个农民学生。没有吴老师，就不会有'全雌西瓜'的今天。"

1996年，姜向涛从偶然发现的一株全雌西瓜秧开始，苦心钻研全雌西瓜育种技术。到2005年，他培育出花皮、绿皮、黑皮等五种全雌西瓜。他带着标本数据和图片，分别找到中国农科院郑州果树所西瓜专家谭素英和中国农科院方智远院士。两位专家看了他的试验成果后，非常认可："这是全雌西瓜，目前世界上还没有呢！"

两人不约而同地建议道："你去找吴明珠院士，只有她能把你的科研成果保护起来，并推向全国、全世界。找别人靠不住。"他们还再三叮嘱姜向涛注意保密。

2005年8月28日，在上海嘉定哈密瓜示范试验基地，姜向涛见到了75岁高龄的吴明珠，只见她穿着水靴正和工人一起给瓜授粉。他递上两位专家的推荐信以及图片、标本。

"这东西是你搞出来的?"吴明珠惊喜地问。

"是的。"姜向涛简单讲了发现和培育的过程。

"这可是宝贝！它叫'全雌西瓜'，用它在西瓜上杂交制种，发展空间非常大。国外搞了十几年都没搞出来，你给搞出来了。小姜，了不起！你一定要给咱们中国争口气，我全力支持你。"

得知姜向涛在海南没有固定的试验基地时，她说："你到别的基地加代不安全，先种在我的基地里。西瓜开花时，我带专家看看是不是全雌系。如果是全雌的，就给你提供固定的研究基地。当然不是也没关系。你看可以吗?"

姜向涛大喜过望："当然可以了！太感谢您啦！"

当晚，吴明珠在日记中写道：

8月28日，嘉定。姜向涛来访，所选及转育的西瓜全雌系都较好，是真正的创新。工作做得很艰苦，我答应合作开发：转"伊选"，转"黄皮"，让他制种，这样他放心。我们不会拿他的材料，希望他能为国家作贡献。

2005年10月，姜向涛在三亚新疆农科院科技示范园内种下五种全雌系西瓜。西瓜开花时，吴明珠带领专家组逐个品种、逐株检查，一致通过后写出了鉴定报告。

年末，在北京种子会议上，姜向涛的全雌西瓜成了热门话题，不少人或为名，或为利，主动提出与他合作。

姜向涛向吴明珠说起这事，吴明珠明确告诉他："不管谁说什么，你都不要相信，第一作者必须是全雌西瓜育成者。"

为把全雌西瓜推向世界，吴明珠让姜向涛提供数据，她请林德佩执笔、方智远把关，经过一年多的反复修改，于2007年在《园艺学报》上以英文发表了姜向涛为第一作者的论文《西瓜全雌基因的发现》。

2008年10月，世界著名瓜类专家、美国人杰克听说中国搞出了全雌西瓜，专程来到海南。吴明珠告诉他，全雌西瓜不是什么专家的研究成果，而是一个农民育成的，并陪同他参观了姜向涛的全雌西瓜基地。

杰克大为赞叹："中国人了不起！中国农民了不起！"

合影留念时，吴明珠让姜向涛站在中间。

2010年，国外有人提出以300万美元买断杂交全雌西瓜技术。300万美元的确很诱人。为育种，姜向涛曾债台高筑、陷入绝境，甚至把老家的三间砖瓦房都卖了。他太需要钱了。但如果把专利卖给外国人，从此全雌西瓜就不属于中国了。姜向涛想起吴明珠"你一定要给咱们中国争口气"的嘱托，他毫不犹豫地拒绝："我不卖专利，全雌西瓜属于中国，我要把它献给国家。"

2012年，国际葫芦科遗传协会认定姜向涛为"西瓜全雌系"世界首例育成人。

姜向涛在基地一干就是十几年，吴明珠给了这个年轻的农民育种家很多关怀与照顾。每当台风来临前，吴明珠都会买来U形瓦片，带着大家为全雌西瓜苗盖上瓦片。有时台风来得急，全雌西瓜苗因及时保护而安然无恙，但吴明珠自己的十几座大棚却被刮得七零八落，瓜苗全部被台风卷走了。姜向涛深为感动，暗下决心，要培育出更多更好的全雌系品种，回报吴明珠无私倾心的帮助。

每年全雌西瓜、蜜瓜、香瓜熟了，吴明珠会带学生来做测评。

掉在桌子上的每一粒种子，她都会细心地一一捡起来交给姜向涛，自己一粒不留。

捧着吴明珠递过来的一粒粒种子，姜向涛这个高大耿直的东北汉子流泪了："只有吴老师如此尊重我的成果，如此珍视属于我的每一粒种子。"

在吴明珠和方智远、林德佩等老一辈科学家的指导下，姜向涛继承发扬南繁精神，18 年共加代 36 茬，育出全雌西瓜杂交品种 6 个、全雌蜜瓜杂交品种 4 个、全雌香瓜杂交品种 2 个，在全雌系瓜类育种方面步入世界先进行列。

2021 年，姜向涛把全雌西瓜、蜜瓜、香瓜的核心材料无偿交给了国家南繁研发中心。

姜向涛对吴明珠充满了感恩："在研究西瓜全雌系的道路上，吴老师给予我这样一个普普通通的农民无私的帮助和经验的启迪。我要以吴老师为榜样，让瓜的甘甜传遍全国、传遍世界，为中国争光、为人类造福！"

育人和育瓜是一体的，无论是在科学研究还是在人际交往中，真诚、尊重和理解是建立深厚关系的关键。吴明珠在工作中坚守本心，在生活中真诚待人。她似春风、如春蚕，更是护花的春泥，培养和带动了一大批西甜瓜育种的优秀人才，为"三农"事业作出了巨大贡献。

美丽的阿依木汗，新疆的好女儿

在吴明珠的人生旅程中，民族团结从来就不是一个政治名词，也不是一个需要刻意追求的目标或任务。扎根新疆近六十载，她已与沙漠戈壁紧密相连，与维吾尔族乡亲们建立了如同阳光、空气和水一般自然且不可或缺的深厚情感。

吴明珠说："我是维吾尔族乡亲的女儿，维吾尔族乡亲需要我、支持我，这本身就是一种动力。"

20世纪50年代入新疆之初，吴明珠就感受到了维吾尔族乡亲们的质朴、热情和真挚。

一到鄯善县，吴明珠便住进维吾尔族乡亲摩沙老爹和艾沙妈妈家里，跟他们同吃、同住、同劳动。尽管这里没有大米，只有走也走不到头的戈壁沙漠，但吴明珠不在乎。这里有她的事业，有待她如亲人的维吾尔族乡亲。她学会了割麦子、锄棉花地、赶毛驴车、修马拉条播机等，学会了吃羊肉、高粱馕，学会了一口流利的维吾尔语。

吴明珠无论在哪种试验田，摩沙老爹和乡亲们都全力支持，无偿提供土地、种子、肥料。她用科学方法种瓜，和摩沙老爹比试种瓜本领。摩沙老爹和艾沙妈妈很喜欢这个汉族女儿，给她取了一个美丽的维吾尔族名字——阿依木汗，即月亮姑娘。他们夸她有一颗金子般的心。

从此，吴明珠成了摩沙老爹和艾沙妈妈家的一员。每次从外地出差回来，她就像回娘家一样，给两位老人带些好吃的、买些衣服或日常生活用品。逢年过节或老人过生日，她总要送上美好的祝福。

由于往返几十公里需要三四个小时，吴明珠经常走得双腿发软，累得满头大汗。艾沙妈妈总是慈爱地抚摸着她，嘘寒问暖，端水给她洗脸，就像妈妈见到女儿，怎么看也看不够："还是我们的可孜姆好，是公家的人，挣自己的钱。"

"要成为公家人也不是难事，您把孩子送去读书，有了文化知识，就能当干部啦！"

摩沙老爹接过话说："哪有钱送十个孩子去读书？我只让最聪

明的三儿子读书，一个家有一个就够了，现在他在县城工作。"

吴明珠指着院子里奔跑玩耍的两个小男孩说："一个哪够啊，这两个巴郎子也到上学年龄了。您不希望他们也像哥哥一样有出息吗？您和三儿子商量一下，把弟弟们接到县城上学。"

摩沙老爹若有所思，过了一会说："今晚你住家里，明天我送你回县城时，顺便去找三儿子，说说让两个弟弟去城里读书的事。"

第二天一早，摩沙老爹赶着毛驴车送吴明珠回县农技站，一路上聊着两个巴郎子读了书、有了学问后的美好前景。

秋季开学了，两个巴郎子成了城里的小学生。在摩沙老爹的影响下，村子里几个同龄的巴郎子也去读书了。

吴明珠和乡亲们亲如一家，她曾多次说起当年在村里蹲点时和维吾尔族乡亲的感人故事。

一天下午，她沿着沙山到瓜地查看苗情，走到半路上，碰到县委通信员骑着马来叫她去县里开会。她来不及告诉摩沙老爹，跳上马背就进城了。

当她第二天开完会步行回来时，一进瓜棚，二十几个维吾尔族、回族小伙子迎上前来欢呼道："阿依木汗回来了！阿依木汗回来了！"然后，他们手舞足蹈地跳起了民族舞蹈。那一双双粗厚结实的脚板，在窄窄的田垄间踢踏出欢快的舞步。

摩沙老爹紧紧拉着她的手说："真急死了，我们都以为你被狼吃了呢，担心了一夜。你的艾沙妈妈一晚上都没睡着觉，现在还在家抹眼泪呢。"

原来头天傍晚，摩沙老爹到瓜地叫她吃饭，找了一圈没见到她，等到天黑了还不见人影，于是召集村子里十几个青壮年打着火把沿沙山一直找到半夜，以为她被狼吃了，这会儿正商量着派人到县里去报告呢。所以，大家见她平安无事归来，高兴得手舞足蹈。

吴明珠眼眶湿润了，也加入了狂欢的行列。她真正爱上了新疆，爱上了亲如兄弟姐妹的维吾尔族乡亲，也真正融入了他们。

吴明珠和维吾尔族乡亲的情谊让钱一芸十分感动。吴明珠生杨夏后坐月子时，乡亲们有的送来自己舍不得吃的鸡蛋、青菜，有的送来过年过节才吃的牛羊肉……

一位维吾尔族老爹推门进来，大声叫着吴明珠"可孜姆"，不等钱一芸上前招呼，他放下两只鸡就走了。

钱一芸不知怎么回事，忙看向女儿。

"妈，这是我在沙山种瓜时的房东摩沙老爹，他一直把我当女儿，这是他们的心意。"

此刻，钱一芸理解了女儿和维吾尔族乡亲们之间超越民族的深厚亲情，也理解了女儿扎根新疆的选择。

转眼到了1972年，吴明珠带两个助手到红旗公社蹲点。在沙沦书记的大力支持下，她带领公社农民科学试验小组二三十个年轻人种了二十亩试验田，她把二十世纪五六十年代收集的所有原始材料和育成的半成品全都播种在了地里，没想到当瓜苗长出四五片真叶时，迎来了一场铺天盖地的狂风。

那天，试验小组的人忙碌了一上午，然后各自回家吃午饭，而吴明珠和助手则回到公社办公室填写标签。没等他们喝口水休息一下，突然门外狂风四起、漫天飞沙，天黑得伸手不见五指，根本无法到地里去。

吴明珠心急如焚、欲哭无泪：大风会把瓜苗连根拔起！这下种子没了，十多年的心血、所有的材料都要被狂风刮跑了！

焦急万分的吴明珠不顾危险要往地里跑，沙伦书记推开门拦住她："你不能去，就你这羊羔似的小身板，一出这屋风就把你刮到天上了。这风长不了，你们就安心在这里写标签吧。"话音未落，沙伦书记拿起一根铁棍就跑出老远了。

看着风一时半会儿停不下来了，吴明珠在房间里无计可施，坐立不安。黄昏时分，风声渐小，她正要去瓜地，办公室的门突然被撞开，随之滚进来一个人。他满脸满身都是土，吴明珠仔细一看，是试验小组的组长。

他上气不接下气地说："吴技术员，沙伦书记让你们放心。他召集我们顶着大风运来湿沙，把试验地里的瓜苗全都用湿沙处理好了！"

吴明珠急切地问："沙伦书记呢？他在哪儿？"

"他已经累得坐在瓜地里走不动了。"

吴明珠不听劝阻奔向瓜地，看到沙伦书记他们一个个像泥人一样，满身满脸满嘴都是土，躺在瓜沟里起不来了。

吴明珠眼含热泪，感动得不知说什么好。她难以想象，这二十亩瓜苗他们是怎样拼尽全力抢救保护的！

第二天清早，吐鲁番县县长热切普打来电话："阿依木汗，昨天那么大的风，你的瓜受损失没有？"

"是沙伦书记和农民科学试验小组的年轻人在狂风中舍命奋战，才保住了我十几年的心血。"吴明珠说着说着，又哽咽了。

各民族兄弟对她的这份感情，她记了一辈子。

她说："我要培育出最优良的品种，回报终生难忘的乡情。"

每每培育出新的哈密瓜品种，吴明珠都会和团队成员一起到各村走家串户，亲手把种子发到乡亲们的手里。她用流利的维吾尔语鼓励乡亲们种植，并教他们栽培技术。她的心愿就是让哈密瓜的每一根藤蔓都结出高品质的果实，让哈密瓜的甜蜜走进千家万户，让瓜农走上致富之路。

1984年，"皇后"经过异地适应性鉴定，综合性状良好。吴明珠决定将育种成果拿到大田中去检验。但让村民接受并试种推广一个新品种，不是一件容易的事。

1985年春，吴明珠和廖新福、冯炯鑫等人背着种子来到鄯善县辟展乡小东湖村，动员农户种瓜。之所以首选这里，是因为村子地处沙漠边缘，是湖泊湿地，具有得天独厚的种植条件，而且吴明珠初来新疆时就在这一带种瓜，对这里有特殊的感情。然而，到了二十世纪七八十年代，由于甜瓜品种退化且保鲜期短、运输困难，村民们几乎都不种瓜了，转而主要种植棉花、葡萄和大麦，以维持基本的生活温饱。

"这块风水宝地，不种瓜真是太可惜了。"吴明珠下定决心重振小东湖村甜瓜的往日辉煌。

不出所料，村民们没人愿意种瓜。他们算了一笔账：种1亩棉花能卖1500元左右，种10亩，扣除种植成本能赚万把块钱。可是种瓜，且不说这新品种品质如何，怎么栽培管理，瓜卖不出去烂在地里怎么办？村民们望而却步了。

"不要泄气，我们一家一户上门动员。"吴明珠给学生们打气。

在走家串户过程中，吴明珠流利的维吾尔语派上了大用场。农民巴拉提心动了，他家有5个儿子、2个女儿，家里穷得钱袋子都根本听不到声响。他想："为什么不试试种瓜？家里不到10亩地，拿出5亩种小麦和高粱，其余的种瓜，种瓜再怎么赔本也不至于没饭吃。"

村里人为他捏了一把汗："巴拉提脑子进水了，家里那么多娃，万一赔本了，连西北风都没得喝了。"

"就是，要是种瓜能挣钱，我们早种了，哪还轮到他。"

"甜瓜熟了，怕是拉不到城里就裂了，巴拉提别没尝到甜头就吃尽苦头了。"

不管大家怎么说，巴拉提认准了的事九头牛都拉不回。吴明珠这个操着维吾尔语、苦口婆心的阿依木汗，让他觉得很亲切、很可靠。

"只要有人愿意种，就一定能示范推广起来。"吴明珠坚信自己的品种。

"到收获时，巴拉提一定是全村人羡慕的对象。到时候估计我们的种子会特别抢手。"廖新福和冯炯鑫也信心十足。

吴明珠又给巴拉提打气鼓劲："种瓜可是个细活，比种小麦、棉花、高粱都操心，懒人可种不好瓜。你只管把瓜种好，卖瓜不要担心，保你只赚不赔。"

巴拉提憨憨地笑着，心里踏实多了："吴专家说怎么干，我就怎么干。种地就是干苦力活，只要能挣上钱，吃点苦算得了什么。"

4月播种，7月收获。这期间，吴明珠经常到巴拉提的瓜田里去，她耐心地操作示范，指导巴拉提一家整地开沟、浸种播种、浇水施肥、整枝压蔓、防治病害。

"苗期管理特别重要，要勤除草，疏松土壤。除草能避免杂草抢占幼苗养分，松土有利于增加土壤通透性，促进根系生长。"

"巴拉提，这是腐熟的有机肥，这是复合肥，把这些撒到地里，一定要掺上土拌匀。"

浇水也有学问。长苗过程中，要浇好几次水，瓜开花时需水量还要增大，巴拉提带着孩子们轮番上阵，夜晚也打着手电一垄垄浇水。

每个阶段瓜的长势如何，需要注意什么，吴明珠和学生们谁有空谁就去指导。

"科学种瓜就是不一样，有学问的人就是了不起。"巴拉提逢人就夸。

到了盛夏，碧绿的瓜田"丰"景如画，藤蔓缠绕间，一个个圆润饱满、色泽金黄的"皇后"散发着诱人的香甜气息。

终于迎来了大丰收，巴拉提带着家人穿梭在瓜田里，忙碌地采摘着。经销商的几辆大卡车停在地头，工人们一边检验过秤，一边细心地打包装箱，搬运装车。

这一天，村里人大都来到瓜地围观，巴拉提慷慨地切瓜让乡亲们品尝。

"巴拉提，你种的瓜真是甜，比我这辈子吃过的瓜都甜。"村民们赞不绝口。更让他们吃惊的是，经销商现场就把一沓沓钞票递到了巴拉提的手中，这可真是巴拉提想也不敢想的"天文数字"啊！

火辣辣的太阳晒得巴拉提睁不开眼，他黝黑的脸庞掩饰不住内心的满足感和幸福感。他双手捧着的，是自己亲手种下的致富梦。

"瞧，巴拉提笑得嘴巴都咧到耳根子了。"观望的村民们除了无比羡慕还有无尽懊悔。

不能再让机会从眼皮子底下溜走了，他们围着吴明珠，主动要求种瓜。

1986 年，辟展乡有 150 多户种植"皇后"，种植面积为 300 多亩。1987 年，辟展乡、七克台乡有 500 多户种植"皇后""郁金"等哈密瓜品种，种植面积 3800 多亩。

瓜还没成熟，外贸部门的人就来到瓜地签下了包销协议。等到采摘的日子，这边过秤，那边装箱，一辆辆大卡车满载着甜瓜运到几公里外的火车站，而后运往港澳地区。

种植甜瓜成了维吾尔族乡亲们增收致富的重要途径，他们享受着瓜带来的甜蜜，日子越来越有奔头。

哈密瓜让小东湖名声大噪，村民们打心眼儿里感激他们心中的阿依木汗。巴拉提的儿子依买尔后来当了小东湖村的村主任，他说："吴奶奶像家人一样，有空就到我家的瓜地看看，再到家里坐坐。自从种了吴奶奶培育的瓜，我家从贫困户变成了远近闻名的富裕户，是吴奶奶给我家带来了新生活。"

鄯善县鲁克沁镇沙坎村曾是个无人问津的贫穷村。20 世纪 90 年代初，吴明珠把选育出的哈密瓜新品种送给村民，但村里人大都认为种瓜的成本太大、销售路途太远，都不愿冒险。

吴明珠和瓜农在一起

吴明珠向维吾尔族瓜农传授甜瓜栽培技术

　　但村支书桑书贤决定冒这个风险。他向银行贷款 3 万元，在邻村承包了 17 亩土地，吴明珠派技术干部蹲点指导。经过精心管理，瓜上市了，桑书贤净赚近 10 万元。

　　乡亲们信服了，开始年年种哈密瓜并不断扩大种植规模。1992 年村民在邻村承包 1000 亩土地种植，1993 年增加到 2000 亩，1994 年增加到 5000 亩，1995 年增加到 8000 亩。

　　吴明珠团队和乡亲们一直保持着联系，有技术问题随问随答，甚至到瓜地面对面指导，培养了一大批种瓜能手。

　　沙坎村因此变了模样，盖起了一排排红砖混凝土结构的新房，房前屋后树木成荫、鲜花盛开；村民们摆脱贫困走向富裕，1995 年家家户户装上了程控电话，成为全疆第一个"电话村"，很多人家还买了摩托车、拖拉机、小货车，20 多户人家购买了小轿车，沙坎村成了吐鲁番有名的"小康村"。

　　吐鲁番高昌区三堡乡阿瓦提村的艾合买提·巴拉提大叔，也是靠着种植哈密瓜走上了致富路。

　　大叔说："之前只会种棉花，收入很低，也没想过种别的东西。自从种了吴专家送来的哈密瓜种子，我的口袋越来越鼓，还盖上了新房子，过上了好日子。我们这里靠种瓜盖起新房的人还有很多。吴专家无论什么时候来，我们都十分欢迎。"

　　1998 年，吐鲁番瓜农艾沙江种了十几亩甜瓜，可是怎么管理瓜秧还是蔫蔫的，只好把吴明珠请到地里。

　　吴明珠蹲在瓜地仔细察看后，用流利的维吾尔语对他说："艾沙江，你看瓜秧有蚜虫，这蚜虫太厉害了。你们怎么不防蚜虫呀？还要浇水施肥，不然蔓子长不粗。"

　　"锯末和农药拌在一起后放在哪里？"

　　"放在瓜秧子底下。"吴明珠边说边示范。

　　"您看该打什么药？"

"瓜马上要卖了，不能打药，用毒土就可以了。把毒土撒在周围，能有效防治蚜虫。"

过了几天，吴明珠不放心，又来到瓜地。艾沙江见到吴明珠高兴地说："吴专家，我按照您的方法撒了毒土，现在这瓜长得可精神了。"

吴明珠蹲下身，摸着一个个圆滚滚的瓜说："这就对了。采摘之前还要加强田间管理，不能大意。"

艾沙江一扫前几日的愁容，笑得特别灿烂。

在长期的交往中，各族农民兄弟已经把吴明珠当作亲人，无论遇到种植上的问题，还是生活中的困难，他们都会向她坦诚倾诉，她也把这些大事小事当自己的事情来办。他们之间的深厚情感如同"瓜儿离不开秧"一般紧密相连。这种亲密的接触和深入的交流，无疑加深了她与各族同胞之间的情谊。

天山南北，她播下了民族团结的种子

吴明珠如同珍视生命般珍视民族团结，她对少数民族的乡亲们充满深情，以真挚的情感、坦诚的态度相待，对他们总是多加一份厚爱，关怀备至。她以一颗纯真善良且真诚的心，赢得了各族兄弟姐妹的深深信赖与尊敬。

维吾尔族姑娘海力其汗·玉素甫1968年从新疆八一农学院毕业后，来到吐鲁番县农技站工作。

看到这个眼窝深邃、鼻梁挺拔、眉眼含笑的小姑娘，吴明珠就格外喜欢："海力其汗，多好听的名字，欢迎你加入农技队伍。"

海力其汗羞涩地说："我的名字在维吾尔语里是'葡萄姑娘'

的意思。"

"葡萄姑娘，像葡萄一样水灵灵的，名副其实。你以后就到葡萄组吧，希望你不要辜负这美妙动听的名字，培育出全新疆最好、最甜的葡萄。"

海力其汗牢牢记住了这句话。然而，刚毕业的小姑娘哪有多少实践经验，于是吴明珠就让杨其祐带她，教她栽培技术。海力其汗无论什么时候有什么问题向杨其祐请教，杨其祐总是放下手中正忙的活，不厌其烦地耐心讲解、亲自示范，直到她完全搞懂。

生活上，吴明珠对海力其汗的关心也是无微不至。海力其汗分到农技站时，适逢站里分房子，按规定单身职工是没资格分房的。她连个对象也没谈，做梦也不敢想分房的事。

不料，吴明珠把一把钥匙递到她手中："这是分给你的三居室，你以后也要结婚生子、成家立业，这就是你们的家。"

"站长，这……这……"意外的惊喜让海力其汗激动得语无伦次，泪眼汪汪的。

吴明珠笑着拭去她的泪水，说："好了，什么也不要说了，好好工作。维吾尔族同胞是我们的兄弟姐妹，在工作中、生活上更要关心爱护。"

从此，海力其汗数十年坚守葡萄园，像养孩子一样种葡萄，用"笨办法"推广新技术，使葡萄种植单产达到1875公斤，她也荣获"全国优秀科技工作者""全国农村科普先进工作者""全国科普惠农兴村带头人"等称号。

当年这位稚气未脱的"葡萄姑娘"，如今已成为吐鲁番家喻户晓的"葡萄奶奶"。

海力其汗感激之情无以言表："种葡萄是我一辈子钟爱的事业，吴明珠和杨其祐是我事业的领路人。杨其祐老师太好了，吴明珠站长太好了！"

说起吴明珠，艾尔肯·牙生话里话外唯有感激："吴老师为我的人生翻开了崭新的一页。没有吴老师的培养，就没有我的今天。"

艾尔肯出身于新疆库尔勒市上户镇一个普通的维吾尔族农民家庭。1991年8月，艾尔肯从新疆八一农学院园艺系毕业后，被分配到新疆农科院园艺所，10月加入吴明珠西甜瓜育种研究团队。

次年3月，吴明珠从海南回到吐鲁番。在农科所育种基地，艾尔肯第一次见到吴明珠。从那以后，他就跟随吴明珠在吐鲁番和三亚两地南繁北育。

因为艾尔肯是维吾尔族干部，吴明珠和同事们对他十分关照。工作中，为他量身定制"小灶"，进行"一对一""传帮带"式培养，提高他的育种栽培技术；生活上，大家十分尊重民族信仰，自他加入团队后都不再吃猪肉。他汉语基础比较差，吴明珠说话时会放慢语速，并时常纠正他的发音，他的汉语水平随着时间的推移而逐步提高。

艾尔肯记得在三亚新疆南繁指挥部时，吴明珠告诉他，洗澡最好在中午阳光强烈的时候洗，因为自来水管有较长一截露在地面，水管里的水是温热的，可以美美地洗个热水澡，但她经常在地里忙到很晚才回来，很少能有这样的享受。

1993年1月20日，艾尔肯结束南繁工作，计划从海南到广州，再从广州回乌鲁木齐。时值春运，他根本买不到从广州到乌鲁木齐的火车票。

当时吴明珠已回到南京，得知艾尔肯滞留广州后，就让他买到南京的票。艾尔肯一出南京火车站，就见到前来接他的吴明珠。

"从南京到新疆的票也紧张，你先安心住下来。南京冬天比较阴冷，宾馆里也没有暖气，我给你拿了一个热水袋。"吴明珠说。艾尔肯非常感动，有了到家的感觉。

第二天，吴明珠带艾尔肯去中山陵等地游玩。22日除夕，吴明珠又带他一起去妈妈家吃了顿丰盛的年夜饭。

几天后，吴明珠用自己的工作证为艾尔肯买了一张软卧票，他顺利回到了乌鲁木齐。

吴明珠常对艾尔肯说："民族地区的经济社会发展，离不开本民族的技术干部。我们要大力培养能持久发挥作用的育种技术骨干，只要有机会，你还是要'走出去'汲取养分，学成归来后反哺新疆大地，为西甜瓜事业作贡献。"

很快机会来了。1994—1995年，单位保送艾尔肯赴日本学习蔬菜无土栽培技术。

这是多少人梦寐以求的事呀，艾尔肯根本没想到这等好事会落到自己头上。后来他才得知，是吴明珠为他争取到的名额。

2002年5月至2004年5月，艾尔肯到上海交通大学生命科学技术学院进修。2004年10月至2005年10月，在吴明珠的推荐下，艾尔肯作为国家留学基金委的访问学者，赴日本冈山大学进修农学。

为继续深造，艾尔肯回国前考取了在该校攻读博士的资格。2006年4月至2011年3月，艾尔肯在日本冈山大学攻读博士学位，从事甜瓜标记分子领域的研究。因是公派自费留学，新疆农科院按相关规定停发了他留学期间的工资。其间，他爱人和两个孩子都到日本生活，经济上遇到困难。无奈之下，艾尔肯向新疆农科院提出申请，希望能提前按月支付生活费。

申请转到园艺所，吴明珠作出意见："艾尔肯是我们研究中心的民族同志。为了培养他，我们的意见是由我们中心每月发给他家一千元，以后结算。"

焦急等候消息的艾尔肯接到了吴明珠的电话："院领导同意了园艺所的意见，你的问题解决了。另外，我自己还有两万元借给你，你在国外安心学习，不要分心。"

后来，学成归来的艾尔肯成为西甜瓜研究领域的行家里手。他动情地说："我的故事就像一部电影，在吴老师的关心和培养下，我从一个维吾尔族农家孩子成长为专业领域科研骨干，这份恩情我无以回报。我脑海里时常回放那温暖的一幕幕，并始终铭记于心，我要努力把吴老师的精神延续下去、传递给同事和学生。"

在火焰山下、戈壁荒漠之中，吴明珠从梳着两条大辫子的漂亮姑娘到两鬓斑斑的耄耋老人，她在吐鲁番盆地度过了半个多世纪的时光，不仅与哈密瓜结下了终生情缘，更与维吾尔族乡亲建立了深厚的民族情谊。吴明珠也因此获得"全国民族团结进步模范个人""全国少数民族地区先进科技工作者"等荣誉称号。

她播撒下的，是科技进步的人才种子，更是民族团结的情感种子。

尾声

吐鲁番掀起"甜蜜旋风"

"有一种甜蜜，叫哈密！"盛夏时节的哈密市，色彩斑斓，万物繁盛，空气中弥漫着瓜的芳香与甜蜜。这份甜蜜，是大地的馈赠，是岁月沉淀的精华，更是被誉为"瓜奶奶"的吴明珠穷尽毕生心血铸就的梦想。

2024年7月13日，新疆·哈密"甜蜜之旅"第十八届哈密瓜节暨第二届哈密瓜产业高质量发展大会盛大开幕。

当鲐背之年的吴明珠坐着轮椅出现在主席台上的那一刻，600多名与会者全体起立，雷鸣般的掌声经久不息，向这位中国工程院院士、西甜瓜育种的泰山北斗、哈密瓜品种改良的创始人和奠基者，致以最崇高的敬意！

会场大屏幕上，吴明珠"我的人生就是想多结几个瓜，把瓜的甘甜献给人民"的话语，深深触动了每一个人的心弦，令人动容，催人泪下。

吴明珠面露笑容，眼眸清澈，内心纯净得一尘不染，沧桑年轮刻下的皱纹，愈发凸显她高贵的气质和独特的神韵。这颗绚丽夺目的"明珠"，此时在聚光灯下，更是光芒四射，明艳动人。

大会分享了吴明珠在哈密瓜种质资源收集整理、品种培育改良方面的心路历程和丰硕成果。这些积淀在悠长岁月中的故事，既见

蜜瓜丰收，香甜四溢

信仰信念，又见灼灼风骨，触动心弦，令人感佩。

新疆哈密市委书记孙涛向吴明珠颁发中国哈密瓜产业协同创新平台名誉主席聘书，对她为哈密瓜这一甜蜜事业所付出的毕生心血、为酿造人民甜蜜生活所展现的孜孜以求的精神表达深深的敬意。

孙涛说，这样一位为共和国甜蜜事业作出杰出贡献的科学巨匠，值得最高的礼遇和最大的尊重。

因为一生热爱，所以不远千里。7月14日，吴明珠从哈密来到她曾经奋斗过的吐鲁番。吐鲁番党政领导，吴明珠的老同事、老朋友，几代育瓜人闻讯赶来，不少维吾尔族乡亲也远道而来，看望他们心中永远的阿依木汗。

因患阿尔茨海默病，吴明珠已经认不出人了，但有关瓜的记忆依然还在。瓜，在她的大脑中顽强地与阿尔茨海默病抗争着。

在她创办的新疆吐鲁番地区葡萄瓜类研究所（2010年更名为新疆维吾尔自治区葡萄瓜果研究所）里，这位几乎已经忘记一切的老人脸上绽出了与当年培育出新品种时一样的笑容。

在学生们的簇拥下，她凝神端详着展厅里自己培育出的"含笑""皇后""黄醉仙""早佳8424""火洲一号"等西甜瓜品种，如同打量着自己最优秀、最出息的孩子，眼里放光，满是爱意。

7月16日，在新疆农科院吐鲁番农科所，年轻的科研人员和他们最敬重的"瓜奶奶"一起开展主题党日活动，党的女儿"瓜奶奶"胸前的党员徽章熠熠生辉。

在吐鲁番高昌区亚尔镇新疆甜瓜西瓜育种研发基地，吴明珠来到了她曾经的家，那瓜田的气息、缓缓的坡道、熟悉的门楣以及门外高大的桑树，一定唤醒了她沉睡的记忆。她笑了，笑得那么明媚、那么澄澈，任自己沉醉在炽热的艳阳里，安详而满足。

是啊，回家了！在她的记忆深处，这就是家。

基地里，一垄垄碧绿的瓜畦，那是她当年日复一日劳作的地

把瓜的甘甜献给人民

方；大棚下，这些设施一如当年，那是她一刀一刀切开瓜，进行细致检测的地方。

风吹过瓜田，坐在轮椅上的吴明珠，双手轻抚着一个带着瓜秧的哈密瓜。那细长优雅、布满皱褶的双手，娴熟地在哈密瓜漂亮的网纹上反反复复摩挲着，温暖而有力，钩沉出一个又一个关于瓜的记忆，脉络由模糊变清晰。

她满目深情地喃喃自语："这是我种的瓜。"

停顿片刻，她又说："这是我们大家一起种的瓜。"

之后，她久久地注视着远方，若有所思。此时的她，足以让人们仰望。

学生们把切好的哈密瓜、西瓜递给她品尝。她抿着没牙的嘴，用牙床慢慢地、一口一口有滋有味地咂巴着，又一字一顿地说："好吃，又香又甜，颜色还好看。"

这一幕被吐鲁番融媒体记者的镜头捕捉播放后，迅速冲上热搜——94岁的"瓜奶奶"回新疆吃瓜啦！

新华网、人民网、光明网、央视新闻网、天山网、南海网等各大媒体第一时间转发播放，点击量直线飙升。吴明珠发自内心的声音，整个世界都听到了。

网友们几十万个点赞，纷纷留言：

吃最甜的瓜，谢最敬的人。国士无双！

瓜之所以甜，是因为有人替我们吃了苦。

西瓜女神，中国脊梁。

回到为哈密瓜事业奋斗了一生的热土，吴院士发自内心地开心和快乐。

三伏天里，吃着凉爽沙甜的西瓜无比幸福，谢谢吴奶奶让我们吃瓜自由，必须铭记并珍惜。

中国西瓜连心也是中国红！

致敬瓜奶奶，伟大的人民科学家，这才是我们这个时代最耀眼的星。

您是中国人民的功臣、新疆人民的福音！国宝奶奶。

把这些英雄都写到教科书里，科学家为这一口甜蜜的付出，感天动地。

原来很火的"早佳8424"出自吴奶奶之手，吴奶奶太伟大了。

吴奶奶自带流量，是真正的"网红"，追星就追吴奶奶。

……

随之而来的，是网友们不间断的"刷屏"——

致敬吴明珠院士！
致敬瓜奶奶！

海力其汗·玉素甫看到网上的视频时正在外地。她懊恼地说："要是知道吴老师来吐鲁番，无论如何我也不外出了，我一定要去看看吴老师，代表维吾尔族兄弟姐妹好好地抱一抱她，她对我们太好了。"为此，海力其汗心里难受了很久，"没能见到老站长，想起来就想哭"。

每当吴明珠出现在公众视野，必然人气"爆棚"。人们眼里、心中，满含对"西瓜女神"的敬意和祝福。所有的感动和温暖都无法被量化，也无法被复制。

7月17日，在高昌区一酒店大堂里，从事导游工作的迪里拜尔·阿不都看见吴明珠后，不敢相信自己的眼睛，激动地跑来问："这位是吴明珠奶奶吗？是我们吐鲁番人最想念的瓜奶奶吗？她是我最仰慕的'女神'！我能和吴奶奶拍张照吗？"

离别时，迪里拜尔泪流满面，给了"瓜奶奶"一个大大的拥抱："感谢'瓜奶奶'！您为我们新疆作了这么大的贡献，谢谢您！"迪里拜尔说自己太幸运了，她的亲人朋友一定非常羡慕，这张照片将是永远的珍藏。

"我孙子能和吴院士合个影吗？"一位游客拉着孙子笑着问。

爷孙俩从湖北来新疆吐鲁番旅游，孙子曾在书中读到过吴明珠的故事，今天与心中的偶像不期而遇万分激动，腼腆的他让爷爷帮忙问能否与吴明珠合影。

心愿得到满足后，爷爷对孙子说："这是你一辈子的荣幸。吴奶奶是我们湖北人的骄傲，是我们国家的骄傲。你吃的瓜那么香、那么甜，那是因为吴奶奶当年吃了难以想象的苦。你一定要好好学习，长大后像吴奶奶那样为国家作贡献。"

"嗯！"一颗爱国报国的种子已播撒在孩子的心田，不留痕迹，慢慢渗透，悄悄生长，直至破土而出。

傍晚，一行人推着吴明珠在酒店外看风景、吹晚风……

"吴老师，鄯善好不好？"

"鄯善好，鄯善的瓜很甜。"

"吐鲁番好不好？"

"对吐鲁番印象比较好，瓜的品质好。"

"三亚好不好？想不想去南繁？"

"三亚好，南繁好，那里种瓜很好。"

极简约而又蕴含极深广意义的对话，始终离不开的都是瓜。吴明珠眼里的光、嘴角的笑，让人对"瓜奶奶"的情怀有了更直观、更深切的体会。

从青丝到白发，心归处，是新疆。正当人们感慨时，歌声响起：

达坂城的石路硬又平啊，西瓜大又甜呀。达坂城的姑娘辫子长啊，两个眼睛真漂亮。你要是嫁人，不要嫁给别人，一定要嫁给我。带着百万钱财，领着你的妹妹，赶着那马车来。嘿⋯⋯

　　吴明珠打着节拍深情地唱着。她唱出了世间最美的感情，触动了人们内心深处的柔软，让人无不为之动容，产生共鸣与共振。随着铿锵有力的一声"嘿"，人们彻底"破防"了。

　　歌声里，有岁月积淀的些许深沉沙哑、朴实纯粹，像一条带着生命原始力量的柔韧丝带，飘进了时空的黑洞里，一点一点地打开了深藏记忆的大门，牵出她与鄯善、与吐鲁番、与三亚南繁、与西瓜甜瓜等最美好、最闪亮的情感碎片。

　　她的神情宛若少女，仿佛向我们讲述当年那个身材瘦小、梳着两条大辫子的姑娘，风风火火地奔走在戈壁荒漠、海角天涯南繁北育西甜瓜的峥嵘岁月⋯⋯

　　这时，天地之间似乎只有她自己。当然，还有一个"瓜"，以及那个并未远离的年代。

　　也许，因为那句"西瓜大又甜"让她记住了这首《达坂城的姑娘》，记住了这熟悉的旋律。"瓜"在她的生命、她的精神中占有多么深刻、多么重要的位置啊！

　　这是独属于"瓜奶奶"的甜蜜事业，是她心中奔涌的滚烫炽热，是她生命中深入骨髓的爱啊！

　　天地见初心！这样一个纯粹的人，做着如此高尚的事。感动或是治愈人们的，不仅仅是她从心底发出的歌声，更是她那伟大而潜隐的力量，温暖了整个世界。

　　要知道，吐鲁番一年的降雨量只有16.4毫米，但在7月18日上午9时，在吴明珠告别吐鲁番之际，老天爷铆足劲儿下了一场打湿地皮的细雨，使得天空显得格外清爽纯净。雨浥轻尘，别情依依，很多与吴明珠有着或深或浅交集的人纷纷赶来送别。

吴明珠坐在车里，微笑着缓缓挥手，向众人告别，向她深深爱着的吐鲁番告别。

一位维吾尔族大妈上前紧紧拥抱她，亲吻她的手："阿依木汗，一定要再回家来啊！"

"吴老师多保重，我们在吐鲁番等您。"

"瓜奶奶，等明年瓜熟了，您再回来吃瓜呀！"

车辆渐行渐远，人们的目光追随着疾驶的汽车，万般不舍，深情致敬……

附 录

给恩师发出的一封久违的信

敬爱的吴老师：

您好！已经二十多年没有提笔写信了。您患病之后，行动不便、听力不好，我们无法当面表达对您的感谢之情，这一直让我们难以释怀。正好这次海南出版社计划撰写您的传记，还邀请我们三人——您的弟子给您写封信，我们也正好以此方式来表达弟子们对恩师的教育、培养、关怀的感恩之情。

在收到这次撰写给您的信的邀请时，我们心情非常复杂，不知从何下笔，担心写得不好会影响整个传记的效果。

此时此刻，心中涌动着万千思绪，仿佛又回到了那些与您共度的时光，仿佛又看到了您的慈容笑貌，还是那样和蔼、亲切。我们之间的相处是那样温馨，每一刻都闪耀着知识的光芒和温暖的关怀，见证了一个又一个成果迈向辉煌。提笔之时，您的关怀，以及那些您为我们的成长所付出的点点滴滴，此刻都清晰地浮现在我们的眼前。在您的带领下，我国西甜瓜科学研究攻克了一个又一个难关，产业取得一次又一次飞跃，您为国家和人民作出了巨大贡献。岁月如梭，转眼间，我们也进入了退休的时期，但无论我们在哪里，心中对恩师那份敬爱与感激之情永远不会改变。

我们三人是20世纪80年代初进入您的团队的。在工作中，您经常给我们讲述西甜瓜特别是哈密瓜的来源、分类、育种、栽培等方面的知识，并在详细分析新疆的气候、生态环境、瓜类产业现状、育种优势等后，告诉我们新疆做甜瓜育种最有优势，还说哈密瓜在全国影响力高，是新疆特色农产品之一。在科研道路上，您细致严谨的行事风格贯穿于您几十年工作中的每一天。您身体力行，同样要求我们专心致志，不受外界干扰。虽然我们三人分别毕业于不同的大学，但我们都下定决心，要像您一样投身于科研工作，努力产出能够解决国家实际问题、帮助农民提高收入、让高品质的哈密瓜走进千家万户的科研成果。

确定人生道路上的前进方向和事业的奋斗目标后，我们的工作激情和主动性大幅提高，精神面貌也焕然一新。在您的带领下，先后培育出西瓜品种"伊选"、"火洲一号"、"8424"（早佳、新优三号）等，甜瓜品种"皇后""芙蓉""郁金""黄醉仙""金龙""皇后二号""金凤凰""黄皮9818"以及风味系列等，每个品种都有说不完的故事。这些品种先后在西北地区、南方地区等地种植。特别是，西瓜品种"8424"，种植至今四十年经久不衰；甜瓜品种"黄皮9818"，在美国种植成功，是我国第一个具有知识产权的出口甜瓜品种。这些品种为农民致富、农业增效作出了巨大贡献。近年来，在您的科研精神引导下，我们培育出甜瓜"西州密"系列以及"纳斯密""黄梦脆"等精品哈密瓜品种，在全国各地商品瓜产区均有种植，为甜瓜周年供应作出了应有的贡献。

润物无声，师恩如海。您不仅在我们人生道路上的每一步和科学探索的迷茫时刻给予了深切的关心、鼓励与悉心指导，在日常工作中也给予了无微不至的关怀。在生活中，您如同慈母一般温暖而体贴，始终向大家敞开心扉，无论谁遭遇困境，您都会全力以赴地帮助解决。

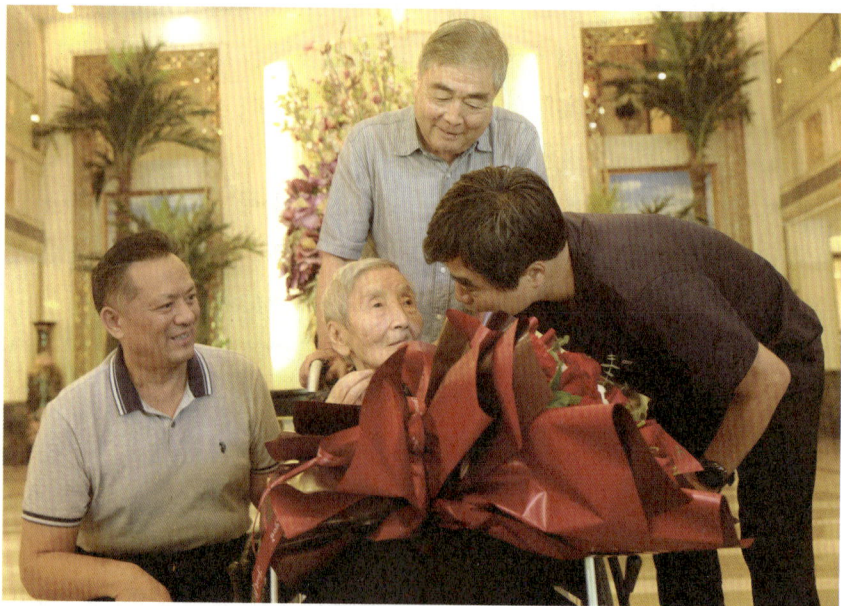

冯炯鑫（后排）、廖新福（左一）、伊鸿平（右一）向恩师送上美好的祝福

　　您从不居功自傲，甘为人梯，甘做致力于提携后学的"铺路石"。您不仅成功培育出新品种，还倾心培育人才。如今的中国瓜界可谓是人才济济，瓜产业欣欣向荣。

　　吴老师，请您放心，虽然我们也退休了，但我们会把您高尚的科研道德和精神传承下去，不断努力，争取取得更多更大的科研成果，让这份甜蜜事业更加发扬光大、蒸蒸日上！

　　作者刘颖老师及其团队对您的传记付出了心血，收集的资料丰富，采访的人员全面，传记撰写得丰满翔实，详细叙述了您的生平，阅后非常感动。在此，我们三个弟子代表您向刘颖老师等团队人员的辛勤工作表示衷心感谢！

　　祝吴老师健康长寿！永远快乐！

　　　　您的弟子（学生）冯炯鑫　廖新福　伊鸿平　敬上

　　　　2024 年 11 月 5 日

　　冯炯鑫，新疆农业科学院哈密瓜研究中心原书记，1980 年加入吴明珠院士团队。

　　廖新福，新疆维吾尔自治区葡萄瓜果研究所原所长，1982 年加入吴明珠院士团队。

　　伊鸿平，新疆农业科学院哈密瓜研究中心原主任，1984 年加入吴明珠院士团队。

吴明珠年表

1930年1月3日　出生于湖北省武汉市汉阳县蔡甸学田湾

1935年8月—1941年8月　小学阶段，先就读于武汉市武昌二小，后因举家西迁四川省万县，就读于机械厂附属小学

1941年9月—1944年7月　先后就读于万县大公中学和石麟中学（初中）

1944年9月—1947年7月　就读于万县安徽旅鄂中学（高中）

1947年7月—1948年8月　在江苏省南京国立中央大学补习

1948年9月—1949年7月　在武汉市汉阳家中养病（肺病），自学

1949年9月—1950年10月　就读于四川省立教育学院园艺系

1950年5月4日　经戴启愚同志介绍，加入中国新民主主义青年团

1950年10月—1953年8月　转入新组建的西南农学院，就读园艺系

1953年5月1日　经向天培、唐蜀梁同志介绍，加入中国共产党

1953年8月—1954年8月　西南农林水利局，任技术员

1954年9月—1955年10月　北京中共中央农村工作部，任干事

和业务秘书

1955年11月　新疆维吾尔自治区农村工作部，任干事

1955年12月—1956年8月　乌鲁木齐地委农村工作部，任干事和业务秘书

1956年8月—1961年10月　鄯善县农业技术推广站，任副站长、站长、支部书记

1958年2月19日　在鄯善县和杨其祐结婚

1959年2月22日　儿子杨夏在鄯善县出生

1958年—1961年　在吐鲁番盆地普查瓜种资源，收集到100多份原始材料，筛选、整理出44个地方品种和1份野生甜瓜品种，建立起全区有史以来第一份完整的西甜瓜档案

20世纪60—70年代中期　面向吐鲁番盆地育种，提纯和复壮优质甜瓜"红心脆""香梨黄"等品种，育成常规新品种"含笑"

1961年10月—1962年7月　吐鲁番三县农业学校，任副校长

1962年7月—1974年1月　吐鲁番县农业技术推广站，任支部书记、副站长、站长

1965年12月3日　女儿杨准在南京出生

1973年10月　赴海南崖县开展南繁加代育种

1974年1月—1975年6月　吐鲁番县科委，任副主任

1975年7月—1976年5月　吐鲁番地区革委会农牧组，任负责人

1976年5月—1978年11月　吐鲁番地区科委，任副主任

20世纪70年代中期—80年代末　面向全疆育种。在国内率先采用远生态、远地域、多亲本复合杂交、回交等技术，培育出优质品种"皇后""黄醉仙"等5个新品种。其中"皇后"成为新疆商品瓜基地的主栽品种，在新疆厚皮甜瓜育种史上具有划时代的意义

1978年3月　出席全国科学大会

1978年11月—1983年11月　任吐鲁番地委委员、吐鲁番地区行政公署副专员

1979年　推动成立我国第一个瓜果研究所——新疆吐鲁番地区葡萄瓜类研究所，主持西甜瓜研究

1979年　被授予"全国三八红旗手"称号

1983年　被授予"全国少数民族地区先进科技工作者"称号

1983年11月　辞去吐鲁番地区行政公署副专员职务

1984年3月　任全国西甜瓜专业委员会委员

1984年　被评为新疆维吾尔自治区"优秀科技工作者"

1984年　"含笑""火洲一号""伊选"通过新疆维吾尔自治区品种审定。"含笑"在新疆维吾尔自治区赛瓜会上获得荣誉奖，"火洲一号"在全国西瓜评比会上获中国固定品种第二名，"伊选"在全国西瓜评比会上获早熟品种第一名。成功培育出"早佳8424"，开创了西瓜品质育种的先河，该品种后来成为我国南方优质高效西瓜主栽品种，改变了中国西瓜品种的格局

1985年5月—2017年　新疆农业科学院园艺作物研究所，任研究员，主持西甜瓜研究工作

1986年　被授予"国家有突出贡献中青年专家"称号

1986年12月　被授予"国家级有突出贡献的科技专家"称号

1986年7月31日　丈夫杨其祐患癌症去世

1987年　牵头成立华夏西瓜甜瓜育种家联谊会，任副会长、会长

1987年5月　被授予"全国五一劳动奖章"

1987年7月19日　在乌鲁木齐遭遇车祸，头部受到外力撞击引起颅脑损伤，确诊为重度脑震荡

1987年10月　当选中国共产党第十三次全国代表大会代表

1988年2月，当选新疆维吾尔自治区第七届人民代表大会常务

委员会委员；4月，被新疆维吾尔自治区总工会授予"优秀科技工作者"称号；12月，获新疆维吾尔自治区"农牧业十年丰收先进个人"称号

1988年　被新疆维吾尔自治区人民政府授予"优秀专家"称号

20世纪90年代起　面向南方地区育种，选育出"金凤凰""仙果""雪里红""绿宝石"等品种，推动我国瓜类南繁取得巨大进步

1990年　"早佳8424"通过新疆农作物品种审定委员会审定，命名为"新优三号"

1991年　获国务院政府特殊津贴

1992年　被国务院授予"全国先进工作者"荣誉称号

1992—1994年　与珠海、深圳农科所合作，在大棚无土栽培厚皮甜瓜取得成功

1993年　受到新疆维吾尔自治区人民政府重奖

1994年　新疆甜瓜系列新品种选育及推广，获国家科学技术进步奖三等奖

1994年　建设南繁保护地育种大棚，第一个把哈密瓜种植引进温室并取得成功，这一创举标志着海南设施农业发展的起点

1995年　被国务院授予"全国先进工作者"荣誉称号，被新疆维吾尔自治区人民政府授予"优秀专家"称号

1996年　"早佳8424"（新优三号）的选育及推广，获农业部科技进步奖二等奖

1996年10月　开展航天育种，"皇后""红心脆"种子通过我国第十七颗返回式科学技术卫星上天

1997年4月　在新疆农科院园艺所西甜瓜育种研究组的基础上，组建哈密瓜研究中心

1998年7月11日　《科技日报》刊登人物通讯《基石——记戈壁滩上的甜瓜、西瓜育种专家吴明珠》

1999年10月21日　被授予全国"杰出专业技术人才奖章"

1999年12月27日　当选中国工程院院士

2000年起　面向国际育种，培育出"新红心脆""黄皮9818"等优质抗病品种以及风味系列品种，"新红心脆"出口东南亚各国，"黄皮9818"成为我国第一个具有自主知识产权的在国外种植成功的哈密瓜品种

2001年9月　推动项目"优质瓜果种质创新技术及新品种选育"纳入国家863计划"现代农业技术"重大专项

2001年11月　被航天育种部门聘为顾问

2002年2月6日　获新疆维吾尔自治区科技进步奖特等奖，奖金50万元

2002年11月　当选中国共产党第十六次全国代表大会代表

2004年4月18日，被三亚市人民政府授予"三亚市荣誉市民"称号

2005年5月　被国务院授予"全国民族团结进步模范个人"荣誉称号

2005年10月　嘉定区"吴明珠院士工作室"挂牌成立

2006年7月4日　"酸味甜瓜选育"通过新疆维吾尔自治区科学技术成果鉴定

2007年　获何梁何利基金科学与技术进步奖农学奖

2007年　西瓜新品种"早佳（8424）"及配套拱棚生产技术在海南的推广应用，获海南省科技成果转化奖一等奖

2007年10月　当选中国共产党第十七次全国代表大会代表

2008年　在新疆农业科学院哈密瓜研究中心从事西甜瓜专业研究

2008年底　任国家西甜瓜产业技术体系首席科学家

2009年9月　被授予"新中国成立60周年'三农'模范人物"

荣誉称号

2010年 "'新优三号'高效栽培技术应用与推广",获全国农牧渔业丰收奖农业技术推广成果奖一等奖

2010年6月 被授予"国家西部大开发突出贡献个人"荣誉称号

2011年5月 当选"全国西甜瓜产业联盟"会长

2012年春 确诊患重度阿尔茨海默病

2012年 "新疆哈密瓜研究团队"获中国园艺学会华耐园艺科技奖

2017年1月 退休

2017年 主持项目"哈密瓜种质创新与品种选育及其南移东进栽培技术示范和推广"获2016—2017年度神农中华农业科技奖科研成果一等奖

2020年 获得2019年"新疆最美奋斗者"和新疆"最美科技工作者"称号

2023年12月 获"2023年度十大巾帼新农人"称号

2024年7月13日 被聘为中国哈密瓜产业协同创新平台名誉主席